나의 감정은 사회에서 어떻게 만들어지는가

감정적 자아

The Emotional Self: A Sociocultural Exploration

데버러 럽턴 지음 / 박형신 옮김

한울
아카데미

이 도서의 국립중앙도서관 출판시도서목록(CIP)은 서지정보유통지원시스템 홈페이지(http://seoji.nl. go.kr)와 국가자료공동목록시스템(http://www.nl.go.kr/kolisnet)에서 이용하실 수 있습니다. CIP2016004585(양장), CIP2016004586(학생판)

The Emotional self

A Sociocultural Exploration

Deborah Lupton

SAGE Publications

London • Thousand Oaks • New Delhi

차례

감사의 말

이 책에서 제시된 주장 중 일부는 비록 초기 견해이기는 하지만 아래의 제목으로 다음의 책에 실려 발표된 바 있다. D. Lupton, " 'Going with the flow': some central discourses in conceptualizing and articulating the embodiment of emotional states," S. Nettleton and J. Watson(eds.), *The Body in Everyday Life* (Routledge, London, 1998). 나는 이 책을 위해 자신들의 감정적 경험과 감정에 대한 신념을 밝히는 인터뷰에 응해준 사람들에게 감사한다. 면접자로서 매우 유능하게 연구를 지원해준 엘스 래키^{Else Lackey}에게도 감사한다. 그리고 언제나 그러하듯, 개인적 지원을 아끼지 않는 가미니 콜레스^{Gamini Colless}에게 감사한다.

서론

어느 비 오는 일요일 오후에 마땅히 할 일이 없어서 오랫동안 쌓이고 쌓인 서류들로 불룩해진 책상서랍을 정리하기로 했다. 수십 년 동안 모아둔 옛날 학교 리포트, 친구와 연인으로부터 받은 편지, 사진, 우편엽서, 생일카드가 쏟아져 나온다. 열여섯 살 때 처음이자 유일하게 무대에서 한 배역을 맡았던 학교 뮤지컬의 프로그램을 우연히 발견한다. 그것을 펼쳐 내용을 꼼꼼히 읽어보다가 제작에 함께 참여했던 학생과 선생님들을 떠올린다. 뜨겁게 밀려드는 그 시절에 대한 향수에 빠져 미소 짓는다. 리허설할 때 유쾌하고 즐거웠던 일과 우정, 뮤지컬을 감독하던 온아한 선생님의 헌신, 학교 밴드의 다소 삐걱거리지만 아주 진지했던 반주, 공연준비로 와자지껄했던 무대 뒤 분장실이 기억난다. 가족과 친구들을 포함한 수많은 관객 앞에서 연기를 하기 위해 무대로 나가려고 대기하고 있을 때 초조해 하고 가슴 두근거리던 일이 생각난다.

그런 다음 마지막 밤 공연에서 일어났던 일이 갑자기 기억난다. 대사를 잊어버렸던 장면의 세세한 내용들이 생생하게 되살아난다. 그 순간의 당혹감이 재생되며 마치 몇 십 년 전 그날 밤처럼 얼굴이 점점 더 붉어지고 뜨거워지는 것을 느낀다. 다음 대사가 기억나지 않아 그 장면의 중간에 얼마나 얼어붙었는지, 다른 배우들이 어떻게 빤히 쳐다보았는지, 그리고 관객들이 대사를 기다리면서 얼마나 조용해졌었는지가 기억난다. 결국 몇 시간이 지난 것처럼 느껴진 후에 대사가 기억이 났고, 그 말을 하고 나서야 장면이 이어졌다. 공연 후에 친구와 가족들은 내가 실수한 것을 몰랐고 또 공연이 대단했다고 말했다. 그러나 나는 그들이 내 기분을 풀어주려 할 뿐이었다는 것을 알고 있었다. 그리고 마치 나 자신을 다 드러내 보인 것처럼 느껴졌다. 즉 바보처럼 보이게 만들었다는 생각이 들었다.

이 짧은 이야기는 인간의 감정경험의 몇몇 중요한 특징을 입증하는 데 도움을 준다. 그것의 하나가 감정이 문화적 정의와 사회관계의 산물로 발생하는 방식이다. 이 이야기 속에는 다수의 감정이 언급되어 있다. 향수, 우정, 즐거움, 흥분, 초조함, 당혹감, 유감스러움이 그것들이다. 이들 감정 모두는 사회적 맥락 속에서 다른 사람들과의 상호작용을 통해 산출된다. 그중 대부분은 신체적 감각을 동반한다. 그리고 그러한 감각은 특정 감정들처럼 사회적 상황에 대한 지식을 통해 구체적 감정으로 해석된다. 또한 흥미를 끄는 것이 육체화된 감각과 느낌이 말로 표현되는 방식이다. 이 이야기 속에서는 '뜨겁게 밀려드는' 향수, '유쾌하고' 즐거웠던 일과 우정, 흥분감 및 초조함으로 인한 '두근거림', 대사가 생각나지 않았던 부분에서 생각과 신체적 움직임의 얼어붙음, 그리고 당혹감으로 규명된 신체적 감각과 관련한 '홍조'와 '발열'이 언급되어 있다. 또 다른 중요한 특징은 물리적 인공물이 감정의 저장소와 단서로서 수행하는 역할이다. 이 경우에는 학교 뮤지컬 프로그램이 아주 오래 전의 특정한 시간에 경험한 것과 동일한 감정적 반응을 그대로 불러일으키고 있다.

이 모든 것이 암시하듯이, 감정은 사회적·문화적 과정을 통해 틀 지어지고 경험되고 해석되는 현상이다. 하지만 아주 놀랍게도 이러한 감정 개념은 한동안 특히 사회문화이론가와 연구자들 사이에서 받아들여지지 않았다. 그들은 감정을 생물학적 현상으로 보는 본질주의적 관념을 받아들이는 경향이 있었다. 그러한 입장에서 볼 때, 감정은 "환경 차이에 초문화적으로 반응하는 생물학적 현상으로, 사회적인 것 또는 문화적인 것에 의해 영향을 받지 않는 견고한 본질을 보유하고 있다"(Abu-Lughod and Lutz, 1990: 2). 감정은 주로 개인 내부에서 기인하는 것, 즉 두뇌작용과 퍼스낼리티 같은 내적 측면에 국한된 현상으로 인식된다. 따라서 아부-루고드와 루츠는 다음과 같이 지적하기도 했다. "감정은 거의 통제되지 않고 거의 구성되거나 학습되지 않고 (그리하여 가장 보편적이고) 거의 공개되지 않는, 그러므로 사회문화적 분석의 여지가 거의 없는 인간경험의 측면으로서의 …… 자기 자리를 완강하게 지키고 있다"(Abu-Lughod and Lutz, 1990: 1). 그 결과 많은 사회학자, 인류학자 그리고 여타 문화분석가들은 감정연구를 그들 자신의 관심사에 적절한 것이라기보다는 '심리' 관련 분과 학문, 특히 사회심리학이나 인지심리학의 영역으로 바라보았다.

이와 같은 감정의 무시는 사회·문화이론가와 연구자들이 몸의 분석을 경시하는 경향과 관련되어 있었다. 지난 15년가량 몸에 대한 사회문화적 분석이 급속히 발전해왔지만, 그것은 꽤 오랫동안 소수만이 수행해온 연구영역이었다. 새로운 육체화 사회학new sociology of embodiment의 대표적 인물 중 한 사람인 브라이언 터너Bryan Turner에 따르면, 초기에 몸에 대한 연구가 무시된 까닭은 "인간존재의 육체적 성격에 대한 어떠한 언급도 사회학자들의 마음속에 사회적 다원주의, 생물학적 환원론 또는 사회생물학을 연상시키기" 때문이었다(Turner, 1996: 37). 사회이론가들은 인간행동과 사회적 관계를 생물학적 설명으로 환원시키는 것을 우려하여 너무나도 그와 반대방향으로 나아간 나머지 '사회적 행위자'를 실제로 탈육체화된 존재로 묘사하게 하는 경향이 있었다.

사회학과 인류학 같은 영역에서 감정에 대한 연구가 적었던 것에 대한 또 다른 설명은 그러한 연구가 '과학적' 또는 '객관적' 접근에 위배된다는 것이었다(James, 1989: 17). 감정은 후기 계몽주의적인(모더니즘적인) 학계의 프로젝트 ─ '비합리적' 감정성에 비해 합리적 사고에 특권을 부여하는 경향이 있는 ─ 에 부적절하거나 파괴적인 것으로 간주되어왔다. 감정이 동반하는 경향이 있는 비합리성이라는 의미가 감정과 육체화를 뗄 수 없는 관계로 묶어 놓고 있다. 역사적으로 서구 문화에서 인간의 신체적 속성은 실망의 한 원천으로 인식되어왔다. 몸은 항상 순수한 사고를 위협하는 것으로 제시되어왔다. 분명하고 의지력을 지닌 정신과는 대조적으로 몸은 열정에 그냥 반응하는 원시적인 것으로 묘사되었다(Bordo, 1993: 11). 고대 철학자들의 저술에서 몸은 '이성'의 계속되는 감시를 필요로 하는 제멋대로의 것으로 간주되었다. 기독교 저술들에서 특히 종교개혁 이후로 몸은 전통적으로 육체의 유혹을 통해 사람들의 주의를 영적 헌신으로부터 다른 곳으로 돌리게 함으로써 사람들을 타락시키는 것으로 묘사되어왔다.

감정이 육체화된 감각으로 고려되기 때문에, 감정은 이성과 합리성의 안티테제로 간주된다. 이러한 관점에서 볼 때, 감정은 적절한 판단과 지적 활동의 방해물이다. 감정표현 또한 전통적으로 '비문명화된' 행동, 저속성, 하류층과 연관지어져왔다. 보스카글리Boscagli가 지적했듯이, 20세기의 대부분 동안 감정은 "대중문화와 키치Kitsch[저속한 작품 ─ 옮긴이]의 영역"에 속하는 것으로 간주되어왔다. "감정을 드러내는 사람은 세련되지 못하고 교양이 없고 특정한 사건과 필요한 거리를 유지할 수 없는 대중의 일원으로 간주된다"(Boscagli, 1992/1993: 65). 그렇게 하는 것은 육체적 감각, 욕망, 충동으로 오염되지 않은, 이성의 순수성을 추구하는 학자의 이상과는 거리가 먼 것이다.

학계를 지배해온, 감정에 대한 '냉정한' 접근방식은 최근에 특히 모더니즘적 관점에 대해 탈근대적·페미니즘적 비판을 가해온 사람들의 도전을 받아왔다. 이러한 사고의 조류 속에서 감정경험은 지식에 다가가는 본질적이고 통찰력 있는 통로로 간주된다. 감정적 반응은 인간의 가치와 윤리의 중요한 원천으로, 그리고 정치적 행위의 적절한 토대로 인식된다. 이를테면 많은 페미니스트 저술들은 "개인적인 것이 정치적인 것이다"라는 접근방식의 일환으로, 저자 자신의 개인적인 감정경험을 상세하게 논의하고, 그것을 이용하여 여성성의 문화적·정치적 의미와 함의 그리고 현대 사회에서 여성의 역할에 대한 보다 일반적인 또는 이론적인 주장을 자리매김해왔다. 그러한 저작들은 개인적 경험, 주관적인 것, 감정을 인식론과 학문적 이론화에 부적절하거나 파괴적인 것으로 보는 관념에 이의를 제기한다(이를테면 Jaggar, 1989; Gilligan and Rogers, 1993; Jordan, 1993; Ruddick, 1994; Griffiths, 1995를 보라).

이와 유사하게 일부 포스트모더니즘적 이론가들도, 비록 모더니즘적 접근방식을 신봉하는 사람들이 진리와 지식에 이르는 자신들의 방법이 냉정하고 과학적이고 객관적인 척하고 있지만, 진리와 지식 자체는 결코 감정적 기반으로부터 자유로울 수 없다고 주장한다. 이를테면 게임과 멧칼프(Game and Metcalfe, 1996)는 과학적 탐구의 열정 없음에 대해 논평해왔다. 그들은 그 대신에 학계의 연구, 학문, 가르침의 감정적 기반을 인정하고 감정 경험과 같은 인간존재와 사회적 관계의 근본적 측면들에 보다 더 면밀하게 주의를 기울이는 '열정적 사회학passionate sociology'을 촉구해왔다.

'열정적 사회학'의 정신에 입각해서 나는 이 책의 저자로서 내가 이 책에 나 자신의 감정을 투여하고 있음을 인정한다. 글쓰기는 그것이 픽션의 이름으로 이루어지든 아니면 논픽션의 이름으로 이루어지든 간에 항상 불가피하게 주관성의 산물이다. 글쓴이의 스타일과 그 또는 그녀의 선입견과 이해관계 모두는 그것이 전면에 부각되든 아니면 숨은 의미로 남아 있든 간에 그 또는 그녀의 개인적 경험을 통해 굴절된다. 특히 인간존재와 자아, 문화, 사회에 대한 주제를 다루는 인문학과 사회과학의 필자들에게 누군가의 주제가 그 사람의 생생한 전기를 반향하고 있는 방식을 간파하는 것은 일반적으로 통찰력을 획득하는 과정의 일부이다. 이 책 도처에서 내가 감정에 대해 성찰할 때면, 나는 내가 다른 사람들의 저술을 통해 입수한 또는 내가 이 책을 위해 수집한 인터뷰 자료의 경우에는 응답자들이 한 말을 통해 입수한 경험과 인식은 물론 불가피하게 나 자신의 경험과 인식을 이용하여 통찰한다.

앞서 지적했듯이, 사회·문화이론이 전통적으로 인간의 육체화의 세세한 내용 그리고 그것과 사회적 행위, 사회적 관계, 자아의 관련성에 주의를 기울이는 것을 경멸해왔음에도 불구하고, 최근에 이전에는 당연히 '고정된' 것 또는 '생물학적인' 것으로 간주되던 인간의 측면을 사회학적으로 어떻게 탐구할 수 있는지에 대한 관심이 증가해왔다. 몸의 사회학에서 일어난 이러한 관심은 사회문화적 의미와 표상, 사회적 상호작용, 그리고 육체적 경험 간의 관계를 탐구하는 것을 포함하여 감정사회학에 더 많은 관심을 기울이게 할 가능성이 있다. 몸 자체와 마찬가지로 감정상태는 자연과 문화를 완벽하게 하나로 혼합하고 있기 때문에 그것이 어디서 시작하여 어디서 끝이 난다고 주장하기 어렵다. 라이언과 바바렛(Lyon and Barbalet, 1994: 48)이 주장하듯이, "우리가 몸과 사회세계를 분명하게 연계시킬 수 있게 해주는 것이 바로 감정(느낌/감상/정서)이다". 그들은 계속해서 감정을 '육체화된 사회성'으로 기술한다.

다른 저자들은 또한 감정을 인간사회와 사회적 관계의 유지에 필수적인 것으로 인식해왔다. 핑켈스타인(Finkelstein, 1980: 112)이 볼 때, 감정은 '사회적 담론의 심장'으로, "인간의식을 상징하는 것이자 공중예절에 본질적인 것"이며, 따라서 감정사회학은 사회학이라는 학문에서 하나의 기본적인 질문이 되어야만 한다. 노먼 덴진Norman Denzin도 다음과 같이 유사한 주장을 펼친다.

감정성은 인간과 사회의 교차점에 위치해 있다. 왜냐하면 모든 사람들은 자신들이 일상적 토대 위에서 느끼고 경험하는 자아감self-feeling과 감정을 통해 자신들의 사회와 결합되기 때문이다. 이것이 바로 감정성이 모든 인간 관련 학문에서 하나의 중심적인 위치를 차지해야만 하는 이유이다. 왜냐하면 인간적이라는 것은 감정적이라는 것이기 때문이다(Denzin, 1984: x).

문화인류학자들인 쉐퍼-휴즈와 로크(Scheper-Hughes and Lock, 1987: 28~29)는 사적 느낌과 공적 도덕을 결합하고 있는 감정이 "몸과 마음, 개인, 사회, 그리고 정치체를 이어줄 수 있는 하나의 중요한 '잃어버린 연계고리'를 제공한다"고 그들 나름의 주장을 펼친다.

이 책이 초점을 맞추고 있는 것은 바로 이러한 지형, 즉 감정, 자아, 몸, 그리고 사회세계 간의 관계를 이해하는 방식이다. 감정을 기술하거나 논의하고자 하는 어떠한 시도 — 일반적인 또는 학문적인 — 도 감정 개념이 덧없고 애매하고 '분명하게 정의하기' 어렵다는 사실에 직면할 것이 틀림없다. 이것은 감정을 학문적으로 연구하는 사람들을 심히 당혹스럽게 한다. '감정'이라는 용어는 흔히 신체적·감정적·행동적 측면을 포함하는 현상의 집합체를 표시하기 위해 사용될 뿐만 아니라 보다 협소하게는 감정적 요소만을 지칭하기 위해 사용되기도 한다(Elias, 1991: 119). 재거(Jaggar, 1989)는 "감정이란 무엇인가?"라는 문제는 언뜻 볼 때에만 단순하다고 지적한 바 있다. 왜냐하면 감정을 바라보는 방식이 복잡하고 그것에는 일관성이 없기 때문이다. 그녀는 복잡성과 관련하여 감정은 광범위한 현상을 포괄한다고 주장한다. "그것은 공포에 대한 아주 순간적인 '자동적' 반응에서부터 한 개인 또는 어떤 대의에 대한 평생의 헌신에 이르기까지, 고도로 문명화된 심미적 반응에서부터 배고픔과 갈등에 대한 획일적인 반응에 이르기까지, 그리고 만족이나 우울과 같은 배경적 분위기에서부터 직접적 상황에 대한 강렬하고 집중적인 몰입에 이르기까지에 걸쳐 있다"(Jaggar, 1989: 147). 따라서 그녀는 "그러한 아주 다양한 현상들을 포괄하는, 감정에 대한 손쉬운 설명을 제시하기란 당연히 불가능하다"고 주장한다(Jaggar, 1989: 147).

학술문헌들이 종종 '감정emotion', '느낌feeling', '기분mood', '감각sensation'을 잘 정의된 정확한 방식으로 구분하려는 시도를 하지만, 그것은 자주 그러한 범주들 간의 회색지대를 인지하지 못한 채 일정 정도 조야한 환원론에 빠지고 만다(Griffiths, 1995: 98~100). 그러한 시도들은 우리가 '감정'이라고 부르는 것과 우리가 그것을 경험하는 방식이 항상 보다 광범한 사회문화적 맥락 속에서 그 의미를 획득하고, 또 그러한 의미가 그러한 사회문화적 프레임의 일부를 이룬다는 점을 인식하지 못한다. '감정'의 변화하기 쉬움, 덧없음, 무형성은 물론 감정이 항상 변화하는 사회적·역사적 맥락과 뗄 수 없게 뒤얽혀 있다는 점은 감정을 정확하게 범주화하기가 불가능하다는 것을 말해준다.

그러므로 마지막으로 한 번 더 말하지만, 이 책의 목적은 감정이란 무엇 '인지'를 규정한다거나 감정이 경험되고 이해되는 방식에 대한 사회학적 설명을 위한 하나의 거대서사를 구성하는 엄청난 작업을 시도하는 것이 **아니다**. 아주 광범위한 분야의 학술문헌들이 감정을 다루고 있다. 그중 주요한 몇몇 분야만 거론하더라도 생리학, 심리학, 정신의학, 역사학, 철학, 사회학, 인류학을 들 수 있다. 나는 이 문헌들을 광범하게 다루고자 시도하지 않는다. 나의 목적은 보다 구체적이고 또 선택적이다. 즉 그것은 감정이 우리의 자아의식 또는 우리의 주체성을 형성하는 데서 중심적인 역할을 수행하는 방식을 탐구하는 것이다. 또한 이 책은 20세기 말의 서구 사회 ─ 주로 영어권 국가와 서유럽 국가들 ─ 라는 맥락에 초점을 맞추어 감정적 자아를 논의한다. 이 책의 주요한 테마 중의 하나는 우리의 감정 개념이 자주 보다 광범한 우리의 자아 개념에서 핵심적 부분을 차지한다는 것이다. 나는 감정을 우리의 삶에 대해 의미를 부여하고 또 우리의 생애사건, 다른 사람, 물질적 인공물, 장소에 대해 특정한 방식으로 반응하는 이유, 즉 우리가 생애동안 특정한 행동유형을 따르는 이유를 설명하는 데 이용한다.

인류 역사에서 현재는 감정적 자아 관념을 연구하기에 매혹적인 시점이다. 왜냐하면 20세기 후반에 친밀성 및 감정표현과 관련한 담론과 전문지식들이 크게 증가해왔기 때문이다. 그간 특히 '심리' 관련 분과 학문들(심리학, 정신의학, 치료요법적 정신분석학)이 감정을 축으로 하여 전문지식 네트워크를 발전시키고, 감정적 반응을 측정·조사하는 것은 물론 사람들에게 그들의 감정을 처리하고 표현하는 최선의 방법에 대해 조언해왔다. 현재 자신의 감정을 확인하고 그것을 다른 사람들과 소통하는 방법, 그리고 다른 사람들의 감정을 이해하는 방법에 관해 쓴 자기계발서적들이 큰 인기리에 팔리고 있다. 이를테면 호주에서 1995년에서 1996년까지 2년에 걸쳐 두 번째로 많이 팔린 책이 미국 심리학자 존 그레이John Gray가 쓴 『화성에서 온 남자, 금성에서 온 여자Men are From mars, Women are from Venus』이다. 이 책은 왜 남자와 여자가 그들의 삶을 공유하기 어렵다고 생각하는지를 설명하고 있다. 이 책은 1997년까지 베스트셀러 도서목록 10위권에 들어 있었다.

매스미디어는 다른 사람들의 감정을 해부하여 전달하고, 감정적 중요성을 갖는 것으로 인식되는 사건들을 보도하고, 그들의 청중으로부터 감정적 반응을 불러일으키는 데 많은 시간을 할애한다. 〈오프라 윈프리 쇼〉와 같은, 텔레비전으로 방송되는 '고백' 토크쇼는 출연자들 — 유명한 사람과 그다지 유명하지 않은 사람 모두 — 에게 자신들의 내밀한 경험과 감정을 상세하게 털어놓을 것을 요구한다. 실제로 그러한 프로그램은 초대 손님이 가장 사적이고 비참한 감정을 털어놓는 것에 의지한다. 만약 마돈나와 같은 유명 초대 손님이 어머니의 죽음이 유발한 고통스런 감정을 자세히 이야기하면서 눈물을 흘리게 할 수 있거나 요크 공작의 전 부인이었던 사라 퍼거슨Sarah Ferguson이 앤드루 왕자와의 왕실결혼에서 겪은 부정不貞 및 파경과 관련한 수치심과 죄책감을 털어놓게 한다면, 더할 나위 없다(이 두 여성은 1996년 〈오프라 윈프리 쇼〉의 초대 손님이었다). 그러한 쇼 무대에서는 감정의 폭로가 시청률을 끌어올리기 위해 상업화되고, 토크쇼 사회자는 오락을 위해 고백신부의 역할을 한다.

마찬가지로 뉴스와 다큐멘터리도 빈번히 오늘날의 감정표현을 놓고 논쟁한다. 뉴스 기사들은 공개 의식儀式이나 국가 지도자의 취임 선서 같은 행사와 올림픽이나 축구 결승전 같은 스포츠 행사가 불러일으키는 감정을 집요하게 묘사한다. 승리 이후 기뻐서 껑충껑충 뛰거나 패배로 절망하여 털썩 주저앉는 엘리트 스포츠맨과 스포츠우먼의 이미지는 스포츠 저널리즘의 흔한 장치이다. 재난이나 비극의 희생자들이 드러내는 감정을 캐내어 언급하는 것은 뉴스 보도의 표준이 되었고, 기자들은 희생자들이 그들의 감정적 고통을 치유하기 위해 심리 카운슬링을 받았다는 진술로 보도를 끝낸다. 이 마지막 진술은 사람들이 그러한 사건들에 의해 감정적으로 심히 악영향을 받는다는 것과 그들이 자신들의 고통을 다루고 해소하는 데서 전문가의 관심과 도움을 필요로 한다는 것을 보여주는 표지가 되었다. 월터, 리틀우드, 피커링(Walter, Littlewood and Pickering, 1995: 585)이 영국의 사망 보도 뉴스에 대해 지적하듯이, 거기에는 "감정 회피가 아니라 감정 고무, 탈개인화가 아니라 개인적인 것의 적극적 보도"가 분명하게 자리하고 있다.

특히 1997년 8월 영국 왕세자비 다이애나Diana가 파리에서 발생한 자동차 사고로 입은 부상으로 갑작스럽게 사망한 이후 매스미디어와 공중은 죽음과 그것을 둘러싼 감정에 커다란 관심을 드러냈다. 전 세계의 텔레비전과 라디오 뉴스 방송국은 정규 프로그램을 중단하면서까지 재빨리 다이애나의 죽음을 뉴스로 내보냈고 그 원인과 결과를 심층 분석했다. 뉴스미디어들은 사건 이후 수주일 동안 계속해서 죽음의 감정적 여파에 대해 엄청난 관심을 기울였다. 사망 이후 일주일 후에 치러진 다이애나의 장례식은 전 세계에 생방송되어 수백만 명이 시청한 미디어 사건이 되었다. 미디어 논평과 이미지들은 왕세자비의 죽음에 대해 영국에서만이 아니라 다른 나라들에서 무수한 사람들이 느낀 감정적 고통 ―충격, 슬픔, 불신, 화 ― 을 되풀이해서 재생시켰다. 미디어는 사람들이 이를테면 켄싱턴 궁전과 다이애나의 옛집에 '헌화', 편지, 솜털로 만든 장난감을 가져다 놓거나 조문록에 서명하기 위해 몇 시간 동안 줄을 서서 기다리는 식으로 자신들의 감정을 표현하는 것에 많은 관심을 기울였다.

지난 몇 년 동안 '리얼리티' 텔레비전은 하나의 인기 있는 미디어 장르가 되었다. '리얼리티' 텔레비전'은 '일반' 사람들이 병원에 입원하는 과정, 구급대원의 도움을 받는 과정, 경찰관에 의해 체포되는 과정, 또는 심지어 결혼에 이르는 과정 등 그들의 실생활 경험들을 상세히 보도한다. 그것은 전세계의 뜨거운 관심을 끌었던, 유명한 미국 흑인 스포츠맨 O. J. 심슨O. J. Simpson의 살인사건 재판과 같은 감각적인 법적 소송을 생방송으로 보도하기도 한다. 1997년 중반에 호주에서 〈홈 트루스Home Truths〉라는 제목으로 방영된 그러한 텔레비전 시리즈의 하나에서, 가족들은 비디오카메라를 제공받고 자신들의 일상생활의 측면들을 필름에 담을 것을 요청받았다. 합성된(편집된) 영상은 그들의 실제 모습뿐만 아니라 홈비디오의 거칠음과 기술적 결점들 모두를 담아낸다. 시청자들은 텔레비전에서 여성이 아이를 출산하는 것, 부모와 아이들이 싸우는 것, 어린아이가 있는 한 커플이 돌연 남편이 해고된 후에 금전 문제에 대처하는 것, 청소년기 소녀가 그녀의 가족이 동유럽에서 이주해온 후 삶에 적응해나가는 것, 한 노인 여성이 양로원에 들어간 이후 자신의 외로움에 대해 이야기하는 것을 본다. 그러한 프로그램의 가장 중요한 구성요소는 참여자가 자신의 감정을 털어놓는 모습을 방영하는 방식이다. 그 주제의 진부함에도 불구하고, 그것에 시청자들을 끌어들이는 것은 감정적 스펙터클이다. 그것의 눈에 보이는 진정성과 진실은 사람들로 하여금 다른 사람들의 문제와 기쁨에 공감하게 한다. 이처럼 현재 감정표현과 관련한 담론이 분명 급격히 증가하고 있다. 그리고 여러 관행과 제도들, 즉 다른 사람들이 감정을 경험하고 드러내는 방식에 대한 거의 관음증적인 강렬한 관심, 그리고 공적 포럼과 사적 포럼 모두에서 감정을 털어놓도록 조장하는 분위기는 이러한 상황을 뒷받침해준다.

이 책에서 사용하는 중심적인 이론적 관점은 사회구성주의의 한 형태이다. 나의 관점은 담론(언어에서 현상을 표현하는 방식들의 유형)에 대한 후기구조주의적 관심에 의해 이끌리면서도 또한 감정의 감각적인 육체화된 측면들에 대해 주목할 필요가 있다는 인식에 의해 일정 정도 완화된 형태의 사회구성주의적 관점이다. 나는 이 책에서 '감정적 자아'의 현상학적 측면들, 그러니까 개인들이 그들의 감정 체험에 대해 생각하고 표현하고 의미를 부여하는 방식과 함께 그러한 '세계 내 존재being-in-the-world' 상태의 사회문화적·역사적 토대를 탐구한다. 나는 감정적 자아가 현대 서구 사회에서 개념화되고 구현되는 방식에 관심을 기울일 뿐만 아니라 그것의 선조들을 탐구한다. 왜냐하면 우리가 감정에 대해 사고하고 말하고 경험하는 방식은 시간이 경과하며 구축된 의미층들의 산물이기 때문이다. 나는 그러한 분석을 통해 우리가 주체성과 육체화를 이해하는 방식과 관련하여 당연한 것으로 간주되는 가정을 깨고, 그러한 가정이 발전하고 재생산되는 조건을 규명하고자 한다(Rose, 1996: 41).

제1장에서 나는 인문학과 사회과학 문헌에서 드러나는 감정에 대한 두

가지 주요한 관점, 즉 '생득적인 것으로서의 감정' 관점과 '사회문화적 산물로서의 감정' 관점을 검토한다. 이 장에서 나는 사회구성주의적 접근방식, 특히 사회구성주의의 몇몇 형태들이 감정의 담론적 성격에 기울인 주의를 개관하는 데에 역점을 둔다. 왜냐하면 내가 앞서 지적했듯이, 이것이 이 책의 주요한 관심사이기 때문이다. 하지만 매우 상대주의적인 몇몇 사회구성주의자들과는 달리, 나는 감정이 언어 속에만 존재한다고 주장하는 데까지 나아가지 않는다. 나는 실제로는 제1장에서 감정에 대한 후기구조주의적 이론화를 위해 "몸 되돌려 놓기"를 역설한다.

제2장에서는 감정에 대한 일반인들의 설명 속에서 회자되는 몇몇 지배적 담론들을 규명한다. 이 장에서의 논의는 이 책을 위해 내가 직접 수행한 경험적 연구에 기초해서 이루어진다. 41명으로 이루어진 집단이 일대일의 반*구조화된 면접에 참여하여 그들 자신의 감정경험과 감정에 대한 믿음에 대해 이야기했다. 나는 이 장에서 그들이 감정의 정의, '감정적임'과 '감정적 인간'의 개념, 감정관리, 사람들 간의 감정 스타일의 차이, 젠더와 감정표현, 감정의 육체화, 감정과 건강상태의 관계와 같은 문제들을 설명하는 데서 되풀이하여 사용한 담론과 은유를 분석했다.

제3장과 제4장에서는 제2장의 논의에 근거하여 감정에 대한 현대 담론들이 생산·재생산되는 보다 광범한 사회문화적·역사적 맥락이 심도 있게 탐구된다. 제3장에서 나는 현대 서구 사회를 지배하고 있는 몸과 자아에 관한 관념들을 살펴볼 뿐만 아니라 그러한 관념들의 선조에 대해 고찰하고 또한 그러한 전통 내에서 감정 개념이 차지하는 위치를 탐색한다. 특히 제3장에서는 내가 앞서 언급한 두 가지 경쟁하는 감정 담론 — 즉 감정을 파괴적이고 혼란스러운 것으로 설정하고 몸/자아에 대한 통제력 상실의 증거

로 보는 담론과 감정을 자기진정성, 인간성, 자기표현의 원천으로 제시하는 담론 —의 특성을 규명하고 논의하는 데 집중한다. 이 장에서 나는 또한 현재 감정적 자아에 '작용하는' 개념들과 이 자아프로젝트에서 '심리' 관련 학문들과 친밀성 및 고백의 관념이 수행하는 역할을 정교화한다. 제3장은 감정과 건강과 관련한 믿음과 담론에 대한 논의를 더욱 진전시키는 것으로 끝맺음된다.

제4장은 제2장에서 소개한 젠더 및 감정표현과 관련한 문제를 보다 상세하게 다룬다. 제4장은 '감정적 여성'과 '비감정적 남성'의 전형적인 특징들을 그것들이 서구 사회에서 발전해온 방식과 오늘날의 젠더화된 경험에 대해 그것들이 갖는 함의와 함께 고찰한다. 이 장에서는 특히 여성적 육체화와 남성적 육체화의 상징적 성격과 젠더화된 감정의 정신역학적 차원에 초점을 맞춘다. 제4장에서는 또한 친밀한 관계에서의 감정노동과 현재 일고 있는 남성 감정성의 '여성화' 추세에 대해서도 논의한다.

제5장에서 나는 우리가 대상과 장소에 대해 갖는 감정적 관계라는 주제를 다룬다. 이 장은 상품의 소비에서 감정이 수행하는 역할에 대한 일반적 논의에서 시작하여, 그 다음으로 보다 구체적으로 전유appropriation — 또는 하나의 대상이 일상적 사용전략들을 통해 자아를 신장시키게 되는 과정 — 에 초점을 맞춘다. 나는 대상에 대한 감정 투여가 자주 전유의 결과라고 주장한다. 따라서 나는 대상이 특정한 장소와 관련한 감정 및 감정들의 매개체로 기여할 수 있는 방식을 특히 '집'의 문화적 의미와 관련하여 논의한다. 제5장은 여가활동의 감정적 차원을 검토하는 것으로 끝맺음된다. 결론에 해당하는 짧막한 장에서 나는 이 책의 주요 테마와 연구결과들을 재검토하고 감정적 자아 개념의 복잡성에 대해 논평한다.

1
감정을 통해 사고하기: 이론적 관점들

이 장에서는 인문학과 사회과학에서 감정이 개념화되고 연구되어온 몇몇 주요한 방식을 논의한다. 이는 부분적으로는 그간 내가 나 자신의 연구를 수행해온 이론적 입장을 위치짓는 데 도움을 준다. 감정에 대한 접근방식들을 개관하고자 하는 어떠한 시도도 문헌들 속에서 드러나는 얼마간의 불명료성과 개념적 혼란 때문에 큰 어려움을 겪는다. 이를테면 유사한 접근방식에 심리학에서는 사회학이나 인류학과는 다른 이름을 부여하기도 한다. 그리고 심지어 그러한 분과 학문들 내에서조차 다양한 접근방식들을 어떻게 분류하고 범주화할지에 대해 합의를 보지 못하고 있다. 그럼에도 불구하고 인문학과 사회과학 문헌에서 두 가지의 광범한 경향을 식별하는 것은 가능하다. 여기서는 나는 나의 목적을 위해 그것들을 '생득적인 것으로서의 감정'과 '사회적으로 구성된 것으로서의 감정'으로 지칭한다.

하지만 나는 내가 이러한 제목하에 묶어온 접근방식들이 두 개의 별개의 범주라기보다는 오히려 하나의 연속성을 이루고 있으며 또 둘은 상당 부분 중첩되어 있다는 점을 강조해두고자 한다.

이 장은 이 두 관점 내의 이론과 연구들을 논의하는 것으로 시작한다. 더 많은 시간이 사회구성주의적 입장과 그것의 다양한 이형들을 기술하는 데 할애된다. 왜냐하면 이 책에서 나머지 논의의 토대를 이루는 것이 바로 이 접근방식이기 때문이다. 하지만 내가 지적하듯이, 감정에 대한 너무나도 상대적인 접근방식을 취해 그것의 감각적인 육체화된 속성을 무시하지 않는 것이 중요하다. 이 장은 감정적 자아가 어째서 항상 육체화된 자아이기도 한지를 분석하는 것으로 끝맺음된다. 그 이유는 우리가 불가피하게 몸을 통해 감정을 구성하고 체험하고 이해하기 때문이다.

생득적인 것으로서의 감정

베드포드(Bedford, 1986: 15)가 '전통적인 감정이론'이라고 칭해온 이론의 대변자들에게 감정은 하나의 내적 느낌 또는 그러한 느낌을 수반하는 하나의 경험이다. 그러한 이론은 일반적으로 사회적·문화적 특징들이 다양한 방식으로 감정표현을 틀 지을 수 있다는 것을 인정하지만, 감정적 자아의 중심에는 모든 인간이 가지고 태어나는 일단의 기본 감정이 있다는 믿음을 견지한다. 그러한 입장은 비록 그러한 감정들의 표현이 사회에 따라 다를 수 있다는 점을 받아들이기는 하지만, 그것이 그러한 감정들이 항상 선재한다는 사실을 손상시키지는 않는다고 본다. 그러므로 감정상태는 개인의 내부에 위치지어진다. 감정은 유전적으로 각인되고, 따라서 학습되기보다는 유전된다. 이러한 관점 ― '전통적' 접근방식뿐만 아니라 때로는 '실증주의적'·'본질주의적'·'유기체론적' 접근방식이라고도 불리는 ― 에 입각한 연구는 일반적으로 감정의 해부학적 또는 유전적 토대를 규명하고, 감정이 어떻게 신체 변화와 연결되어 있는지를 보여주고, 인간의 생존과 사회적 상호작용에서 생득적 감정이 수행하는 기능을 탐구하거나 모든 인간집단에 공통적인 감정은 무엇인지를 찾는 것과 같은 작업을 수행한다.

 '생득적' 관점의 일부 옹호자들은 감정상태를 일단의 주어진 자극에 대한 생리적 반응으로 간주한다. 이를테면 "달아나기 또는 싸우기"는 두려운 상황에 대한 반응이다. 이러한 견해에서 볼 때, 감정은 자극에 대한 반응으로 발생하는 (달아오름, 창자의 움찔거림, 목뒤의 머리칼 곤두서기와 같은) 육체화된 감각 또는 감각들의 집합과 동일하다. 이 입장에 따르면, 사람들은 이를테면 화를 불러일으키는 상황에 반응하여 화가 나고, 그러한 화라는 감정이 사람들로 하여금 그러한 상황에 대처하여 자신들을 보호할 수 있게 해주는 신체적 감각을 유발한다. 이러한 관점에서 쓰인 많은 저술들은 어떤 감정이 유발한 신체적 감각은 '본능적 반사작용'이기 때문에(비록 그 후 그것에 따라 행동하게 되는 정도가 의식적인 의지력에 의해 조정될 수도 있지만) 상대적으로 통제할 수 없는 것이라고 암시한다. 한 의학 백과사전의 필자는 다음과 같이 지적한다.

문명은 자기통제를 요구하고, 자기통제는 감정이 명령하는 대로 행동하지 않도록 학습하는 것이다. 이것조차 항상 누구나 관리할 수 있는 것이 아니다. 그리고 감정에 대한 반사적 신체반응은 거의 통제할 수 없다. 어떤 사람이 화가 날 때 누군가의 코에 펀치를 날리지 말라고 배울 수 있지만, 경기 중에 그의 맥박이나 그가 인지조차 못 하는 많은 내부 조절기능을 멈출 수는 없다(Wingate, 1988: 166).

이 인용문이 암시하듯이, '생득적인 것으로서의 감정' 관점의 많은 옹호자들에게서 감정은 사고와 이성보다는 충동의 지배를 받는, 인간 발달에 남아 있는 동물적 유산의 일부로 간주된다. 찰스 다윈Charles Darwin의 감정이론은 이러한 개념화에 크게 영향을 미치고 있다. 그는 감정을 동물과 인간 모두에 공통적이며 선천적인 본능적 충동을 포함하는 원시적인 생리적 각성상태에 기초하는 것으로 바라본다. 다윈은 1872년에 『인간과 동물의 감정표현The Expression of the Emotions in Man and Animals』이라는 제목의 책을 출간했다. 그 책에서 다윈은 하등동물부터 인간에 이르기까지에서 신체적으로 표현되는 감정표현의 연속성을 확증하고자 했다. 그는 감정은 생존에 중요한 역할을 수행하는 것으로 이론화했다. 감정은 주변환경의 위협과 위험에 대해 반응하는 것은 물론 미래의 행위나 의도를 미리 알림으로써 그렇게 한다.

신경생리학적 접근방식은 미시 수준의 인간해부학에 초점을 맞춤으로써 이러한 개인주의적·생물학적 관점을 취한다. 신경생리학적 감정 모델은 심리학의 성립 이후 관찰 가능한 현상들을 연구함으로써 심리학을 하나의 과학으로 인정받고자 하는 심리학자들의 노력을 뒷받침하면서, 심리학적 연구를 크게 지배해왔다(Gergen, 1995). 이러한 접근방식에 근거한 연구는 두뇌작용에 초점을 맞추면서, 자주 (쥐와 고양이 같은) 동물 모델들을 이용하여 인간의 지각과 생리적 반응을 이어주는 생물학적 요소들을 규명하는 데 주력한다. 뇌의 특정 부분들이 서로 다른 유형의 감정의 원천으로 규명되었다. 예를 들면 대뇌의 변연계는 '원시적' 또는 '본능적' 감정(이를 테면 공포와 혐오)을 관장하고, 전두피질은 '분별적' 감정(달리 말하면 질투 나 당혹감처럼 경험과 문화적 인식에 의해 매개되는 것으로 인식되는 감정)을 관장한다. 이를테면 남성과 여성의 뇌를 영상기법으로 비교하여 남성과 여성의 뇌기능 차이, 그리고 그러한 해부학적 특징과 감정표현에서 나타 나는 젠더 차이의 관계를 규명하고자 하는 연구가 수행되어왔다(Douglas, 1996). 다른 연구는 뇌기능장애 또는 뇌의 부분들의 여타 손상이 감정표현 에 어떻게 영향을 미칠 수 있는지를 밝히고자 하기도 했다. 또한 신경학적 연구에서는 뇌의 다양한 부분들에 자극을 전달하는 데 관여하는 화학물질 들이 어떤 경로를 통해 감정적 반응을 자극하는지를 규명하는 데 열중한 다(이러한 유형의 연구의 실례들로는 Strongman, 1992에 실려 있는 몇몇 장들을 보라).

'진화심리학'이라고 불려온 분야의 최근 저술들은 다윈이 인간생존에서 감정이 수행하는 역할로 강조했던 것들을 재정식화해왔다. 그러한 문헌들 은 자연선택을 통한 인간진화가 사회적 협력과 (애정, 감사, 신뢰를 비롯한) 상호 이타적 성향을 증진시키는 것으로 알려진 유전자형을 촉진한다고 시 사한다. 또한 그러한 문헌들에 따르면, 불안이나 화와 같은 불쾌한 감정이 생존을 강화하기도 한다. 이를테면 공포와 그와 연관된 '달아나는' 행동은 개인이 위험의 원천으로부터 벗어나고자 하는 행위로 인식되는 반면, 화 는 욕구충족을 가로막고 있는 장벽을 파괴하고자 하는 것으로 파악된다 (Plutchik, 1982: 546). 따라서 감정은 기능적인 것으로, 즉 "환경이 초래한 다 양한 생존 관련 문제에 대한 [기능적인] 전신全身반응"으로 묘사된다(Plutchik, 1982: 548).

이러한 접근방식을 채택하고 있는 몇몇 이론가들은 감정을 체계화하려는 시도를 해왔다. 이를테면 플루치크(Plutchik, 1982)는 자신이 '구조적 심리진화' 감정이론이라고 칭한 것을 시도한다. 그는 감정을 "어떤 자극에 대한 추론에 근거한 일련의 복잡한 반응"으로 정의하고, 그것에는 "인지적 평가, 주체적 변화, 자율신경적·신경적 각성, 행동충동, 그리고 (복잡한 결과를 유발하는 자극에 영향을 미치기 위해 기획된) 행동"이 포함된다고 본다(Plutchik, 1982: 551). 플루치크는 "모든 감정의 (단독으로 또는 결합하여) 원형을 이루는 8개의 적응적 반응이 존재한다"고 주장한다. 그는 그러한 반응으로 (음식 또는 새로운 자극의) 체내화, 거부(해로운 것으로 보이는 것의 격퇴), 보호, 파괴, 재생산, 재통합(중요한 것으로 간주되는 것의 상실에 대한 반응), 지향, 탐구를 들고 있다. 그는 이것들 모두는 생존과 관련한 적응적 행동유형이며 거기에는 그러한 행동유형에 상응하는 일단의 '원초적' 감정들 — 무아경, 경계, 경배, 공포, 경악, 비통, 혐오, 격분, 화, 불쾌감, 싫증, 지루함, 슬픔, 수심, 놀람, 심란, 두려움, 불안 — 이 존재한다고 주장한다.

평가와 감정: 인지이론

사회심리학자와 행동심리학자 그리고 철학자들에게서 주로 발견되는, 감정에 대한 인지이론적 관점은 몇몇 다른 '생득적' 접근방식보다 생물학적 본질주의의 입장을 덜 취한다. 이 접근방식의 주창자들은 모든 인간에게 보편적인 몇몇 감정이 존재하며 감정은 생리학에 그 토대를 두고 있다고 확신하면서도, 감정적 행동이 상황에 대한 판단과 평가를 통해 중재되는 정도를 규명하고자 해왔다. 인지적 접근방식은, 인간은 자신이 어떤 감정상태에 있는지를 결정할 때 자신이 느끼는 신체적 감각에 준거하여 판단한다고 주장한다. 이 접근방식은 초기 심리학자 윌리엄 제임스William James의 저서 『심리학의 원리The Principles of Psychology』(초판 1890년 출간)에 실려 있는 글들에 기반을 두고 있다. 제임스는 감정은 특정 사건에 대해 몸이 처음으로 반응하는 감각(또는 일단의 감각)에서 생긴다고 주장했다. 바로 그러한 신체적 감각이 인지적으로 평가되어 하나의 특정한 감정으로 이름 붙여진다. 제임스에 따르면, "우리가 슬픈 까닭은 우리가 울기 때문이고, 우리가 두려워하는 까닭은 우리가 떨기 때문이다"(Gergen, 1995: 8에서 인용함). 그러므로 이 관점에서 볼 때, 신체적 반응은 감정에 **선행하는** 것으로 인식되고, 상황에 대한 판단에 입각하여 특정한 방식으로 해석된다. 이것은 내가 앞서 기술한 관점들, 즉 감정이 신체적 반응을 **유발한다**거나 신체적 감각과 **동일하다**는 전제로부터 시작하는 관점들과는 분명하게 다른 접근방식이다.

따라서 인지이론가들은 신체반응, 맥락, 개인의 감정인지 간의 관계에 관심을 기울인다. 그들은 특히 환경조건들이 평가되어 특정한 감정적 반응으로 이어지는 방식에 초점을 맞춘다. 그러나 그러한 평가는 또한 개인의 경험에 의해, 그리고 그 개인이 속한 사회문화체계의 감정표현과 관련한 규범에 의해 규제되기도(통제되거나 자발적으로 강화되기도) 한다. 이러한 평가 과정은 특정 사건이 자신 또는 자신의 웰빙에 어떻게 영향을 미칠 수 있는지에 대한 개인의 인식과 관련되어 있는 것으로 제시된다. 그러므로 평가는 사회화의 산물로 간주될 수도 있다. 왜냐하면 한 문화에서 어떤 개인이 상황을 평가하는 방식은 다른 문화에서 다른 사람이 평가하는 것과 다를 수 있기 때문이다. 하지만 평가에 반응하여 산출된 생리학적 반응은 일반적으로 문화와 시간을 초월하는 고정된 것, 그리하여 보편적인 것으로 간주된다. 즉 가변적인 것은 바로 맥락에 대한 해석이다.

심리진화론적 관점처럼 인지적 접근방식도 감정을 기능적인 것으로, 즉 대처반응으로 바라보는 경향이 있다. 이를테면 메스키타와 프리지다(Mesquita and Frijda, 1992: 180)는 평가 과정을 기능적 측면에서 "긍정적 또는 부정적 유의성誘意性, 어떤 다른 사람 또는 자신과 갖는 인과관계, 비난 가능성, 결과의 불확실성, 통제 가능성, 수정 가능성과 같은 일단의 차원들에 의거한 일련의 점검"으로 묘사한다. "그러한 일련의 점검은 특정 사건이 갖는 감정적 중요성을 말해준다." 그들은 계속해서 다양한 감정들이 어떻게 개인들에게 '행위'를 준비하여 상황에 대해 특정한 방식으로 대응하게 하는지를 진술한다. 이를테면 공포의 경험은 사람들에게 자신을 위험으로부터 보호하게 한다.

폴크먼과 라자루스(Folkman and Lazarus, 1988: 310)는 화와 행복감을 예로 들고 있다. 그들은 화를 보통 주변환경이 자신에게 초래한 손해 또는 위협에 대한 평가를 포함하는 것으로 파악하고, 행복감은 "특정한 사람-환경 상태가 자신에게 이롭다"는 평가를 포함하는 것으로 기술한다. 그들은 두 가지 인지적 평가 유형을 정의한다. 1차적 평가는 "이 만남에서 내가 어떤 위험에 처해 있는가?"라는 질문을 포함한다. 이 질문은 감정적 반응의 성격과 강도에 영향을 미친다. 2차적 평가는 "나는 무엇을 할 수 있는가?"라는 질문의 형식을 취한다. 폴크먼과 라자루스에 따르면, 두 번째 질문에 대한 대답은 상황의 요구에 대처하기 위해 사용될 대처전략에 영향을 미친다. 상황을 변화시킬 수 있다고 판단할 경우, 문제에 초점을 맞춘 대처전략이 이용될 가능성이 큰 반면, 결과를 변화시킬 수 없다고 판단할 경우, 감정에 초점을 둔 대처전략이 사용될 가능성이 더 크다(Folkman and Lazarus, 1988: 310).

인지이론가들이 제시한 대부분의 감정 모델은 여전히 감정을 생리적 각성상태로 취급하는 경향이 있다. 인지적 접근방식이 감정상태와 관련한 사회규범과 맥락을 고려하기는 하지만, 그것은 감정과 사고 간을, 또는 느낌 내지 신체적 감각과 그러한 느낌 또는 감각의 '감정'으로의 해석 간을 과도하게 인위적으로 구분한다고 비판받아왔다. 이렇듯 그러한 설명에는 감각이라는 '사적'인 개인적 세계와 관찰, 지성, 계산이라는 '외부' 세계를 대비시키는 경향이 있다(Jaggar, 1989: 149~150). 인지적 접근방식은 또한 감정이 경험되는 방식에 대해 너무나도 단선적이고 합리주의적인 관점을 견지한다고 비판받을 수도 있다. 그러한 문헌들 중 일부에서 감정을 묘사하는 방식들은 감정을 얼마간 메마른 실체로, 다시 말해 컴퓨터가 수행하는 일련의 논리적 정보 처리의 결과로 제시한다. 그러한 설명들은 권력관계, 역사적 조건 또는 개인들의 사회집단 성원의식을 포함하여, 감정의 의미가 발전되는 사회문화적 맥락의 세부사항에 거의 어떠한 의미도 부여하지 않는다. 오히려 감정은 주로 이기적인 원자적 개인들의 경험으로 취급된다.

사회문화적 구성물로서의 감정

내가 인문학과 사회과학에서 확인한 바에 따르면, 감정에 대한 또 다른 주요한 접근방식은 사회구성주의적 관점을 채택하고 있다. 감정을 사회적으로 구성된 것으로 묘사하는 것은 감정이 사회적·문화적 과정을 통해 항상 경험되고 이해되고 이름 붙여진다는 것을 의미한다. 그러므로 사회구성론자들은 정도의 차이가 있기는 하지만, 감정을 유전된 행동이나 반응이라기보다는 학습된 것으로 보는 경향이 있다. 일반적 수준에서 사회구성론자들은 감정과 관련한 규범과 기대가 특정한 사회문화적 환경 속에서 생산되고 재생산되며 작동하는 방식, 그리고 감정경험과 감정표현이 자아와 사회적 관계에 대해 갖는 의미를 규명하고 추적하는 데 관심을 기울이는 경향이 있다.

하지만 감정에 대한 사회구성주의적 접근방식 내에는 초점과 논조가 다른 다양한 관점들이 존재한다. '약한' 또는 덜 상대주의적인 사회구성주의 테제는 생물학적으로 주어진, 따라서 사회문화적 영향 및 학습과는 무관하게 존재하는 몇몇 종류의 '선천적인 감정적 반응'이 존재한다는 것을 인정한다(Armon-Jones, 1986: 38). 그러므로 이 '약한' 테제의 지지자들은 내가 '생득적인 것으로서의 감정' 관점하에 속하는 것으로 분류해온 많은 연구자들보다 감정경험과 감정인식의 사회적·문화적 측면에 더 많은 관심을 기울임에도 불구하고, 그러한 연구자들과 일정한 공통점을 가지고 있다(그리고 이것이 바로 둘 간의 구분을 모호하게 하는 경향이 있는 지점이기도 하다).

이 '약한' 테제의 지지자 중의 한 사람이 사회학자 시어도어 켐퍼Theodore Kemper이다. 그는 감정이 "우리의 진화적 성격에 뿌리를 두고" 있지만 그것 역시 "불가피하게 사회적"일 수밖에 없다고 주장하고, 계속해서 "순수하게 내적인 또는 맥락과 무관한 감정은 존재하지 않는다"고 단언한다(Kemper, 1991: 301). 켐퍼(Kemper, 1987)는 그 자신의 연구에서 생리기능에 근거하는 네 가지 '1차적' 감정 — 공포, 화, 우울, 만족/행복 — 을 규명했다. 그는 이들 감정이 모든 인간에게 보편적인 것으로, 인간발전에서 아주 초기에 나타난 것으로, 그리고 진화 과정에서 출현한, 인간 생존에 유용성을 지니는 것으로 파악한다. 켐퍼(Kemper, 1987)는 죄책감, 수치심, 자부심, 감사, 사랑, 향수와 같은 감정을 '사회화 기관'을 통해 획득된 '2차적' 감정으로 기술한다. 그는 '1차적' 감정은 '사회화 기관'을 통해 일정한 방식으로 변화되어 '2차적' 감정이 된다고 주장한다. 그러므로 켐퍼는 죄책감을 (부적절한 행동에 대한 처벌에 따른) '사회화된' 공포의 한 형태로 인식하는 한편, 수치심은 '사회화' 되어진 (자아가 갖는) 화로, 그리고 자부심은 '사회화된' 만족이라고 본다.

사회구성주의적 접근방식의 '강한' 테제에서는 감정은 전적으로 사회화를 통해 학습되고 구성된, 환원할 수 없는 사회문화적 산물이다. '강한' 테제 지지자들에게 감정상태는 전적으로 맥락적이며, 별개의 실체로 물화될수 없다. 감정은 연구자들에 의해 연구되기를 기다리는, 타고나거나 선재하는 것이 아니다. 강한 테제 지지자들은 또한 우리가 내적 상태, 사고, 행동 같은 일단의 현상들에 하나의 '감정'이라는 이름을 붙이기 위해 사용하는 단어들도 일반적으로 특정한 상황과 관련하여 선택된 것이며, 자주 이유와 행위를 합리화하기 위해 사용된다고 주장한다. 그들에 따르면, 감정과 관련된 의식은 바로 이러한 인식, 느낌, 행동이 상황논리 및 원리와 결합되면서 출현하기 시작한다(Griffiths, 1995: 100). 따라서 감정은 개인적 현상이라기보다는 사람들 간의 관계 속에서 구성되는 상호주관적 현상으로 간주된다.

이 관점의 지지자들은 감정을 개인의 측면에서 행해지는 적극적 지각, 동일시, 관리를 포함하는 자기성찰적인 것으로, 그리고 실제로 그러한 성찰성을 통해 창조되는 것으로 파악한다. 루츠(Lutz, 1985: 65)는 감정을 "문화적으로 구성된 판단, 즉 사람들이 자신들이 처한 상황을 이해하기 위해 이용하는 문화적 의미체계의 한 측면으로 기술한다. 따라서 감정은 역동적인 것으로, 즉 그것이 산출되고 재생산되고 표현되는 역사적·사회적·정치적 맥락에 따라 변화할 수 있는 것으로 간주된다. 그리하여 이 관점은 감정현상이 보다 광범한 사회적·정치적 함의를 갖는 서로 다른 의미를 부여받는 방식에 주목한다.

'강한' 사회구성주의적 접근방식의 지지자 중에서 가장 다작을 한 인물중 한 사람이 사회심리학자 롬 하레Rom Harré이다. 그는 다음과 같이 주장해왔다. "'하나의 감정' 같은 것은 전혀 존재하지 않는다. 단지 감정적으로 행동하고 느끼는 다양한 방식, 즉 자신의 판단, 태도, 의견을 적절한 육체적 방식으로 표현하는 다양한 방식만이 존재한다"(Harré, 1991: 142; 또한 Harré, 1986도 보라). 따라서 그는 하나의 감정은 그 자체로는 하나의 실체가 아니라고, 즉 신체적 표현 및 감정표현과 별개로 존재하지 않는다고 암시한다. 하레는 감정의 도덕적 의미를 역설한다. 이를테면 '화'라는 감정과 관련하여 다음과 같이 주장한다.

우리는 '화'를 물화함으로써 화를 어떤 사람 내부에 존재하면서 우리가 행하는 것에 눈에 보이지 않고 귀에 들리지 않게 영향력을 행사하는 어떤 것이라고 잘못 생각할 수도 있다. 그러나 화가 난다는 것은 특정한 경우에 화가 난 역할을 취함으로써 어떤 도덕적 입장을 표현하는 것이다. 그러한 역할은 적절한 공적 행동을 하는 것일 뿐만 아니라 적절한 감정을 느끼는 것일 수도 있다. 신체적 느낌은 자주 스스로에게 자신의 도덕적 입장을 육체적으로 표현하는 것이다(Harré, 1991: 142~143).

이 기술에도 역시 자기평가가 함축되어 있다. 즉 하레는 개인들은 '자연발생적으로' 감정을 느끼고 표현하지 않는다고 암시한다. 사람들은 어떤 감정을 '가지는' 것이 아니라 어떤 감정을 '실행한다.'

문화인류학자들은 소규모 비서구 문화에 역점을 두어 감정표현과 감정인식에 대한 비교문화적 연구를 수행함으로써 '강한' 사회구성주의적 프로젝트에서 중요한 역할을 수행해왔다. 그러한 연구는 문화를 초월하는 보편적 감정은 존재하지 않는다는 것을 입증하는 데 주안점을 둔다(이러한 문헌들을 개관하고 있는 것으로는 Heelas, 1986을 보라). 따라서 그것은 감정이 서로 다른 문화적 환경에서 다양한 방식으로 이해된다는 점을 강조함으로써 '감정' 범주의 취약성을 지적한다. "감정은 문화를 초월하는 불변의 것이라는 널리 퍼져 있는 가정이 여기서는 감정에 대한 하나의 문화적 담론이 어떻게 다른 문화적 담론으로 번역될 수 있는지의 문제로 대체된다"(Lutz, 1988: 5). 루츠(Lutz, 1988)는 자신들의 문화보다는 다른 문화들을 연구하는 인류학자들이 그러한 '생소한' 문화에서 사람들의 감정적 삶을 확인하고 이해하고자 할 때 처하는 곤경은 그들의 도덕체계를 이해하는 데 따르는 어려움과 연관되어 있다고 지적한다. '생득적' 접근방식과는 달리, 감정의 표현이 단순히 모든 인간이 공유하는 하나의 공통의 감정 풀pool에서 그것을 끌어내는 문제가 아니라고 가정될 때 연구과제는 "진정하고 바람직한 그리고 적절한 감정"에 대한 문화적 견해와 그러한 감정의 표현을 규명하는 쪽으로 방향을 전환하게 된다(Lutz, 1988: 8).

감정 사회사가들도 유사한 접근방식을 취해왔지만, 그들은 문화를 초월해서라기보다는 서로 다른 역사적 시기 동안에 감정과 관련한 관례들이 어떻게 변화해왔는지에 주목해왔다. 이를테면 스턴스(Stearns, 1995)는 지난 두 세기 동안 영미사회에서 경제적 요구, 종교적 기대 그리고 인구학적 변화에 반응하여 슬픔이 어떻게 몇 번의 재정식화를 거쳐왔는지를 보여주었다. 그에 따르면, 슬픔은 19세기 이전에는 경시되는 경향이 있었지만, 빅토리아시대에는 강박적이 될 정도로 지배적 감정의 하나가 되었다. 19세기 후반기경에는 애도의례가 번성하였고, 슬픔과 비애가 대중문화와 사적 편지 그리고 일기에서 주요한 주제가 되었다. 하지만 20세기 첫 몇 년경에 슬픔의례를 "통속적이고 불건전한" 것으로 보고 그것에 등을 돌렸음을 보여주는 증거가 있으며, 부모들은 자식들에게 슬픔의 기색을 드러내지 말라는 조언을 받았다. 스턴스는 그러한 변화를 19세기 후반에서 20세기 초 몇 십 년 사이에 사망률, 특히 유아사망률이 극적으로 줄어든 것과 연계시킨다. 그는 20세기 초에 슬픔·애도의례를 장기간 거행할 수 없게 된 것은 계속해서 진전되고 있던 산업화의 요구 때문이었다고 주장한다. 종교적 확신이 쇠퇴한 것과 감정적 격함을 용인하던 것에서 감정적 자제를 지향하는 쪽으로 나아간 것 또한 슬픔 문화를 약화시켰다.

이러한 사회사가들은 특정 문화들 내에서 시간이 경과하며 감정 관념이 어떻게 변화했는지에 대한 귀중한 통찰을 제공한다. 사회사가들은 현재 감정적 행동 및 감정의 존재론과 관련하여 당연한 것으로 간주되는 가정들의 상황성을 강조하고, 감정과 감정경험에 관한 관념들의 변화와 연관된 보다 광범한 사회적·경제적 변화를 규명하는 것이 갖는 중요성을 지적한다.

감정과 권력: 구조주의

구조주의는 감정사회학의 지배적 관점의 하나이다. 구조주의적 관점은 감정평가와 감정적 반응 간의 연관성을 연구하는 데 몰두한다는 점에서 인지적 관점과 유사하지만, 그것보다 훨씬 더 나아가 감정이 경험되고 이해되는 맥락이라는 거시사회적 측면들에 주의를 집중한다. 하지만 이 관점의 대표적 인물 가운데 많은 사람들이 적어도 몇몇 감정들에는 보편적인 생물학적 토대가 존재한다는 관념을 여전히 지니고 있으며, 따라서 '강한' 사회구성주의적 입장보다는 '약한' 사회구성주의적 입장을 채택하고 있는 것으로 기술될 수 있다. 그들은 자주 기능주의적 노선을 취하여 감정이 인간의 생존을 지원한다고 본다. 이를테면 혹실드Hochschild는 감정을 다음과 같이 정의한다. 감정은 "생물학적으로 주어진 하나의 감각이다. 다른 감각들 — 청각, 촉각, 후각 — 과 마찬가지로, 그것은 우리가 우리와 세계의 관계를 인식하는 하나의 수단이고, 따라서 집단생활을 하는 인간의 생존에 결정적이다"(Hochschild, 1983: 219).

구조주의적 관점에서 감정은 사회제도, 사회체계, 권력관계에 의해 틀지어지는 것으로 간주된다. 이 접근방식은 개인의 감정상태가 젠더 또는 사회계급과 같은 사회체계 속에서 그들이 차지하는 지위와 사회집단의 성원의식과 직접 관련되어 있다고 파악한다. 구조주의의 항목하에 분류할 수 있는 보다 급진적인 저술가들은 마르크스주의적 관점을 채택하여, 감정경험에 함축되어 있는 사회불평등을 비판한다. 마르크스Marx는 프롤레타리아 성원들에서 드러나는 권태, 분노, 비통, 절망의 감정을 그들의 억압적인 삶과 노동조건의 결과라고, 그리고 그들의 빼앗긴 노동산물로부터의 소외를 자본주의 경제체계의 일부라고 맹렬히 비난했다. 마르크스와 엥겔스Engels는 『공산당선언Manifesto of the Communist Party』에서 다음과 같이 주장한다. "[프롤레타리아들]은 부르주아 계급과 부르주아 국가의 노예일 뿐 아니라, 시시각각 기계에 의해, 감독자에 의해, 무엇보다도 개별 부르주아 제조업자에 의해 노예화되고 있다. 이러한 전제정치가 이익이 그것의 목표이자 목적임을 드러내놓고 선언할수록 그것은 더욱 인색해지고 더욱 증오스러워지고 더욱 적개심을 불러일으킨다"(Marx and Engels, 1848/1982: 41~42).

초기 사회학자 에밀 뒤르켐Emile Durkheim 역시 감정에 관심을 가졌지만, 그는 비판구조주의 또는 '갈등'구조주의적 관점보다는 기능구조주의적 관점을 취하고 있다. 그는 종교에 관한 저술들, 특히 『종교생활의 기본형태 The Elementary Forms of the Religious Life』(1912/1961)에서 의례에서 사회규범이 갖는 중요성을 언급했다. 뒤르켐은 그러한 의례를 통해 감정이 창출되고, 다시 그러한 감정이 사회적 유대를 한층 강화하여 집합적 연대를 산출하는 데 기여한다고 주장했다. 그는 그러한 종류의 감정을 '집합적 흥분'이라고 칭했다. 그의 연구는 사회질서가 단지 '합리적' 사고나 이성에 의거한 행위를 통해 유지되는 것이 아니라 근본적으로는 집단 수준에서 발전되는 감정적 결속에 의해 뒷받침된다고 시사한다.

구조주의적 연구의 관심 영역들 중의 하나가 수치심, 죄책감, 당혹감과 같은 감정들이 사회질서를 유지하고 사회관계를 뒷받침하는 데서 수행하는 역할이다. 셰프(Scheff, 1990)가 볼 때, 자부심과 수치심은 '주요한 사회적 감정'이다. 왜냐하면 그것들은 "그것이 아니라면 관찰하기 어려울 체계 상태 ― 즉 다른 유대들과 대비되는 하나의 유대의 상태 ― 를 보여주는 강렬하고 자동적인 육체의 신호" 역할을 하기 때문이다. 그것들은 사회적 유대의 상태를 알리는 '본능적 신호'이다. "자부심은 완전한 유대의 신호이다. 반면 수치심은 끊어진 또는 절멸될 위기에 있는 유대이다"(Scheff, 1990: 15). 그에 따르면 수치심은 자신의 행동에 대한 끊임없는 자기 모니터링을 통해 산출된다. 그렇기 때문에 수치심은 그것이 갖는 자기규제기능이라는 측면에서, 그리고 그것이 다른 사람들이 자신의 행동을 어떻게 생각하는지를 측정하는 것과 관련되어 있다는 점에서 매우 중요한 사회적 감정이다. 셰프는 사람들이 왜 규범에 순응하고 사회통제가 어떻게 작동하는지를 설명하면서, '외부규범'에 대한 순응은 다른 사람의 존경과 자부심에 의해 보상받는 반면, 비순응은 비존경과 수치심에 의해 처벌받는다고 주장한다(Scheff, 1990: 95).

켐퍼(Kemper, 1991) 또한 개인들 간의 권력관계의 일환으로 감정이 발생하는 방식에 관심을 가지고 있다. 그는 사회적 행위자가 어떻게 특정한 양의 권력을 가지게 되는가에 관한 등식을 제시한다. 그는 행위자가 다른 행위자와 상호작용하는 과정에서 권력의 획득 또는 상실을 깨달음으로써 감정이 흘러나온다고 시사한다. 이를테면 두 행위자가 어떤 특정한 상호작용을 하는 상황에서 "한 행위자가 권력을 상실하거나 또는 다른 행위자가 권력을 획득할 경우, 그 감정적 결과는 일정 정도의 불안 또는 공포이다. 한 행위자가 권력을 획득하고 다른 행위자가 권력을 상실할 경우, 그 감정적 결과는 안전감일 가능성이 크다"(Kemper, 1991: 319).

많은 구조주의자들은 감정이 어떻게 사회질서의 유지에 기여하는 기능을 수행하는지에 주의를 기울일 뿐만 아니라 그 역의 관계 ― 감정표현의 사회적 규제, 그리고 다양한 사회적 맥락에서 감정'작업'emotion 'work'을 뒷받침하는 규칙과 규범들 ― 에도 관심을 기울인다. 감정'작업' 개념은 그것이 감정을 억누르거나 억압하는 것에 관한 것만이 아니라 사람들이 어떻게 느껴야**만** 하는지를 규정하는 사회적 규범에 의거하여 감정을 구성하고 표현하는 것과 관련되어 있다는 점에서, 감정'통제' 또는 감정'억압' 개념과는 다르다. 혹실드가 지적해왔듯이, "감정작업은 감정이나 느낌의 정도 또는 속성을 변화시키고자 하는 행위를 일컫는다"(Hochschild, 1979: 561). 그녀는 계속해서 "감정작업을 의식적으로 가장 자주하게 되는 경우는 아마도 개인이 느끼는 감정이 상황에 적합하지 않을 때일 것"이라고 주장한다(Hochschild, 1979: 563). 이 정의는 적어도 몇몇 감정은 '자연적으로' 발생하는 본능적 반응이 아니라 개인들이 의식적으로 심사숙고하여 산출한 하나의 사회적 전략임에 틀림없다고 시사한다.

감정작업은 '감정규칙'을 통해 이루어진다. 이를테면 사람들은 결혼식과 생일에는 행복해할 것을, 그리고 장례식에서는 슬퍼할 것을 기대받는다. 어떤 사람이 그러한 규칙을 어길 경우, 그는 다양한 정도의 사회적 비난 — 가볍게 못마땅함을 드러내거나 '격려성'의 훈계를 하는 것에서부터 격분하는 것에 이르기까지 — 을 받는다(Hochschild, 1979, 1983). "모든 일이 원활하게 진행"되면 그대로 받아들여지지만, 그러한 규칙을 깰 때 그 사람은 다른 사람들을 화나게 하거나 실망시키는 '일탈적' 타자로 지목된다. 이러한 방식으로 사람들의 감정표현은 사회적으로 틀 지어지고 상당 정도 관리의 대상이 된다.

앞서 지적했듯이, 구조주의 내의 일부 저술가들은 마르크스주의이론에 영향을 받아, 현대 서구 사회에서 감정이 규제되는 방식에 대해 비판적 관점을 채택해왔다. 가장 영향력 있는 인물 중의 한 사람이 감정관리가 점점 더 상업화되어왔다고 주장하는 혹실드(Hochschild, 1983)이다. 혹실드에 따르면, '감정노동자'의 수가 20세기 초반 몇 십 년 이래로 증가해왔다. 감정노동자란 고객의 욕구와 노동상황의 요구에 맞게 자신들의 감정을 조정하는 대가로 보수를 받는 개인들(이를테면 객실 승무원, 매춘부, 사회복지사, 부채수금원, 판매노동자)을 지칭한다. 혹실드에 따르면, 20세기를 경과하는 동안 개인의 측면에서는 감정관리가 점점 더 비자발적이 되었으며 개인들이 그것을 변화시킬 수 있는 여지가 더 적어졌다. 그리하여 감정은 경제적 정명imperative에 매이게 되었다.

객실 승무원들이 그들의 고객들에게 상냥하게 웃는 표정을 짓기 위해 어떻게 그들의 '실제' 감정을 관리하도록 훈련받는지를 탐구하는 경험적 연구에서, 혹실드(Hochschild, 1983)는 승무원들이 자신들의 직업을 수행하기 위해 채택한 감정관리와 감정표현의 제도적 규칙들이 개인적 대가를 초래한다고 주장한다. 객실 승무원들은 승객들을 상대하면서 그들의 '실제' 감정을 억눌러야만 한다. 승무원이 자신을 어떻게 드러내 보여야만 하는지에 대한 항공사의 정책 때문에, 승무원들은 무례한 행동으로 인해 화가 나거나 흥분하게 되더라도, 또는 그들이 실망하거나 두려움을 느끼거나 피곤하더라도, 그들은 그것을 겉으로 드러낼 수 없다. 그들은 그렇게 하면서, 즉 '거짓 표정'을 지으면서, 그들의 '실제 감정'과 '실제 자아'로부터 점점 더 소외된다. 혹실드에 따르면,

감정작업에는 대가가 따른다. 왜냐하면 감정작업이 우리가 감정에 귀 기울이는 정도, 그리고 때로는 우리가 감정을 느끼는 능력 그 자체에 영향을 미치기 때문이다. …… 감정의 사적 용도가 성공적으로 변용될 때, 즉 우리가 우리의 감정을 조직화된 노동자-고객관계 기술자들에게 적합한 것으로 만드는 데 성공할 때, 우리는 우리가 우리의 감정에 귀 기울이는 방식에서, 그리고 그 기술자들이 우리 자신에 대해 좋게 또는 나쁘게 말하는 것 속에서 일정한 대가를 치를 수 있다. …… 노동자는 감정이 지닌 신호 기능을 상실할 위험을 감수해야 한다(Hochschild, 1983: 21).

혹실드는 이를 "관리되는 마음의 상업적 왜곡"이라고 부른다(Hochschild, 1983: 22). 이렇듯 혹실드의 비판에는 노동시장의 정명으로부터 해방된 (그리하여 그녀가 보다 '진정한' 감정적 반응이라고 보는 것을 경험하고 표현할 수도 있는) 보다 '진실한' 또는 '진정한' 자아가 존재한다는 관념이 관류하고 있다. 감정'작업'에 대한 그녀의 접근방식은 감정이 사회적 규범에 의해 덜 규제될수록 좋다고 암시한다.

　구조주의자들은 그들이 사회집단들 간의 감정유형의 차이를 지적하고 감정관리와 감정표현에서 권력과 정치구조가 수행하는 역할을 강조한다는 점에서 몇 가지 중요한 통찰력을 제공한다. 하지만 이 접근방식의 일부 대변자들은 감정이 만들어지는 방식을 다소 정형화된 방식으로 이해하는 것으로, 즉 특정한 사회관계의 구조적 조건이 항상 특정한 관련 감정을 낳는 것으로 파악하는 경향이 있다. 구조주의적 접근방식을 채택하고 있는 일부 이론가들은 심지어 감정을 예측하기 위해 수학적-통계학적 방법을 이용하고자 시도해왔다(Kemper, 1991: 320~322에 검토되어 있는 연구를 보라). 구조주의적 설명들에서 사회적 행위자는 자주 '감정규칙'에 의해 수동적으로 틀 지어지는 것으로 (그리고 때로는 강제적으로 조작되거나 통제되는 것으로) 제시되는 경향이 있다. 특히 비판적 접근방식들에서 제도, 경제체계, 사회적 불평등을 뒷받침하기 위해 그리고 개인들의 감정복지에 해로운 지배적인 사회질서를 규제하고 유지하기 위해 감정관리의 규범들이 자아를 규정하고 강제하고 제약하는 것으로 묘사한다. 그러한 설명들에서는 개인의 주체적 행위능력agency에 대한 인식을 거의 찾아볼 수 없다.

감정과 자아: 현상학적 접근방식

현상학적 접근방식을 채택하고 있는 저술가들에게서 감정경험은 우리의 자아에, 그리고 도덕적 측면을 포함하여 우리가 다른 사람들을 평가하고 상대하는 방식에 필수적인 것으로 인식된다. 따라서 감정은 심원한 철학적 탐구에 가치 있는 현상으로 간주된다. 이 접근방식은 장-폴 사르트르 Jean-Paul Sartre의 저술을 통해 규명될 수 있다. 왜냐하면 사르트르에게서 감정은 개인이 세계 속에서 차지하는 위치에 대한 인지적 평가이자 도덕적 판단이었기 때문이다(Finkelstein, 1980: 112). 현상학자들이 볼 때, 한 개인의 '살아 있는 경험' 또는 (개인의 성원의식과 특정 사회적 환경 속에서의 경험에 기반하는) 자기인식과 자기판단은 감정경험에서 중요한 요소들이다. 핑켈스타인이 지적하듯이, "개인의 비통, 불안, 권태, 소외, 사랑, 동정 등의 감정은 개인들이 세계에 대해 내린 개인적·사적 판단의 표현들이다. 따라서 감정은 자아, 타자, 사회적 환경에 대한 개인의 인식을 상징한다"(Finkelstein, 1980: 119). 현상학적 접근방식은 감정에 대한 단순한 생리학적 접근방식이 행동 또는 행동에 대한 인식을 감정이 아니라고 본다고 그 접근방식을 비판한다. 오히려 현상학자들은 감정을 이루는 것은 육체의 감각에 대한 개인의 **해석**이라고 주장한다. 핑켈스타인은 감정을 다음과 같이 정의한다. 감정은 "개인이 세계에 대해 내리는 판단과 세계 내에서 취하고 있는 도덕적 입장을 상징하는, 세계에 대한 자세이다. 즉 개인이 느끼는 방식이 개인이 바라보는 방식이 된다"(Finkelstein, 1980: 119).

이러한 감정 정의는 상황에 대한 개인들의 판단 ─ 그 자체로 사회화의 산물이자 '세계 내 존재'의 일부인 ─ 에 의거하고 있다. '세계 내 존재' 개념은 현상학자 메를로-퐁티Merleau-Ponty 철학에서 핵심을 이룬다. 그는 감정을 개인이 타자와 갖는 상호작용의 불가피한 일부로 간주한다. 메를로-퐁티는 신체적 감각은 언제나 그것이 경험되는 대인관계의 맥락 속에서 이해되어야 비로소 '감정'으로 정의될 수 있다고 주장했다. 그러므로 감정은 감각 또는 내적 상태를 훨씬 넘어서는 것이다. 즉 감정은 우리를 다른 사람들과 묶어주는 관계적 또는 상호주관적 현상이다(Crossley, 1996: 47~48).

사회학자 덴진은 그의 책 『감정의 이해에 대하여On Understanding Emotion』 (1984)에서 감정에 대한 이러한 접근방식을 채택하여 발전시켰다. 그는 그 책의 서두에서 다음과 같이 지적한다. "감정에 대한 많은 문헌이 하나의 살아 있는 경험으로서의 감정성이 갖는 본질적 특성들에 대해 어떤 진지한 현상학적 설명도 하지 않고 있다"(Denzin, 1984: vii). 덴진의 저작은 "자아감정self-feelings이 감정경험의 핵심에 자리하고 있다"는 테제를 중심으로 하여 "감정경험의 내적·외적 세계"를 현상학적으로 설명함으로써 그 공백을 메우기 위해 기획되었다(Denzin, 1984: vii). 덴진이 볼 때, 감정이야말로 인간존재에 대한 존재론의 중심이다. 그는 이렇게 주장한다. "사람들은 그들의 감정이다. 어떤 사람이 누구인지를 이해하기 위해서는 감정을 이해하는 것이 필요하다"(Denzin, 1984: 1). 그는 계속해서 다음과 같이 주장한다. "그 사람의 감정의 원천인 그 또는 그녀가 살아온 몸과 그 또는 그녀의 몸에 대한 그 사람의 인식을 무시한 채 …… 단지 생물학적 몸만을 고려한다는 것은 몸을 하나의 사물로 취급하고 몸의 무질서 속에 감정을 위치시키는 것이다" (Denzin, 1984: 20).

덴진이 그 연구에서 던졌던 중심적인 질문은 이랬다. "의식의 한 형태인 감정이 어떻게 살아남고 경험되고 표현되고 느껴지는가?"(Denzin, 1984: 1).

그는 감정성이 개인을 사회적 상호작용의 세계에 위치시킨다고 주장한다. 감정이 내적 느낌으로 경험될 수도 있지만, 그것은 다른 사람들과의 상호 작용을 통해 산출된다. "사람은 암시적인 또는 상상된 타자의 존재 없이 감정을 경험할 수 없다"(Denzin, 1984: 3). 그는 감정경험의 상호주관적 성격을 강조하고, 감정경험에 붙여진 이름도 변화하고 서로 다르게 해석된다는 점에 주목한다. 덴진은 자신이 '자아감정'이라고 부르는 감정을 사람이 느끼는 하나의 감정이라고 주장한다. 감정은 사람들이 자신을 지향하는 감정과 다른 사람들을 지향하는 감정 모두를 포함한다. 그러나 감정은 항상 자기준거적self-referential이다. "어떤 식으로든 자아, 자아체계 또는 그것의 준거대상으로서의 타인의 자아 또는 자아체계를 가지지 않는 감정경험은 생각할 수조차 없어 보인다"(Denzin, 1984: 50). 그러므로 감정은 또한 어떤 사람이 자기 자신을 인식할 수 있게 해주는 수단을 제공한다.

덴진이 감정에 대한 생리학적인 자극-반응 접근방식에 부재한다고 주장하는 것이 바로 이 감정의 자기준거적 차원이다. "감정은 사물이 아니다. 감정은 과정이다. 어떤 감정경험 속에서 관리되는 것은 감정이 아니라 그것을 느끼고 있는 자아이다"(Denzin, 1984: 50). 화와 같은 감정은 자아에 그 기원을 두고 있지 않을 수도 있지만, 그것은 항상 그것을 느끼는 자아에 다시 회부된다(Denzin, 1984: 50~51). 그러므로 감정은 사건과 반응의 선형적 연쇄의 결과가 아니라, 오히려 감정적 사고들이 결합되고 융합되는 해석적 순환 속에서 출현한다. 감정은 그러한 순환 속에서 일어나는 이전의 해석, 이해, 경험에 대한 반응이다. "일시적인 감정의식이 자신의 경험 범위 내에서 순환하며 내적으로 자기성찰의 대상이 되고 누적된다. 미래, 현재, 과거 모두가 동일한 감정적 경험의 일부가 된다. 지금 느끼는 것이 앞으로 느낄 것에 의해 틀 지어지고, 앞으로 느낄 것이 이전에 느낀 것에 의해 틀 지어진다"(Denzin, 1984: 79).

덴진이 지적하는 감정의 또 다른 차원은 감정과 관련한 자기정당화이다. 덴진에 따르면 모든 감정은 "특정 사람이 그 감정을 경험한 세계와 관련하여 그것을 정당화하거나 정당화할 것을 요구한다"(Denzin, 1984: 53). 다시 말해 적어도 서구 사회에서 사람들은 어떤 감정을 경험하면 꼭 어떤 정당화를 하거나 자신이 그러한 감정을 느끼는 이유를 제시한다. 덴진은 그러한 정당화를 '감정적 해명emotional account'이라고 칭하고, 그러한 해명이 자아감정의 이해에서 기본적인 것이라고 주장한다(Denzin, 1984: 53).

이를테면 중요한 구직 인터뷰를 하는 한 여성은 자신이 특정한 신체적 감각을 경험하고 있음을 발견하고, 자신이 "떨고 있다"고 해석한다. 복부 팽만, 빠른 호흡, 심장 두근거림, 달아오르는 느낌, 손바닥의 땀 남, 발의 경련, 목과 입의 마름, 목소리의 떨림, 목과 얼굴의 붉어짐 등이 그것들이다. 면접 심사위원들은 그러한 육체적 신호 중 어떤 것은 관찰하지 못할 것이지만, 다른 신호들은 잘 알아채고, 그들 역시 그녀가 이를테면 화나 두려움을 드러내기보다는 "떨고 있다"고 결론 내린다(화와 공포라는 감정 모두는 떠는 것과 유사한 신체적 과정을 포함한다). 우선 개인이 그러한 신체적 감각을 경험하는 것은 자신이 처한 상황 — 중요한 구직 인터뷰 — 에 대한 자신의 인식과 해석 때문이다. 그녀와 그녀를 관찰하는 사람들이 그러한 감각을 인지하고 '화'나 '공포'를 드러내기는 것이라기보다는 "떨고 있다"고 해석하는 까닭은 그들이 그러한 상황이 다른 감정보다는 그러한 감정을 산출한다고 문화적으로 이해하기 때문이다. 그들은 자신들이 공히 이해하고 있는 그러한 상황의 성격과 의미를 전제로 하여, 그러한 감정을 전적으로 적절한 것으로, 그리고 심지어는 예기된 것으로 판단한다. 만약 그 여성이 친구 또는 가족들과 식탁에서 편안하게 식사를 하면서 그러한 감각을 경험하고 있다면, 그리고 그녀가 그러한 감각에 대해 사회적으로 적절한 이유를 댈 수 없다면, 그녀는 그러한 감각을 '온당치 않은' 것으로 규정하고, 어쩌면 근심과 불안 같은 또 다른 감정상태를 유발할 수도 있다.

감정적 느낌과 표현은 덴진이 사람들의 일상적인 '해석'관행으로 지칭한 것의 일부이다. 그는 다음과 같이 주장한다. 그러한 관행은 "표현되고 외면화된 것뿐만 아니라 학습되고 가르쳐지고 획책되고 지도받고 느끼고 내면화된 것임에 틀림없는, 되풀이되는 활동에서 핵심을 이룬다. 그러한 관행은 반복해서 실행되는 것임에 틀림없다. 그것은 모든 개인들을 에워싸고 있는 그리고 그들에게 깊숙이 스며들어 있는, 당연한 것으로 간주되는 활동의 구조의 일부가 된다"(Denzin, 1984: 88). 덴진이 볼 때, 어떤 사람의 해석관행은 자아를 드러낸다. 그는 감정성이 두 가지 수준에서 작동하는 그러한 해석관행에서 나온다고 주장한다. 보다 구체적으로 언급하면, 해석관행은 실제적 수준에서, 즉 그러한 관행을 실제적으로 실행하는 것에서, 그리고 해석적 수준에서, 즉 그러한 관행을 평가하고 판단하는 데서 작동한다. 그러한 관행은 운동하기처럼 육체화되어 있을 수도 있고, 생각하기처럼 탈육체화되어 있을 수도 있다.

어떤 '감정관행'은 착근된 관행으로, 내적·외적 경험의 흐름 속에서 어떤 사람에게 예기된 또는 예기치 않은 감정변화를 산출한다. 그러한 관행은 이를테면 사랑 나누기, 먹기, 마시기, 운동하기, 일하기 또는 놀이하기처럼 되풀이될 수도 있다. 감정관행은 다른 사람의 면전에서 사람을 평가하고 또 그러한 관행을 실행하기 위해 자주 다른 사람들을 필요로 한다. 감정관행은 실제적 관행이자 해석적 관행이다. 그것은 개인적이고 육체화되어 있고 상황적이다. 당연한 것으로 간주되고 또 경험의 흐름을 감정적으로 중단시키지 않는 순수한 인지관행과는 달리, 감정관행은 사람들을 스스로를 문제 있는 대상으로 만든다. 감정관행은 사람의 몸과 경험의 흐름을 통해 발산되며 사고, 감정, 행위를 감정적으로 채색한다(Denzin, 1984: 89).

덴진은 사람들이 어떤 감정을 느끼고 표현해야만 하는지를 알고 있지만 그러한 감정을 '실제로' 느끼지 못하는 상황에서 생기는 '가장된 감정'을 규명한다. 덴진은 그러한 상황에서 감정은 '왜곡'되거나 '위조'된다고 주장한다. 즉 '심층'의 감정이 '표면'의 감정에 의해 부정된다(Denzin, 1984: 75~76). 이것이 암시하듯이, 감정적 자아에 대한 덴진의 접근방식은 그 역시 감정 '작업'의 일부 형태가 '진정한' 자아를 왜곡하는 것으로 보고 있다는 점에서 혹실드와 같은 저술가들의 접근방식과 유사하다. 하지만 현상학자들은 구조주의자들보다 일부 감정을 생득적인 것으로 간주할 가능성은 그리 크지 않다. 현상학자들은 오히려 일부 감정을 "사회적 현실의 제조된 측면"으로 바라보곤 한다(Finkelstein, 1980: 119). 따라서 감정에 대한 그들의 관점은 사회구성주의의 연속선에서 '보다 약한' 쪽의 끝보다는 '보다 강한' 쪽의 끝과 더 가깝다.

　감정에 대한 현상학적 설명은 그것이 감정과 자아의 관계에 제공하는 통찰력 때문에 감정적 자아의 존재론을 이해하는 데 중요하다. 그것은 감정의 유의미성과 역동적·도덕적 성격에 더 많은 초점을 맞춤으로써 구조주의적 설명에서 자주 제시되는 과도하게 합리화된 규범적 견해로부터 멀리 벗어나 있다. 현상학적 설명은 또한 개인의 주체적 행위능력을 사람들의 감정경험과 관련하여 인식하는 데 더 많은 노력을 기울인다. 따라서 현상학자들은 개인들의 감정경험에서 사회구조, 제도, 권력관계 같은 거시적 요소들이 수행하는 역할에 관심을 덜 기울이는 경향이 있다.

담론적 관행으로서의 감정 : 후기구조주의적 관점

감정경험의 또 다른 차원은 그것이 육체적 감각을 언어로 번역한다는 것이다. 최근 후기구조주의적 이론이 발전하면서 담론(또는 현상을 묘사하고 설명하기 위해 사용하는 단어들의 유형)이 강조되고 있다. 그 이론이 푸코 Foucault와 데리다Derrida의 영향을 받을 경우, 특히 더 그러하다. 이 관점의 중심적인 논거는 언어가 수행하는 구성적 역할이다. 후기구조주의자들이 볼 때, 담론은 현실, 지식, 경험, 정체성, 사회관계, 사회제도, 관행을 단지 반영하거나 기술하는 것만이 아니다. 오히려 담론은 그러한 것들을 구성하는 데서 긴요한 역할을 수행한다. "담론은 세계를 표현하는 관행만이 아니라 세계를 상징하는, 즉 의미를 통해 세계를 구성하고 구축하는 관행이다"(Fairclough, 1992: 64). 그러므로 감정과 관련하여 사용되는 단어들은 단지 기존의 실체나 자연적 사건을 묘사하는 '감정상황'에 붙여진 이름들일 뿐이라고 볼 수 없다. 오히려 그것들은 "자아와 사회적 상호작용의 본성에 관한 복잡한 민족이론적 관념들의 융합체"로, 그리고 현실의 창조와 극복의 일환으로 특정한 목적에 기여하는 "행위 또는 이데올로기적 관행"으로 인식된다(Lutz, 1988: 10). 이러한 진술들을 놓고 볼 때, 후기구조주의적 관점이 사회구성주의의 연속선에서 '강한' 테제 쪽에 속한다는 것은 분명하다.

후기구조주의적 관점을 보여주는 일례가 '감정성' 개념에 대한 피셔 (Fischer, 1993)의 논의이다. 그것은 그가 감정성을 이용하여 여성을 묘사할 때 특히 두드러진다. 피셔는 '감정적'이라는 용어가 너무나도 많은 의미를 지니고 있기 때문에, 한 젠더집단(또는 한 민족/인종집단이나 연령집단)의 성원들이 다른 집단의 성원들보다 본래 더 '감정적'이라고 주장하는 것은 불가능하다고 주장한다. 그에 따르면, 감정성은 개인의 퍼스낼리티 특성이나 어떤 특정 집단의 속성이 아니라 문화적으로 구성된 반응적 범주로 간주되어야 한다. 피셔는 감정경험과 감정표현 자체의 차이를 측정하고자 하는 사회과학 도구들은 남성과 여성 간의 '생득적' 또는 '자연적' 차이를 규명하기보다 그것들이 찾고 있는 것을 구성하는 역할을 한다고 주장한다.

그러므로 감정에 대한 후기구조주의적 접근방식들은 감정을 구성하고 경험하는 데서 언어와 여타 문화적 인공물들이 수행하는 역할에 특권을 부여한다. 실제로 아부-루고드와 루츠(Abu-Lughod and Lutz, 1990: 10)는 감정을 '담론적 관행'으로 보는 관점을 지지한다. 그들이 지적하듯이, 그처럼 담론에 초점을 맞추는 것은 "우리로 하여금 감정적 발언과 감정교환 속에서 발생하는 복잡하고 변화하고 각축하는 의미들에 대해 보다 복잡한 견해를 취하여, 보다 덜 단일체적인 감정 개념으로 나아가게 한다"(Abu-Lughod and Lutz, 1990: 11). 그들은 언어를 통해 감정의 구성적 성격을 인식하는 이러한 '새로운' 접근방식은 감정을 내적 상태가 아니라 사회적 삶에 관한 것으로 이해하고 또 '감정담화'에 권력관계가 내재한다는 것을 인정한다고 주장한다(Abu-Lughod and Lutz, 1990: 2). 하레와 길레트(Harré and Gillett, 1994)도 '담론적 접근방식'을 상세하게 논의해왔다. 그들은 그러한 접근방식이 그간 감정의 심리학으로 변형되어왔다고 주장한다. 담론 심리학의 주창자들에게서, 감정은 "감정적 느낌과 표현의 '실제' 순간, 즉 일정한 문화적 환경 속에서 특정한 상황에 우리가 '짜증난다고 느끼거나' 우리가 '우리의 즐거움을 드러내는' 순간"으로 인식된다(Harré and Gillett, 1994: 146). 감정의 신체적 징후가 감정상태에 따라 발생하는 부수적인 것으로 간주되고, 반면 사회세계, 특히 감정을 정의하기 위해 사용되는 언어적 관행이 근원적인 것으로 간주된다.

감정을 묘사하는 데 사용되는 언어유형에 초점을 맞추는 것은 우리로 하여금 신체적 감각을 해석하고 그것을 자신과 타인에게 '감정'으로 표현하는 방식을 이해하는 쪽으로 나아가게 한다. 루츠에 따르면, 감정을 담론적·문화적 측면들로 해체한다고 해서 그것이 감정이라는 용어를 사용하지 못하게 만드는 것은 아니다.

> 해체 후에도 감정은 그것이 문화적으로 정의되고 사회적으로 규정되고 개인적으로 표현되는 것이라고 보는 매우 의미 있는 이야기를 하는 하나의 방식으로서의 가치를 지닌다. 그것은 또한 정신적인 것과 육체적인 것 간의 …… 그리고 이상적인 또는 바람직한 세계와 실제적인 세계 간의 연계고리로 사용될 수 있는, 다른 어떤 것보다도 더 개방적인 범주로서의 가치를 지닌다 (Lutz, 1988: 5).

후기구조주의적 저술들 속에서는 통합된 자아 관념보다는 파편화된 자아 관념이 특권을 부여받는다. 그러한 저술들은 사람들이 자신들을 이해하고 그들의 삶을 경험하는 다양한 방식을 기술하기 위해 '자아'나 '자아정체성'이라는 용어 대신에 '주체성'이라는 용어를 채택해왔다. 주체성 개념은 특정 개인이 살고 있는 문화가 허용하는 일정한 범위 내에서이기는 하지만 자아정체성이 매우 변화하기 쉽고 맥락적이라는 인식을 담고 있다. 주체성은 담론과 관행을 통해 만들어지고 협상되고 새롭게 만들어진다.

따라서 혹실드와 덴진과 같은 학자들이 주장해왔던 것과는 달리(앞서의 논의를 보라), 어떤 후기구조주의적 관점은 사회적·문화적 과정과는 별개로 존재하는 '진짜' 자아 또는 '거짓' 자아와 같은 것이 존재한다는 관념을 거부하는 경향이 있다. 오히려 후기구조주의적 관점은 자아 관념이 그러한 과정을 통해 구성되고 따라서 양자는 분리될 수 없다고 인식한다. 그러므로 후기구조주의적 관점에서 볼 때, 삶의 모든 맥락에 '감정규칙'이 존재하고 그 속에서 감정관리가 강조되는 것 자체가 몸과 자아를 지배하고 구성하는 방식의 일부이다. 감정관리와 감정적 행동에 대한 담론들은 인간 주체성의 불가피한 일부이다. 서로 다른 담론들이 서로 다른 방식으로 자아를 구성하기 때문에, 그것들은 자아로부터 떼어내질 수 없고, 따라서 '진정한' 자아가 그것 뒤에 남아 있을 수 없다. 그러므로 감정적 자아가 계속되는 하나의 주체성 프로젝트를 통해 형성·재형성되게 하는 것도 바로 '감정규칙'을 포함한 감정에 대한 담론들이다.

이를테면 웨더렐Wetherell은 사랑과 로맨스의 담론을 분석하면서, 열정과 낭만적 사랑 같은 '불가항력적인' 감정으로 인식되는 것의 경우에조차, 경험과 느낌은 불가피하게 서사와 언어를 통해 확인되고 분류되고 구성된다고 주장한다. 이를테면 한 담론 분석가는 이렇게 말한다. '사랑에 빠진' 사람들이 자기 자신과 서로에게 자신들의 감정을 묘사할 때,

비록 그들이 바로 그러한 상태에 있다는 것을 더 잘 느낄 수는 있지만, 사랑

에 빠진 모든 남자와 여자가 마법에 걸려 자신들의 경험을 반영하거나 성찰하여 그러한 단어들을 처음으로 입 밖에 내거나 만들거나 다시 새롭게 창안하는 자신을 발견한다는 것은 사실이 아니다. 오히려 그러한 단어들은 전해들은 것이고, 이미 회자되고 있고, 이미 친숙하고, 사용되기를 기다리며 이미거기에 존재한다(Wetherell, 1996: 134).

감정이 담론을 통해 구성된다고 보는 관념이 반드시 사람들은 그 과정에서 수동적인 행위자라는 점을 함의하는 것은 아니다. 주체, 담론과 관행, 감정의 관계는 예측할 수 있는 단순한 관계가 아니다. 이를테면 잭슨Jackson은 '사랑에 빠지는' 과정은 수동적이 아니라 오히려 적극적이라고 주장한다. 즉 그것은 사랑의 '각본' 또는 담론 내에 스스로를 위치시키는 행위이다. "스스로 '사랑에 빠져' 있다고 느끼는 사람들은 자신들의 열정을 이해하고 묘사하는 데 이용할 수 있는 다량의 소설, 연극, 영화, 노래를 가지고있다"(Jackson, 1993: 212). 그녀는 여성들은 남성들과 달리 사랑 및 로맨스를 '감정교양'의 형태로 사회화하는 경향이 있다고 지적한다. 이를테면 여성들은 로맨스 소설이나 잡지를 읽고 텔레비전 멜로드라마를 시청함으로써로맨스 서사를 학습한다. 그 결과 "여성들은 자주 남성들이 로맨스 서사나보다 광범한 감정 담론을 구성하고 조작하는 것을 학습하지 않아왔기 때문에 남성들이 감정문맹이라고 생각한다"(Jackson, 1993: 216). 이것이 암시하듯이, 여성이 남성보다 감정을 더 잘 '독해'할 수 있는 선천적인 이유는 존재하지 않는다. 개인들이 자신들의 감정을 확인하고 경험하는 능력을 틀짓는 것은 오히려 자신들의 생애 내내 이루어지는 젠더화된 사회화 — 개인들이 이용하는 그리고 자신들에게 '타당한' 것처럼 보이는 담론들을 포함하여 ― 이다.

후기구조주의적 접근방식의 또 다른 중요한 교의는 담론의 동적 성격과 그로부터 결과하는 주체성의 동적 성격이다. 그 자체로 사회적 산물인 감정 담론들은 항상 변하고 지배적인 자리를 놓고 서로 경쟁한다. 따라서 특정한 역사적 순간에 어떤 담론이 전면으로 부상하고 다른 담론들은 이면으로 퇴각한다. 그러므로 감정이 포착되고 해석되고 이해될 수 있는 대안적인 장소와 위치들이 존재한다고 주장되기도 한다. 헌Hearn이 주장한 바 있듯이, "담론을, '주체' ― 감정적인 또는 감정적이 아닌 ― 로 가정되는 사람들을 **만들어내는** 동시에 주체로 가정되는 사람들에 의해 **만들어지는** 것으로 보는 것이 더욱 유익하다. 두 가지 의미 모두에서 주체는 감정을 행한다. 감정은 그저 '자동적으로' 발생하는 것이 아니다. 그것은 **행해지는** 것임에 틀림없다"(Hearn, 1993: 148, 강조는 원저자). 사람들은 일정한 제약 내에서이기는 하지만 자신들이 이용 가능한 담론들로부터 담론을 선택할 수도 있고, 또는 지배적 담론에 저항하고자 하기도 한다. 지배적 담론을 취하고자 하는 그들의 욕망은 물론 그것에 대한 그들의 저항 또는 반대 역시 의식적 결정에서 비롯되기도 하지만, 그것들은 또한 무의식의 수준에서 발생하기도 한다. 감정경험에 대한 정신역학적 이해를 감정적 자아에 대한 사회문화적 설명에 포함시킬 필요가 있는 것도 바로 이 때문이다.

감정과 무의식 : 정신역학적 관점

구조주의적 분석과 후기구조주의적 분석 모두는 인간주체를 (그들의 동기와 행동이 의식적인 사고 과정으로부터 나오고 그것에 의해 조종되는) 대체로 합리적이고 자율적인 개인으로 제시한다고 비판받기도 한다. 하지만 감정성은 '초합리적인' 것에서 파생하는 의미, 또는 합리성에 선행하거나 그것을 넘어서는 의미들 또한 포함하는 현상으로 여겨지기도 한다. 정신분석학 ─치료요법적 관행과 하나의 이론체계 모두로서의 ─ 은 의미의 의식적 수준 아래 층위를 탐구하는 데에 관심이 있다. 이에 근거한 정신역학적 관점은 감정적 자아의 무의식 차원을 이해하는 데 가치 있는 몇몇 통찰을 제공한다.

정신분석학이론이 20세기 초기에 사회학이론의 발전에 중요한 역할을 수행했지만(이를테면 인간의 동기와 행위에 대한 탤컷 파슨스Talcott Parsons의 연구에서), 그것은 그 후 1970년대 이래로, 그리고 사회적 구조주의의 영향으로 사회학자들 사이에서 인기를 잃어왔다. 따라서 감정에 관심을 가진 현대 사회학자들도 정신분석학적 관점의 공헌을 무시하는 경향이 있었다. 주요한 예외에 속하는 한 사람이 덴진이다. 그는 다음과 같이 주장해왔다.

나의 몸과 나의 의식의 흐름은 감정적 장소들을 옮겨 다니고 있다. 그곳들은 감정적 기억, 어린 시절의 경험, 반쯤 기억하는 나의 부모들의 이미지(실종되었거나 부재하는 아버지와 어머니들), 그리고 하나의 독특한 대상이자 주체인 나 자신의 내면화된 이미지들(이마고imago)로 가득 차 있다. 나의 꿈, 환상, 대화들이 나의 원래의 가족 상황의 드라마 속에서 연출되고 있다. 나는 나의 과거를 현재 속에서 감정적으로 재생한다. 나는 나의 원래의 가족 상황 속에서 획득된 감정, 표현, 억압, 왜곡, 의미화의 레퍼토리들에 의거하여 그렇게 한다. 그러한 감정과 사고의 레퍼토리들이 과거로부터 나에게 올 때, 그것들은 오늘 나의 현재의 상황을 통해 재가공된다(Denzin, 1984: 43).

이 발췌문이 시사하듯이, 감정은 자주 경험의 의식적 수준보다는 무의식적 수준에서 느껴지거나 경험된다. 감정은 자주 담론 속에 표현되기보다는 꿈이나 환상 속에서 표현되기도 하며, 따라서 때로는 '초합리적'일 뿐만 아니라 '초담론적'이기도 하다.

정신분석학적 저술에서 핵심적인 것이 바로 무의식 — 구체적으로는 인간 정신 속에서 (항상 의식 속에 재출현할 조짐을 보이는) 억압된 생각, 환상, 충동, 욕망, 동기들이 자리하고 있는 위치 — 개념이다. 무의식은 사회적 경험을 통해 형성되어, 다시 인간행위를 틀 짓는다. 정신분석학 프로젝트를 처음으로 시작하여 무의식 관념을 발전시킨 것은 물론 프로이트Freud였다. 그것은 그가 신경과 전문의로서 '히스테리적인' 여성들을 대상으로 수행한 임상연구에서 기원한다. 보다 최근의 정신분석학이론 — 특히 프로이트의 이론을 수정하여 라캉Lacan식 이론과 푸코식 이론과 통합하여 그것을 정식화하고 있는 이론(이를테면 Henriques et al., 1984를 보라) — 은 감정, 사회문화적 과정, 담론, 개인의 경험, 무의식 간의 상호관계를 인정한다. 그 결과 그것은 사회구성주의적 접근방식의 하나로 간주되기도 한다. 하지만 정신역학적 관점을 취하고 있는 사람들 중 일부는 그들이 몇몇 감정들은 모든 인간에게 보편적이라고 주장한다는 점에서 사회구성주의 스펙트럼의 '약한' 쪽 끝에 더 가깝다(이를테면 Craib, 1995를 보라).

정신분석학이론가들은 감정 투여를 주체성, 동기, 행위를 이해하는 데 중요한 요소로 바라본다. 무의식은 감정적 반응의 유력한 원천 중 하나라고 주장된다. 그것이 우리가 예측할 수 없는 것으로 생각될 때, 또는 우리가 그것을 경험하면서도 '합리적으로' 설명하기 어려울 때 특히 더 그러하다. 정신역학적 관점은 개인들의 전기, 특히 그들이 어린 시절에 그들의 돌보미 및 여타 가족 성원들과 맺은 관계에 주목한다. 이 관점이 무엇보다도 관심을 기울이는 것은 사람들이 다른 사람들과 맺는 친밀한 관계에 내재하는 양가감정이다. 정신분석학이론의 주요한 교의 중의 하나가 어린 시절의 관계 — 특히 개인들이 유아나 어린아이였을 때 그들의 일차적 돌보미와 가졌을 수 있는 관계 — 에서 형성된 특징들이 성인의 삶 내내 그리고 다른 중요한 관계들에서 불가피하게 반복된다는 것이다. 프로이트에 따르면, 대부분의 무의식적 감정, 환상, 노이로제는 초기의 삶, 즉 오이디푸스 위기, 다시 말해 어린아이가 어머니로부터 개별화될 때 발생하는 결정적인 심적 과정에서 기인한다. 개별화는 어린아이가 어머니에게서 벗어나 외부세계 — 어머니의 몸 밖의 세계 — 를 상징하는 아버지를 지향하는 것에 의해 이루어진다. 프로이트가 볼 때, 이 발달 지점이 사람들의 미래의 감정적 웰빙상태와 성인기의 다른 사람들과의 관계에 결정적이었다.

정신분석학이론에서 인간행동을 이해할 때 중심적인 것이 바로 무의식적 방어 메커니즘이라는 개념이다. 사람들은 이 메커니즘을 통해 자아에 잠재적으로 파괴적인 감정(이를테면 불안, 공포, 시기, 증오, 공허감)에 대처한다. 그러한 메커니즘으로는 분열, 내사, 투사, 투사적 동일시 등이 있다. 이러한 무의식적 방어 메커니즘을 통해 자아 또는 감정의 받아들일 수 없는 또는 고통스러운 내적 측면들이 자아로부터 제거되어 다른 사람 또는 사물로 전이된다. 분열은 개인의 내적 세계 속에서 '좋은' 환상의 대상과 '나쁜' 환상의 대상을 구분하는 것을 말한다. 투사는 내부세계로부터 발생한 '좋은' 감정 또는 보다 자주 '나쁜' 감정을 외부세계의 어떤 것 또는 어떤 사람에게 전가하는 것이다. 내사는 그 반대이다. 즉 내사는 외부세계로부터 나온 '좋은' 것과 '나쁜' 것 모두를 자아 속으로 끌어들이거나 내면화하는 것이다(Minsky, 1996: 85~86). 투사적 동일시는 외면화되어 다른 사람 속에 자리 잡게 된 자아의 부분들을 다시 (비록 자아 내에서 기인하는 것만큼은 아니지만) 다른 사람 속에서 인식하는 것을 말한다. 이것은 최선의 경우에 타자와의 공감으로 이어질 수도 있지만, 최악의 경우에는 타자의 부정적 측면을 확인하고 공격하거나 자아의식을 상실하는 것으로 이어지기도 한 다(Stein, 1985: 10).

　정신역학적 접근방식이 감정에 대한 개인화된 관점에 국한되어 있는 것은 아니다. 루더포드(Rutherford, 1992: 79)는 감정, 기분, 환상이 "개인이 자신을 특정한 사회적 관계, 제도, 가치들과 정치적·문화적으로 동일시"하고 또 그것을 유지하는 데서 중요한 역할을 수행한다고 지적한다. 그러한 동일시의 정신역학에 대한 이해가 왜 개인들이 그러한 사회적 관계, 제도, 가치들에 순응하거나 지지하는 데 그토록 감정을 투여하는지를 설명해줄 수 있다. 프로이트 자신은 무의식적으로 느끼는 감정이 사회집단의 형성에서 수행하는 역할에 관심을 기울였다. 그는 집단을 하나로 묶어주는 감정적 유대가 이상화된 형제애를 수반하지만 또한 다른 집단에 대해서는 편집중적인 적대감과 공격성을 수반한다고 보았다. 집단 내의 개인들은 불안과 공포 같은 파괴적 감정을 특정 집단에 투사하여, 그 집단에 그러한 감정적 특징을 떠넘기기도 한다(Segal, 1995: 192~195). 이를테면 시걸(Segal, 1995: 196~197)은 정치집단들은 자주 우월성, 메시아적 사명, 옳음의 확신, 그리고 그들 성원들이 느낀 다른 집단들에 대한 편집증의 저장소라고 지적한다. 그녀는 집합적 수준에서 부정적 감정의 투사가 가장 분명하게 일어나는 것이 바로 전쟁 상황이라고 주장한다. 그러한 상황에서 자신이 속한 집단은 완전하고 비난받을 것이 없는 집단으로 상정되고, 적은 사악한 비인간적인 또는 인간 이하의 괴물로 상정되어 그 집단에 악, 공포, 유죄의 감정이 투사된다.

프로이트에서 연원한 이러한 생각들 중 많은 것이 멜라니 클라인Melanie Klein(그녀의 주요 저술들의 일부를 모은 것으로는 Klein, 1979를 보라)을 비롯한 영향력 있는 다른 정신분석학자들에 의해 정교화되었다. 클라인의 대상관계이론object relations theory은 전 오이디푸스 단계 ― 아이가 어머니를 떠나 아버지를 향하면서 개별화하기 시작하기 전의 단계 ― 에서 유아와 어머니 간의 관계의 무의식적 측면에 초점을 맞추고 있다. 클라인은 특히 어린 시절 어머니 ― 아이에 의해 '세계 전체'로, 즉 전능한 것으로 간주되는 ― 와의 관계에서 무력한 의존적인 유아가 경험하는 불안, 공포, 양가감정에 관심을 가지고 있었다. 그녀는 유아는 정상적 발전의 일환으로 어머니의 가슴을 사랑을 가지고 바라보는 것(그것이 만족과 편안함을 제공할 때)과 좌절, 시기심, 증오를 가지고 바라보는 것(그것이 만족을 주기를 거부할 때) 사이를 오간다고 주장했다. 유아에게 어머니/가슴은 '좋은' 것으로 보존되면서, 좋은 가슴과 나쁜 가슴 간의 분열이 발생하고, 그리하여 사랑과 증오가 분리된다. 성인기 내내 이러한 유형을 따라 자아의 부분들 ― 개인들이 '좋은' 것으로 간주하는 것과 '나쁜' 것으로 간주하는 것 모두를 포함하여 ― 이 계속해서 분리되어 다른 사람과 다른 것들에 투사된다.

또 다른 페미니스트 저술가들도 클라인식의 정신분석학적 접근방식을 취하여 (남성과 여성 모두에서) 성인기의 친밀한 관계들이 불가피하게 계속해서 자율성의 욕망과 다른 사람들과의 친밀함의 욕망 간의 긴장을 수반할 것이라고 주장해왔다. 홀웨이의 저술들(이를테면 Hollway, 1984, 1989, 1995, 1996을 보라)은 페미니즘적 비판의 맥락에서 대상관계이론과 현대 후기구조주의 이론을 종합한다는 점에서 특히 가치가 있다. 그녀는 사람들이 적어도 부분적으로 다른 사람들과의 상호작용을 통해 세계를 경험하기 때문에 상호주관적 관계가 개인들이 의미, 담론, 권력을 놓고 협상하는 데서 중요하다고 주장한다. 홀웨이는 정신역학적 설명을 이용하여 왜 개인들이 특정한 담론에 감정적 투여를 하는지, 즉 왜 그들이 다른 담론보다 특정한 담론을 선택하는지를 이론화한다. 그녀는 사람들이 자신들의 감정을 다른 사람들에게 투사하는 경향은 불안과 취약함이라는 감정이 얼마간 정도의 차이는 있지만 항상 친밀한 관계의 일부를 이루고 있다는 것을 의미한다고 주장한다. 홀웨이는 남성과 여성의 친밀한 관계의 경험을 탐구한 자신의 연구에서 사람들은 자주 취약함으로부터 자신을 보호하고자 하며 일정한 권력을 획득하고자 하는 시도 속에서 특정한 담론들을 이용한다는 점을 발견했다. 홀웨이는 남성과 여성 모두에서 타자에 대한 욕망과 욕구는 권력의 상실로 경험된다는 것을 발견했다. 한 여성의 표현에 따르면, 그것은 심지어 '굴욕적인' 것으로 경험되었다(Hollway, 1984: 247).

홀웨이는 특히 남성들은 자신들의 불안과 취약함을 방어하고 자기지배라는 남성적 이상에 부응하고자 하는 시도의 일환으로 여성을 열등한 타자로 구성하는 경향이 있다고 주장한다. 그녀에 따르면, 남성들은 타자(여성)와의 친밀함을 필요로 하고 욕망하지만, 그것을 성적 활동을 통해 추구하는 경향이 있다. 그것을 통해 그들의 욕구는 그들에게 덜 위험한 '남성성 충동' 담론'male sex drive' discourse으로 번역된다. "그 결과 남성 충동으로서의 '섹스'가 친밀성과 친밀함으로서의 '섹스'를 대체하고 후자의 섹스의 의미를 은폐한다"(Hollway, 1984: 246). 이와 대조적으로 여성들은 '소유/유지' 담론'have/hold' discourse에 순응할 것을 기대받는다. 이 담론은 이성애적인 성관계에서 사랑, 안전, 로맨스에 특권을 부여하고, 여성들의 섹슈얼리티를 결여로 묘사한다. 남성들은 그들 자신을 이 담론의 대상으로 구성한다. 그리고 그들은 그 역할을 여성들이 자신들에게 억지로 떠넘긴 것으로 보다(젠더, 친밀성, 감정에 대한 홀웨이의 연구에 대한 보다 상세한 논의로는 제4장을 보라).

감정경험과 주체성에 대한 정신역학적 관점은 '담론결정론'적 경향으로 보여지는 것과 일부 후기구조주의적 저술들에서 행위자를 과도하게 합리적인 것으로 묘사하는 것을 넘어선다. 정신역학적 관점은 심지어 감정이 인간행위의 동기가 될 때조차 감정의 출처가 항상 의식적으로 확인될 수 없다는 점과 감정상태가 결코 담론을 통해 적절하게 표현될 수 없다는 점을 인정한다. 정신분석학이론은 주체성을 다중적이고 모순적인 것으로 보는 개인관을 제공하고, 항상 되살아날 우려가 있는 욕망과 감정의 억압으로부터 발생하는 내적 갈등의 관념을 구체화한다. 정신역학적 관점은 주체성의 중심에 이러한 모순과 양가감정, 즉 무의식의 잠재적 파괴성이 자리하고 있음을 인정함으로써 사회규범과 기대에 대한 저항이 발생할 수 있는 근거를 이론적으로 마련하는 데 일정 정도 기여한다. 개인들은 자신들이 완전히 표현할 수 없을 수도 있는 감정 투여, 욕망, 환상 때문에 지배에 저항할 뿐만 아니라 자신의 지배에 적극적으로 참여하는 것으로, 즉 관습을 따를 뿐만 아니라 파괴하는 것으로 인식된다. 엔리케와 그의 동료들(Henriques et al., 1984: 205)이 주장했듯이, "정신분석학은 우리의 근본적 비합리성이 자리할 공간을 제공한다. 즉 그것은 의지 또는 주체적 행위능력이 항상 욕망으로 타락할 수 있고 또 우리가 자주 모순적인 방식으로 행동하고 우리 자신을 경험할 수 있음을 인정한다.

육체화와 감정 : 몸 되돌려 놓기

사회구성주의적 관점 ― 특히 '강한' 테제가 제시하는 사회구성주의적 관점 ― 을 비판하는 사람들은 구성주의자들이 일반적으로 감정의 육체적 결과를 인정하기를 꺼려한다고 주장해왔다. 비판가들에 따르면, 사회구성주의적 관점에서 "육체적 요소들은 여전히 문화적으로 매개된 사고에 단단하게 묶여 '속박 받고' 있다"(Lyon, 1995: 253; 또한 Freund, 1990; Craib, 1995의 비판도 보라). 내가 이 장을 시작하면서 설명했듯이, 나는 감정경험을 구성하는 데서 담론이 수행하는 불가결한 역할을 인정하지만, 감정에서 우리의 피와 살 ― 우리의 몸 ― 이 수행하는 역할을 무시함으로써 극단적인 상대주의적 입장으로까지 나아가기를 원치 않는다. 감정적 자아에서 몸이 중요한 까닭은 단지 감정경험이 신체적 감각과 관련되어 있기 때문만이 아니라 또한 자아 관념이 불가피하게 육체화(다시 말해 하나의 몸이자 몸을 갖고 있는 존재론적 상태)와 뒤얽혀 있기 때문이다. 육체화는 주체성에 필수적인 것이자 주체성과 뗄 수 없는 것이다.

감정이 언어를 통해 이름을 부여받고 기술되는 정도만큼, 감정은 담론 속에서 생산된다. 이와 같이 이름 붙이고 기술하는 과정은 일단의 육체적 느낌을 특정한 '감정'으로 해석하는 데 기여한다. 그러나 언어는 감정을 구성하고 표현하는 유일한 수단이 아니다. 언어가 감정의 담론적 성격을 인식하는 데 중요하기는 하지만, 감정의 신체적 '현존'이나 표현 또한 필수적이다. 드 스완(de Swaan, 1990: 168)이 질투 및 시기와 관련하여 생생하게 표현했듯이, 감정은 "직감적 느낌으로, 그것은 자주 극심하고 고통스러운 신체적 감각, 즉 '격심한 아픔과 고통'으로 경험된다. 그리고 몸은 그러한 느낌을 통해 다른 사람들에게 반응한다. 하지만 때로는 그러한 즉각성으로 인해 몸이 전적으로 그 나름의 방식으로 작동하는 언어나 의식 또는 자아의 개입 없이 그렇게 반응한 것처럼 보이기도 한다". 실제로 우리가 우리의 감정을 다른 사람에게 표현하고자 할 때, 언어는 애석하게도 우리의 욕구에 부응하는 데 빈번히 실패한다. 얼굴표정이나 신체 동작 그리고 여타 신체적 신호가 자주 말보다 사람의 감정상태를 보여주는 훨씬 더 좋은 표시들일 수 있다. 실제로 개인이 감정상태를 감추거나 언어를 이용하여 그것을 부정하고자 할 때조차 자주 그러한 육체적 표현이 그것을 '무심코 드러낸다'. 이를테면 어떤 사람이 얼굴이 새빨개졌으면서도 당황하지 않았다고 항변한다고 하더라도, 그는 다른 사람들이 그가 당황하고 있다고 해석하는 것을 좀처럼 막을 수 없다.

감정경험에서 몸이 수행하는 역할을 인정하는 것이 갖는 중요성을 주장한다고 해서, 그것이 감정을 자극에 대한 '생득적인', 본능적이고 범문화적인 반응으로 보는 견해로 되돌아가는 것은 아니다. 육체화에 대한 나의 관점은 인간의 몸 자체가 단지 '자연적' 산물인 것은 아니라고 가정한다. 오히려 나는 사회구성주의적 접근방식을 채택하여, 우리의 육체화 경험을 항상 사회문화적 과정을 통해 구성되고 그것에 의해 매개되는 것으로 파악한다. 몸은 일정한 한계 내에서 상당 정도 변형시키는 것이 가능하다. 우리가 우리의 몸을 인식하고 규제하고 장식하고 바꾸고 도덕적으로 평가하는 방식, 그리고 출생, 섹슈얼리티, 죽음과 같은 일을 다루는 방식 모두가 우리가 살고 있는 사회문화적 상황과 역사적 상황을 통해 틀 지어진다. 프로인드(Freund, 1990)는 감정을 생물물리학적 과정의 결과로 보는 것과 순수하게 사회적으로 구성된 현상으로 보는 것 간의 분열을 피하는 것이 아주 중요하다고 주장한다. 그는 감정을 하나의 '존재양식'으로 또는 육체화된 자아, 사고, 존재 간의 관계로 보기를 좋아한다(Freund, 1990: 458).

개인들이 감정을 이해하고 경험하고 그것에 대해 말하는 방식은 자신들의 몸 이미지에 대한 그들의 인식과 밀접하게 관련되어 있다. 그로츠Grosz가 설명하듯이, 몸 이미지는

주체가 자신의 몸과 몸의 일부에 나르시시즘을 투여하는 정도를 보여주는 지도 또는 표상이다. 그것은 주체가 경험하는 강도의 정도를 표시하는, 눈금 모양으로 구별 지어지는 항상 변화하는 기록으로, 몸이 일상적 행위와 수행에서 겪는 심적 변화뿐만 아니라 생리적 변화를 보여주는 척도이다(Grosz, 1994: 83).

몸 이미지가 신체적 감각에 대한 개인들의 이해와 경험을 틀 짓는다. 그것은 개인들이 사회적 공간에 자신들을 위치지우는 방식, 개인들이 자신들을 다른 물리적 현상들과 분리된 것으로 개념화하는 방식, 개인들이 처신하는 방식, 개인들이 내부와 외부를 구분하고 스스로를 주체 또는 객체로 설정하는 방식에 영향을 미친다(Merleau-Ponty, 1962: ch. 3). 사람들의 몸 이미지는 유년기의 아주 초기 단계에서부터 형성되지만, 개인의 생애를 통해 계속해서 변화한다(Grosz, 1994: 83~85). 몸 이미지는 또한 문화에 의해 매우 제약된다. 이를테면 여러 연구들은 서구 문화 출신 사람들이 일본인과 사모아인과 같은 특정 비서구 문화 출신 사람들보다 감정을 훨씬 더 생리현상의 결과로 바라보는 경향이 있음을 밝혀왔다(Mesquita and Frijda, 1992: 189~190).

엘리아스(Elias, 1991)는 생물학적 성향과 사회문화적 과정을 연계지으면

서 학습이 인간과 그들의 소통 잠재력에 대해 갖는 중요성을 지적한다. 그는 성인들의 경우 학습의 영향을 일정 정도 받지 않는 감정은 존재하지 않는다고 주장한다. 여기서 그가 말하는 '학습'은 공식교육이라는 의미뿐만 아니라 보다 광범한 의미에서 다른 사람 및 물리적 세계와의 상호작용을 통해 특정한 사회적 맥락에 문화적으로 적응하는 것을 포함한다. 학습은 특정한 신체적 감각과 느낌 또는 마음의 상태가 특정한 사회적·문화적 맥락에서 유발될 때 그것을 감정으로 식별하는 방법을 체득하는 과정에 내재한다. 이러한 관점에서 감정의 신체적 성격은 사회문화적 의미 및 사회관계와 서로 뗄 수 없게 결합되어 있다.

감정의 사회문화적 구성성은 감정이 신체적 상태로 발현되는 것과 그것이 감정으로 해석되고 이름 붙여지는 것 모두에 자리하고 있다고 주장되기도 한다. 그렇다고 이것이 그러한 신체적 상태가 분명한 생리학적 요소로 '실재'하지 않는다는 것을 부정하려는 것은 아니다. 그것은 만약 그러한 신체적 상태가 감정으로 해석되고 이름 붙여지지 않는다면 그것은 전혀 감정이 아니며, 단지 신체적 상태 또는 감각의 집합일 뿐이라고 주장하는 것이다. 신체적 느낌과 감정이 육체화된 감각상으로는 동일할 때조차 그 둘 간에는 상당한 차이가 존재한다. 밀러Miller는 혐오라는 감정과 관련하여 이 점을 지적한다. "혐오는 독자적으로 존재하는 원초적 느낌이 아니라 어떤 것**에 대한** 그리고 어떤 것에 대응한 감정이다. 그것이 구토하게 한다. 혐오하고 있다는 바로 그 인식, 즉 그것 자체의 의식이 혐오의 일부를 이룬다"(Miller, 1997: 8, 강조는 원저자).

그러므로 감정경험에서 육체화와 사회문화적 과정 간에는 상보적 관계가 존재한다. 거기에는 일련의 육체화된 감각, 소리, 신체작용 ─ 눈물, 심박동 수의 증가, 복부 압박감, 마른 손바닥에 식은땀 나기, 신남, 미소 짓기, 웃기, 찌푸리기, 움찔하기, 소리치기 등 ― 이 존재한다. 그리고 모든 인간은 그러한 것들을 감정상태로 경험하고 표현하는 능력을 가지고 있다. 그러한 감각, 소리, 신체작용을 감정으로 또는 다른 현상으로 이해하고 경험하는 방식은 개인의 사회화와 개인적 생활경험에 달려 있을 것이다. 실제로 모든 인간이 미소 짓고 웃을 수 있는 해부학적 장비(입, 성대, 적절한 얼굴 근육)를 가지고 태어나지만, 사람들이 미소 짓고 웃는 맥락과 특정한 미소와 웃음에 대해 행위자와 (그곳에 있을 수도 있는) 타자가 내리는 해석은 분명 사회문화적 차원에 의해 틀 지어진다. 눈물 흘리기 역시 눈물을 만들어내는 몸의 신체적 능력에 기초하지만, 눈물은 사회문화적 조건에 반응하여 만들어진다(또는 억제된다).

신체감각은 감정상태를 만들어내는 데서 극히 중요하다. 로다웨이(Rodaway, 1994: 73)가 냄새에 대해 말하듯이, "후각은 우리에게 장소와 공간관계에 대한 감각의 지리학만을 제공하는 것이 아니라 사랑과 증오, 고통과 즐거움, 집착과 멀리함이라는 감정의 지리학도 제공한다". 냄새와 맛은 감정상태를 준비하거나 구성한다. 이를테면 커피 냄새와 맛은 사람들의 원기를 북돋고 하루를 미리 준비하게 한다. 어떤 사람이 문을 들어설 때 맡는 저녁 식사 요리 냄새는 그 사람에게 노동일의 끝, 즉 긴장을 풀고 집에서 안락한 저녁을 즐기는 시간을 준비하게 한다. 옛 연인이 썼던 향수의 아주 어렴풋한 향기는 그 사람 및 그와 공유한 관계의 감정적 차원들에 대한 기억을 생생하게 불러일으킨다. 초콜릿의 진한 달콤한 맛은 편안함과 기쁨 그리고 그와 연관된 즐거운 감정들을 불러일으킨다. 반대로 나쁜 냄새나 맛은 감정적 혐오나 동요 또는 적어도 불편하거나 불쾌하다는 의식을 유발한다

(Corbin, 1994; Rodaway, 1994). 소리도 또한 감정상태와 관련되어 있다. 소리는 사람들을 무서움에 심하게 떨게 하여 공포를 유발할 수도 있고, 또 사람들을 초초하게 하여 짜증, 괴로움, 욕구불만, 심지어는 격노를 유발할 수도 있다(이를테면 잠을 잘 수 없게 하는, 옆집에서 벌이는 매우 시끄러운 파티). 소리는 또한 마음을 진정시키거나 흥분시키거나 무아경적 감정을 불러일으킬 수도 있다. 그리고 또한 사람들이 사회적으로 부적절한 것으로 간주되는 소리를 낼 경우, 그것은 극단적인 당혹감의 원천이 되기도 한다(소음의 사회문화적·역사적 차원에 대한 흥미로운 설명으로는 Bailey, 1996을 보라).

촉각과 관련하여 부드럽고 매끄럽거나 뽀송뽀송한 질감의 감각은 즐거움을 가져다주는 경향이 있지만, 흐물거리고 끈적거리고 미끈거리는 질감의 물질은 자주 극심한 불쾌감과 혐오감을 유발한다(Lupton, 1996a: 114~117; Miller, 1997: 60~64를 보라). 촉감, 특히 다른 사람의 촉감은 우리의 성인기의 유의미한 관계들뿐만 아니라 우리의 어린 시절의 세계에 대한 아주 초기의 산만한 전前담론적 지식과도 연계되어 있는, 대단히 감정을 담고 있는 감각이다. 사랑하는 사람의 감촉은 즐겁지만, 낯선 사람이나 우리가 싫어하는 사람의 감촉은 심히 불쾌하다. 시놋트Synnott는 다음과 같이 표현한다. "포옹하기와 껴안기, 꼬집기와 때리기, 악수하기와 손잡기, 팔짱 끼기, 머리 쓰다듬기, 뺨 찰싹 때리기, 배 간질이기, 맥 짚기, 어루만지기와 다독이기, 이마나 볼이나 입술 등에 키스하기 …… 이것들 모두는 만지기와 피부 접촉을 포함하며, 말없이 매우 광범위한 감정, 의미, 관계를 실어 나른다"(Synnott, 1993: 156).

어쩌면 서구 사회에서 '가장 고상하고' 가장 신뢰할 수 있는 것으로 간주되는 감각(Synnott, 1993: 207)인 시각은 우리가 감정과 감각 간의 연관성을 가장 의식적으로 감지하는 감각이다. 추하거나 조화를 이루지 못하는 광경은 우리에게 불안, 초조, 혐오 또는 공포를 유발하기도 하지만, 우리가 황홀할 정도로 아름답다고 간주하는 광경은 조화, 기쁨, 즐거움 또는 쾌락의 감정을 불러일으키는 경향이 있다. 이를테면 기독교 저술들은 신의 신성한 아름다움과 광채를 그의 위엄과 전지전능함의 증거로 불러내고, 그러한 시각적 속성이 유발하는 감정을 즐거움과 환희 ─ 어둠의 절망이나 슬픔과 비교되는 ─ 로 제시해왔다(Synnott, 1993: 209).

여러 감각들이 불러내는 감정은 감정의 또 다른 중요한 측면과 연관되어 있다. 즉 감정은 승인된 행위규약을 위반하는 것에 의해서도 불러내어진다. 시놋트(Synnott, 1993: 191~192)가 지적하듯이, 셰익스피어 Shakespeare의 저술들은 특히 감각과 도덕적 의미의 연관성을 상기시킨다. 그는 『햄릿 Hamlet』에서 "악취가 진동하는" 살인행위와 악행과 부패로 "썩고" 있는 덴마크의 "악취 나는 행위들"을 언급하는가 하면, 『맥베스 Macbeth』에서는 반복해서 씻은 후에도 제거하지 못하는, 살인자의 손에 떨어진 피의 냄새와 흔적에 대해 언급한다. 감정은 자신과 타자를 구분하는 수단으로 작용한다. 즉 감정은 자신과 자신의 집단을 다른 사람들과 구분하는 데 기여하는 동시에 사회적 유대를 강화하는 규범과 도덕적 의미를 강화한다. 밀러는 혐오의 감정과 관련하여 다음과 같이 지적한다. "혐오는 우리와 그들, 나와 너 간의 경계를 설정하는 데 일조한다. 그것은 **우리의** 방식이 **그들의** 방식으로 포섭되는 것을 막는 데 일조한다. 욕망과 마찬가지로 혐오는 타자의 영역에 속하는 것으로, 피하거나 격퇴하거나 공격해야 하는 어떤 것이거나, 그와 다른 상황이라면 따라잡거나 모방하거나 결합해야 하는 어떤 것이다"(Miller, 1997: 50, 강조는 원저자). 자신과 너무나도 가까이에 서 있는 사람, 이상하거나 나쁜 냄새가 난다고 생각되는 사람, 문화적 가정에 따를 때 너무나도 시끄럽거나 부적절한 악센트를 가지고 있는 것으로 간주되는 사람은 혐오, 극도의 불쾌감, 화, 공포, 불안을 포함하는 일련의 감정을 불러일으킬 수 있다. 이러한 감정적 반응들은 어떤 것을 '추한' 것 또는 '아름다운' 것, '악취 나는' 것 또는 '향기로운' 것, '청결한' 것 또는 '더러운' 것, '순수한' 것 또는 '오염된' 것으로 간주하는지와 관련된 문화적 가정들과 서로 얽혀 있다.

모든 감정상태가 반드시 관찰할 수 있거나 인식할 수 있는 신체감각을 가지는 것으로 여겨지는 것은 아니다. 이를테면 사랑이 심장을 고동치게 하거나 신체감각을 고조시키는 것으로 기술되기도 하지만(특히 그것이 '낭만적' 사랑으로 이해될 경우), 그것은 또한 신체적으로 그리 분명하게 경험되지 않는, 훨씬 산만한 존재론적 경험이기도 하다. 자부심은 독특한 신체감각과는 거의 결합되어 있지 않은 감정이다. 자부심은 인지되거나 "머릿속으로 느끼지"만, '몸으로는' 느끼지 않는다(하지만 '벅차오르는 가슴', '목메임', '자랑스러움의 눈물'에서처럼 특히 자부심이 다른 어떤 것과 관련되어 있을 경우 그것은 때때로 육체적으로 경험되기도 한다). 화는 흔히 (근육의 긴장, 심장박동의 증가, 소리 지르기 등을 통해) 신체적으로 경험되는 것으로 이해되지만, 그러한 감각을 경험하지 않고 화를 느끼는 것도 가능하다. 따라서 감정은 때로는 경험의 인지적 차원과 육체화된 차원 사이에, 즉 적절한 단어가 없는 종류의 '공간'에 자리하기도 한다(여기서 다시 언어는 감정경험을 표현하는 임무에 적합하지 않음이 입증된다).

그럼에도 불구하고 가장 일반적인 수준에서는 모든 사고와 행위뿐만 아니라 모든 감정도 육체화되는 것으로 기술될 수 있다. 그 이유는 단지 그것들을 경험하는 인간이 당연히 육체화된 존재이고 또 사회세계와 물리적 세계를 몸의 감각을 통해 인지하고 이해할 수밖에 없기 때문이다. 이러한 관념은 메를로-퐁티의 인간존재의 현상학에 관한 저술들 속에서 발견된다. 거기서 그는 사람들의 '세계 내 존재'와 세계에 대한 지식은 사람들의 몸을 통해 이루어진다고 강조한다(이를테면 Merleau-Ponty, 1962를 보라). 그러므로 거기에는 지능, 사고, 인지라는 '내적' 또는 초월적 영역 ─ 육체화된 존재로부터 분리될 수 있는 영역 ─ 은 존재하지 않는다. 메를로-퐁티가 주장하듯이, 몸 자체는 물리적 존재와 지각적 의미를 통해 매개되는, 감각력이 있는 존재이다. 모든 지식은 몸을 통해 발전된다. 사람들은 몸과 그것의 감각을 통해 세계를 지각하고 현실의 관념들을 구성한다. "몸은 우리가 세계를 지각하는 일반적인 수단이다"(Merleau-Ponty, 1962). 세계 내 존재는 사고와 신체적 행위뿐만 아니라 감정성 또한 포함한다. 이러한 것들 모두가 체험이라는 동일한 현상의 일부이기 때문에 그것들은 쉽게 분리될 수 없는 방식으로 서로 연결되어 있다.

레이코프(Lakoff, 1987, 1995)도 유사하게 개념적 사고의 구조는 육체적 경험에 기초한다고 주장한다. 왜냐하면 인간이 육체화된 존재이기 때문이다. 지각, 신체작용, 신체적·사회적 경험 모두는 사고에 기여한다. 따라서 그 자체로 경험에 근거하지 않는 추상적인 개념들은 육체화된 경험으로부터 파생된 은유, 환유, 이미지를 이용할 수밖에 없다. 그는 감정적 개념들은 육체적 경험에 근거하고 있는 추상개념들의 분명한 실례들이라고 주장한다(Lakoff, 1987: 377). 이러한 통찰은 그렇다면 왜 특정한 언어의 선택이 맨처음에 느낌 ─ 육체화된 또는 그렇지 않은 ─ 과 관련하여 이루어지는가라고 질문하게 한다. 이를테면 화, 열정 또는 당혹감은 왜 '뜨거운hot' 것으로 기술되는가? 담론이 육체화된 감각을 만들어내는 것이 아니라 오히려 감정으로 확인되는 육체화된 감각이 그러한 담론을 낳을 수는 없는 것인가? 달리 말해 육체화된 감각이 담론의 결과이기보다는 담론의 생산에 기여하는 것 아닌가?

레이코프(Lakoff, 1987)는 화를 기술하기 위해 사용된 은유들에 대한 분석에서 신체적 감각이 특정한 감정을 둘러싸고 발생해온 담론 네트워크의 토대일 수도 있다는 점을 인정한다. 그의 분석은 먼저 '전통적' 이해에 근거하여 화의 생리학적 상관관계들 — 체열의 증가, 내부 압력의 증가(순환계와 근육의 긴장), 흥분, 정확한 지각의 방해받음 — 을 규명한다. 그는 그 다음으로 그러한 신체적 상관관계와 관련된 은유들을 고찰한다. 그는 체열은 "목 밑이 뜨거워지고 있다", '열 받은 머리', '열띤 논쟁', "몸 달다"와 같은 표현을 통해 담론으로 만들어진다고 주장한다. 내부 압력은 "혈관이 거의 터질 것 같다"와 같은 표현을 통해 표현된다. 두 생리적 감각은 얼굴과 목을 붉어지게 할 수 있고, 이는 "분노로 얼굴이 진홍색이 되다", "화가 나서 얼굴이 빨개졌다", "화가 나서 얼굴이 빨갛게 달아올랐다"와 같이 표현된다. 흥분은 "화가 나서 부르르 몸을 떨었다", "화가 나서 길길이 날뛰다", "분노에 치를 떨다", "몹시 화가 났다", "흥분된", "몹시 흥분했다", "냉정을 잃다"와 같은 표현으로 담론적으로 표시된다. 정확한 지각을 방해하는 신체적 경험과 관련된 표현들로는 "격분해서 분별력을 잃다", "붉으락푸르락하다", "미쳐서 똑바로 볼 수가 없다" 등이 있다(Lakoff, 1987: 382~383).

라이언과 바바렛(Lyon and Barbalet, 1994)은 육체화된 감정표현은 몸이 단지 담론과 관행을 통해 수동적으로 각인 받거나 주조되는 수단만이 아니라 몸이 활동하고 행위 하는 수단이라는 더욱 진전된 주장을 펼친다. "감정은 독특한 성향, 태도, 신체작용 — 개별적인 몸이 다른 사람들의 몸과 함께 공통의 목적, 기획, 질서를 표현하는 방식을 포함하여 — 을 단지 태도상으로뿐만 아니라 신체적으로도 불러일으킨다"(Lyon and Barbalet, 1994: 48). 따라서 감정상태는 인간행위를 자극하여 그것을 신체적으로 표현하게 할 수도 있는 힘이다. 그들의 주장은 감정이 (앞서 언급한) 의례와 인간의 결속에서 수행하는 역할에 대한 뒤르켐의 연구에 토대하고 있다. 라이언과 바바렛은 그의 저술들에 의거하여 육체화된 감정의 체험은 자주 사회적 행위에 선행하여 그것을 불러일으키기도 한다고 주장한다. 이를테면 집합적인 정치행위는 자주 감정적 반응에 의해 고무된다. 멜러와 실링(Mellor and Shilling, 1997) 또한 뒤르켐의 '집합적 흥분' 관념의 사회학적 중요성을 강조한다. 그들은 그러한 관점은 집합체의 초합리적·감각적·열정적 성격을 강조함으로써 인간의 사회성과 사회관계에 대한 '합리적' 접근방식을 넘어선다고 주장한다. 그러한 관점은 또한 감정이 개별 육체의 행위 수준에서만이 아니라 종교활동에서의 기도와 찬송 의례 및 군대에서의 행진과 훈련 같은 하나로 무리 지어진 몸의 경험으로부터 발생하기도 한다고 강조한다. 그러한 집단화된 몸의 경험은 특정한 감정을 육체화된 행위의 일부로 만든다(Lyon and Barbalet, 1994: 55).

결론적 논평

이 장에서 나는 감정이라는 주제를 다루어온 인문학과 사회과학의 몇몇 주요 관점들을 검토해왔다. 요약하면, 생리학적·정신생물학적·진화론적 접근방식들은 감정을 모든 인간에 보편적이고 생득적인 것으로, 그리고 신체적 반응과 동등한 것으로 보는 본질주의적 견해를 취하는 경향이 있다. 인지적 접근방식의 지지자들은 비록 그들이 여전히 감정을 생득적 현상으로 간주하기는 하지만, 감정이 구성되는 사회적 과정에도 얼마간 초점을 맞추고 있다. 왜냐하면 그들이 감정상태를 확인하고 이름을 붙이는 데서 의식적 평가와 신체적 감각 간의 관계에 관심을 기울이기 때문이다. 사회구성주의적 관점 내에는 초점을 달리하는 많은 접근방식들이 있다. 구조주의적 접근방식은 사회구조, 권력동학, 사회집단의 성원의식이 감정상태의 표현과 경험을 틀 짓는 방식과 '감정규칙'이 다시 감정표현을 틀 짓는 데 작동하는 방식을 탐구한다. 현상학자들은 주로 미시적 수준에서 감정의 사회문화적 의미 ─ 그것이 자아와 개인의 전기에 대해, 그리고 도덕적 판단을 내리는 데서 갖는 중요성을 포함하여 ─ 에 주의를 기울인다. 후기구조주의적 접근방식은 감정경험의 담론적 구성에, 그리고 개인들이 지배적인 담론을 채택하거나 그것에 저항함으로써 그러한 과정에 참여하는 방식에 관심을 가지고 있다. 정신역학적 관점은 감정이 우리가 자주 의식적으로 인식하지 못하는 동기와 행위의 토대가 되는 방식을 다룸으로써 감정경험의 초담론적·초합리적 차원을 탐구한다.

이 책의 나머지 장들에서 발전시키듯이, 나 자신의 이론적 접근방식은 '사회적 구성물로서의 감정'이라는 항목하에서 발전한 여러 연구의 초점들을 한데 결합시키는 것이다. 나는 감정의 체험과 사회관계적 차원 ─ 젠더와 권력관계 같은 요소들이 감정경험에서 수행하는 역할을 포함하여 ─ 에 관심을 가지고 있다. 하지만 나는 구조주의적 설명과 현상학적 설명에서 제기하는 경향이 있는 '진정한' 감정적 자아라는 관념을 피한다. 그 이유는 내가 주체성에 대한 후기구조주의적 관점을 지지하기 때문이다. 후기구조주의적 관점은 주체성을 동적이고 변화하는 것으로, 그리고 사회문화적 과정에 의해 왜곡되거나 조작되기보다는 만들어지는 것으로 파악한다. 나는 감정경험을 구성하고 틀 짓는 데서 담론이 지극히 중요한 역할을 한다는 것을 인정하지만, '담론결정론'에 빠지지 않는 것이 중요하다고 주장한다. 초담론적인 것, 감각적 육체화와 사회문화적 과정의 상호작용, 그리고 감정경험에서 무의식이 미치는 영향 역시 감정적 자아의 존재론을 이해하는 데에 통합시킬 필요가 있다.

2

감정에 대한 세세한 이야기: 일상적 담론

내가 제1장에서 주장했듯이, 감정의 사회문화적 성격을 이해하는 한 가지 방식은 감정을 둘러싼 담론 ― 보다 구체적으로 말하면, 육체화된 감각 내지 감정의 내적 상태의 속성을 다른 사람들에게 전달하기 위해 그것들을 말로 표현하는 유형화된 방식 ― 을 검토하는 것이다. 최근 인문학과 사회과학에서 담론, 주체성, 사회적 관계 간의 상호작용에 관한 관심이 고조되어왔음을 감안하면, 서구 사회에서 사람들이 감정에 대해 이야기할 때 의지하는 담론을 고찰하려고 시도해온 연구가 지금까지 극히 소수만 출간되었다는 것은 아주 놀라운 일이다(주목할 만한 예외로는 Lakoff, 1987; Lutz, 1990을 보라).

이 문제를 다루기 위해 나는 1995년에 시드니에서 한 인터뷰 연구를 수행했다. 나는 개인적 네트워크와 눈덩이 표집(첫 접촉자를 이용하여 더 많은 사람들과 접촉하는 표집)을 통해 41명의 사람들을 모집했다. 그러므로 이 집단은 '무작위 표집'을 한 것으로 기술되지 못할 수 있다. 하지만 나는 다양한 사회인구학적 배경을 가진 사람들을 모집하고자 혼신의 노력을 다했다(참여자의 전체 목록과 그들의 사회인구학적 세부사항에 대해서는 부록을 보라). 3분의 2가 여성이었고, 18명의 남성이 참여했다. 연령은 19세에서 72세까지 다양했다. 인터뷰 응답자 중 17명이 40세 이하였고, 24명이 41세 이상이었다. 소매상인, 사무노동자, 판매사원, 지역사회 사업가, 교사, 대학생, 관리자, 변호사, 교수에 이르는 다양한 직종의 사람들이 참여했다. 참여자 중 한 명은 실업자였고, 6명은 은퇴자였다. 인종적으로는 인터뷰 응답자 중 4명을 제외한 모두가 앵글로-셀틱인이거나 북유럽인이었다(그 예외에 해당하는 4명은 앵글로-이탈리아, 몰타, 앵글로-인도, 인도네시아-독일 부모 밑에서 호주에서 태어난 사람이었다). 그리고 3명을 제외한 모두가 호주에서 출생했다(그 3명은 영국에서 태어나서 어린 시절에 또는 성인이 되어 호주로 이주한 사람들이었다).

연구의 목적상 나는 특히 사람들의 감정경험의 개인적 전기, 감정과 감정관리에 대한 그들의 인식, 그리고 그들이 감정을 자신들의 자아 개념과 연결시키는 방식에 초점을 맞추었다. 인터뷰에서 응답자들은 그들이 특정 감정을 어떻게 생각하는지를 묻는 질문을 받았고, 몇몇 감정의 이름을 거론하고 그들이 그러한 감정들을 경험할 때 어떻게 '느끼는'지를 기술해줄 것을 요청받았다. 그리고 그들이 감정이 어디에서 온다고 생각하는지, 사람들의 감정을 통제하는 것이 중요하다고 생각하는지, 어떤 감정을 통제하기가 가장 어렵다고 생각하고 또 어떤 감정을 통제하기 가장 쉽다고 생각하는지, 서로 다른 유형의 사람들이 감정을 느끼고 표현하는 방식이 서로 다르다고 생각하는지, 그리고 사람들이 그들의 감정과 그 의미를 말로 표현하지 않을 경우 어떤 일이 발생한다고 생각하는지를 토의할 것을 요청받았다. 인터뷰 응답자들은 또한 그들이 자신을 감정적인 사람이라고 보는지, 그들이 감정에 대한 통제력을 상실했을 때가 있었는지, 그들의 본가本家에 감정표현과 관련한 어떤 관례가 있었는지를 포함하여 그들 자신의 삶에서 감정경험과 관련한 질문들을 받았다. 또한 그들은 자신들이 어린 시절에 그리고 보다 최근에 느꼈던 강렬한 감정에 대한 기억을 기술해 줄 것을 요청받았다.

모든 인터뷰는 녹취되었다. 나는 그러한 녹취록을 이용하는 동시에 각각의 테이프를 들으면서 인터뷰 자료를 분석했다. 이는 그것들을 읽는 것뿐만 아니라 사람들의 말의 어조를 듣기 위함이었다. 나는 주제를 감안할 때 그것이 특히 중요하다고 생각했다. 나의 기본적인 관심이 응답자들이 그러한 인터뷰에서 표현한 감정의 담론적 측면에 있기 때문에, 나는 후기구조주의적인 이론적 관점의 영향을 받은 담론 분석 접근방식을 이용했다. 내가 가지고 있던 생각은 (전통적인 현상학적 연구에서 중요하게 강조되었던) 개인의 일상생활의 체험에 초점을 맞추는 탐구와 담론이 수행하는 구성적 역할에 대한 (후기구조주의적 관점에서 비롯된) 관심을 결합해보자는 것이었다.

제1장에서 주장했듯이, 후기구조주의적 관점에서 볼 때, 주체성은 파편화되어 있고 동적이고 계속해서 산출되고 재생산되고 구성되고 재구성되고 매우 맥락적이다. 사람들은 담론을 통해 자신들의 견해와 현실경험 그리고 자신들의 육체화된 감각을 이해하고 또 그것들을 다른 사람들(면접자를 포함하여)에게 설명한다. 그러므로 이에 대한 분석은 참여자들이 '객관적' 현실을 얼마나 전달하는지가 아니라 그들이 모순적인 담론과 중첩되는

담론 모두를 끌어들여 자신들의 현실 인식과 현실경험을 어떻게 표현하는지에 초점을 맞춘다. 이러한 입장은 사람들이 접근할 수 있는, 그리고 자신들의 경험을 기술할 때 의지하는 공유된 담론 풀pool이 존재한다고 가정한다. 이 담론 풀은 정적인 것이 아니라 보다 광범한 사회문화적 사건과 추세에 반응하여 끊임없이 변화한다. 담론 분석은 사람들이 현상을 '이해'하고 자신들의 경험의 서사를 다른 사람들에게 전달할 때 특정한 담론을 이용하는 경향이 있음을 규명하는 데 초점을 맞춘다. 이 장은 연구 참여자들이 아래에서 논의할 문제들 ― 즉 감정을 정의하는 방식, '감정적임'과 '감정적인 사람'을 기술하는 방식, 감정관리에 대한 그들의 경험과 생각, 감정표현 스타일과 관련하여 개인들 또는 사회집단 성원들 사이에서 관찰할 수 있는 차이, 젠더와 감정표현의 문제, 감정과 연관된 육체화된 감각, 그리고 감정과 건강상태의 관계 ― 에 대해 자세히 이야기할 때, 그들이 사용하는 담론을 분석한다.

감 정 정 의 하 기

인터뷰 연구에서 인터뷰 응답자들이 "감정이란 무엇인가?"라는 질문에 응답할 것을 요구받았을 때, 아주 다양한 답변이 나왔다. 일부 사람들은 자신들이 감정이라고 생각하는 것을 표현하기가 매우 어렵다는 것을 발견했고, 솔직히 몇몇 감정들의 이름을 대는 것을 더 쉬워했다. 그중 어떤 설명을 할 수 있었던 사람들의 경우에, 그들이 가장 흔하게 기술한 것이 감정은 '느낌'이라는 것이었다. "내가 생각하기에, 감정은 실제로 어떤 것에 대해 느끼는 방식, 그러니까 그것이 슬픈가, 행복한가, 불행한가 하는 것이지요"(47세 여성). 이러한 느낌은 자주 또 다른 것에 대한 반응 속에서 또는 그것과 관련하여 불러내어지는 것으로 기술되었다. "감정은 하나의 느낌이죠. 그러니까 당신이 화가 난다면, 그게 감정이죠. 만약 당신의 마음이 당신의 아이들에 대한 사랑으로 가득 차 있다면, 그게 다 감정이죠"(62세 여성). 루츠(Lutz, 1985: 78)가 주장한 바 있듯이, 감정은 흔히 느낌의 부분집합, 즉 느낌의 가시적인 표출적 측면으로 간주된다. 그녀에 따르면, 느낌은 몸/자아 내의 감각으로, 그것이 감정이 되기 위해서는 해석이 요구된다. 그리고 대부분의 사람들은 느낌이 신체적이지만 또한 하나의 견해일 수도 있다고 강조한다. 여기서 우리는 하나의 견해로서의 느낌이라는 개념("이것이 그 문제에 대해 내가 느끼는 방식이다"라는 진술에서와 같은)과 하나의 신체적 감각으로서의 느낌이라는 개념("나는 고통을 느낀다")이 서로 긴장관계에 있는, 느낌에 대한 다소 모순적인 접근방식을 발견할 수 있다.

감정은 주로 자기표현의 수단으로 기술되었다. "감정은 사람들이 특정한 시나리오, 장면 또는 해프닝에 대한 자신들의 느낌을 표현하는 방법일 수 있죠"(34세 남성). 보다 구체적으로 살펴보면, 몇몇 사람들은 감정을 자신과 다른 사람들 모두에 대한 자신의 느낌과 생각을 드러내는 메시지 또는 신호라고 보았다. "감정은 자신이 어떻게 느끼는지를 사람들과 소통하기 위한, 즉 이야기하기 위한 거죠. 알다시피 감정이 실제로 당신을 웃게 만들거나, 실제로 당신의 눈에 사랑이 비치게 만들거나, 당신이 얼굴을 찌푸리게 만들지요"(45세 남성). "감정은 사람들이 특정 상황에 어떻게 반응하는지를 사람들에게 알려주죠"(31세 여성). 이러한 표현들은 감정이 자기 진정성을 표현하는 수단, 즉 진실에 이르는 길이라고 암시한다. 그리고 몇몇 사람들은 자신들의 설명에서 이를 명시적으로 드러냈다. "어떤 의미에서 [감정은] 우리가 자신에게 진실할 수 있게 해주죠"(44세 남성). "감정은 당신이라는 존재를 만들고, 그것이 실제로 당신의 가슴이 말하는 것이지요" (45세 남성).

몇몇 사람들은 감정을 하나의 개인적 자원, 심지어는 쾌락의 한 원천으로 생각했다. "내가 생각하기에 감정은 즐거움과 삶을 풍부하게 하기 위한 것이죠"(55세 남성), "감정은 우리가 우리의 삶을 충실하게 살 수 있게 해주기 위해 존재해요"(44세 남성). 이러한 담론과 관련된 또 다른 것으로, 감정을 삶의 본질적 부분으로 제시하는 담론도 있었다. "내가 생각하기에, 감정은 우선 자아를 위한 것이죠. 사람들은 감정이 있어야 해요. 그렇지 않으면 그들은 살아갈 수 없을 거예요. 왜냐하면 사람들은 사랑 없이 살 수 없기 때문이죠. 그리고 내가 추측하기에, 사람들은 때때로 어떤 형태의 화, 그리고 다른 모든 감정들을 표출하지 않고는 살 수 없을 거예요"(36세 여성). 대부분의 인터뷰 응답자들은 감정을 우리를 다른 동물들 또는 기계와 같은 생명 없는 대상과 구분해주는, 인간성의 소재지라고 주장했다. "만약 사람들에게 감정이 없다면 몹시 지루할 거예요, 그렇지 않은가요? 우린 그저 로봇 같을 거예요"(47세 여성). "만약 사람들이 감정을 드러내지 않는다면, 아마 동물이나 다른 뭐 같을 거예요. 그게 사람인 거죠"(54세 남성). 21살인 한 남자가 말했듯이, 감정 없는 삶은 상상하기도 어렵다. "그건 죽음이 어떤 것인지를 상상하는 거나 마찬가지예요. 그건 실제로 상상할 수 없어요."

인터뷰 응답자들은 감정이 어떻게 생기는지 분명하게 설명하는 데 특히 어려워했다. 한 여성은 다음과 같이 지적했다. "나는 그것에 대해 생각해본 적이 전혀 없어요. 그건 그냥 있는 거예요. 그건 당신의 일부예요. 당신에게 손이 있고 발이 있는 것처럼 당신에게는 감정이란 게 있어요!"(66세 여성). 하지만 그들은 감정이 자아 '내부'에서 생긴다는 데에는 일반적으로 동의했다. "감정은 분명 내부에서 생겨나요. 감정은 우리가 누구인지의 일부이고, 우리의 본성의 일부이고, 따라서 감정은 언제나 존재해요"(44세 남성). 일부 사람들은 감정을 자기 자신과 세계에 대한 사람들의 태도에 보다 일반적으로 영향을 미치는 마음의 상태라고 기술했다. "내가 생각하기에 감정은 사람들의 사고방식에 영향을 미치는, 즉 당신이 특정 시기에 어떤 것에 대해 생각하고 느끼는 방식에 영향을 미치는 마음의 상태예요"(30세 여성). 그것과 관련된 한 담론에서 감정은 사고의 산물로 인식되었다. "내가 추측하기에, 감정은 두 극단에서 표출될 수 있는 내적 사고의 분출물이에요. 하나가 극도의 행복이고, 다른 하나는 극도의 절망이나 고통이죠"(44세 남성).

대부분의 사람들의 설명은 몸과 마음이 상호작용하여 감정을 만들어낸다고 시사한다.

감정은 마음으로부터 생겨나는 것이 틀림없어요. 왜냐하면 당신이 실제로 만질 수 없는 감정이 너무나도 많기 때문이죠. …… 내가 당신의 마음이 당신의 감정을 지배한다고 말하는 것은 아니에요. 왜냐하면 만약 당신의 마음이 당신의 감정을 지배한다면, 아마도 당신은 그것을 가지지 못할 테니까요. 그러나 감정은 당신이 가슴 속에서 느끼는 방식과 당신의 마음이 그 느낌을 처리하는 방식 사이에 있을 거예요(49세 여성).

나에게 감정은 느낌이에요. 그건 일종의 신체적 경험이죠, 그러한 경험은 당신이 신체적으로 느끼는 종류의 결과를 가지죠. 그것은 또한 마음의 상태이기도 해요. 그리고 둘 간의 상호관계도 존재해요. 따라서 그것은 대체로 신체적 결과로 이어지는 마음의 상태죠. 하지만 때로는 신체적 결과가 당신의 마음상태에 영향을 미칠 수도 있어요. 따라서 만약 당신이 피곤하거나 위축되었다고 또는 시차적응이 안 된다고 느낀다면, 그것은 당신의 마음상태에 실제로 영향을 미칠 수 있고, 어쩌면 당신이 다소 우울하거나 침울하게 느끼게 만들어서 얼마간 다른 길로 가게 할 수도 있어요(31세 여성).

몇몇 사람들은 감정의 존재론과 감정이 발생하는 방식을 기술하기 위해 영혼 또는 정신의 개념을 사용했다.

나는 감정도 마찬가지로 당신의 영혼을 통해 산출된다고 생각해요. 왜냐하면 내가 생각하기에 모든 사람들은 영혼을 가지고 있고, 감정도 당신 내부의 깊숙한 어떤 곳에서 생겨나기 때문이죠. 그렇다고 내가 꼭 감정이 전적으로 정신에서 생긴다고 생각하는 것은 아니에요. 내가 말하고자 하는 것은 정신은 생각하는 거라는 거예요. 하지만 나는 그러한 느낌을 만들어내는 것은 나의 경우에는 영혼이라고 생각해요(36세 여성).

솔직하게 말해서 나는 내게는 나의 뇌와 나의 몸 이상의 어떤 것이 있다고 느껴요. 그리고 나는 나의 감정이 그 모든 것의 혼합물로부터 생길 수도 있다고 생각해요. 그러니까 감정은 내부로부터 생기죠. 그것은 내심 이상의 것이에요. 그것은 모든 것의 일부일 뿐이에요. 그것은 단지 가슴으로부터만 나오는 것이 아니에요. 그것은 나의 영혼, 나의 정신의 일부예요(25세 여성).

매우 흥미로운 이러한 감정 관념은 남성 인터뷰 응답자들보다는 여성 응답자들에 의해 표현되는 경향이 있었다. 반대로 감정은 생리학적 구성요소를 가지고 있다는, 즉 몸 또는 뇌에 "단단하게 매여 있다"는 생각은 남성 인터뷰 응답자들에 의해 훨씬 더 자주 표현되었다. 이를테면 55세인 한 남성은 다음과 같이 말했다. "감정은 기본적으로 우리의 생리기능에서 생겨나요. 우리는 감정을 드러내게 되어 있어요." 그는 "가능한 한 일찍부터 어린아이들을 훈련시켜 그들이 자신들의 지배자가 되게 하는" 것이 중요하다는 믿음을 드러냈다. "정신은 통제예요. 만약 당신이 당신의 정신을 이용하여 당신의 삶을 통제하지 않는다면, 당신은 정신의 타고난 기능을 파괴하고 있는 중이지요." 이것이 암시하듯이, 감정에 대한 일부 남성들의 기술 속에는 감정이 '덜 문명화된' 유전적 특질의 일부라는 견해가 함축되어 있다. 이를테면 49세의 남성은 다음과 같이 말했다. "나는 감정은 전前 역사적인 것의 일종, 다시 말해 우리가 말할 수 있기 이전에 우리가 가지고 있었을 수도 있는 것이라고 생각해요." 이러한 견해는 30세 남성의 말에서도 그대로 되풀이되었다. "나는 감정은 모두 단지 우리의 반응-신경체계의 일부일 뿐이라고 봐요. 그러한 체계는 보다 원시적인 존재에게 우리 같은 사람들이라면 보다 인지적이 되기 이전에나 했던 일을 하게 하는 경향이 있죠." 감정은 흔히 합리성과 병치되고 대비되었다. "감정은 아마도 일정 정도 이성과는 구분되는 것일, 우리의 퍼스낼리티의 반응이죠"(50세 남성).

대부분의 사람들은 또한 감정을 자극에 대한 반응에서 발생하는 생득적인 힘이라고 기술했다. "나는 감정은 우리에 의해 유발되는 것이라고 봐요. 우리가 하나 또는 다른 감정을 야기하는 자극이 존재하는 상황 또는 사람들과의 관계 속에 있다는 의미에서 말예요"(44세 남성). 하지만 감정은 또한 학습된 것으로, 또는 생애 과정 동안의 경험의 산물로도 기술되었다.

감정은 경험을 통해, 아마도 수많은 수준에서, 즉 개인, 가족, 민족, 주변 문화의 수준에서 축적된 경험을 통해 나올 거예요(45세 남성).

내가 생각하기에, 감정은 우리가 학습해온 것, 우리가 성장하면서 발생해온 것이지요. 그리고 우리는 그러한 느낌을 느껴왔고, 알다시피 우리는 그것에 감정이라는 이름을 붙여왔어요. 우리는 그것에 이름을 붙이는 것 역시 배워요(41세 여성).

일부 인터뷰 응답자들은 개인의 감정과 그것이 유발되는 방식 또는 장소를 구별하고자 했다. "사랑, 사람들은 그것이 가슴으로부터 생긴다고 말하죠. 그러니까 그것이 마치 흉부 속에 있는 것처럼 느끼죠. 말하자면 그것이 넘쳐흐른다고 느껴요. 화, 내 생각에 그것은 보다 뇌 쪽에서 생기죠. 내 생각에는 슬픔도 가슴으로부터 생겨요"(62세 여성). 일부 감정은 보다 '표면적'이고 따라서 쉽게 표출되는 반면, 다른 감정들은 시간이 경과하며 '형성되는' 것으로 인식되었다. "특히 슬픔의 경우에는 다소 시간을 가지며 형성되는 것이죠. 내 말은 행복은 보다 즉각적인 종류의 감정이고 …… 상처도 역시 형성되는 것이라는 거죠. 따라서 나는 그것은 형성되기 때문에 시간 과정을 거친다고 생각해요"(30세 여성).

'감정적임'과 '감정적인 사람'

우리는 인터뷰 응답자들에게 자신을 '감정적인 사람'이라고 생각하는지를 물었다. 젠더와 무관하게 대다수는 자신들을 그렇게 본다는 데 동의했다. 41명의 인터뷰 응답자 중 단지 7명만이 자신들이 감정적인 사람이라는 것을 부정했다. 하지만 감정적인 사람이라는 것은 서로 다른 방식으로 표현되었다. 일부 사람들에게 그것은 감정적으로 변덕스럽게 반응하는 것을 의미했다. 이를테면 인터뷰 당시에 임신 중이었던 30세 여성은 자신이 임신 중에 감정이 더 격해졌다는 의미와 감정을 잘 통제할 수 없었다는 의미 모두에서 더 감정적이 되었다고 생각한다고 말했다. "나는 내가 항상 감정적이었다고 생각해요. 하지만 나는 임신이 내가 감정이라는 것을 훨씬 더 강조하게 만든다고 생각해요. 그러니까 예전에는 어떤 사람에게 작게 화를 냈다면, 지금은 더 크게 화를 내요. 내면의 즐거움도 더 커진 것 같아요. 그건 좋은 일이죠. 그렇지만 화도 심해졌어요. 그러니까 화도 역시 그만큼 심해졌어요." 이 여성은 사람들이 다른 사람들에게 임신한 여성 주변에서는 조심하라고 주의를 시킨다는 것을 알고 있었다고 말했다. "왜냐하면 그녀가 당신에게 쏘아붙일 수도 있기 때문이죠." 그녀는 이전에는 그것을 이해하지 못했지만, 자신이 임신한 지금은 그것을 이해한다. "그런 감정 정도는 그냥 괜찮아 하는 것 같아요, 한결같아요. 그리고 사람들은 그냥 봐줘요. …… 실제로 사람들은 자신이 생각하고 있는 것을 말하고 싶어 하는 것 같아요."

그러므로 감정적인 사람이라는 것은 감정을 강하게 느끼는 것뿐만 아니라 감정을 공개적으로 드러내는 것을 의미할 수도 있다. 다른 사람들은 스스로를 '감정적'이라고 기술할 때 이러한 정의에 동의했다. "나는 항상 아주 명랑 쾌활하고 흥분하는 경향이 있어요. 그래서 슬프면 나의 몸 모든 부분에 그대로 드러나요. 내가 슬프면, 그건 주체할 수 없는 슬픔이고, 내가 화나면, 그건 주체할 수 없는 화이고, 내가 행복하면 그건 주체할 수 없는 행복이에요"(46세 여성). 66세의 여성은 자신이 "매우 감정적"이라고 보았다. 그리고 다음과 같이 덧붙였다. "나는 영화를 보면서 울고, TV에 나오는 어떤 이야기에 울어요. 나는 감정을 숨기지 않고 드러낼 뿐만 아니라 매우 인정이 많아요. 나는 누구와도 키스하고 꼭 껴안아요." 감정적임에 대한 이러한 묘사들은 감정적이라는 것이 어떤 사람에게서 감정이 적절한 자극(이를테면 미디어에서의 슬픈 이야기)에 의해 쉽게 불러내어진다는 것과 어떤 사람이 다른 사람에게 사랑한다는 감정을 쉽게 드러내는 것을 의미하는 것이라고 시사한다. 다른 인터뷰 응답자들에게서는 감정적인 사람이라는 것은 다른 사람들이 자신을 예민하고 공감적이라고 인식하는 것을 의미했다. 이를테면 47세의 여성은 자신이 스스로를 감정적인 사람으로 보는 이유를 다음과 같이 말했다. "내가 어떤 사람인가 하면요. 보통 다른 사람들은 여러 가지 일들에 대해 이야기할 거예요. 그런데 나는 때때로 실제로 그렇게 이야기하기가 어렵다는 것을 발견해요. 내가 어떤 사람을 위로하게 된다면, 아마도 나는 그들 못지않게 울 거예요."

하지만 감정적임에 대한 일부 사람들의 묘사에는 감정적이라는 것이 반드시 감정을 공개적으로 드러낸다는 관념이 포함되어 있지 않았다. 오히려 감정적이라는 것은 다른 사람들의 곤경에 민감하다는 것으로, 즉 그러한 감정을 드러내지 않을 때조차 다른 사람에 대해 느낄 수 있는 것으로 해석되었다. 이를테면 43세 남성은 다음과 같은 이유에서 자신이 감정적이라고 보았다. "나는 다양한 많은 것과 서로 다른 많은 사람들에게 많은 동정심을 느껴요. 나는 그것을 공개적으로 표현하지는 않지만, 때때로 나는 '음 어떻게 사람들이 얼마간 그러한 감정을 가지지 않고 그런 일을 그냥 무시할 수 있을까'라는 생각을 해요." 유사하게 36세의 여성도 다음과 같은 이유 때문에 자신이 매우 감정적인 사람이라고 볼 수 있다고 말했다. "나는 여러 일들에 대해 그리고 사람들에 대해 많은 것을 느껴요. …… 나는 여러 일들에, 특히 내가 돌보고 사랑하는 사람들에 대해 매우 감정적이 되요. 그리고 그들이 상처를 입는다거나 하면, 나는 그것에 대해 매우 격하게 반응해요." 감정적임은 또한 자신의 감정을 크게 의식하는 것으로 제시되었다. 스무 살 난 젊은 남성은 다음과 같은 이유에서 자신을 감정적이라고 묘사했다. "나는 내가 어떻게 느끼는지를 매우 의식해요."

일부 사람들은 자신들이 본질적으로 '내면적으로' 감정적인 사람이라고 제시했다. 그러면서도 그들은 다른 사람들은 자신들의 감정관리 스킬, 즉 그들의 감정을 숨기는 능력 때문에 그것을 의식하지 못할 수도 있다고 생각했다. 이를테면 31세의 여성은 자신이 "매우 감정적인 사람"이라고 본다고 말했다. "나는 여러 일들에 대해 매우 초조해 해요. 나는 여러 일들에 매우 불안해해요. 나는 여러 일들에 매우 흥분하기도 해요." 그럼에도 불구하고 그녀는 다른 사람들이 그녀를 다르게 볼 수도 있다고 생각한다.

내가 완전히 통제력을 잃은 것을 봐온 내 남편을 빼고는 정말 다 그렇게 생각해요. 나는 그가 아마도 나를 감정적인 사람으로 볼 거라고 생각해요. 왜냐면 그는 내가 가장 스트레스 받았을 때, 내가 가장 화났을 때, 내가 가장 흥분했을 때, 나를 보기 때문이죠. 그러나 나는 실제로 나의 가족을 포함하여 다른 모든 사람들은 아마도 나를 감정적인 사람으로 묘사하지 않을 거라고 생각해요. 직장에서 나를 알고 있는 사람들은 특히 더 그럴 거예요. 내가 생각하기에, 그들은 나를 매우 침착하고 냉정하고 매우 조심스런 사람이라고 볼지도 몰라요. 왜냐면 내가 그러한 조치를 취하기 때문이죠. 나는 실제로 나자신이 그렇게 보이도록 노력해요. 왜냐면 내가 그것이 중요하다고 생각하고, 그것이 내가 드러내고 싶어 하는 인물형이기 때문이죠.

감정적임에 대한 앞서의 해석들은 대부분 그것을 긍정적으로, 즉 감수성, 인정 많음, 공감능력 — 다시 말해 어떤 사람을, 보다 둔감한 또는 억제된 감정적 반응을 보일지도 모를 다른 사람들과 구분시켜주는 품위 있는 감정들 — 과 같은 보다 훌륭한 자질을 드러내는 것으로 제시하는 경향이 있다. 보다 적은 수의 나머지 인터뷰 응답자들은 감정적임을 그리 긍정적이지 않은 자질 또는 함의를 지니는 것으로 제시했다. 일부 사람들은 스스로를 감정적인 사람이라고 경험하는 상태를 자신들이 감정을 피할 수 없는, 즉 그러한 감정을 벗어날 수 없는 상태로 기술했다. 이는 그들이 일정 정도 자신들의 감정에 휘둘리고 있음을 발견했다는 것을 의미한다. 이러한 사람들은 매우 감정적이라는 것을 부정적인 측면을 가지는 것으로 기술하고 또 그들 자신을 "과도하게 감정적"이라고 제시할 가능성이 컸다.

나는 내가 과도하게 감정적이도록 그냥 놔둬요. 많은 사람들은 삶을 헤쳐나가죠. 그리고 그들은 어떤 것이 자신들이 마주하고 싶지 않은 것이 되어간다고 느낄 때, 그것을 숨길 수 있어요. 나는 그렇게 할 수가 없어요. 나는 그것이 장기적으로 나쁜 일일 거라고 생각하진 않지만, 그것 때문에 꽤 힘들기도 해요. 나는 기분 변화가 매우 심한 사람이에요. 그리고 그건 때론, 그러니까 기분이 좋다가 갑자기 침울해질 때면 나를 매우 힘들게 해요(25세 남성).

그들 자신을 '감정적'이라고 또는 '감정적이 아니'라고 기술한 대부분의 사람들은 자신들이 그러한 퍼스낼리티 특성을 자신들의 생애 과정 동안 유지해왔다고 암시하는 경향이 있었다. 하지만 나이 많은 인터뷰 응답자들 중 일부는 사람들은 세월이 지남에 따라 바뀌기도 하며 자주 그들의 젊은 시절보다 더 감정적이 된다고 주장하고, 그것을 그들 자신의 경험과 관련지었다. 이를테면 50세의 여성은 이전에는 감정적인 사람이 아니었지만 지금은 바뀌었다고 말했다. "몇 년 전만 해도 나는 나의 감정을 매우 잘 통제했어요. 겉으로 드러나는 감정에 한에서는 말예요. 그러나 지금은 훨씬 더 너그러워졌다는 것을 발견해요. 눈물이 나려고 하면, 그냥 눈물을 흘려요." 45세 남성은 나이가 들어감에 따라 자신이 자기를 괴롭히는 사람들에게 덜 관대해지고 그것을 겉으로 드러낼 가능성이 크다고 말했다. "젊었을 때에는 감정을 숨기려고 했어요. 그렇지만 지금은 그것을 더 드러내는 경향이 있어요." 이러한 견해는 사람이 변함에 따라 그들이 느끼는 방식도 변화한다는 관념과 관련되어 있었다. "내 생각엔, 감정은 변하지 않고 사람이 변해요. 그러니까 사람이 변하기 때문에 감정이 변하죠. 감정은 사물이 아니니까, 변하는 것은 사람이죠. 감정은 사람으로부터 나오는 것이죠. 그것이 그들의 퍼스낼리티나 영혼 또는 다른 그 무엇에서 나오든 말예요. 때문에 내가 생각하기로는 사람이 변하면 그들의 감정도 함께 변해요"(36세 여성).

인터뷰 응답자들 중 자신을 감정적인 사람이라고 묘사하고 싶지 않다고 말한 소수의 사람들(7명)에는 남자와 여자 모두가 포함되어 있었다. 여기서 다시 감정적임(또는 감정적이 아님)을 의미하는 것을 놓고 다소 다른 해석들이 제시되었다. 감정적이 아님에 대한 하나의 해석은 그것을 다른 사람들에게 감정을 공개적으로 표현하지 못하는 것으로 보았다. "아뇨, 나는 내가 감정적인 사람이라고 생각하지 않아요. …… 나는 많은 감정을 느끼지만, 나는 그것을 보여주는 것이 어렵다고 느껴요. …… 나는 나의 감정, 이를테면 우는 것을 보여주는 것을 좋아하지 않아요. 나는 결코 그것을 보여준 적이 없어요." 그의 말에는 '감정적'이라는 것은 감정을 격하게 느낄 수 있는 능력을 가지는 것 그 이상이라는 것이 함축되어 있다. 즉 그것은 또한 그러한 감정을 다른 사람들에게 보여줄 수 있는 능력을 포함하고 있다. 유사하게 44세의 여성은 자신이 감정을 통제할 수 있고 따라서 자신을 감정적인 사람이라고 생각하지 않는다고 말했다. "나는 감정을 드러내서 사람들의 마음을 상하게 하기보다는 마음속에 담아두는 경향이 있어요." 58세의 또 다른 여성은 자신이 감정적인 사람이라고 생각하지 않는다고 말했다. 왜냐하면 그녀가 다른 사람들에 비해 감정적으로 반응하지 않기 때문이다. "나도 여러 일들에 대해 흥분하기도 하지만, 나는 어떤 사람이 그렇게 하는 것을 보는 것을 좋아하지 않아요."

스스로를 '감정적이 아니'라고 묘사한 또 다른 사람들은 자신들이 감정을 쉽게 표현하지 못하는 것으로 보이는 것에 대해 얼마간 유감을 표시했다. 이를테면 34세의 남성은 자신이 마땅히 그러해야 하는 만큼 감정적이지 못한 것에 대해 우려했다. "나도 그러고 싶어요. 내가 무정해서가 아니라 어떤 일들에 대해서는 사람들이 우는 것이 정상이기 때문이죠. 나는 우는 것이 어려워요." 그는 계속해서 자신이 때때로 감상적이라고 느끼기도 한다고 말했다. 그리고 그에게 그것은 그가 좀 더 부드러운 감정을 가진다는 좋은 신호였다. "TV에서 굶주리는 아이들을 보면, 때때로 나의 두 눈에서 눈물이 나요. 그리고 그건 좋은 일이예요." 자신들이 남에게 감정을 '적절히' 표현하지 못하는 것으로 보이는 것에 대해 일반적으로 남성이 여성보다 더 우려하는 경향이 있었다(아래의 젠더 문제에 대한 논의를 보라). 하지만 이러한 '감정적이지 않은' 사람들 중 일부에게서 감정적임은 부정적으로 제시되었다. 이를테면 자신을 감정적인 사람으로 보지 않는 30세 여성은 다음과 같이 말했다. "나는 내가 아주 신중한 사람이라고 생각해요. 그래서 나는 내가 뭔가에 대해 말하기 전에 그것에 대해 생각한다고 생각해요. 따라서 화와 같이 다른 사람들이 쉽게 드러내는 감정을 나는 드러내지 않아요. 나는 뭔가에 대해 말하기 전에 얼마간 그것에 대해 생각해요." 이러한 해석에서 감정적임은 비합리성과 감정에 대한 통제력의 상실, 즉 감정을 표현하기 전에 생각하지 않는 경향을 포함한다.

감정 관리

감정을 통제하는 것이 중요하다고 생각하는가라는 질문을 받았을 때, 인터뷰 응답자 중 많은 사람들이 이상적으로는 사람들이 감정을 표현할 수 있어야 한다는 관념을 강력하게 지지했다. 47세의 한 남성은 다음과 같이 말했다. "우리는 만약 우리가 많은 시간 동안 우리의 감정을 참고 견디면 우리가 훨씬 더 좋아질 것이라고 생각하곤 하는데, 그렇지 않아요. 나는 감정을 통제하는 것이 좋은 일이라고 생각하지 않아요. 감정을 그냥 내버려두어야 해요." 감정이 표현되어야 하는 이유로 몇 가지가 제시되었다. 그중 하나가 감정을 표현하는 것이 당신이 어떻게 느끼는지를 다른 사람들이 알게 함으로써 그들과의 관계를 용이하게 해준다는 것이었다. "당신의 감정을 표현해야 해요. 왜냐하면 그래야 사람들이 당신의 실제 의중을 알 수 있기 때문이죠. 그들이 당신이 실제로 어떻게 느끼는지를 알게 되면, 그것이 사람들의 감정을 상하게 할 수도 있지만, 나는 당신이 여러 일들에 대해 실제로 어떻게 느끼는지를 아는 것이 그들에게 더 낫다고 믿어요"(45세 남성). 감정표현은 인간의 욕구로 인식된 반면, 감정통제는 속박적이고 억압적인 것으로 제시되었다. "만약 당신이 당신의 감정을 지나치게 통제한다면, 당신은 실제로 당신 스스로 당신의 삶을 왜곡하고 있는 거예요"(49세 여성). "만약 모든 사람이 자신들의 감정을 통제한다면, 우리 모두는 좀비처럼 돌아다닐 거예요!"(66세 여성). 많은 응답자들이 공히 감정의 방출을 보다 '솔직해지는' 과정으로 묘사했다. 그들은 또한 감정의 '억누름'이 사람들의 정신건강 또는 신체건강에 유발할 수도 있는 '손상'에 대해 언급했다(이에 대해서는 아래에서 보다 상세하게 논의될 것이다).

인터뷰 응답자의 대다수가 일반적인 측면에서는 가능하면 감정이 표현되어야 한다는 관념을 지지했지만, 소수의 사람들은 이 점과 관련하여 그리 확신하지 못했다. 그들은 대부분의 상황에서 감정을 통제하는 것이 갖는 중요성을 보다 단호하게 피력했다. 이러한 반응을 보인 인터뷰 응답자들은 일반적으로 여성보다는 나이 든 남성들(50세 이상)이었다. 이는 감정관리에 관한 생각에 세대차이가 있음을 암시한다. 이를테면 55세의 남성은 감정을 강력하고 잠재적으로 위험한 것으로 제시했다. "우리는 분명 감정을 통제할 필요가 있어요. 감정은 비록 두려운 주인은 아니지만 위험한 하인이에요. 그리고 우리는 그것을 통제할 필요가 있어요." 66세 남성은 감정을 통제하는 것이 자아의 통제를 용이하게 한다고 지적했다. "당신이 감정을 통제하고 있는 동안, 당신은 평정을 잃지 않을 거예요." 그는 계속 해서 다음과 같이 말했다. "내가 생각하기에, 과도하게 감정적인 사람들은 어쩌면 조금 더 통제할 필요가 있어요. 나는 내가 나의 감정을 통제해왔다 고 생각해요. 그리고 나는 다른 사람들도 똑같이 해야만 한다고 생각해 요." 72세의 여성은 감정통제가 프라이버시를 유지하는 데 중요하다고 말 했다. "내 생각으로는 만약 당신이 사인私人이라면, 나는 다른 사람들이 당 신의 감정을 아는 것이 좋은 일이라고는 생각하지 않아요."

인터뷰 응답자들이 자신의 감정을 다른 사람들에게 표현하는 것이 중요 하다는 데에는 일반적으로 동의하고 있음에도 불구하고, 그들은 또한 빈 번히 그것이 항상 가능하거나 적절한 것은 아니며 감정을 느끼는 맥락을 유념할 필요가 있다고 지적했다. "그것은 당신이 무엇을 하고 있는지, 당 신이 어디에 있는지 그리고 당신이 누구와 함께 있는지에 달려 있어요"(34 세 남성). 따라서 많은 사람들이 감정을 표현하는 최선의 방식과 가장 적절 한 시간과 장소를 판단할 정도로 세심하게 감정을 관리하는 것이 갖는 중 요성을 강조하고자 했다.

나는 감정을 통제하는 것이 중요하다고 생각해요. 그러나 만약 당신이 과도 하게 통제한다면, 당신은 다른 방식으로 고통받을 수도 있어요. 나는 당신의 감정이 그러한 일을 극복할 수 있게 해주는 안전판으로 존재한다고 생각하 기 때문에, …… 당신의 감정이 당신을 지배하게 놔둬서는 안 되지만, 당신 의 감정이 표현되게 내버려둘 필요가 있다고 생각해요(50세 여성).

감정표현이 어떤 사람에게 어떤 손상을 입힐 수 있다면, 음, 나는 아마 그것을 통제할 것 같아요. 나는 당신이 "지금은 그것에 대해 이성적으로 판단해야 해"라고 말하게 될 때가 있을 거라고 확신해요. 그러나 다른 때에는 나는 감정을 통제하기보다는 그것을 받아들여요. 나는 감정이 어느 정도 나를 통해 흘러나오게 놔둬요. 그리고 그것은 감정을 담아두기보다는 치유하는 거예요. 그러나 만약 그것이 어떤 사람에게 유해하다면, 그리고 순전히 "사람들을 두렵게 하고 공격하기 위해서" 그렇게 하는 것이라면, 그건 아니죠. 내 생각엔 우리는 감정을 통제해야 해요(46세 여성).

인터뷰 응답자들은 일반적으로 '문화'또는 '사회'가 감정표현을 특정한 방식으로 제한하고자 한다는 것을 인정하면서도, 감정을 표현하는 것을 더 '자연스러운' 것으로 보는 경향이 있었다. 감정표현을 '자연스러운' 것으로 보는 담론에는 두 가지 지배적인 의미가 포함되어 있었다. 첫 번째 의미는 이 장에서 앞서 언급한 것으로, 감정이 보다 '근원적인' 진원지에서 발생한다고 보는 관념과 관련되어 있었다. 다시 말해 감정은 우리의 뇌 중에서 이성에 의해 통제되는 것이 아니라 대체로 본능적인 부분에서 발생한다는 것이다. 두 번째 의미는 '자연적인' 감정을 보다 진정한 것으로 바라보는 관념과 관련되어 있었다.

인터뷰 응답자들은 감정이 자신을 '지배하는' 것 같고 또 정신이 그것의 표출을 전혀 통제할 수 없을 때, 그것은 무서운 것으로 경험될 수 있다고 보았다. 46세의 한 여성은 자신이 신경쇠약에 걸렸을 때 있었던 해프닝을 묘사했다.

그럴 때는 당신이 완전히 당신의 감정에 압도당해서 되돌릴 수가 없어요. 단지 당신의 몸이 이렇게 말할 뿐이죠. "더 이상은 참을 수가 없어!" 그리고 그땐 정말 어쩔 도리가 없어요. …… 따라서 당신은 당황하죠. 그래서 당신은 겁을 먹고 이렇게 생각하죠. "오 아무 것도 할 수 없어." 그리고 엄청난 슬픔과 엄청난 화가 엄습하죠. 모든 감정이 다 정말 감당할 수 없어요.

인터뷰 응답자들의 설명은 실제로 대부분의 감정, 심지어는 가장 강력한 감정도 충분히 노력하기만 한다면 통제되거나 관리될 수 있다고 시사했다. 이를테면 대부분의 사람들은 우울, 자기회의, 두려움 같은 부정적 감정이 자신을 '지배'하게 놔두지 않는 것이 중요하다고 생각했다. 일부 사람들은 그들이 그것을 피하기 위해 어떻게 의식적인 노력을 해왔는지를 묘사한다.

나는 내가 슬픔과 우울의 감정에서 벗어날 수 있다고 생각해요. 그것들을 합리화하고 자신에게 이렇게 말해서 말예요. "그냥 다른 어떤 것에 대해 생각해. 그리고 그것이 널 당혹스럽게 하거나 마음이 울적해도, 제발 기운 차리고 찌질하게 굴지마!"(31세 여성).

우리는 인터뷰 응답자들에게 개인적으로 통제하기 가장 어려웠던 감정에 대해 묘사해줄 것을 요청했다. 대부분의 사람들이 거명한 감정은 비통함, 상실감, 화, 슬픔 같은 가장 고통스러운 감정들이었다. 거기에는 몇 가지 이유가 있었는데, 그중 하나는 그러한 감정들이 친밀한 관계의 깨짐 내지 상실, 또는 기대를 저버린 사람에 대한 반응에서 산출된다는 것이었다.

이러한 가장 중요한, 그러므로 격정적인 감정을 유발하는 상실 중 많은 것이 부모, 가까운 가족 성원 또는 파트너의 상실이다. 이를테면 45세의 남성은 그의 형의 죽음과 관련하여 느낀 상실감은 통제하기 매우 어려웠다고 말했다. "아마도 그를 그리워하지 않은 적이 하루도 없을 거예요. 나의 인생에 분명하게 하나의 구멍이 생겼어요. 그리고 내가 생각하기에, 그것이 바로 내가 그를 생각할 때 매우 감정적이 되는 이유예요."

응답자들은 그러한 친밀한 관계가 매우 중요하고 그것이 계속해서 문제를 파생시키기 때문에 그러한 감정의 강도를 통제하기란 어렵다고 주장했다.

거기에는 다른 사람들과 절교한 것과 같은 어떤 것이 있어요. 그리고 스스로 슬프다고 느끼거나 그와 같은 어떤 것을 느껴요. 그러한 것들은 자주 통제하기 어려워요. 왜냐면 그러한 감정들은 켰다 껐다 할 수 있는 것이 아니거든요. 가령 당신이 화가 났더라도, 당신은 아마도 영화를 보러 가거나 멋진 어떤 일을 할 수 있을 거예요. 그러나 내가 생각하기로는 사람에 대한 매우 강력한 감정, 당신은 그것을 아주 쉽게 잊을 수가 없을 거예요(43세 남성).

한 50세 여성은 최근 남편과 헤어졌다. 그녀는 그간 그가 바람피우는 것을 목격해왔다. 그녀는 자신에 대한 남편의 배신이 유발해온 고통에 대해, 그리고 그것이 자신의 자존심에 어떻게 악영향을 미쳤는지에 대해 이야기했다. 그녀는 자신의 슬픔을 되씹지 않고 그것을 통제하려고 노력한다고 말했다. "나는 분별력을 가지고 나 자신에게 애써 이렇게 말해요. '음 일어날지도 모를 나쁜 일에 대해 생각하는 것은 결코 좋지 않아. 좋은 쪽으로 생각해.'" 그럼에도 불구하고 그녀의 결혼 파탄과 관련한 슬픔과 배제감이 자주 그녀를 엄습했고, 그녀는 그것을 통제하기 어렵다는 점을 깨달았다.

만약 당신이 바로 잡을 수 없는 게 있다면, 그건 다른 사람과의 관계일 거예요. 음, 당신은 어떤 사람이 다른 어떤 사람들보다 당신과 더 가까워지게 해왔어요. 아마도 부모나 정말 좋은 친구 말고 말예요. 그리고 그 관계가 잘 풀리지 않을 땐, 어떤 것이 당신 자신에게서 찢겨 나가는 것 같을 거예요. 그러한 관계 역시 과거사라는 점에서 당신의 일부예요. 따라서 나는 그것에 대해 슬퍼하지만, 대체로 나는 정말 그것을 되씹지 않으려고 노력해요.

이러한 부정적 감정들 역시 통제하기 어려운 것으로 묘사되었다. 그러한 감정을 통제해야 하는 까닭은 그렇게 하라는, 즉 고통과 나쁜 감정을 줄이라는 정명이 존재하기 때문이다. 반면 기쁨이나 행복과 같은 긍정적으로 인식되는 감정은 거의 통제가 요구되지 않는 것으로 간주되었다. 왜냐하면 그러한 감정은 통제할 필요가 전혀 없기 때문이다. "만약 당신이 사랑한다면, 당신은 그 사랑이 드러나게 그냥 놔두세요. 나는 당신이 그것을 지나치게 억제해야 한다고 생각하지 않아요. 그 사람이 당신이 어떻게 느끼는지를 알게 하는 것이 중요해요. 그리고 그러한 배출구를 갖는 것이 좋아요"(44세 남자). 유사하게 20세의 한 여성도 다음과 같이 지적했다. "당신이 화가 났을 때처럼 그것이 나쁜 감정일 때면, 당신은 그것을 통제하는 법을 배워야만 해요. 그러나 만약 당신이 실제로 행복하면, 행복하기를 그만두려 할 필요는 없어요. 나는 당신이 사람들에게 당신이 행복하다는 것을 알게 할 필요가 있다고 생각해요. 그리고 어쩌면 행복이 다른 사람들에게 전염될 수도 있어요."

통제하기 어려운 것으로 간주된 감정은 또한 다른 감정들에 비해 보다 강렬하거나 변덕스러운 것으로 묘사되었다. 특히 화는 보다 '표면적인' 감정으로, 그렇기에 어떤 다른 감정들에 비해 통제하기 어려운 것으로 묘사되었다. "화는 거의 즉각적인 거예요, 그것은 곧장 튀어나와요"(30세 여성). "때때로 화는 통제할 필요가 있어요. 그러나 당신이 실제로 하고 싶은 것은 어떤 사람의 코를 한 방 먹이는 거죠. 그러나 당신은 당신이 하고 싶은 것을 그대로 할 수 없어요. 당신은 그것을 통제하고 싶어 해요"(47세 여성). 하지만 일부 사람들은 화가 통제하기 가장 쉬운 감정임을 발견했다고 말했다. 왜냐하면 그들은 자신들이 사는 동안 내내 그렇게 해왔고 그리하여 그것이 습관화되거나 '생활화'되었기 때문이다. 49세의 한 남성은 다음과 같이 말했다. "화는 내게 통제하기 가장 쉬운 감정이에요. 왜냐면 내가 그것을 아주 생활화해왔기 때문이죠. 나는 지금은 실제로 화를 전혀 내지 않아요."

많은 사람들은 감정통제력의 상실이 다른 사람들에게 초래할 수 있는 바람직하지 못한 결과에 대해 언급했다. 이것은 그들이 화에 대해 이야기할 때 특히 더 그러했다. 모든 감정들 중에서 화는 그것이 다른 사람들과의 관계에 미칠 수 있는 영향과 관련하여 부정적으로 인식되었다.

당신은 화를 통제해야만 해요. 왜냐면 당신이 다른 사람들에게 상처를 입힐 수 있기 때문이죠. 내 말은 화를 통제**해야만** 한다는 거예요. 나는 실제로 그렇게 믿어요. 당신이 화가 났다는 것을 다른 사람들이 알게 해야만 해요. 그렇지만 당신은 또한 그것을 통제하는 방법을 배워야만 해요. 당신이 화가 났을 때 당신이 할 수 있는 것에는 한계가 있음에 틀림없어요. 그리고 당신은 스스로에게 그러한 한계를 설정해야만 해요. 만약 당신이 화, 또는 심지어 증오, 질시 등과 같은 감정에 빠진다면, 당신은 비열한 짓을 할 수도 있어요 (49세 여성).

만약 내가 살면서 느낀 감정들을 그대로 그냥 발산했다면, 나는 엄청난 살인을 저질렀을지도 몰라요. 나는 그러한 감정들이 통제되어야만 한다고 생각해요(41세 여성).

이처럼 다른 사람들의 반응과 느낌이 사람들이 자신의 감정을 표출하거나 억압하는 방식을 규제하는 데서 지극히 중요한 차원이라는 것이 인터뷰 응답자들의 설명에서 분명하게 드러났다. 한 여성은 비통과 슬픔 같은 감정이 다른 사람들 때문에 때때로 어떻게 통제되어야만 하는지에 대해 이야기했다. "만약 당신이 다른 사람에게 강해 보일 필요가 있다면, 당신은 당신의 감정을 일정 정도 통제해야 해요"(47세 여성). 또한 일부 인터뷰 응답자들은 감정통제력을 상실한다는 것은 바람직하지 않은 방식으로 스스로를 드러내는 결과를 초래할 수도 있기 때문에 일정한 상황에서는 그러한 일을 피해야만 한다고 시사했다. 44세의 한 남성이 주장했듯이, 그는 자신이 감정통제력을 상실할 경우 다른 사람들이 자신을 어떻게 생각할지를, 즉 그들이 자신을 "통제력이 없는 사람, 별난 사람, 정신이 이상한 사람"으로 보지나 않을까 우려했다. 25세의 남성도 유사하게 다음과 같이 말했다. "당신의 감정을 공개적으로 드러내는 것이 항상 득이 되지는 않아요. 왜냐하면 그러한 감정이 당신을 다른 사람들에게 아주 무방비상태로 노출시킬 수도 있기 때문이죠."

몇몇 사람들은 일터와 같은 공식적 상황을 감정통제의 중요성을 보여주는 사례로 제시했다. 그중 하나가 '전문적' 또는 '합리적' 자아를 드러낼 것이 요구되는 일터였다. 이를테면 30세인 사무변호사는 그가 다른 회사의 변호사들과 함께 일할 때 그들에게 자주 화가 나지만 "내가 평정심을 잃을 만한 상황은 거의 없다"고 말했다. 그는 만약 그가 고객 앞에서 평정심을 잃는다면, "전문가가 아닌 것처럼 보일 수도 있다"고 말했다. "왜냐면 나는 공평하고 상황에 감정적으로 개입하지 않고 평정심을 잃지 않는 것으로 되어 있기 때문이죠. 그리고 만약 내가 평정심을 잃는다면, 다른 사람들도 평정심을 잃을 가능성이 크죠. 그리고 그것은 상업적 합의에 이르는 것을 더욱 어렵게 만들고 말죠." 전문직에서 일하는 여성의 경우에 감정통제는 그들의 남성 동료들에 비해 훨씬 더 중요한 것으로 간주되기도 한다. 왜냐하면 걸핏하면 여성들에게 '지나치게 감정적'이라는 딱지가 부여되기 때문이다. 31세인 한 여성 교수는 자신이 감정적 여성이라는 스테레오타입을 피하고 전문가로 받아들여지도록 하기 위해 일할 때 감정을 통제할 필요가 있다고 의식한다고 기술했다.

내 생각에, 만약 당신이 당신의 일을 매우 진지하게 받아들인다면, 그러니까 만약 당신이 일터에서 다른 사람들이 당신을 진지한 사람으로, 즉 통제력이 있는 합리적인 사람으로 보기를 원한다면 — 이것들은 대부분의 일터에서, 그리고 특히 매우 전문성을 지향하고 정신적인 종류의 일을 하는 내가 속한 일터에서 높이 평가받는 것들이죠 — 내 생각엔 당신의 감정을 통제하는 것이 매우 중요해요. 따라서 내 생각엔, 이를테면 당신이 동료들과 만남을 가질 때, 그리고 당신이 그들과 의견을 달리할 경우, 감정을 통제해서 화가 나지 않게 하는 것이 매우 중요해요. 단정적인 것도 중요하지만, 당신은 언제든 화가 난 것을 보여주지 말아야 해요. 당신은 고통스런 기색을 보이지 말아야 해요. 당신은 당신과 함께 일하는 어느 누구 앞에서도 특히 당신의 상급자이자 앞으로 승진과 관련하여 당신에 대해 판단할 사람 앞에서는 결코 울지 말아야 해요. 그리고 나는 결코 그렇게 하지 않을 거예요. 결코 어떤 사람 앞에서도 울지 않을 거예요. 그리고 나는 화나 고통을 또는 심지어는 행복도, 그러니까 크나큰 기쁨마저도 겉으로 드러내지 않도록 하는 조치를 분명하게 취할 거예요.

인터뷰 응답자들은 개인이 혼자 있거나 가족이나 친한 친구들과 함께 있는 것과 같은 사적인 또는 덜 공적인 환경에서는 일반적으로 감정상태를 덜 통제한다고 말했다. 그들은 그러한 맥락에서는 감정을 거의 또는 전혀 의식적으로 통제하지 않기도 하며, 감정을 자발적으로 표현하기도 한다고 주장했다. 하지만 '사적' 공간에서조차 자기 모니터링은 계속된다. 25세의 한 여성은 이를 입증해주는 이야기를 하기도 했다. 그녀는 자신이 집에서 파트너와 말다툼을 했을 때 자신이 감정통제력을 어떻게 상실했는지를 묘사했다. 말다툼을 하는 동안 그녀의 파트너는 말을 중단하고 그녀를 무시하기 시작했다. 그 때문에 그녀는 격노했고, 따라서 그녀는 자신의 분노를 표현할 수 있는 수단을 찾기 위해 주변을 둘러보았다.

나는 우선 욕실로 들어갔어요. 실제로 뭔가를 때려 부수고 싶었거든요. 하지만 집에는 내가 때려 부수면 후회할 것 같은 너무나도 귀중한 것들이 많이 있다는 생각이 들었어요. 그래서 문을 걷어차서 문에 구멍을 냈어요. 기분이 좋아졌지만, 정말 통제력을 완전히 상실하지 않을 수 없었어요. 그래서 문에 구멍을 낸 후에도 많은 접시를 박살 냈어요. 나는 그밖에 무엇을 또 박살 냈는지도 알지 못했어요. 나는 불충분하다고 느꼈어요. 왜냐면 내가 완전히 통제력을 상실한 것은 아니었거든요. 아마 반쯤 상실했었을 거예요. 만약 내게 쓰러뜨릴 수 있는 큰 책장 같은 것이 있었다면, 나는 그것을 밀쳐버렸을 거예요. 분명 통제력을 완전히 상실하게 놔두지는 않았어요. 왜냐면 내 머리는 내게 계속해서 말하고 있었으니까요. "안 돼, 만약 네가 그걸 부숴버리면, 넌 후회할 거야!" 왜냐면 어머니가 내게 주신 것, 뭐 그런 것들이니까요. 따라서 내가 완전히 화가 나거나, 완전히 격분하지는 않았던 것 같아요. 그랬더라면, 그 사실도 잊어버렸을 테니까요.

이 여성의 이야기에서 드러나듯이, 완전히 통제력을 상실하는 경우는 거의 없을 것이다. 극도로 감정적인 순간에도, 내면화된 감시체계가 작동하여 행동을 규제할 수 있다. 감정이 매우 강렬할 경우, 그것을 통제하고자 하는 가장 단호한 시도조차 결국 실패하기도 하지만, 그럼에도 불구하고 그러한 노력은 아마도 그것의 표출에 얼마간 영향을 미칠 것이다. 또 다른 사례에서 31세의 여성은 자신이 16세 때 아버지의 장례식에 참석하는 동안 감정을 어떻게 통제하고자 했는지를 설명했다. 그녀는 자신이 각고의 노력을 했음에도 불구하고 너무나도 슬펐기 때문에 결국 울음을 참는 것이 불가능하다는 것을 깨달았다고 말했다.

나는 장례식에 갔던 것을 기억해요. 그리고 그건 분명 내가 있고 싶어 하던 장소가 아니었어요. 나는 아버지가 돌아가셨다는 것에 매우 혼란스러웠어요. 그리고 나는 거기에 있는 사람들 앞에서 실제로 울고 싶지 않았어요. 왜냐면 내가 그것이 적절하다고 느끼지 않았기 때문이에요. 나는 그들에게 내가 감정을 주체하지 못하는 것을 보여주고 싶지 않았어요. 나는 실제로 나 자신을 그러한 취약한 위치에 놓이게 하고 싶지 않았어요. 그래서 나는 그저 거기에 함께 갔지만, 감정을 통제하고 평정심을 잃지 않고 싶어 했어요. 그리고 나는 의식이 시작되었을 때, 그러니까 장례식을 집전하는 사람이 나의 아버지에 대해 말하기 시작했을 때를 기억해요. 나는 카펫을 응시하고 있었어요. 그리고 나는 여전히 그때 그 카펫의 문양과 색깔을 기억해요. 왜냐면 내가 뚫어져라 쳐다보고 그러려고 부단히 노력했기 때문이에요. 나는 내가 울음을 멈출 수가 없다고 느꼈던 것을 기억해요. 그리고 결국 나는 울고 말았어요. 나는 정말 그것을 통제할 수 없었어요. 나는 정말 슬픔과 비애로 어찌할 수 없었고, 아주 조용히 울기 시작했어요.

이 여성은 자신이 원한 만큼 슬픔을 통제하지 못했지만, 그럼에도 그녀의 감정표현은 절제되었다. 이를테면 비록 그녀가 자신이 슬픔과 비애 때문에 "어쩔 수 없었다"고 말했지만, 그로 인해 그녀는 큰소리로 또는 감정을 노골적으로 드러내는 방식으로 울기보다는 '조용히' 눈물을 흘렸다. 그리고 그녀는 펄쩍 뛰거나 방을 뛰쳐나가거나 그 상황에서 부적절한 것으로 고려될 수 있는 어떤 일도 하지 않았다. 통제력을 완전히 잃지 말자는 그녀의 결의, 그리고 그러한 상황에서 어떤 종류의 행동이 적절한지에 대한 그녀의 믿음이 여전히 그녀가 깊이 느낀 감정을 표현하는 방식을 틀 지었다.

이러한 설명들은 그러한 상황에서는 상황과 맥락을 모니터링하는 것을 포함하여 세심한 주의를 기울이고 평정심을 유지할 필요가 있다고 시사한다. 그리고 그러한 평정심이 감정표현에서 다른 사람들과 자신에게 부차적인 영향을 미치는 것으로 고려되었다. 43세의 한 남성은 다음과 같이 말했다. "그걸 유지하는 것은 어려워요. 왜냐면 한편에서 당신은 당신의 감정을 통제하고 억누르지 못할 수도 있기 때문이죠. 다른 한편에서 당신은 분명 당신의 감정을 항상 표현할 수 없어요. 왜냐면 그건 매우 분별없는 일이 되기 때문이죠."

감 정 스 타 일 : 사 람 들 간 의 차 이

인터뷰 응답자들이 모든 인간은 감정을 가진다는 데에 일반적으로 동의했지만(그것이 인간경험의 본질적이고 불가피한 차원이기 때문에), 사람들은 그들이 감정을 느끼고 경험하는 방식에는 차이가 있다고 말했다. "내가 추측하기로는, 그게 바로 사람들을 서로 다르게 만들죠. 어떤 사람들은 당신이 실제로 항상 명랑쾌활하고 행복하고 등등이라고 생각하고, 또 어떤 사람들은 당신이 성미가 까다롭다고 생각하잖아요"(47세 여성). "어떤 것에 대한 사람들의 반응은 달라요. 따라서 나를 화나게 하거나 좌절시키는 것이 다른 어떤 사람을 화나게 하거나 좌절시키지 않을 수도 있어요. 그래서 내 생각엔 그건 외부 요소와 환경 그리고 그것들에 대해 사람들이 느끼는 방식들이 서로 다르게 배합되기 때문인 것 같아요"(30세 여성). 많은 사람들의 설명에는 "다르다는 것"은 '하나의 개인'이라는 존재의 일부라는 것이 강력하게 암시되어 있었다. "사람들이 감정을 표현하는 방식은 달라요. 왜냐하면 그게 사람이기 때문이죠. 내 말은, 그들이 서로 다른 퍼스낼리티를 가지고 있고, 그들은 서로 다른 영혼, 서로 다른 사고방식을 가지고 있다는 거예요"(36세 여성).

따라서 이를테면 동일한 상황이 다른 사람들로부터 상이한 감정적 반응을 불러일으킬 수 있다고 생각되었다. 이것은 개인의 생애경험의 차이뿐만 아니라 개인의 지각이나 퍼스낼리티 유형의 문제일 수도 있다. 43세의 한 남성의 표현대로, 어떤 사람들은 동물에 대해 매우 감정적이지만, 다른 사람들은 그렇지 않다. "따라서 나는 감정은 중요한 것 또는 중요해 보이는 것으로부터 나온다고 추측해요. …… 우리 모두는 중요한 것을 서로 다르게 보잖아요." 40세인 또 다른 남성은 다음과 같이 지적했다. 동일한 사건에 반응하여 "어떤 사람은 당황해하고, 어떤 사람은 수습하려고 하고, 어떤 사람은 장황하게 이야기하고, 어떤 사람은 전혀 이야기하지 않고, 어떤 사람은 술을 마셔요." 또 다른 사람들은 사람들이 동일한 종류의 감정을 느끼지만 그것을 다르게 표현할 수도 있다고 주장했다. "우리 모두는 동일하게 느끼지만, 우리는 그것을 아주 다른 방식으로 보여주죠. 어떤 사람은 그것을 드러내지 않고 속으로 느끼죠. 다른 사람들은 곧바로 울고 성질내고 투덜대기도 하죠"(62세 여성).

감정은 자아 '내에서' 발전하는 생득적인 것이라는 일반적인 견해(앞서의 논의를 보라)에도 불구하고, 인터뷰 응답자들은 또한 감정표현 양식이 적어도 일정 정도는 학습된다는 것에 분명하게 동의했다. 그들은 그러한 학습 과정에서 가장 중요한 것이 사람들의 가족배경이라고 주장했다. 그들은 그러한 가족배경이 사람들이 감정표현을 학습하는 방식에 크게 영향을 미치는 것으로 보았다. 이를테면 30세의 한 여성은 어떤 사람들의 경우에는 감정을 표현하는 것을 어려워한다고 말했다. "왜냐면 내 생각으로는 그들이 어린 시절 내내 그렇게 오랫동안 또는 그러니까 그들의 양육 기간 내내 감정을 억제하도록 배워왔기 때문이에요. 마찬가지로 당신의 부모도 그러니까 이렇게 말했을 거예요. '자, 당장 울음 그치거나 당장 그것 그만 둬'. 아니면 '너 그럴 거면 우리가 올 때까지 혼자 집에서 기다리고 있어'."

몇몇 사람들은 자신들이 본가에서 경험한 감정 사회화 유형을 자신들의 아이들에게 되풀이하지 않기 위한 시도를 의도적으로 해왔다고 말했다. 이를테면 46세의 한 여성은 자신의 어머니가 자신에게 감정통제 방법을 어떻게 가르쳐왔는지에 대해 말하고, 자신은 그것에 동의하지 않는다고 말했다. "내가 아이를 낳았을 때 처음부터 나는 어머니가 우리에게 해왔던 방법을 쓰지 않을 것이라고 말했던 것을 기억해요. 우리 아이들은 자신들이 느끼는 방식을 표현할 수 있게 될 거예요. 나는 그것이 무엇이든 간에, 행복이든 슬픔이든 우리 모두는 그것을 드러낼 권리가 있다고 판단했어요." 62세의 또 다른 여성은 정반대의 반응을 드러냈다. 그녀는 자신의 부모가 "모든 사소한 일들에 대해" 지나치게 안달하게 만들었다고 느꼈다. 따라서 그녀가 아이들을 낳았을 때, 그녀는 그렇게 하지 않고 아이들이 아플 때 지나치게 안달하지 않을 것이라고 결심했다. 이를테면 그녀의 아이들이 상처가 나서 꿰맬 필요가 있을 때, 그녀는 아이들에게 이렇게 말했던 것으로 기억했다. "비명 지르지 마. 그건 더 오래 걸리게 만들 뿐이야. 병원에 갔을 때, 의사 선생님이 두 배 더 아프게 꿰맬 거야. 그리고 그렇게 하려면 시간도 두 배쯤 걸릴 거야. 그러니 네가 조용히 있으면, 아무 문제없이 눈 깜짝할 사이에 모든 게 끝날 거야."

사람들의 감정이 '자연스러운' 것이라는 관념은 이 장에서 앞서 언급되었다. 이 관념은 또한 사람들이 아이들 — 좀 더 '자연'상태에 있는 것으로 위치지어지는 — 과 어른들 — 이미 사회화 과정을 거쳤고 그리하여 감정표현을 보다 억제하거나 감정을 '일부러 꾸며서' 표현하는 — 사이에서 인식되는 차이를 기술할 때에도 등장했다. 아이들은 감정을 표현할 때 어른들보다 자신들의 감정을 훨씬 더 드러내고 자기통제를 덜하며, 그리하여 자신들의 감정에 대해 더 '솔직한' 것으로 묘사되었다.

아이들은 실제로 감정을 그대로 드러내는 것으로 보여요. 아이들은 감정을 불쑥 드러내거나 즉각 느껴요. 아이들이 어떤 것에 대해 웃거나 초콜릿 비스킷 같은 것을 갖지 못할 때 우는 것처럼 말예요. 내 생각엔, 아이들은 아주 솔직한 것 같아요. 왜냐면 아이들은 그 차이를 모르기 때문이죠(30세 여성).

아이들은 어른들보다 훨씬 더 솔직해요. 왜냐면 어른들은 그들의 감정을 통제하는 방법을 배우기 때문이죠. …… 일반적으로 만약 아이들이 행복한 환경에서 살고 있다면, 그들은 좋든 싫든 자신들을 그대로 표현할 거예요. 그것이 화든, 사랑이든 또는 그 무엇이든 간에 그대로 드러내죠. 원래 그래야지요(36세 여성).

나는 앞서 인터뷰 응답자들 사이에 감정통제의 중요성과 관련하여 세대 간 태도 차이가 존재한다는 증거가 있음을 지적했다. 즉 일부 나이 든 사람들이 감정통제가 중요하다는 믿음을 드러냈다. 엄격한 감정통제를 특히 중시하는 나이 든 사람들은 젊은 세대들을 비난하는 듯한 논평을 하고 오늘날 부모들이 아이를 키우는 방식에 대해 불만을 표시하는 경향이 있었다. 그들은 부모의 통제가 지나치게 느슨해졌고, 아이들이 적절하게 규율되지 않고 있고, 그것이 부적절한 감정의 폭발을 초래했다고 불평했다. 66세의 여성은 다음과 같이 언급했다.

나는 어린아이들이 자신들의 감정을 지나치게 드러낸다고 생각해요. 나는 젊은 엄마들 역시 유별나다고 생각해요. 그게 나를 매우 화나게 만들어요. 왜냐면 내 생각엔, 엄마들이 아이들을 통제하지 않아요. 그리고 내 생각엔, 아이들은 일정 정도 부모의 통제가 필요해요. 아이들은 뭐가 뭔지 몰라요. 아이들이 좋아하는 것만 하도록 내버려두는 것을 보면, 나는 매우 당황스러워요. 그건 사회적으로 바람직하지 않아요. 집에 대체 규율이라는 게 없어요.

인터뷰 응답자들에게 서로 다른 집단이 서로 다른 방식으로 감정에 접근하는 경향이 있다고 생각하는가라는 질문을 했을 때, 그들은 자주 전통적인 앵글로 또는 서유럽 접근방식과 라틴, 지중해 또는 중동 문화의 접근방식 간에는 차이가 있다고 대답했다. 전자 집단은 감정 절제적이고 덜 표출적인 것으로 묘사된 반면, 후자 집단은 감정적으로 불안정하며 자신들의 감정을 공개적으로 표현하는 것으로 설정되었다. "정력이 넘치는 남부 이탈리아 사람은 북부 유럽 사람보다 감정을 겉으로 표현할 가능성이 훨씬 더 커요"(30세 남성). "중부 유럽 여자들은 그들이 슬프거나 할 때면, 소리 내어 울고, 자신을 때리고 할퀴곤 해요. 다음으로 중부 유럽 남자들은 [감정이] 아주 풍부해요"(25세 여성).

이러한 차이를 언급한 사람들 대부분은 '개방적인' 접근방식을 우위에 있는 것으로 보았다. 왜냐하면 그것이 더 많은 감정해방을 포함하고 있었기 때문이다. "나는 이탈리안 스타일을 좋아해요. 왜냐하면 그들은 스스로를 표현하고 단호한 조치를 취하고 또한 여러 일들에 감사해 하기 때문이죠"(40세 남성). "남부 유럽 민족들은 훨씬 더 신명을 내는 경향이 있어요. 나는 그게 멋져 보여요"(47세 여성). "나는 우리가 거기서 재수가 없었다고 생각해요. 영국인과 앵글로-색슨 사람들, 그들은 다른 민족에 비해 [감정표현을] 잘 못해요. 나는 항상 유대인들이 [감정표현을] 잘한다고 생각했어요. 그리고 이탈리아 사람과 프랑스 사람도"(49세 남성). 하지만 여기서도 다시 인터뷰 응답자들 중 소수의 사람들은 그러한 공개적인 감정표현에 대해 그리 긍정적이지 않았다. 그리고 나이 든 사람들이 그러한 접근방식을 표명하는 경향이 있었다. 그중 한 사례가 62세의 여성이다(그녀는 앵글로-셀틱인이다). 그녀는 아이들을 낳을 때 진통 중인 여성들 사이에 민족성과 관련하여 차이가 있다는 점을 알게 되었던 것에 대해 자세하게 이야기했다. 그녀는 이탈리아 출신 여성들이 비명을 더 많이 질렀다고 말했다. "그들은 아마도 만약 아프면 소리치고 비명을 질러라, 만약 그래도 계속해서 아프면 그것을 숨기지 마라 하는 식으로 키워졌을 거예요." 그녀는 그러한 행동을 자신의 행동과 대비시키며, 자신 역시 출산 과정을 겪었지만 자신은 어떻게든 통제하고 평정심을 유지하고자 했다고 말했다. 그녀의 말에는 자신이 관찰한 이탈리아 여성들이 자신이 적절하다고 생각하는 만큼 의연하게 출산의 고통을 참지 못한다는 것이 함축되어 있음은 물론 그들이 행동을 '통제하지 못하고' 있다는 비난이 담겨 있다.

젠더와 감정표현

인터뷰 응답자들은 남자와 여자가 그들의 감정을 느끼고 표현하는 방식에 차이가 있다고 생각하는지에 대해 토론하라는 요청을 받았다. 일부 사람들은 단순하게 "사람은 다 사람"이고 따라서 남자도 여자와 동일한 종류의 감정을 느낀다고 응답했다. 소수의 사람들은 감정표현에는 생득적인 젠더 차이가 존재한다고 주장했다. 하지만 대부분의 사람들은 남성성 및 여성성과 관련한 사회규범과 사회적 기대가 남자와 여자 간의 감정적 반응의 차이를 틀 짓는다는 데 동의했다. 이를테면 25세 여성은 자기 자신의 경험에 기초하여 젠더가 감정표현에 영향을 미치는 방식들에 관한 사례들을 제시했다.

남자들은 자신들의 두려움을 드러내지 않아요. 왜냐면 그들은 전사와 보호자이어야 하기 때문이죠. 그리고 남자들은 그들의 슬픔도 드러내지 않아요. 따라서 그들이 슬픔이나 두려움을 느낄 때, 그들은 화를 내요. 그리고 여자들, 여자들은 그들의 화를 드러내지 않도록 되어 있어요. 그리고 내 생각으론, 일정 정도 여자들도 두려움을 드러내지 않도록 되어 있지만, 그들은 그것을 슬픔으로 바꿔요. …… 나는 나의 화를 통제해요. 왜냐면 여자가 화내는 것은 좋지 않기 때문이죠. 남자들은 화를 내고 여자들은 울어요. 이게 내가 그간 길러진 방식이에요. 나는 화가 날 때마다 와락 울음을 터뜨리곤 했어요. 그리고 지금은 그렇지 않지만, 내 생각에, 화를 드러낸다는 것은 쉽지 않아요. 따라서 때론 나는 정말 아무것도 하지 못해요.

몇몇 다른 사람들은 남자가 우는 것과 여자가 화를 내는 것에 대한 사회적 비난에 대해 논평하고, 그것을 지배적인 남성성과 여성성 관념에서 나타나는 감정표현과 관련한 주요한 차이로 지적했다. 44세 여성은 다음과 같은 견해를 피력했다. "남자들도 아마 울고 싶겠지만, 내 생각엔 그것을 꾹꾹 참을 거예요." 그녀는 자신이 남편과 25년 동안 결혼생활을 해왔지만 그가 우는 것을 결코 본 적이 없다고 말했다. 그녀는 그러한 사회화의 결과 남자들은 보다 '냉담한' 태도를 가지고 삶에 접근하는 경향이 있다고 주장했다. 그녀는 특히 자신의 남편이 그러한 접근방식의 증거라고 말했다. "그가 여자가 겪을 수 있는 것보다 훨씬 더 많은 타격을 받을 수도 있어요." 다른 인터뷰 응답자들은 남자들이 집안문제를 놓고 말다툼하다가 화가 나거나 낙담했을 때 대결을 피하고 아무 말도 하지 않거나 그러한 대결을 벌이는 동안 그저 상황을 '벗어나고자' 하는 경향과 관련하여 자신들이 인식한 남녀 간의 차이에 대해 언급했다. 남성들과는 대조적으로 여성들은 "결판을 내고" 문제를 논의하고 그들의 감정을 나타내는 것을 선호한다고 주장되었다.

나는 특히 내 남편의 경우에 내가 그를 이해하고 그가 여러 일들에 대해 어떻게 생각하고 느끼는지를 아는 데 정말 오랜 시간이 걸린다는 것을 알았어요. 왜냐면 그가 아주 자제하고 또 내가 그를 처음 만난 이후 아주 오랫동안 그의 감정상태를 드러내지 않았기 때문이죠. 그리고 수년이 지나고 나서 그는 마음을 털어놓기 시작했고, 지금은 여러 일에 대해 자신이 어떻게 느끼는지를 자주 이야기해요. 하지만 그는 때론 이렇게 말해요. "자, 봐, 그거 아냐, 난 말하고 **싶지** 않아." 그러면 나는 말해요. "그렇다면 좋아, OK, 나도 들을 필요 없어." 그러나 그는 그동안 **변했**어요. 그리고 내가 그걸 좋아한다는 것은 꼭 말해야겠네요. 만약 어떤 사람이 냉랭하게 또는 어떤 변화된 방식으로 나를 대한다면, 그게 옛 애인이든 나의 남편이든 또는 그 누구든 간에, 나는 무슨 일이 일어나고 있는지를 알고 싶어 해요. 그리고 내가 그것을 알게 되면 기분이 더 좋아져요. 반면 남자들은 무슨 일이 일어나고 있는지를 알고 싶어 하지 않는 것 같아요(31세 여성).

일부 사람들은 남자들은 다른 남자들과 동일한 방식으로 처신한다고 지적했다. "남자들은 서로에게 자신의 감정을 좀처럼 표현하지 않아요. 학창 시절 이래로 내가 나의 감정을 다른 사람에게 표현한 적이 없는 것 같아요"(49세 남자). 하지만 이것은 남자들은 여자들이 느끼는 것과 동일한 종류의 감정을 느끼지 않는다거나 또는 동일한 강도로 느끼지 않는다는 것이 아니라 오히려 남자들이 더 큰 정도로 "감정을 억제한다"는 것을 의미한다.

남자들은 자신들이 어쩌면 여자들보다도 감정을 더 표현하는 것은 아닌가 하는 생각에 집착하고 있는 것 같아요. 아마도 여성들 또한 남자들이 더 감정적일 수도 있다고 생각할 거예요. …… 남자들은 양육에 관심을 드러내지 않으려고 하는 것처럼 감정도 드러내지 않으려는 경향이 있어요. 그러나 나는 분명 그건 남자들이 그러한 식으로 습관화되었기 때문이라고 생각해요 (50세 여성).

나는 다시 한 번 그건 정말 사람들이 양육되는 방식의 문제라고 생각해요.

내 생각에는 남자들이 특히 그래요. 그게 대개 정형적인 스타일이 되죠. 그러나 많은 경우에 남자들은 감정을 표현하기보다는 책임을 지도록 키워지죠. 남자들은 감정에 대해 이야기할 경우에도 농담조로, 전형적으로 남자 스타일로 하죠(30세 여성).

인터뷰 응답자들 중 단지 소수만이 여성이 남성에 비해 더 많은 감정표현 능력을 타고난다는 견해를 표명했다. 그러한 사람들은 대체로 나이 든 남성들로, 다음과 같이 논평했다.

나는 여자가 남자의 마음을 지켜주고 보호할 수 있다고 생각해요. 만약 남자가 그것을 알 수 있는 지혜를 가지고 또 여자가 그것을 보여줄 수 있는 지혜를 가진다면, 나는 그것이 관계에서 강력한 것이 될 수 있을 것이라고 생각해요. …… 여자가 더 감정적이고, 여자가 양육자이고, 여자가 자식을 낳아요. 남자와 여자 간에는 실질적인 차이가 있어요. 그리고 감정은 거기서 중심적이죠(55세 남성).

나는 여자가 남자보다 더 예민할 것이라고 생각해요. 여자는 다른 유형의 감정통제력을 가지고 있어요. 나는 여자가 남자보다 감정적으로 더 강하다고 생각해요. 왜냐면 여자는 많은 것을 참기 때문이죠. 여자는 타고난 감정통제 능력을 가지고 있어요(66세 남성).

젠더차이에 대한 대부분의 사람들의 논평은 어떤 점에서는 남자가 결함을 가지고 있다고 암시했다. 왜냐하면 그들이 문제가 있을 때 그들의 감정을 드러내고 파트너와 함께 감정상태를 상세하게 해부하는 방법을 배우지 않았기 때문이다. 일부 여성들은 남성 파트너와 자신들 사이에 발견한 감정 스타일의 차이를 해결하기가 어렵다는 것을 깨닫는다고 말했다. 이를 테면 40년 이상 결혼생활을 해온 66세의 한 여성은 자신의 남편이 그의 감정을 심지어는 그녀에게 사적으로도 거의 좀처럼 드러내지 않는다고 말했다. 그녀는 결혼을 하고 수년이 지나서 엄청난 좌절을 할 때마다 그것을 발견했다고 말했다. 왜냐하면 그녀는 자신의 남편이 실제로 여러 일에 대해 어떻게 느끼는지를 알지 않고는 그와 가까워지기가 어렵다고 느꼈기 때문이다. "왜냐면 내가 감정적이기 때문이죠. 만약 내 남편이 그의 감정의 일부를 표현할 수 있다면, 나는 그걸 좋아할 거예요. 왜냐면 그것이 우리를 더 가깝게 만들어줄 거라고 생각하기 때문이죠. …… 나는 우리의 결혼생활 동안 그가 내게 화를 내는 것을 아마 세 번쯤 보았던 것 같아요. …… 나는 일을 공유해야만 한다고 생각해요." 그녀는 자신이 실제로 남편과 감정적으로 가깝다고 전혀 느끼지 않지만 "우리는 낡은 신발 한 켤레처럼 계속해서 함께 편안하게 살아갈 거예요"라고 말했다. 하지만 이 여성은 그녀의 남편이 감정적으로 예민하지도 또 감정을 솔직히 드러내지도 않음으로써 그의 인생에서 일부 좋은 것들을 잃었다고 생각한다. "내 생각엔, 만약 당신이 더 많은 사랑 또는 더 많은 실망을 보여주거나 느낀다면, 그건 좋은 일이라고 생각해요."

남자들이 자신들의 감정을 제대로 다루지 못함으로써 "좋은 기회를 놓칠" 수도 있다고 생각하는 것은 단지 여자들만이 아니었다. 남자들 스스로도, 특히 40세 이하의 남성들은 빈번히 그들 자신이 "좀 더 감정적일" 또는 그들의 감정을 다른 사람들, 특히 자신들의 파트너와 가까운 가족 성원들에게 보다 공개적으로 표현할 필요성을 인식하고 있다고 말했다. 인터뷰에 응답한 남성들 대부분이 자신들은 남성이 남성성과 감정표현에 대한 지배적 관념들에 의해 제약받고 있으며 "여성적 접근방식이 더 낫다"고 생각한다고 논평했다.

여자들은 자신들의 감정을 훨씬 잘 표현해요. 일반적으로 여자들은 자신들의 감정을 숨김없이 드러내는 경향이 더 많아요. 그리고 그렇게 하는 능력 면에서도 여자들이 더 나은 것 같아요. 여자들이 정신적으로도 더 건강해요. 왜냐면 그들이 감정을 있는 그대로 표현할 수 있기 때문이죠. 그게 훨씬 더 자연스러워요. 그리고 그게 바로 우리 사회가 안고 있는 문제이기도 하죠. 그것에는 여전히 가부장제적 함의가 담겨 있어요. 남자들은 남자이기 때문에 자신들의 감정을 숨김없이 드러내는 것은 여전히 쿨한 일이 아니죠. 그러한 가부장제적인 것들 때문에, 남자들은 터프해야만 해요(45세 남성).

이 남자는 계속해서 자신이 '여성적인' 접근방식을 더욱 따르기 위해 스스로를 어떻게 변화시켜왔는지, 그리고 그것이 그와 자신의 아내의 관계에 어떻게 긍정적 영향을 미쳐왔는지에 대해 이야기했다.

나는 가부장제적 측면에 별 신경을 쓰지 않아요. 나는 울고, 내가 하고 싶은 대로 해요. 나와 내 아내의 관계는 정말 최고예요. 우리 관계는 엄청 스릴이 넘치고 더할 나위 없어요. 그건 우리가 소통하기 때문이죠. 우리는 지금 서로 대단히 신뢰해요. 나는 내가 어떤 것을 하고 싶으면, 그녀에게 말해요. 또는 내가 정말 기분이 좋지 않거나 기분이 처지면 나는 그녀에게 말해요. …… 나

는 그것을 숨기지 않아요. 나는 일부러 터프하게 행동하거나 뭐 그런 일을 하
지 않아요.

일부 남성들은 오히려 지배적인 가정에 도전하는 것의 일환으로 반헤게
모니적인 형태의 남성성을 지지하기도 한다. 이를테면 한 젊은 게이 남성
은 이성애에 관한 가정들을 언급하고, 그러한 가정이 어째서 그 자신의 남
성 개념과 부합하지 않는지에 대해 말했다. 그리고 그 역시 그러한 가정을
젠더와 감정표현의 근간을 이루는 관념이라고 보았다.

거기에는 항상 남자 아이들은 어떤 행동을 해야 하는지에 관한 가정들이 작
동하고 있어요. 또한 이성애에 관한 가정도, 그리고 여자 아이들에 대한 가
정들도 존재해요. 이렇게 감정의 사회화가 젠더별로 이루어져요. 나도 알아
요. 내가 이렇게 말하는 것이 이상하다는 거. 그것의 근저에 이성애적 가정
이 깔려 있으니까요. 나는 내가 그 모델에 실제로 부합한다고 느낀 적이 전
혀 없어요. 남자 아이들은 당연히 감정을 다루는 일에 특정한 형태의 반감을
드러내야 하니까요(20세 남성).

남성 인터뷰 응답자들이 얼마나 답변을 자세하게 하고 자신들의 감정경
험과 느낌을 얼마나 상세하게 설명하는지를 살펴보았을 때, 인터뷰에서
분명하게 드러난 사실은 보다 젊은 남성들이 일반적으로 그러한 문제를
더 편안하게 논의하는 것으로 보였다는 것이다. 이를테면 49세인 한 남성
은 인터뷰 말미에 이렇게 말했다. "그것에 대해 말한다는 게 내겐 매우 어
려웠어요. 왜냐면 실제로 내가 하고 싶은 만큼 내가 나의 감정을 교류하지

않기 때문이죠." 54세의 남성은 그가 아내를 매우 사랑하고 그녀가 그것을 알게 하기를 원했지만 그것을 말로 표현하거나 감정을 보여주는 것이 얼마나 어려웠는지를 통렬하게 지적했다. "나는 감정을 드러내는 것이 어렵다는 것을 발견해요. 난 그렇게 하고 싶어요. 그리고 일이 벌어지고 난 후에, '아이고 그렇게 했었어야 했어'라고 말해요. 나는 그렇게 하고 싶지만, 나에게는 그게 어려워요." 그는 자신이 "술 몇 잔을 하고 나면" 사랑하는 감정을 표현하기가 더 쉽다는 것을 발견한다고 덧붙였다.

이러한 나이 든 남성들과는 대조적으로, 21세인 한 남자는 아주 기꺼이 자신을 감정적인 사람이라고 묘사하며, 자신은 감정을 통제하는 것이 어렵다고 말했다. "나는 어떤 상황에서 뭔가를 느끼면 아무리 열심히 노력해도 그것을 드러내고 말아요, 나는 대담한 척할 수가 없어요." 그는 계속해서 15세 때 할아버지가 돌아가셨을 때 그가 느낀 슬픔에 대해, 그리고 그가 그때 얼마나 울었는지에 대해 전혀 쑥스러워하지 않고 말했다. "나는 운 것이 잘못이었다고 생각하지 않아요. 그것이 모든 상황에 대한 나의 기분을 나아지게 해준 것은 아니었으니까요. 운 것이 잘못은 아니었어요." 그는 또한 보다 최근에 남의 눈을 개의치 않고 드러내놓고 울었던 일에 대해서도 묘사했다. 즉 그는 긴 해외 휴가에서 돌아올 때, 공항에 도착하여 가족을 만나 기쁨의 눈물을 흘렸다고 말했다.

열아홉 살 난 또 다른 젊은 남성은 자신이 감정에 빠지는 것을, 그리고 그림과 글쓰기를 통해 자신의 감정을 창의적으로 표현하기를 즐긴다는 견해를 표명했다. "나는 감정이 한동안 자신을 지배하게 놔두는 것은 멋진 일이라고 생각해요. 나는 모든 것을 얼마간 그냥 내버려둘 필요가 있다고 생각해요. 이따금 우는 것은 멋진 일이죠. 그건 정말 멋진 일이죠." 그는

17세 때 자신이 처음으로 진지하게 생각했던 여자친구와의 관계가 만약 그 일이 없었더라면 지금까지 경험하지 못했을 방식으로 자신의 감정을 표현할 기회였음을 알게 되었다고 말했다. 그것은 그에게 하나의 계시였다. 즉 그것은 그에게 '새로운 경험'을 할 수 있게 해주었다. 그는 그녀와의 관계가 깨지고 나서 몇 달 동안 자신이 얼마나 우울증을 겪었는지에 대해 묘사하고, 그가 울적했음에도 불구하고 자기성찰을 통해 자신에 대한 많은 것을 배움으로써 그때를 '즐겼다'고 말했다. "그건 당시에 내가 느낄 필요가 있던 거였어요."

남자들도 여자들과 똑같이 자신을 '감정적인 사람'이라고 묘사하는 것 같았다. 하지만 여자들보다는 더 많은 남자들이 계속해서 다른 사람들이 그러한 자아정의self-definition에 동의하지 않을지도 모른다고 지적했다. 왜냐하면 그들도 감정을 예민하게 느끼지만, 그들은 그러한 감정을 다른 사람들에게 쉽게 드러내지 않기 때문이었다. 여기서 다시 남자들 사이에서 세대차이가 분명하게 드러났다. 청소년기나 20대 초반의 남자들보다 나이든 남자들이 자신들을 그러한 방식으로 묘사하는 경향이 있었다. 이를테면 47세의 남성은 다음과 같이 말했다.

그래요, 나는 내적으로는 감정적인 사람이에요. 그러나 다른 사람들이 겉으로 보기에는 아마도 그렇지 않을 거예요. 나는 굉장히 로맨틱해요. 나는 영화를 보면서 울어요. 그렇지만 단지 집에서만 그래요. 내가 생각하기로는, 대부분의 남자들은 다른 사람들과 사이가 틀어질 때 어쨌거나 자신에게 감정적으로 더 관대해요. 그들은 아무 거리낌 없이 화를 내거나 마초형의 감정을 드러내요. 반면 나는 마초 감정을 잘 드러내지 못해요. 다른 남자들에게도 그래요. 아마도 내가 감상적인 사람이기 때문일 거예요. 나는 항상 여자 동료들하고 즐겨요. 나는 정말 여자들하고 있을 때가 더 편안해요.

66세의 남성도 자신을 유사한 방식으로 묘사했다.

나는 감정적이에요. …… 때론 내가 조금은 너무 감정적이라고 생각해요. 그러나 나는 그런 것들을 가슴속에 파묻어두는 경향이 있어요. 나는 감정을 솔직히 드러내는 사람이 아니에요. 모든 사람들이 그렇다고 말할 거예요. 그들은 나의 마음속에서 일어나고 있는 것을 실제로 알지 못해요. 나는 행복, 좋은 감정들은 겉으로 드러낼 수 있지만, 그렇게 좋지 않은 감정들은 담아두는 경향이 있어요. 나는 실제로 그 이유를 알지 못해요.

나의 연구에서 남성 인터뷰 응답자들은 또한 자신들이 삶을 살아오는 동안 '더 감정적'이 되었고 그들의 감정을 더 쉽게 확인하고 표현하는 법을 배웠다고 지적하는 경우가 여성보다 더 많았다. 이를테면 44세의 한 남성은 자신이 감정표현의 중요성을 인식해왔고 그것을 더 자주 표현하는 법을 서서히 배웠다고 지적했다. 그는 자신이 나이가 들면서 점점 더 감정을 인정해왔고 지금은 자신의 감정상태를 보다 잘 깨닫고 있다고 말했다. 이 남자는 또한 자신이 자신의 감정을 말로 표현하고 탐구하는 법을 배워왔다고 지적했다. 하지만 그는 20대에는 감정을 부정하거나 무시하려고 노력했었다.

남성과 여성 모두는 자신들의 부모가 젠더화된 유형의 감정을 표현했다고 자주 지적했다. 인터뷰 응답자들은 일반적으로 자신들의 아버지가 감정, 특히 애정 감정을 억제하거나 그런 감정이 없었다고 말했다. 그들은 자신들의 어머니를 다른 식으로, 즉 감정변화가 심하거나 감정표현이 풍부했던 것으로 묘사했다.

나의 엄마는 감정에 따라 살아요. 엄마는 극단적으로 감상적인 형태의 감정적인 사람이에요. …… 나의 아버지는 내가 여섯 살 때 떠났어요. 나는 그후 아버지를 본 적이 없어요. 나는 계부와 살았어요. 그러나 나는 나의 계부가 감정적으로 어떤 사람인지를 말할 수 없어요. 사람들은 그가 행복한지 아니면 슬픈지를 알 수 없을 거예요. 정말로 알 수 없을 거예요. 그는 매우, 매우 내성적이에요(25세 남성).

나의 아빠는 결코 감정을 드러내지 않았어요. 그래서 나의 아빠가 몹시 짜증나 있다고 믿었어요. 나의 엄마는 대부분의 여성들 같았어요. 그녀의 모든 감정이 눈물로 이어졌고, 따라서 그녀는 연약하거나 감정을 참지 못하는 것으로 보일 수도 있었어요. …… 나의 아버지 주변에선 어느 누구도 실제로 많은 감정을 표현할 수 없었어요. 왜냐면 그가 그렇게 하지 않았기 때문이죠(25세 여성).

그럼에도 불구하고 몇몇 사람들은 또한 자신들의 아버지를 '화를 내는' 사람, 즉 적어도 하나의 감정 — 때로는 폭력을 동반하는 — 을 거리낌 없이 표현하는 사람으로 언급했다. 이를테면 36세의 여성은 다음과 같이 지적했다. "아주 어린 시절부터 항상 나는 집에 오는 아버지를 무서워했어요. …… 나는 항상 나의 아버지가 나를 사랑해주길 바랐어요. 그리고 나는 아버지가 우리를 사랑한다고 말하면서도 왜 우리를 때리는지를 이해할 수 없었어요. 아버지는 자주 그랬어요." 49세 여성은 자신이 어렸을 때 아버지가 가족에게 얼마나 감정표현을 하지 않았는지에 대해 말했다. "나의 아빠의 경우엔 결코 아프지도, 울지도 않아요. 오우, 그런 일은 전혀 없어요. 기복이 전혀 없어요. 스스로를 통제하죠. 그게 다예요." 하지만 그녀는 자신의 아버지가 화를 내는 폭력적인 남자였으며 정기적으로 버럭 화를 내고 어머니를 때렸다고 말했다. 이 여성은 자신이 어린 시절에 혼란스러움을 느꼈던 것으로 기억한다고 말했다. 왜냐하면 그녀의 아버지가 어머니를 때리고, 그런 다음 울기 시작하여 동정심을 불러일으키곤 했기 때문이었다. "그럼 당신은 달려가서 이렇게 말해주고 싶을 거예요. '오 아빠 신경 쓰지 마!' 그러나 당신은 실제로 그게 당신이 해야 하는 일인지 확신하지 못할 거예요. 거, 있잖아요. 그게 그가 원하는 걸까요, 아니면 그가 원하는 게 아닐까요?" 그녀는 이러한 불확실성과 폭력에 직면하여 어머니가 감정적으로 침착하기 위해 많은 노력을 했다고 말했다.

일부 인터뷰 응답자들은 어린 시절에 자신들의 아버지가 사랑 또는 슬픔의 감정을 드러냈던 기억을 회상하고, 그것이 그들의 아버지의 통상적인 행동과 불일치하기 때문에 그것에 대처하기 어려웠다고 말했다. 44세의 남성은 자신의 아버지가 자식들에 대한 사랑을 전혀 드러내지 않았던 것에 대해 묘사했다. 그의 아버지는 술이 취해야 공개적으로 애정이 넘치게 그리고 다정다감하게 사랑을 표현하여 자식들을 당황하게 했다. 34세의 한 남성은 그가 열 살 때 그의 아버지가 화가 머리끝까지 난 것을 보았던 일을 회상했다. 그러나 또한 그리고 아마도 보다 충격적이고 괴로웠고 그리하여 잊을 수 없는 것은 아버지가 눈물을 흘리는 것을 본 것이었다.

자신들의 부모에 대해 이야기한 대부분의 사람들은 아버지가 없었다거나 감정을 억제했다고 언급하거나, 그렇지 않으면 화를 내거나 폭력적이었다고 말했다. 하지만 일부 인터뷰 응답자들은 자신들의 아버지가 감정을 더 많이 표현하는 부모였다고 지적했다. 이를테면 47세의 여성은 자신의 아버지가 항상 어머니보다 더 많은 감정을 표현했고 어머니는 사랑이나 애정을 포함하여 실제로 감정을 결코 표현하지 않았다고 말했다. 현재 그녀의 나이 든 어머니는 노인성 치매로 고생하고 있고, 때때로 갑자기 울음을 터뜨린다. 이 여성은 자신이 그것을 지켜보기가 어렵다고 말했다. 왜냐하면 이전에는 어머니가 우는 것을 본 적이 전혀 없기 때문이다. "따라서 나는 지금 엄마가 우는 것에 대처하기가 어려워요. 그것은 때론 나를 화나게 만들어요. 왜냐하면 내가 그것을 감정적 공감처럼 느끼기 때문이죠"(47세 여성).

또 다른 인터뷰 응답자들이 자신들의 어머니를 부정적으로 묘사했을 때, 그것은 화를 내거나 폭력적이라는 것 — 이는 아버지에 대한 가장 부정적인 표현이었다 — 보다는 대체로 어머니가 냉정하다는 것, 즉 사랑을 표현하는 것이 아니라 너무나도 감정을 억제했다는 것과 관련되어 있었다. 또 다른 사례에서 50세 여성은 지금은 나이가 든 자신의 어머니가 매우 '무정했고' 자주 상처를 주는 말을 했다고 지적했다. "나는 나의 어머니가 사과하는 것을 들은 적이 없어요. 그리고 나는 그녀가 우는 것을 본 적도 없어요. 그러나 그녀는 나를 울게 만들었어요." 그녀는 어머니가 친절하지 않기 때문에 어머니를 자주 방문하고 싶어 하지 않지만, 방문하지 않는 것에 대해 죄책감을 느낀다. 이 여성은 자신이 성인기 내내 그녀의 어머니와는 다른 방식으로 삶에 접근하려고 노력해왔다고 지적했다. "나는 내가 처음 결혼했을 때 어머니처럼 딱딱하고 엄격하게 살고 싶지 않다고 생각했던 것을 기억해요." 그녀는 그러한 노력에도 불구하고 자신이 여전히 스스로에게 감정을 공개적으로 드러내 보일 것을 강요하고 있다고 말했다. 이를테면 그녀는 어머니에게 '사랑한다'고 결코 말할 수 없고, 그녀의 어머니도 그녀에게 전혀 그렇게 말한 적이 없다.

육체화된 감정

인터뷰 응답자들은 감정상태가 동반하는 신체적 반응을 매우 잘 인식하고 있었다. 이를테면 한 남성은 낭만적 사랑이 동반하는 신체적 감각을 다음과 같이 묘사했다.

사랑의 느낌은 마치 마약을 먹은 것처럼 붕 떠 있는 것 같아요. 따라서 사랑은 황홀하죠. 내 생각으로는, 즐겁다고 말할 수도 있지만, 사랑에는 불안과 유사한 것이 많이 있는 것 같아요. 당신은 먹지 않을 수도 있고, 당신은 온갖 다양한 방식의 신체적 감각을 통해 가벼워졌다는 느낌을 가질 수도 있어요. 사랑에는 사람을 사로잡는 불가항력인 힘이 있고, 사랑은 사람들에게 붕 떠 있다는, 믿을 수 없는 느낌을 유발해요(44세 남성).

이 이야기가 암시하듯이, 행복 또는 "사랑에 빠져 있다"는 경험은 자주 가벼워진 상태, 즉 거의 몸무게를 초월하는 것 같은 상태로 육체화된다. 이는 31세의 여성의 말에서 분명하게 드러났다. "더 없는 행복은 그러니까 내가 매우 우쭐한 기분을 느끼게, 거의 지면 위에 떠 있는 것처럼, 즉 현실을 초월해 있는 것처럼 느끼게 만들어요. 중력을 받으며 걷기보다는 마치 튀어 오르는 것 같아요. 그것은 가벼워진 것 같은 느낌, 떠 있는 것 같은 느낌, 그리고 정말 매우 들뜨게 하는 종류의 느낌이에요." 이러한 묘사는 '고조된high'과 '처진low'의 대립을 불러낸다. 여기서 행복함 또는 큰 기쁨의 상태는 의기충천high spirits, 또는 마치 흥분제를 먹은 것처럼 물리적으로 붕 떠 있는 느낌feeling physically high에서처럼 '고조된' 것으로 묘사된다. 이와 대조적으로 우울, 불안 또는 슬픔의 감정은 "기분이 처진feeling low"이나 "마음이 울적한feeling down", 또는 "절망의 나락에 떨어진"으로 묘사되고, 의기소침하게 할 뿐만 아니라 몸을 지치게 하고 더디게 하고 몸이 무겁고 더 굼뜨다고 느끼게 하는 등 신체적으로 정반대의 결과를 초래한다고 언급된다.

슈웨더Shweder는 서구 사회에서 우울은 '영혼상실'의 경험, 즉 공허감, 다시 말해 자아의식이나 영혼의식의 상실감으로 묘사된다고 지적한다. 공허하다는 것은 또한 울적해지고 처지고 단절되고 갇혀 있다는 것뿐만 아니라 촉감의 측면에서는 따뜻하고 촉촉하다기보다는 차갑고 건조하다는 것이다. "우울하다"는 것은 "당신의 혈관에서 피가 흐르지 않는다고 느끼는 것"이다(Shweder, 1985: 194). 이 같은 관념연합의 많은 것이 다른 문화들에서도 표현된다. 거기서도 공허함, 암울함, 건조함, 처짐의 관념은 또한 나쁜 또는 불쾌한 감정을 묘사하기 위해 사용되곤 한다. 사람들이 슬픔이나 우울함을 경험하고 있을 때, 그들은 자주 "벗어나라"라는 말을 듣는다. 사람들은 감정적으로 흥분했을 때에는 "고조되었다"고 말하고, 고조된 감정이 드디어 누그러질 때에는 "진정되고 있다" 또는 "가라앉고 있다"고 말한다.

30세의 한 남성은 이를 다음과 같이 묘사했다. "만약 당신이 한동안 감정적으로 고조된 상태에 있었다면, 나의 관점에서 볼 때 당신은 그것으로부터 벗어나고는 감정적으로 얼마간 맥이 풀릴 거예요."

스물한 살의 한 남성은 자신은 신체적 반응과 감각에 따라 세 가지 서로다른 감정 ― 행복, 슬픔, 화 ― 을 어떻게 달리 느끼는지를 묘사했다.

내가 실제로 행복할 때면, 나는 실제로 안절부절못하고 여기저기 아무 데나 뛰어다녀요. 나는 정말 나의 감정을 다른 어떤 사람들에게 보여주고 싶어 해요. 그것은 실제로 몸 안에 그냥 있질 않아요. 왜냐면 내가 그것이 표현되도록 그냥 놔두기 때문이죠. 그래서 그건 그냥 마음속에 있질 않아요. 나는 슬플 때면 나 자신 속으로 들어가버려요. 그리곤 느린 노래를 듣죠. 그냥 혼자 있으면서 나의 일상적인 일도 하지 않아요. 정말 혼자 있고 싶고, 앉아서 아무 것도 하지 않아요. 내가 추측하기엔, 당신도 그것을 당신 마음속에 담아두고 있을 것이고, 때론 그것을 당신의 위 속에서 느끼고, 그래서 당신은 먹을 수가 없을 거예요. 화는 좌절이에요. 화가 날 때면, 그건 대부분 상황을 통제할 수 없을 때일 거예요. 그러면 나는 얼마간 꽉 조이는 느낌이 들어요. 나의 경우엔 어깨와 목 주변이 그래요. 그리고 그건 내면에서 일어나는 일이죠. 그래서 그것을 표현할 수 있는 어떤 실제적인 방법이 없어요.

다른 사람들의 설명에서 화는 또한 신체적 갑갑함, 긴장감 또는 압박감을 언급하는 방식으로 기술되는 경향이 있었다. 46세의 한 여성은 자신이 화가 났을 때 경험한, 때리거나 맹렬히 비난하고 싶은 충동에 대해 말했다. 즉 그녀는 자신이 어떤 사람을 다치게 할 수도 있다는 우려 때문에 신경

써서 화를 통제한다고 말했다. 이러한 압박감, 즉 긴장감을 일부나마 해소하기 위해 화를 신체적으로 표출할 필요가 있다는 인식은 31세의 또 다른 여성에게서도 표현되었다. "내가 몹시 화가 날 때, 나는 몸에서 일종의 긴장감을 느껴요. 실제로 나의 몸이 굳고 있다는 느낌이 들어요. 나는 근육이 긴장하고 있다는 느낌을 받아요. 그래서 어떤 조치를 취할 필요가 있다는 생각이 들거나, 또는 어떤 사람을 공격하거나 때리거나 뭔가를 던지고 싶어져요. 나는 소리치고 싶어져요. 따라서 나는 내가 매우 화가 날 때 자주 그렇게 해요. 또는 문을 탕 닫거나 그와 같은 어떤 물리적인 것들을 세게 걷어차고 싶어져요." 세 번째 여성은 자신의 결혼생활이 돌이킬 수 없는 파경에 이르렀다는 것을 알게 되었을 때 자신이 경험한 신체적 갑갑함에 대해 묘사했다. "나는 계속해서 걸어야만 했어요. 나의 몸은 나를 가만히 있게 놔둘 수가 없었어요. 나는 그냥 걸었어요"(41세 여성).

사람들이 감정의 신체적 경험을 묘사할 때, 몸의 '내부'와 '외부' 간에는 강력한 구분이 존재한다. 이는 몸/자아가 개념화되고 경험되는 방식과 관련되어 있다. 현대 서구 사회에서 '진정한 자아'는 몸 안에 있는 것으로 믿어진다. 즉 그것은 '내적 자아'와 '외적 세계' 간에 설정한 분명한 분할선을 통해 '내부'에 갇혀 있다(Elias, 1939/1994: 206). 내가 수행한 연구에서 인터뷰를 한 50세 여성은 이를 다음과 같이 묘사했다. 10대 중반 이래로 "나는 내 안에 있는 자아를 인식해왔어요. 나는 여기 안에 존재하고 모든 것은 저기 밖에 존재해요." 감정은 (부분적으로) '진정한' '내적' 자아를 구성하는 것으로 인식된다. 그리고 또한 감정은 흔히 다소 미스터리한 알 수 없는 비밀의 장소에 존재하는 자아 내부로부터 발생하는 내적인 것으로 이해된다. 개인들은 자신들이 감정을 우선 내적으로 경험하고 그런 다음에 그것을 다른 사람에게 드러낼 수도 또는 드러내지 않을 수도 있다고 믿는다.

이 장에서 앞서 인용한 인터뷰 응답자들의 몇몇 설명들에서 분명하게 드러났듯이, 우리가 감정상태에 대해 말하고 경험하는 방식은 몸의 규제와 관련한 '상실' 담론에 크게 의존한다. 즉 사람들은 자신들의 감정, 특히 화, 증오 또는 질투와 같은 보다 수치스런 감정들을 공개적으로 드러낼 경우, "통제력을 상실했다"는 말을 듣는다. 눈물은 감정이 새어나오는 하나의 방식이지만, 말이나 종잡을 수 없는 소리들이 입에서 격렬하게 터져나오는 환호와 웃음 같은 또 다른 육체적 표현들 또한 그렇다. 평정심을 '잃는다'는 것은 통제를 포기한다는 것, 용납할 수 없는 감정들을 폭발시킨다는 것이다. 유사하게 통제력을 유지한다는 것은 "그녀는 노여움을 참았다", "그는 슬픔을 억눌렀다"라는 흔한 표현에서처럼 감정을 '참아낸다'는 것을 포함하는 것으로 이해된다.

이러한 은유들은 특정 현상은 '안으로' 들어오게 하고 다른 것들은 '바깥으로' 지나가게 하는 경계로 둘러싸인 하나의 자족적 실체로서의 주체성 개념을 시사한다. 루츠(Lutz, 1990: 73)가 주장했듯이, "감정의 표현, 통제, 억제와 관련된 담론은 그러한 내부와 외부의 경계를 넘나드는 담론으로 인식될 수 있다". 몇몇 경우에서 인터뷰 응답자들은 감정을 자아 '밖으로' 드러내고 그것이 무엇인지를 내보이는 것은 바람직한 것이라고 주장했다. 이것은 사람들이 자신들의 감정을 드러내어 다른 사람들에게 '공개'하거나 자기 내부에 담아두어 다른 사람들에게 '비공개'하는 방식을 논의하기 위해 채택한 '열린/닫힌'의 대립과 관련되어 있다.

또한 인터뷰 응답자들은 자신들이 느낀 감정을 다른 사람들에게 숨기는 방식을 표현하기 위해 감정을 '은폐하는' 수사어구를 사용했다. 사람들은 자신들을 감정을 느끼고 표현하는 데서 '개방적인' 사람이거나 보다 '폐쇄적'이고 '억누르는' 사람으로 묘사했다. 몇몇 인터뷰 응답자들이 공통으로 표현한 수사어구가 "속마음을 드러내다wear one's heart on one's sleeve"였다. 그들은 이 은유를 특히 생생하게 활용했다. "속마음을 드러낸다"는 것은 자신들의 감정을 공개적으로 드러낸다는 것, 즉 모두에게 자신의 심중을 털어놓는다는 것, 감정을 표현하는 데 특히 솔직하고 자유롭다는 것, 다시 말해 '감정적'이라는 것이다. 49세의 한 남성은 그의 아내를 다음과 같이 묘사했다. "나는 아내가 자신의 감정을 거의 다 솔직하게 드러낸다고 생각해요. 거의 다 드러나요. 그래서 때론 내가 흠칫 놀라기도 해요. 아내는 때론 갑자기 격발하고 아주 크게 소리쳐요."

인터뷰 응답자들의 설명에서 '딱딱한' 유형의 사람과 '부드러운' 유형의 사람 간의 이원대립 또한 자주 등장했다. '무정한' 사람들은 '차갑고 다른 사람들만큼 감정을 느끼지 않는 것으로, 또는 심지어는 화와 적대감 같은 공격적인 감정을 더 많이 느낄 것으로 이해되는 반면, '인정 많은' 사람들은 자신들의 감정, 특히 동정심, 슬픔, 인정과 관련된 감정에 압도당하기 쉬운 것으로 인식된다. 남자들은 빈번히 딱딱한 것으로 묘사되고, 여성들은 부드러운 것으로 묘사되었다. 44세의 여성은 자신의 남편에 대해 이렇게 말했다. "내 남편은 많이 더 딱딱해요. 그는 여자들보다도 정신적 타격 같은 것을 더 많이 받을 거예요." 인터뷰 응답자들은 또한 감정적 퍼스널리티와 육체화된 감정에 대해 묘사할 때 흔히 '무른wet'과 '메마른dry'의 대립을 사용했다. 감정을 드러낼 수 있다는 것은 울음과 관련되지 않을 때조차 '불안정한' 또는 심지어는 '지나치게 감상적인' 경험으로 묘사되었다. 47세의 한 여성은 감정표현을 다음과 같이 묘사했다. "보통은 자연스런 흐름에 맡기는 것이, 다시 말해 느끼는 대로 놔두는 것이 좋아요." 이렇듯 감정 그 자체는 '메마른' 사람의 경우 꽉 억누르기도 하고 또 '무르'거나 '지나치게 감상적인' 사람의 경우에는 몸에서 자유롭게 드러나게 놔두기도 하는 유동체로 개념화되었다. 감정은 눈물이 눈에서 샘솟는 것처럼 '샘솟는다'. 감정은 몸 곳곳의 다양한 수준에서 흘러나와 외부세계로 나가는 것으로 인식된다. 액체가 제자리에 놓여 있기 위해서는 '병에 넣어져'야만 하는 것처럼, 감정 역시 통제하에 두기 위해서는 '억눌러져야' 한다. 감정과 관련하여 너무 '무르'거나 너무 '메마르다'는 것 모두는 부정적인 것으로 인식되기도 한다. 이를테면 24세의 남성은 자신의 어머니를 자신이 부정적으로 보는, '지나치게 감상적인' 사람으로 묘사했다. "나의 엄마는 감정에 따라 살아요. 엄마는 극단적일 정도로 감상적인 유형의 감정적인 사람이에요. 나도 감정적인 사람이지만, 나는 지나치게 감상적이지는 않아요." 이와 대조적으로 49세의 여성은 스스로를 감정적이라고, 어쩌면 너무나도 마음이 약하다고 묘사했지만, "나는 항상 무미건조한 유형의 사람이고 싶지는 않아요"라고 덧붙였다.

온도와 관련한 은유도 있다. 감정적인 사람 또는 자신의 감정을 자유롭게 표현하는 사람은 자주 '뜨거운' 사람이나 '열혈적인' 또는 '성미가 불같은' 사람으로 묘사되는 반면, 반대 극단의 사람은 '차가운', '냉혈적인' 또는 '냉정한' 것으로 묘사된다. 감정적 태도에서 너무나도 '뜨겁다'는 것은 자신에 대한 통제력을 상실했다는 것이고, 따라서 일반적으로 부정적으로 생각된다. 그러나 너무나도 '차갑다'는 것도 역시 부정적인 속성으로 인식된다. "내 생각에, 어떤 사람들, 이를테면 나의 엄마는 감정을 표현하기를 매우 어려워하는 것 같아요. 그래서 때때로 매우 차가워 보이기도 해요"(47세 여성). 이와 대조적으로 '따뜻한' 또는 '마음이 따뜻한' 것으로 묘사되는 사람들은 분명하게 긍정적으로 인식된다. 그러한 퍼스낼리티는 '뜨거운'과 '차가운'의 두 극단 모두를 피한다.

감정은 또한 온도와 그것이 육체화에 대해 갖는 함의와 관련하여 기술되기도 한다. 레이코프(Lakoff, 1987)는 미국 영어에서 화라는 감정을 둘러싸고 구성된 의미론적 체계와 관련하여 그러한 측면들을 검토해왔다. 그는 화에 대한 일반적인 은유는 "화는 열이다"라는 것이라고 주장한다. 이 은유는 두 가지 버전을 가지고 있다. 하나는 액체에 적용되었고("화는 용기에 담긴 액체의 열이다"), 다른 하나는 불에 적용되었다("화는 불이다"). 이러한 은유들, 특히 화를 뜨거운 액체로 개념화하는 은유는 몸을 감정을 담는 용기로 보는 관념과 관련되어 있다. 레이코프는 "분노로 들끓는"이라는 은유는 끓고 있는 액체를 나타내던, 지금은 사용하지 않는 용어로부터 파생되었다고 주장한다. 화가 나서 '속이 탄다'거나 화가 '부글부글 끓는다'는 표현은 화를 오랜 시간 동안 용기 안에서 뜨거운 상태로 있는 액체로 나타내는 것이다. 화의 강도가 증가함에 따라, 뜨거운 액체가 '끓어올라' '격렬한 분노'를 낳아 점점 더 쉽게 통제할 수 없게 되기도 한다. 강렬한 화는 '증기'를 발생시켜 몸/용기에 압력을 가하기 때문에, 격분은 "거의 억제될 수 없"거나 "버럭 소리를 지르고", 결국에는 "폭발하여" "분출"되는 것이라고 언급된다. 레이코프는 이 모든 표현들은 화가 난 사람뿐만 아니라 그 또는 그녀 주변의 사람들에게도 위험한, 자제하는 자아에 비해 통제력을 상실한 위험한 자아, 즉 일종의 해체 또는 망가짐을 함의한다고 지적한다.

나는 나의 연구의 인터뷰 응답자들 사이에서 화가 그것이 표현되는 방식에 따라 차가운 것 또는 뜨거운 것으로 묘사되는 경향이 있음을 발견했다. 감정표현을 자제하거나 감정을 억제하여 표현할 경우, 화는 차가운 것으로 묘사되었다. 분노가 분출, 즉 '폭발'할 경우, 화는 뜨거운 것으로 묘사되었다.

화는 매우 불가항력적인 감정이에요. 나의 경우에 그것은 마치 매우 격앙된 감정이 급습하는 것처럼 느껴져요. 그리고 화가 났을 때, 나는 거의 폭발할 것 같은 느낌이 들어요. …… 그러한 흥분에 압도되어 정말로 얼마간 부글부글 끓어올라요. 따라서 나는 그러한 감정 중 많은 것을 방출해야만 해요(31세 여성).

인터뷰 응답자들 사이에서 사랑 또한 흔히 온도와 관련되어 묘사되었다. 그중 가장 흔히 사용된 형용사가 '따뜻한'이었다. 이를테면 30세의 여성은 사랑을 "정말 아주 따뜻한 감정, 기분 좋은 종류의 달아오름, 모든 것에 대한 긍정적 사고"로 묘사했다. 45세의 한 남성은 최근 학교 음악회에서 연주한 자신의 딸에 대한 사랑과 자부심에 어떻게 몹시 감격했는지를 액체 은유와 온도 은유를 결합하는 방식으로 다음과 같이 묘사했다. "나의 눈에서는 눈물이 끓어올랐어요. 그리고 그것은 아름다웠고, 나는 매우 자랑스러웠어요. 정말로 자랑스러웠어요. 그것은 나를 정말 기분 좋게 만들었어요. 그것은 바로 애를 키울 때 느끼는 양육감정 같은 거였어요. 그것은 정말 놀랄 만한 따뜻한 감정, 자부심, 무한한 사랑의 감정이었어요. 그것은 정말 매우 특별했어요." 여기서 다시 우리는 '따뜻함'이 '뜨거움'과 '차가움'이라는 극단 사이의 바람직한 중간지점으로 제시되고 있음을 본다. 따뜻한 감정은 기분 좋고 너무 파괴적이지 않은 감정이다. 그것은 압력 또는 긴장과 관련하여 개념화되지 않는다. 사람들이 따뜻한 감정을 드러낼 때, 그것은 폭발하는 것이 아니라 조용히 자연스럽게 방출된다.

앞서 지적했듯이, 사람들이 감정과 관련하여 경험하는 육체화된 느낌은 자주 사람들이 몸을 통해 느끼는 '갑갑함' 또는 '압박'과 관련하여 표현된다. 특히 화 또는 불안은 그러한 방식으로 육체화된다. 때때로 감정의 '압력'은 개인들이 아무리 그것을 억누르고 '담아두'거나 '단속'하려고 할지라도 그것이 어떻게 해서든 새어나온다는 식으로 묘사된다. 이러한 개념화는 댐 은유를 사용한다. 그러한 은유에서 몸은 그 내부에서 감정의 홍수가 일어나는 곳으로 개념화된다. 외부의 피부와 의지에 의해 그 홍수가 저지되지만 액체가 밀려들면서 감정이 방출되기도 한다. 31세의 여성은 소리치기와 물건 던지기를 통해 자신의 화를 표현하는 것이 어떻게 자신의 기분을 나아지게 하는지를 묘사하기 위해 액체 은유를 이용했다.

그렇게 하자마자 나는 정말 기분이 훨씬 더 나아져요. 왜냐하면 내가 참을 수 없다고 느낀 매우 강력한 감정이 아주 엄청나게 쌓여 있는 것처럼 느끼고 있었기 때문이죠. 그래서 나는 정말 얼마간 수문을 개방하곤 해요. 그리고 그것은 모든 것을 쓸어내려 버려요. 그리고 나는 별짓을 다해요. 나는 소리 치고 비명을 지르고 투덜대기도 해요. 그러면 대체로 그러한 감정들을 나 자신에게서 쏟아내 버린 것 같은 느낌이 들어요.

레이코프(Lakoff, 1987)가 지적했듯이, '증기' 은유 또한 감정을 개념화하기 위해 빈번히 이용된다. 50세인 한 여성은 긴장에 대한 자신의 반응을 증기가 유발하는 압력과 관련하여 묘사했다. "실제로 내가 의사에게 말하는 것처럼 마치 내 머리가 그러니까 주전자나 그런 것처럼 증기를 뿜고 있는 것처럼 느낄 때가 있어요." 증기는 끓고 있는 액체의 산물로, 무르기도 하고 또 뜨겁다. 사람들이 특히 화와 같은 강력한 감정을 표현할 때, 그들은 마치 몸이 주전자나 엔진이기나 한 것처럼 "증기를 내뿜는다"라고 말한다. 어떤 사람들은 행복하고 낙천주의적이라는 의미로, '보글보글 끓는bubbly' 사람이라고 묘사된다. 이는 다시 움직임을 생각나게 하는 액체 — 끓는 물 또는 발포성음료 — 은유이다. 감정통제에 대한 앵글로-색슨식 접근방법으로 간주되는 것을 묘사하기 위해 자주 사용되는 표현인 '꿋꿋하게 버티다 stiff uper lip'는 감정통제를 하는 과정에서 흔들림 없이 단호하게 신체부분을 굳건하게 유지하고 있는 이미지를 나타내는, 특히 생생한 사례이다.

감 정 과   건 강 상 태

우리는 인터뷰 응답자들에게 감정표현 스타일과 건강상태 간에 연관관계가 존재한다고 생각하는가라는 질문을 했다. 대부분의 사람들은 감정을 공개적으로 표현하지 않고 자신의 감정을 억누르는 것과 심리적·신체적 문제 또는 질병을 겪는 것 간에는 강한 연관성이 존재한다는 데 동의했다. 그러므로 자신의 '진정한' 감정을 표현할 수 없다는 것은 비진정성 또는 부정직의 한 원천으로 인식되는 것만이 아니라 신체적 또는 심리적 건강에 잠재적으로 해가 되는 것으로 간주되었다. 인터뷰 응답자들이 사용한 공통적인 표현 중의 하나가 자신의 감정을 표현하는 것, 즉 감정을 통제하거나 억제하기보다는 그것을 그냥 드러내는 것이 "건강에 더 좋다"는 것이었다. 건강에 관한 전인론全人論적 관념이 그러한 담론에서 일반적으로 이용되었다. 그러한 관념 속에서는 정신적 지각과 몸이 긴밀하게 서로 연결되어 있는 것으로 인식된다. "내 생각으로는 우리의 질병 대부분이 우리의 정신에 의한 것이고, 따라서 만약 당신이 건강한 정신을 가지고 있다면, 당신은 건강한 몸을 가지게 될 가능성이 더 많아요"(34세 남성).

건강과 감정 간의 관계 또한 사람들이 자신들의 감정을 공개적으로 표현할 수 있는 정도에 달려 있는 것으로 인식되었다. 49세의 남성이 말한 것처럼, 자신의 감정을 표현하지 못한다는 것은 다음과 같은 것을 의미했다.

나는 오늘날의 사회에서 그게 바로 그렇게 많은 사람들이 병에 걸리고 스트레스를 받는 이유라고 믿어요. 나는 실제로 질병, 특히 감정적 또는 정신적 질환의 최대 유발 요인의 하나가 사람들이 자신들의 **진정한** 감정을 표현할 수 없다는 거라고 믿어요. 그리고 그중 많은 것은 그들이 실제로 생각하는 것이 아니라, 자신들이 대하고 있는 사람들이 자신들을 어떻게 생각한다고 생각하는지에서 생겨나요. 그러니까 사람들은 자신들이 실제로 어떻게 느끼는지가 아니라 다른 사람들을 통해 자신들의 삶을 살고 있어요.

감정이 어떤 과정을 통해 신체 또는 정신을 파괴할 수도 있는지를 묘사하기 위해 자주 댐 은유가 이용되었다. 여기서 다시 감정은 액체 또는 증기로 표현되었다. "내 생각에, 만약 당신이 무언가를 담아둔다면, 당신은 내 생각에 당신을 질병에 노출시킬 가능성을 아주 증가시킬 수 있는 부정적 에너지를 만들어내고 있는 중이예요"(30세 여성). "만약 당신이 압박을 받고 있고 또 당신이 그러한 압박에서 벗어날 수 있는 어떤 것을 하지 않고 있다면, 뭔가가 어딘가에서 잘못되고 있을 거예요"(21세 남성). 이렇듯 부정적 감정을 표현하는 것은 그것이 몸에서 제거된다는 것을 의미한다고 주장되었다.

> 만약 감정을 억압한다면, 그건 그러니까 당신이 숨을 참고 있는 것과 같아요. 그리고 나는 어쨌건 그것이 옳다고 생각하지 않아요. 만약 당신이 누군가에게 실제로 화가 났다면, 상황에 따라 다르겠지만, 나는 정말 당신이 그것을 그가 알게 해야 한다고 생각해요. 그리고 이렇게 말해야 해요. "실례지만, 그것은 옳지 않아요. 그리고 나는 실제로 당신이 말한 것 때문에 화가 났어요." 나는 정말로, 정말로 화를 내는, 그러니까 지독한 화를 내는 대신에 그것을 적절히 방출하는 것은 학습의 문제라고 생각해요. …… 나는 정말 모든 사람들이 감정을 더 많이 표현해야 한다고 생각해요. 그게 정말 건강에 더 좋아요!(30세 여성)

그러한 힘을 쌓아두는 것은 감정을 갑작스럽게 분출하는 것을 포함하여, 은유적으로 표현하면 폭발로 귀결될 수도 있었다. "그것을 내부에 쌓아두면, 그리고 만약 당신이 그것을 너무나 오랫동안 방치하면, 그것은 커다란 폭탄처럼 정말 폭발해요"(20세 여성). "내 생각에 당신은 모종의 매개물을 통해 감정을 표현할 수 있을 필요가 있어요. 그렇지 않으면 그게 다 하나의 무시무시한 폭력적 에피소드가 되고 말 수도 있어요"(30세 남성). 몸을 증기나 또 다른 수압에 의해 추진되는 기계로 보는 관념이 감정과 건강 간의 관계에 대한 이러한 이해에서 분명하게 드러났다. 기계로서의 몸 이미지는 산업혁명 이후 건강과 질병에 대한 일반인의 설명과 의학적 설명 모두에서 매우 널리 유행해왔다(Herzlich and Pierret, 1987). 그것은 좋지 않은 건강은 일부 기계적 실패, 부분들의 고장에 의해 — 또는 감정의 경우에는 만약 배출되지 않을 경우 내적 작동에 손상을 일으킬 수도 있는 압력(증기 또는 액체)이 증가함에 따라 — 유발된다고 암시한다.

비록 인터뷰 응답자들이 건강과 감정을 손쉽게 연계시켰지만, 그들 대부분은 감정이 질병이나 발병으로 전환되는 실제적 과정에 대해서는 다소 모호하게 인식하고 있었다. 일부 사람들은 억눌린 감정을 기생적인 것으로, 만약 배출되지 않을 경우 몸 안에서 '나쁜' 것으로 전화하고 몸의 조직을 '갉아먹거'나 공격하는 것으로 보는 관념을 이용하는 담론을 채택했다. "감정이 당신을 잡아먹어요. 내가 생각하기에, 만약 당신이 계속해서 감정을 표현하지 않는다면, 그것이 내부에서 당신을 잡아먹을 거예요"(49세 남성). "만약 당신이 감정을 표현하지 않는다면, 내 생각으로는, 그것이 당신을 죽일 수도 있어요. 만약 그것이 배출되지 않는다면, 그것은 내화內化되요. 그것은 무서운 어떤 것으로 전화되어 당신을 죽이게 되요. 따라서 그것을 배출하는 방식이 있어야만 해요"(41세 여성). 직업으로 나뭇가지 치는 일을 하는 한 남자는 감정이 몸 내부에서 신체에 파괴적인 것으로 전환되는 과정을 묘사하기 위해 '건부병 균dry rot'[식물이 말라 썩어 죽게 하는 병의 균 - 옮긴이] 은유를 이용했다. 억눌린 감정을 몸을 '갉아 먹는' 것으로 보는 이러한 관념은 기계로서의 몸 이미지에서 질병을 일종의 몸 조직의 유기적 분해 과정의 산물로 보는 인식을 불러내는 또 다른 은유로 나아간다. 이 은유 모델에서 감정은 배출되지 않을 경우 몸으로 '방향을 돌려' 조직에 침입하여 그것을 파괴하는 것으로 이해된다. "열정은 내부를 향하여 세포의 가장 깊숙한 심부를 공격하여 손상시킨다"(Sontag, 1989: 46). 암도 자주 유사한 방식으로 표현되어왔다. 중세시대부터 현재에 이르기까지 암은 굶주린 동물이 내부의 살을 갉아먹는 것 또는 고사枯死의 일종으로 개념화되어 왔다(Herzlich and Pierret, 1987: 56).

일부 인터뷰 응답자들은 감정억압과 암 간에 직접적인 연계관계를 설정했다. 이를테면 45세의 여성은 남편이 바람을 피우는 것을 발견한 후에 고통스러운 이혼을 한 자신의 친구에 대해 묘사했다. "그녀는 정말로 괴로워하고 그것으로 인해 몸부림쳤어요." 그 친구는 최근에 암으로 죽었다. 그 인터뷰 응답자는 그 친구의 결혼생활에서 겪은 최초의 불화들까지 추적했고, 그리하여 그녀의 친구가 결혼파탄에 대한 절망으로 인해 병과 싸우고자 하는 의지를 상실했다고 주장했다.

내겐 그녀가 어떻게든 병세를 호전시키고자 하지 않는 것으로 보였어요. 왜냐면 그녀가 더 이상 자신이 느끼는 방식에 대해 정말로 전혀 신경 쓰지 않았기 때문이죠. 그녀는 자신의 건강을 돌보지 않았어요. 그녀는 자신이 먹는 것에 신경 쓰지 않았어요. 그녀는 자신을 어떻게 건사해야 하는지에 신경 쓰지 않았어요. 그녀는 자신의 의료치료 같은 것에도 신경 쓰질 않았어요. 그리고 실제로 그녀는 정말 그녀가 죽도록 그냥 내버려뒀어요.

49세의 한 남성도 유사한 견해를 피력했다. 그는 42세에 암으로 사망한 그의 형이 그의 부정적 감정으로 인해 악영향을 받았다고 주장했다. "근심으로 인해 생긴 고뇌는 당신에게, 특히 위, 신경에 큰 악영향을 미쳐요. 그게 나의 형에게 발생했던 거였어요. 형의 암은 기본적으로 형의 슬픔과 근심으로 인해 발생했어요."

하지만 감정억압이 유발하는 것으로 언급된 구체적 질병은 암뿐이 아니었다. 몇몇 사람들은 억눌린 감정과 광범위한 질병을 연계시켰다. 고혈압, 심장질환, 전신 피로, 궤양과 같은 위장병, 약물과 알코올의 과다복용, 관절염, 우울증, 자살 모두가 감정억압의 결과로 제시되었다. 25세의 여성은 암에 덧붙여 에이즈AIDS, 거식증과 폭식증, 강박충동장애, 정신질환을 감정을 '담아둔' 결과로 열거했다. 그녀는 계속해서 다음과 같이 말했다. "만약 당신이 내게 질병 리스트를 주었다면, 아마 나는 그것들 모두가 당신이 감정을 표현하지 않은 탓에 유발되었다고 말할 겁니다. 이를테면 비틀거리거나 감기에 걸리는 것도 모두 메시지예요." 감정과 건강상태 간의 관계에 대한 일부 사람들의 설명에는 도덕주의적 담론이 깔려 있었다. 그러한 담론에서는, 자신들의 감정을 표현하지 못하고 그로 인해 병에 걸린 사람들은 몇 가지 점에서 실패한 또는 결함이 있는 것으로 간주되었다. 이는 앞서 언급한 25세 여성과의 인터뷰에서 가장 분명하게 드러났다. 그녀는 다음과 같이 단언했다. "나는 때때로 몇몇 사람들 때문에 짜증이 나요. 내 말은 내게는 항상 아픈 것처럼 보이는 친구들이 있다는 거예요. 그리고 나는 생각해요. '음 너는 네가 아프기를 원하기 때문에 아픈거야'. 어딘가 감정 깊은 곳에서 스스로를 그렇게 되게 놔두고 있는 거죠."

결론적 논평

이 장에서 나는 사람들과 감정을 놓고 벌인 인터뷰에서 되풀이되어 등장한 일련의 담론과 은유를 규명했다. 몇몇 지배적 담론은 감정의 존재론과 그것이 자아와 관련하여 개념화되는 방식과 관련되어 있었다. 그것들에는 자기표현 수단으로서의 감정, 자신들의 생각이나 느낌의 신호 또는 메시지로서의 감정, 자기진정성의 수단으로서의 감정, 개인적 자원으로서의 감정, 인간성의 소재지로서의 감정, 삶의 본질적 부분으로서의 감정, 원시적인 것으로서의 감정, 합리성/이성의 대립물로서의 감정이 들어 있었다. 또 다른 담론은 감정이 산출되는 방식과 관련되어 있었다. 그것들에는 자아/몸 내부로터 생기는 감정, 사고의 산물로서의 감정, 자극에 대한 본능적 반응으로서의 감정, 몸과 마음의 상호관계로서의 감정, 영혼의 일부로서의 감정, 경험 또는 학습의 산물로서의 감정이 포함되어 있었다.

인터뷰 응답자들의 설명에서 감정적인 사람들은 일반적으로 공감적인, 동정적인, 감수성이 있는, 감정을 솔직히 드러내는, 표현이 풍부한, 개방적인, 열정적으로 느끼는 등과 같은 긍정적인 용어들로 묘사되지만, 때로는 감정에 좌우되고, 비합리적이고, 통제력이 떨어지는 것으로 묘사되기도 했다. 사람들은 아주 단호하게 자신들을 '감정적' 또는 '비감정적'이라고 보았다. 그러나 또한 사람들은 시간이 지남에 따라 바뀔 수 있다고, 특히 나이가 들어감에 따라 보다 감정적이 된다고 인식했다. 자신들의 감정을 몸/자아 내에 억누르기보다는 표현하고자 해야 한다는 관념은 감정이 부정적이고 파괴적이지 않는 한, 맥락이 부적절한 것으로 인식되지 않는 한, 그러한 표현이 다른 사람들에게 상처를 주지 않을 것으로 고려되는 한에서 일반적으로 지지되었다. 감정을 지나치게 많이 통제하는 것은 잠재적으로 해롭고, 진정하지 못하거나 인위적이고, 그리 '정직'하지 못한 것으로 표현되었다. 남성과 여성은 감정표현과 관련하여 서로 다르게 사회화되고, 남성은 자신들의 보다 유약하거나 상처받기 쉬운 감정들을 보다 공개적으로 표현하는 방법을 학습할 필요가 있다고 일반적으로 주장되었다. 하지만 다양한 점에서 세대차이가 드러났다. 특히 젊은 사람들이 나이 든 사람들 — 남녀 모두 — 보다 감정의 '공개적' 표현을 옹호했다.

감정 자체는 여러 가지 주요한 방식으로, 즉 내적 또는 외적 감정으로, 고조된 또는 처진 감정으로, 뜨거운, 차가운 또는 따뜻한 감정으로, 갑갑한 또는 즐거운 감정으로 은유적으로 표현되었다. 사람들은 자신들이 감정을 느끼고 표현하는 방식에 따라 자신들을 개방적인 또는 폐쇄적인 사람, 딱딱한 또는 부드러운 사람, 뜨거운, 차가운 또는 따뜻한 사람, 무른 또는 메마른 사람으로 묘사했다. 감정을 온도와 압력에 의해 영향을 받는 유동체로 보는 담론이 매우 우세했다. 몸을 기계로 보는 은유는 사람들이 몸과 감정경험을 특히 감정억압이 초래할 수 있는 결과와 관련하여 기술할 때 두드러졌다. 반면 내부에서의 썩음이나 갉아먹기 은유와 댐 은유는 몸의 경계와 의지력을 유동하는 감정을 내부에 억누르는 것으로 묘사할 때 지배적이었다.

지금까지 이러한 빈번히 모순적인 담론과 은유가 사람들의 감정에 대한 설명을 지배한다는 것을 입증했다면, 다음으로 해야 할 일은 그러한 담론과 은유를 보다 광범한 사회문화적·역사적 맥락에 위치짓는 것이다. 다음의 장들에서 나는 계속해서 이러한 작업을 수행한다. 먼저 제3장에서는 몸/자아 개념에 초점을 맞추어 그것들을 감정 관념들과 관계지어 설명한다. 그리고 제4장에서는 감정의 젠더 차원에 초점을 맞추어 그러한 작업을 수행한다.

3

감정, 몸, 자아

나는 앞서의 장에서 사람들이 감정상태와 감정경험을 개념화하고 묘사하기 위해 되풀이하여 사용한 일련의 담론과 은유를 규명했다. 이 장에서 나는 그러한 담론과 은유를 보다 광범한 사회문화적·역사적 상황에 자리매김함으로써 그것들을 맥락화하고자 한다. 나는 전근대시기를 지배한 '열린' 몸/자아가 어떻게 수세기 동안 후기 근대시기의 특징이 되어온 '닫힌' 몸/자아로 변화되었는지에 대한 논의로 이 장을 시작한다. 이 개관은 오늘날의 몸/자아 개념들, 그리고 더 나아가서는 감정 개념들의 위치를 그것들의 선조를 규명함으로써 설정한다. 그 다음에는 오늘날 회자되고 있는 두 가지 주요한 감정 관념을 분석한다. 이 두 관념은 각기 서로 긴장관계에 있으며, 상대로부터 자신의 의미를 획득한다. 첫 번째 것은 감정에 대한 부정적 담론, 즉 감정을 위험하고 파괴적인 것 또는 굴욕적인 것으로 설정하고 감정적임을 통제력 결여의 증거로 묘사하는 담론의 산물이다. 두 번째 것은 이와 대조적으로 감정에 대한 긍정적 담론, 즉 감정을 인간성과 자아의 진정한 증거이고 판단과 도덕성의 적절한 토대라고 제시하는 담론의 산물이다. 나는 계속해서 오늘날의 감정관리 개념에 대해, 그리고 '심리' 관련 학문들이 감정관리에서 수행하는 역할에 대해 고찰하고, 그 다음으로 친밀성과 고백에 대해 논의한다. 이 장은 오늘날의 담론 속에서 건강상태와 감정 간에 흔히 설정되는 연관성을 분석하는 것으로 마무리된다.

몸/자아 관념과 감정: 전근대성에서 근대성으로

오늘날 서구 사회에서 자아는 다른 사람들과 '관계 맺고'자 하는 욕구와 개성을 유지하고자 하는 욕구 사이에서 항상 움직이고 있는 자율적인 개체로 인식된다. 유사하게 오늘날의 육체화 관념은 자신을 다른 사람들의 몸과 구분되는 독특한 것으로 규정함으로써, 즉 자신의 신체적 경계를 엄격하게 규제하여 자신의 몸을 다른 사람들의 몸으로부터 분리된 독특한 것으로 설정함으로써 자기규율과 자율성에 특권을 부여한다. 이러한 몸/자아 개념은 그 자체로 하나의 역사적 인공물, 즉 중세시대 이래로 봉건제에서 자본주의로의 이행, 르네상스, 근대 유럽 국가의 발생, 계몽주의, 산업혁명, 자본주의의 발흥을 포함하는 수많은 주요한 사회·문화적 변화의 산물이다. 나는 아래에서 '열린' 몸/자아에서 '닫힌' 몸/자아로의 발전을 추적하고, 그것이 감정을 개념화하는 방식이 도처에서 부각되게 되는 데 미친 영향을 살펴본다.

'열린' 몸/자아

우리는 제2장에서 감정을 유동체로 보는 개념이 오늘날 서구 사회의 담론을 지배하고 있다는 점을 살펴보았다. 중세시대에 몸/자아가 개념화되고 경험되는 방식 속에 이 개념의 선조들이 자리하고 있다. 중세시대 유럽에는 농민, 귀족 할 것 없이 모두에게 건강과 삶에 많은 위협과 위험이 존재했다. 그러한 위협과 위험의 가장 극단이 기아, 추위, 전염병, 전쟁이었다. 초자연적인 것 ─ 복수심에 불타는 신의 관념과 사악한 사탄의 관념 모두를 포함하는 ─ 은 당연히 존재하는 것으로 받아들여졌다(Muchembled, 1985).

시대사가들에 따르면, 죽음이 항존하는 것처럼 보이고 악마의 소행이 어디서든 관찰되고 미래에 대해 거의 생각조차 할 수 없는 엄청난 불확실성과 공포의 시대에, 감정상태는 그 결과에 대한 별다른 우려 없이 훨씬 더 자유롭게 그리고 공개적으로 표현되었다. 사람들은 기분이 갑자기 바뀔 때면 근대적 감성으로는 '통제되지 않는' 기쁨, 증오, 화로 볼 수 있는 것을 표출하는 경향이 있었다. 폭력적인 행위는 흔히 있는 일이었고, 공개 처형 ─ 그리고 다른 사람들에 대한 경고로서 시체를 방치하여 썩게 하는 것 ─ 이 통상적인 처벌이었고, 동물이 고통받는 것을 보는 즐거움을 위해 동물을 괴롭히고 살해하는 것이 무해한 스포츠로 간주되었다. 사람들에게 감각적 쾌락과 감정표현을 자제할 것을 권고하는 규제는 거의 존재하지 않았고, 그 결과 충동은 통제되거나 조절될 필요성을 인식하지 못한 채 그대로 실행에 옮겨지는 경향이 있었다. 이미 존재하는 행동규제들도 사람들의 자발적인 자기규율 능력에 의지하기보다는 교회와 같은 외부 당국에 의해 강요되는 경향이 있었다. 몸은 거의 공개적인 몸이고, 개인적 프라이버시에 대한 인식은 거의 없었다. 소변보기, 대변보기, 씻기를 포함하여 매우 소수의 신체행위만이 사적으로 이루어졌고, 그러한 행위와 연관된 수줍음, 당혹감 또는 수치심은 거의 또는 전혀 존재하지 않았다. 사람들은 여인숙에서 모르는 사람과 음식 그릇, 목욕시설, 침대를 공동으로 이용하는 것을 아무렇지도 않게 생각하고, 침을 뱉고 손가락으로 코를 푸는 것은 다반사였다(Elias, 1939/1994; Muchembled, 1985).

이것이 암시하듯이, 중세시대에 몸은 훨씬 덜 억제되고 덜 사사화되고 덜 통제되었다. 몸은 여전히 사회관계의 네트워크 또는 그것을 둘러싸고 있는 물리적 세계로부터 분리·고립된 것으로 개념화되지 않았다. 대신에 몸은 본질적으로 작은 구멍이 많아 몸의 내부와 외부 간에 항상 여러 요소들을 상호교환할 수 있는 것으로 인식되었다. 몸은 "억제할 수 없고 남용되고 집어삼키고 영양물을 공급하는 그것의 모든 구멍을 통해 세계로 열려 있다"(Greenblatt, 1982: 5). 로퍼Roper는 중세와 근대 초기의 독일 문화에서 나타나는 몸 이미지를 분석하면서 '무절제 문학literature of excess'[고딕 문학을 말한다 - 옮긴이]에 주목한다. 그러한 문학에서 몸은 "배변, 성적 오염, 구토를 포함하는 일련의 과정이 일어나는 하나의 용기容器로 그려졌다. 액체가 몸 내부를 흘러 다니다가 몸 밖으로 배출되어 외부의 세계에 그것의 흔적을 남긴다. 몸은 팔다리와 관절의 집합체 또는 골격구조라기보다는 사방으로 분출되어 환경에 영향을 미치는 액체를 담고 있는 용기이다"(Roper, 1994: 23). 뮈샹블레Muchembled도 유사하게 중세 프랑스에 살았던 사람들에게 몸은 소우주, 즉 즐거운 그리고 "하체의 구멍들을 통해 쏟아져 나오는" 힘을 신봉하는 세계로 인식되었다고 주장한다(Muchembled, 1985: 78).

중세시기에는 자아 또한 훨씬 덜 억제되는 그리고 덜 자율적인 것으로 개념화되었다. 남자와 여자들은 어린 시절부터 스스로를 가족 또는 공동체라는 더 큰 전체의 부분과 연결된 상호의존적인 부분으로 보도록 배웠다(Gillis, 1988). 폴크(Falk, 1994: 20)는 이를 '내부'와 '외부' 간의 경계가 대체로 집합적 측면에서 정의되는 사회를 특징짓는 '열린' 몸/자아라고 기술한다. 자아는 독특한 것으로 고려되기보다는 '집단자아group-self'로 간주되었다. 집단자아 속에서는 개인의 정체성과 집단 정체성이 끊임없이 하나로 합체된다.

일부 역사가들은 몸을 열려 있고 침투할 수 있는 것으로 보는 이러한 개념이 일반적으로 당황 또는 불안의 원천이기보다는 육체적 쾌락의 원천을 이루고 있었다고 주장했다(Roper, 1994). 바흐친(Bakhtin, 1984)은 라블레Rabelais의 저술에서 나타나는 카니발적인 것의 묘사에 대한 연구에서 카니발과 축연은 사람들이 자신들의 몸의 무한성을 즐기고 '내부'와 '외부' 간의 규제를 없애고 몸과 격정이 정신을 압도할 수 있는 기회를 제공한다고 지적한다. 바흐친은 이러한 육체화 관념을 제약 또는 규제가 거의 없는 '그로테스크한grotesque' 몸으로 묘사한다. 그는 그러한 몸의 가장 독특한 특징이 그것의 "열려 있는 미완의 성격, 즉 그것과 세계의 상호작용"이라고 주장한다(Bakhtin, 1984: 281). 그럼에도 불구하고 중세시대에 건강과 좋지 않은 건강의 개념은 항상 불길한 힘이나 혼령의 침입의 위협을 받는 '열린' 몸 관념과 강력하게 연관되어 있었다. 그 후에도 일련의 터부는 질병, 사망, 출산, 성행위, 배설과 같은 상황에서, 특히 몸이 외부에 열리는 것으로 간주될 때 몸의 열린 구멍들과 그것의 액체들을 단속하기 위해 존재해왔다(Muchembled, 1985: 72~75). 부적, 주문, 액막이가 자주 불안, 절망, 불행, 슬픔, 죄와 같은 심적 고통이나 괴로움의 치유책으로 이용되었고, 그것들은 사람들을 홀릴 수 있는 악마의 검은 힘으로부터 그들을 지키기 위한 것으로 인식되었다 (MacDonald, 1981: 215~217).

체액 모델 또한 몸을 액체로 구성되는 것으로 보는 관념에 의거했다. 고 대시기에 정식화되었으나 18세기까지 유럽을 줄곧 지배했던 이 모델에서 몸은 네 가지 체액 — 흑담즙, 황담즙, 혈액, 점액 — 을 포함하고 있는 것으로 여겨졌다. 다른 체액들에 비해 하나의 체액이 과도해지는 것이 질병을 유발할 수 있는 불균형을 초래하고, 또한 특정한 퍼스낼리티 특성을 드러내게 한다고 여겨졌다(Nutton, 1992). 혈액과 황담즙이라는 물질은 '따뜻한' 성질의 사람의 특징과 관련지어졌다. 다혈질의 사람은 기질적으로 쾌활하고 발랄하고 화려한 반면 담즙질의 사람은 화를 잘 내고 성질이 급한 것으로 간주되었다. 이와 대조적으로 흑담즙과 점액은 '차가운' 성질의 사람 — 재미없는 사람이거나 아니면 냉정한 사람 — 을 만들어내는 것으로 이해되었다. 이러한 기질들은 자연적인 '결과'인 것으로 간주되었다. 왜냐하면 건강한 사람들에게서조차 체액들이 정확한 균형을 이루는 경우는 거의 없기 때문이었다. 반면 체액들의 극단적인 불균형은 정신질환의 한 원인이 되기도 하는 것으로 여겨졌다. 왜냐하면 그러한 개인들의 특정한 기질이 그들로 하여금 위험할 정도의 격정에 휩싸이게 하는 경향이 있기 때문이었다(MacDonald, 1981: 186). 체액 불균형의 대중적 치유책으로는 구토제와 완하제緩下劑를 포함하는 설사약, 그리고 거머리를 이용하거나 외과 절제를 통한 방혈放血 등이 있었다. 이는 과도한 체액을 배출시킴으로써 신체의 균형을 회복할 수 있다는 생각에 따른 것이었다(MacDonald, 1981: 187).

'문명화된' 몸/자아의 출현

대부분의 역사학자들은 16세기와 17세기에 근대 초기 유럽 국가에서 발생한 사회변동이 오늘날의 이상적 자아, 즉 규율된 자율적인 개인적 자아의 출현에 중심적이었다고 지적한다. 이 시기 동안에, 특히 그것의 아주 초기단계에서 감정과 육체화가 강력하게 연계지어졌다. 사람들은 행위와 감정을 거의 구분하지 않았고, 감정을 자아 내에 깊숙이 자리하고 있는 것으로 개념화하지 않았다. "'감정'은 여전히 신체적 감각이자 내적 감각이었다. 그리고 의학 권위자들이 정신과 육체를 분명하게 구분하지 않던 시기에, 화와 사랑은 '차가운 응시' 또는 '따듯한 포옹' 속에 실제로 육체적으로 존재한다고 인식되었다"(Gillis, 1988: 90~91). 이를테면 사랑과 애정은 일반적으로 정신적 초월이나 신비와 관련하여 생각되는 것이 아니라 오히려 매우 실체적인 육체화된 용어들을 통해 인식되었다.

체액과 유동체로서의 감정의 개념적 연계짓기 또한 감정과 관련한 근대 초기의 관습 속에서 발견할 수 있다. 사랑과 증오가 몸의 구멍을 통해 전달될 수 있다고, 다시 말해 체액의 길을 통해 배출되거나 음식물을 통해 섭취될 수 있다고 여겨졌다. 식사를 함께 하고 하나의 공동 컵으로 음료를 마시는 것을 통해 체액을 교환하는 것, 그리고 머리카락과 같은 신체 물질로 만든 옷이나 물건을 교환하는 것은 사람들을 묶어주고 결합시키는 것으로 생각되었다. 이러한 연계는 단지 상징적인 것이 아니라 글자 그대로였다. 다시 말해 함께 섞인 액체는 결합의 한 원천이라고 여겨졌다. 이를테면 그 시기에 웨일스에는 젊은 남자가 한 여성의 옷에 소변을 봄으로써 그의 사랑을 그 여성에게 증명하는 풍습이 있었다. 반면 프랑스에는 연애

중인 커플이 서로 '사랑의 뺨 때리기'를 하는 풍습이 있었다. 배우자를 찾는 젊은 남녀들은 사랑의 감정을 자극하기 위해 사랑의 묘약으로 체액이나 피, 침, 머리카락, 깎은 손톱과 같은 신체부분을 이용했다(Gillis, 1988).

16세기와 17세기에 이르기까지 대중의 건강 개념은 감정과 건강상태를 연계시켰다. 체액이론이 여전히 우세했으며, 특정 신체부분이 '감정passion' (당시에는 자주 감정을 passion으로 지칭했다)의 발생 및 통제와 밀접하게 연계지어졌다(Porter and Porter, 1988: 46). 하지만 감정과 해부학 간의 정확한 관계가 얼마간 논란의 대상이 되었고, 혼란을 불러일으켰다. 17세기의 일부 영국 의학 텍스트에서는 심적 고통과 혼란이 심장으로 전달되고 그곳에서 감정이 불러일으켜진다고 주장되었다. 일단 몸의 감정적 상태에 동요가 발생하면, 내부 온도가 영향을 받고, 다시 그것이 체액의 균형과 구성에 위험한 변화를 일으키는 것으로 여겨졌다(MacDonald, 1981: 182). 또 다른 의사와 철학자들은 심각한 질병은 유해한 상상의 결과라고 주장했다. 즉 "열병의 열이 체액을 데우고 태우고, 그것이 '불에 탄 흑담즙'이라고 불린 유독한 물질로 전환되고, 그것의 유독가스가 비장이라는 도가니로부터 뿜어져 나와 마음을 오염시키는 것으로 여겨졌다"(MacDonald, 1981: 184).

16세기 이래로 몸과 그것의 산물에 대한 경멸과 자의식이 점차 증가하면서 감정과 몸의 규제에 대한 관심 또한 고조되었다. 개인들은 자아를 '내면'의 것으로, 반면 사회와 타자를 '외부'의 것으로 보게 되었다. '자기검열'이 점차 논의의 대상이 되었고, 외적 정명이나 고문과 살인 같은 강압수단보다는 자발적 자기통제가 더욱 강조되었다(Barker, 1984: 10~12). 외부의 힘의 침입과 다른 사람의 몸과의 접촉을 더욱 '차단'하는 것이 이상적인 몸으로 개념화되었다. 몸이 관리되고 통제되는 방식과 관련한 규제 네트워크가 증대하면서, 동시에 몸은 사사화되고 보다 감추어지게 되었다(Foucault, 1977; Barker, 1984; Elias, 1939/1994). 일상생활의 내밀한 습관, 즉 몸의 행동거지와 배설물의 처리는 점점 더 규제의 대상이 되었다. 실제로 그것들은 그러한 규제를 통해 '내밀한' 또는 '비밀스런' 것이 되었고, 수치심, 당혹감, 공포 같은 감정이 그러한 것들을 공개적으로 드러내는 것과 결부지어졌다. 17세기경에 이러한 과정의 결과로, "그 이전의 세기들처럼 자신의 몸을 가지고 자기 마음대로 처신하는 것은 더 이상 불가능하게 되었다"(Muchembled, 1985: 191). 몸과 자아에 대한 이러한 접근방식에 내재해 있던 이상이 바로 인간은 "훈련된 규율 바른 행위를 통해 자신을 개조"할 수 있는 행위주체라는 관념이었다(Taylor, 1989: 159). 여기서 신체의 규율과 규율된 자아의 융합이 일어났다. 즉 몸을 규율하지 않을 경우 자아는 제멋대로이게 될 것이라고 가정되었다.

몸을 유동체로 보는 개념이 근대 초기 시기에도 여전히 우세했지만, 15세기 후반 이후로 신체적 무절제가 갖는 도덕적 특성을 다룬 텍스트들이 점점 더 많이 출간되기 시작했다. 그러한 도덕주의적 문헌들 속에서 악惡은 몸으로부터 분출되어 나올 위험이 있는, 그렇기에 규율을 필요로 하는 내부 액체의 일종으로 제시되었다. "규율은 일종의 '울타리'이다. …… 그러나 그것은 내부의 제어하기 힘든 욕망의 야만적 힘에 맞설 만한 힘을 거의 가지지 못하는 울타리이다"(Roper, 1994: 24). 16세기 종교개혁은 자연, 육욕성, 몸, 미신, 초자연적인 것 — 이것들 모두는 중세 가톨릭교에서 중요했다 — 의 역할을 최소화하는 것에 더욱 초점을 맞추게 했다. 종교개혁을 옹호하는 사람들은 합리적 사고와 몸과 감정의 통제를 학식과 영성에 이르는 길로 강조했다. 마술과 초자연적인 것은 악으로 상정되었고, 예배 보기는 공동체적 의례를 통해 발생하는 감각적인 육체화된 경험을 하는 것이기보다는 생각과 말을 통해 신과 개인주의적으로 교감하는 것으로 인식되었다. 따라서 이를테면 프로테스탄티즘은 '하느님의 말씀'이 성상, 성화, 성가, 향과 같은 장식물들이 제공하는 감각적·감정적 자극보다 영적 자아 정체성에 더 중요하다고 역설하고, 종교적 엑스터시의 몽환, 환영, 표현에 의구심을 드러냈다. 육체의 열정은 죄로, 즉 신성한 것에 이르는 길이기보다는 오히려 하나의 방해물로, 그리하여 엄격한 통제가 요구되는 것으로 간주되었다(Melor and Shilling, 1997: 42~45).

16세기와 17세기에는 종교적 관념들이 감정상태의 이해에서 핵심적 역할을 수행했다. 신앙심은 비정상적인 것으로 고려되던 감정과 자주 대비되었다. 하지만 점성술 행사(行事)와 마법 같은 또 다른 초자연적 힘들 또한 감정상태 속에서 작동하는 것으로 인식되었다. 화는 사탄이 찾아든 죄로 간주되었고, (자살 생각과 같은) 용납할 수 없는 생각과 불행 또한 사탄의 소행으로 간주되었다. 절망에 빠진 사람들은 자신들이 나쁜 유령에 홀려서 착한 천사가 자신들을 떠났기 때문으로 생각했다(MacDonald, 1981: 144; Stearns and Stearns, 1986: 19~20). 17세기의 악령 쫓기 의식에 관한 가톨릭 문헌들에서 악령은 몸 내부에 거주하는 것으로 인식되었다. 환자를 치료하기 위해서는 그러한 악령들을 몸에서 끌어내어 밝은 곳으로 추방해야 한다고 여겨졌다. 그러한 내부의 힘을 추방하는 일은 고통스럽지만 바람직한 것으로 간주되었다(Roper, 1994: 24). 유사하게 마법과 관련한 환상도 유독한 액체를 담고 있는 통제되지 않는 몸이라는 관념에 의지하고 있었다(Roper, 1994: 25).

그러한 문헌들에서 자신과 타자의 구분이 없어지는 것은 즐거운 것이라기보다는 무서운 것으로 제시되었다. 그 당시에 화는 자주 악령이 침입하여 개인을 장악한 것과 관련하여 기술되었다. 17세기에 미국에서 필그림 Pilgrim 지도자들 중 한 사람인 존 로빈슨John Robinson은 격분한 사람을 '무시무시한 괴물'로 묘사하고, 계속해서 다음과 같이 지적했다. "만약 격분한 사람이 자기 스스로에게 격분했을 때 거울 속에서 자신을 본다면, 그는 자신의 눈이 불타고 있고, 입술이 부들거리고, 얼굴이 창백하고, 이를 악물고 있고, 입에 거품이 일고 있고, 신체의 다른 부분들이 떨리고 흔들리고 있음을 볼 수 있을 것이다. …… 그는 아마도 정말 자신에 대해 진저리를 칠 것이다"(Stearns and Stearns, 1986: 19에서 인용함).

역사사회학자 노르베르트 엘리아스Norbert Elias는 1939년에 독일에서 첫 출간된 영향력 있는 저작『문명화과정The Civilizing Process』에서 생리작용과 관련하여 16세기에 출현하기 시작한 수치심과 당혹감을 분석했다. 엘리아스(Elias, 1939/1994)는 그 당시에 봉건질서가 붕괴되고 새로운 사회계급이 형성되자 공적 영역에서 명예, 경건함, 예절바름, 사회질서가 점점 더 강조되었다고 주장했다. 삶 또한 보다 예측 가능하게 되었다. 또한 기근도 덜 발생했고, 신체적 폭력행위도 수적으로 줄었고, 갑작스런 또는 때 이른 죽음도 널리 발생하는 특징이 아니게 되었다. 엘리아스는 감정의 발생 및 표현의 변화를 당시 출현하고 있던 예절civilité 관념 — 다시 말해 외형적 신체예절(사람들이 공개적으로 처신하는 방법)에 대한 새로운 강박 — 과 연계시킨다. 예절과 관련된 행동들은 자기통제를 통해 자기 자신을 다른 사람들과 구별하게 했다. 이를테면 예절은 생리작용의 표출을 억제하고, 얼굴표정을 관리하고, 테이블 매너를 지키고, 몸짓, 옷, 배설물 처리를 단속할 것을 요구했다.

엘리아스는 16세기에 "다른 사람들이 어떻게 생각하는가"가 더욱 분명하게 강조되면서, 그러한 행동들에 대한 규칙이 중세시대에 비해 훨씬 더 복잡해지고 바른 매너를 따르는 것이 더욱 중요해졌다고 주장한다. 또한 엘리아스는 공격성, 화, 잔인함, 그리고 전쟁과 싸움 및 다른 사람들과 동물의 고통과 고통주기에서 느끼는 즐거움의 표현은 중세시대 — 앞서 지적했듯이 중세시대에 그러한 것들은 삶의 즐거움의 일부로 인식되었다 — 에 비해 훨씬 더 통제되게 되었다고 주장한다. 엘리아스에 따르면, 개인 간의 상호작용과 감정표현의 '세련됨'이 보다 강조되면서, 사람들은 잔인함, 다른 사람들의 고통, 화의 표현에 훨씬 더 민감하게 되었다. 19세기경에는 인간과 동물에 대한 공개적 고통주기와 공개처형같이 한때 쾌락의 한 원천으로 받아들여졌던 것이 혐오스럽고 극히 불쾌한 것으로 간주되었다.

또 다른 역사적 설명들도 근대 초기에 사람들의 처신 및 행동규제 방식에서 일어난 변화들을 강조해왔다. 뮈상블레(Muchembled, 1985)는 1400년에서 1750년에 이르는 시기의 프랑스 역사에 관한 연구에서 전근대시기로부터 근대시기로 넘어오면서 자아와 몸 관념에서 발생한 변화를 규명했다. 그는 15세기에 사람들이 성 기능과 몸의 배설물과 관련하여 고상한 체했음을 보여주는 증거를 거의 찾아볼 수 없었다고 주장한다. 하지만 18세기 중반경에 새로운 행동규칙들이 발전했다. 이를테면 18세기에 침실은 하나의 격리된 방이 되었고, 아주 소수의 사람들만이 하나의 침대에서 함께 자게 되었다(15세기와 16세기에는 가족 모두가 함께 잤다). 사람들은 잠옷을 입기 시작했고, 벌거벗는 것이 금기시되고 수치스러운 것이 되었다(이에 비해 16세기에 사람들은 으레 공개적으로 씻고 옷을 벗고 입었다)(Muchembled, 1985: 189).

바커-벤필드(Barker-Benfield, 1992: ch 2)는 특권 있는 사람들, 즉 1600년대 후반에 새로 즉위한 왕 찰스 2세의 궁정과 관련된 '난봉꾼'과 '방탕자들'의 행동에 관해 기술한다. 그들은 쾌락을 위해 음주, 간통, 닭싸움, 도박, 곰사냥, 다른 사람들 ─ 남녀 모두 ─ 에 대한 극단적 폭행을 일삼았다. 그들의 행동은 특권 있는 계급과 하층계급 사이에서 존경 받을 만한 규율 잡힌 행동을 장려하고자 했던 개혁가들로부터 공격받았다. 17세기 말경 런던에는 약 20개의 개혁단체들이 생겨나서, 그러한 행동을 '그만둘 것'을 경고하고, 교회, 지역 시장, 중앙정부와 같은 당국들에게 매너와 비도덕적 행동의 관리를 개선하라고 압박했다. 이들 단체는 선술집, 여인숙, 극장, 사창가를 단속하는 데에 관심을 가졌다.

따라서 근대 초기 유럽사회에서 발전한 관념인 '문명화된' 인간은 사사화된 개인 ─ 자신을 자제력을 지닌 자율적인 존재로 돋보이게 하고 감정을 포함하여 신체기능과 작용에 대해 고도의 통제력을 행사할 수 있는 사람 ─ 으로 간주되기 시작했다. 중세시대를 지배해온 개념으로 규명되어온 '열린' 몸/자아는 점점 더 '닫혀'갔다. 몸의 경계들을 봉쇄하고 체액의 처리를 통제하는 것은 적절한 행동거지의 중심적 측면이 되었다. 몸에 대한 통제력을 결여하고 있다는 것은 '야만적인' 것으로 간주되었다. 17세기경에 사람들은 자신들이 서로 화해할 수 없는 두 부분으로 반반 나누어져 있는 것으로 보기 시작했다. 외관상의 '문명화된' 몸과 지나치게 '그로테스크한' 몸이 그것이다. 후자는 항상 경계하고 자신의 내부에 숨기고 억제할 것이 요구된다(Mellor and Shilling, 1997: 10).

하지만 근대 초기에 주체성과 사회적 삶이 완전히 합리적 사고, 금욕주의, 자기통제에 의해 지배되었던 것으로 보는 것은 오해를 불러일으킬 수 있다. 로퍼(Roper, 1994: 5)는 이 시기에 주술과 비합리적인 것에 관한 관심이 부활했다고 주장한다. 이를테면 유럽에서 17세기 후반은 마녀사냥의 시기였다. 따라서 유럽에서 17세기 초반에 출현한 가톨릭의 반종교개혁 지지자들은 프로테스탄트 개혁가들이 영성에 이르는 하나의 길로서의 관능적인 육체화된 의례에 여러 제약을 가하고 '성교'를 거부한 것에 불만을 드러냈다. 반개혁가들은 인지적인 것보다는 감정적인 것과 신비한 것을 강조함으로써 종교적 관행에 새로운 영성을 도입하고자 했다(Mellor and Shilling, 1997).

근 대 적 몸 /자 아

종교개혁의 관심 위에 구축된 계몽주의 ─ 즉 유럽과 북미에서 17세기 후반에 시작하여 18세기에 이르기까지 계속된 지적 사고의 변화의 시기 ─ 는 전통, '비합리성', '미신'을 탈피하고 '과학적'·'이성적' 사고를 지향함으로써 인간의 진보를 추구했다. 계몽주의의 관점에서 감정은 '비합리적인' 것, 즉 이성의 적으로 간주되었고, 그리하여 규율과 규제가 요구되었다. 산업혁명의 결과 발생한 광범한 사회변화 ─ 대규모의 도시화를 포함하여 ─ 또한 몸/자아 관념을 한층 더 변화시켰다. 18세기에 사람들은 전례 없는 방식으로 대단히 많은 수의 사람들 ─ 낯선 사람들과 자신들이 아주 잘 알지 못하는 사람들을 포함하여 ─ 과 상호작용하기 시작했다. 사람들이 서로를 잘 알고 있는 보다 작은 공동체에서 행동의 외적 규제는 일반적인 것이었다. 하지만 보다 큰 도시 집단에 살고 있는 개인들에게 그러한 외적 규제는 그리 효과적이지 못했고, 내적 규제 또는 자기규제가 더욱 강조되었다(Demos, 1988; Stearns, 1988).

18세기 중반까지 '감정'이라는 단어는 여전히 신체활동을 의미했고, 19세기에 이르러서야 그것은 보이지 않는 느낌을 함의하게 되었다. 그 즈음에 사랑과 결혼 의례들이 훨씬 더 사사화되고 몸으로부터 더욱 분리되었고, 몸은 로맨스와 관련하여 성적인 것이 되었다. 사랑은 보다 탈육체화된 감정이 되며, 육체적 결합 행위와 덜 연관지어졌고, 육체적 결합 행위가 처음으로 '성적인' 것으로 규정되었다. 그러한 행위는 "하나의 강력한 내적 충동으로, 즉 모든 사회적·도덕적 고려를 초월하는 사적 경험으로" 간주되었다(Gillis, 1988: 107). 동시에 자아 개념, 특히 남성의 자아 개념은 자율성, 개인주의, 그리고 자아의 확고한 경계 유지 ― 이 경계는 사랑하는 사람과 삶의 동반자와의 낭만적 관계 속에서만 허물어질 수 있었다 ― 에 특권을 부여했다. 그러한 자아 개념과 맞물려 몸은 개인화되어 개인에 의해 '소유되는' 것으로 간주되었고, 그 사람의 사회적 지위를 나타내게 되었다(Duden, 1991: 13).

비록 의사들이 18세기에 체액설humoralism을 버리기 시작했지만, 체액의 흐름이 건강과 신체작용에 극히 중요하다는 관념은 체액이론의 유산이었다(Porter and Porter, 1988: 52). 저명한 영국 의사 조지 체인George Cheyne은 1734년에 몸에 대해 다음과 같이 기술했다.

인간의 몸은 서로 다른 액체와 용액들로 가득 찬 무수하고 다양한 관과 관로들로 이루어진 하나의 기계이다. 그 액체와 용액들은 산 자들을 촉촉하게 적시고 그들에게 영양분을 공급하고 그들의 건강을 회복하기 위해 도관 안을 끊임없이 질주하고 흐르거나 미끄러져 앞으로 나아가거나 되돌아오며 끝없이 순환하고, 작은 가지들과 배출구로 내보내진다(Skultans, 1977: 149에서 인용함).

포터와 포터(Porter and Porter, 1988: 49)는 17세기와 18세기에 영국인들이 체액과 정수의 흐름에 많은 관심을 가지고 있었다고 지적한다. 피·대변·소변의 농도, 색깔, 굵기가 하나의 진단 수단으로서 커다란 주목을 받았다. 사람들은 더러워진 체액을 제거하고 적절한 순환이 이루어지게 하기 위해 체액이 규칙적으로 배출되어야만 한다고 믿었다. 영국인들은 또한 "신체 기관과 정신, 의지, 내적 감각, 의식 간을 매개하는 일을 하는" '정기精氣' 또는 '생기生氣'의 순환에도 관심이 있었다(Porter and Porter, 1988: 49). 사람들은 자신들의 기분이 '좋아졌다'거나 '울적해졌다'고, 또는 '고조되었다'거나 '처졌다'고, 또는 자신들이 '기운이 있다'거나 '맥이 빠졌다'고 말했다(Porter and Porter, 1988: 46).

그 시기에 사람들은 일반적으로 질병은 심신心身적일 수 있다고 믿었다. 따라서 그들은 '감정' ― 당시에 그들이 칭했던 용어로는 passion ― 이 질병을 유발할 수 있다고 믿었다. 일부 사람들은 퍼스낼리티 유형, 그들이 느끼는 감정, 그리고 그로부터 유발되는 신체적 결과 간을 연계시켰다. 이를테면 체인은 그의 저서 『건강과 장수에 관한 에세이An Essay on Health and Long Life』(이 책은 1724년에 처음 출간된 후 여러 번 재출간되었다)에서 다음과 같이 주장했다. "상상력이 풍부하고 아주 쾌활한 사람들은 갑자기 느끼는 격한 감정으로 인해 고통받을 가능성이 더 크다. 사려 깊은 사람과 분별력이 뛰어난 사람들은 더디게 느끼는 혼자만의 격정적 감정으로 인해 가장 많은 고통을 받는다. …… 게으름뱅이와 무분별한 사람이 감정으로부터 가장 적은 고통을 받는다. 멍청이와 바보는 감정으로 인해 전혀 고통받지 않는다"(Porter and Porter, 1988: 64에서 인용함). 몸, 마음, 환경, 건강상태를 연계시키는 그들의 믿음에서 다시 체액이론이 근저를 이루고 있다.

18세기에 영국에서는 또한 흥분, 열광 또는 우울의 상태와 몸의 내부 작동을 연계시키는 데서 '신경과민' 개념이 통용되기 시작했다(Porter and Porter, 1988: 68~72). 이 방식은 나쁜 건강을 다음과 같이 바라본다.

신경이 '예민'하면, 머리가 좋고, 몸은 감각을 민감하게 느꼈다. 신경이 '무디'면, 머리가 나쁘고, 몸은 둔했다. 아니면 '신경질적'이라는 말을 고조된 산만한 감수성, 과도한 예민함, 극단적 감정에의 취약함, 성마른 기질을 시사하는 포괄적인 용어로 사용한다면, 솔직히 누구든 '신경질적'일 수 있다(Porter and Porter, 1988: 70).

남자와 여자 모두 — 광기가 발작하던 시기의 영국 왕 조지 3세를 포함하여 — 가 '신경과민'으로 인해 고통받는다고 알려졌다(Porter and Porter, 1988: 70). 하지만 '신경' 질환은 부유한 사람들만을 괴롭히는 것으로 믿어졌다. 왜냐하면 19세기 초반경에 하층계급도 '신경과민'에 대해 이야기하기 시작했지만, '신경과민'이라는 것은 예민한 감수성과 고상함을 암시했기 때문이다(Porter and Porter, 1988: 71).

독일에서도 18세기에 건강과 질병에서 '감정'이 수행하는 역할에 점점 더 매혹되는 일이 일어났다. 일반인들을 대상으로 한 건강에 대한 소책자를 쓴 저명한 의사들이 극심한 감정기복과 과도한 감정상태를 피하는 것을 포함하여 건강을 획득하고 유지하기 위한 '합리적 라이프스타일'을 제창했다. 많은 사람들의 생각을 바꾼 한 학설은 기본적으로 두 가지 형태의 질병이 있는데, 하나는 과도한 자극에 의해 발병하고 다른 하나는 불충분한 자극에 의해 발병한다고 주장했다(Lindemann, 1996: 264). 독일 사람들은 또한 몸의 사방으로 그리고 밖으로 체액이 흐르거나 '유출'되는 것을 방해하는 것은 해롭다고 믿었다. 독일의 대중적인 의학 저술들은 '방해받은 배변'이 몸에 미치는 결과를 기술하면서, 땀, 소변, 대변, 생리혈과 같은 체액의 배출장애 또는 불충분한 유출이 모든 종류의 질병을 유발한다고 주장했다. 몸에서 빠져나오지 못하고 있는 그러한 체액들이 자연법칙에 반하여 쌓이게 되면 위, 창자, 폐와 같은 내부 기관들이 썩게 된다고 생각했다(Lindemann, 1996: 266). 당시의 의학 논문들은 공히 "배변을 방해하는" 데서 감정이 행하는 역할을 언급했다. 이를테면 독일의 한 의사는 공포, 전율, 슬픔이 분비물의 정화를 방해하여 담즙관을 막아 담즙이 위와 장에 축적되어 이질을 유발할 수 있다고 기술했다(Lindemann, 1996: 268; 또한 Duden, 1991: 142~143을 보라).

19세기경에 '그로테스크한' 몸, 즉 그 경계가 잘 봉쇄되지 않는 몸이 특히 부르주아 성원들에게서 증오와 혐오의 한 원천으로 간주되었다. '그로테스크한' 몸에 대한 혐오는 부르주아가 자신들과 그들이 자신들보다 사회적으로 낮다고 고려하는 사람들 — '타자'로 표시되는 사람들, 다시 말해 감정을 포함하여 몸과 전반적인 행동거지에 대한 자기통제력을 결여하고 있는 것으로 상정되기 때문에 불결하고 오염되고 역겨운 것으로 간주되는 사람들 — 간을 구분하는 유력한 수단이 되었다(Stallybrass and White, 1986: 191). 영어권 사회와 북유럽 사회의 부르주아 성원들이 볼 때, 빈민, 노동계급, 남부 유럽 사람들, 중동문화권의 사람들, 비백인이 그러한 사람들에 속했다. 빅토리아시대 부르주아의 표현을 빌리면, 노동계급과 빈민의 '고결한 감정'과 도덕의식이 그들의 빈곤과 그들이 도시의 슬럼가에서 겪는 거친 삶의 조건들에 의해 '야수화'되었다(Finch, 1993: 33~34에서 인용함). 진화이론은 "타고난 것과 후천적인 것, 야만인과 어린아이, 남자와 여자를 하나로 묶는" 감정이론을 제시했다(Vincent-Buffault, 1991: 199). 다윈에 따르면, 눈물을 점차 통제하게 된 것은 문명의 표시였다. 그는 영국인들이 눈물 흘리는 것을 억제한다는 이유로 그들을 진보의 정점에 위치시켰다(Vincent-Buffault, 1991: 200).

외국 사람들에 대한 유럽의 초기 설명에는 그들의 신체습관과 외모에 대한 혐오가 많이 표현되어 있었다(Greenblatt, 1982: 2). 식민지 담론에서 흑인은 일반적으로 백인에 비해 매우 (특히 성적으로) 육체화되어 표현되고, 어린애 같고 감정적인 것으로 묘사되었다. 공공연한 인종차별주의가 프로이트의 저술에서도 분명하게 드러났다. 프로이트는 '야만인'을 진화상으로 열등하고 어린아이들처럼 감정을 적절히 규제할 수 없는 존재라고 주장하고, 그들이 "감정표현의 모든 허용 한도를 넘어서고 감정을 행위형태를 통해 완전히 풀어버리려고 한다"는 것이 그것을 증명한다고 기술했다(Kovel, 1995: 218에서 인용함). 보르도(Bordo, 1993: 9~10)는 아프리카 여성에 대한 식민지적 저술과 '과학적' 저술 그리고 삽화들이 과도하게 발달된 성욕, 본능적 충동에의 의지, 야만성을 그들에게 상정한 후 그들과 야생 동물, 특히 원숭이와의 유사성에 얼마나 자주 주목했는지를 지적한다.

하지만 18세기 후반과 19세기에는 다시 대항 담론counter discourse이 등장한다. 그것은 특히 낭만주의 사상에서 나타나는데, 그러한 담론의 제창자들은 합리적 통제는 "우리를 질식시키고 생기를 잃게 하고 억압할 수도 있는" 어떤 것이라고, 즉 "합리적 자기통제는 자기지배 또는 노예화일 수도 있다"고 주장했다(Taylor, 1989: 116). 낭만주의자들이 볼 때, 상상과 감정의 영역은 근대사회의 형식성과 규율에 대항하는 것이었고, 열정은 인간행동의 원천이었다. 자연에 대한 감상적 감성이 낭만주의와 함께 생겨나기 시작했다. 낭만주의자들에 따르면, 자연은 감상을 일깨우고 강화하며 보다 영적인 의식을 불러일으켰다. "우리는 자연으로 돌아간다. 왜냐하면 그것이 우리 안에 강력하고 고귀한 감정을 불러일으키기 때문이다. …… 자연이 우리의 주의를 끌어당기는 것은 그것이 일정한 방식으로 우리의 감정을 조율하기 때문이다"(Taylor, 1989: 297). 이와 대조적으로 합리성은 감상과 내적 충동을 약화시킴으로써 사람들의 '진정한' 자아를 억압하는 것으로 간주되었다(Taylor, 1989: 301).

실제로 칸트와 같은 근대성의 철학자들은 순수이성을 추적하며 감정적 금욕주의 개념을 지지한 반면, 니체와 같은 저술가들은 자신들이 서구 근대성의 결과로 바라본 감정적 메마름, 즉 열정의 마비에 대해 논평했다(Hughes, 1996). 낭만주의 철학자 루소는 자신이 계몽주의의 지식에 대한 집착이라고 바라본 것과 이성의 자연 지배에 대해 회의적이었다. 그는 자연의 모든 비밀이 밝혀질 수 없을 것으로 생각했다. 그는 너무나 많은 지식은 도덕적 타락으로 이어질 수도 있다고 주장했다. 루소가 볼 때, 사회는 인간본성을 왜곡시켜왔고, 따라서 인간은 감정(가슴의 내적 목소리)을 통해 회복될 필요가 있었다(Lloyd, 1984: 58~64).

18세기에는 또한 사람들의 '천부적인' 동정심에 의지하여 합리성보다는 '인간적임'을 고무함으로써 '무정한' 학자와 귀족을 개혁하고자 하는 움직임도 있었다(Barker-Benfield, 1992: 66~67). 하나의 특별한 종류의 의식 — 즉 외부의 환경으로부터 오는 신호와 몸 내부의 신호에 더욱 민감하게 만들고 또 영적·도덕적 가치를 부여받는 의식 — 을 함의하기 위해 '감성'이라는 용어가 사용되었다(Barker-Benfield, 1992: xvii). 18세기 소설과 여타 문헌들은 '감상적 풍조sentimental fashion', 즉 '감성의 숭배'가 자리 잡게 만들었다. 감정의 숭배가 세련된 감정성의 숭배 및 자비의 숭배와 경계를 접하고 있었고, 삶의 여타 영역에서의 보다 광범한 감성문화와 연계되어 있었다(Barker-Benfield, 1992: xix). 당시의 감상적 소설 속에서 '취향'을 보여주는 최고의 표지는 야생상태의 자연풍경, 구슬픈 시, 로맨스 등과 같은 자극에 대해 반응하는 능력, 그리고 더 나아가서는 눈물, 얼굴 붉어짐 등과 같은 인간의 '사소한' 상호작용과 관련되어 있었다(Barker-Benfield, 1992: 206).

이 시기에 멜랑콜리가 상층계급과 귀족 사이에서 특히 유행했고, 그들은 멜랑콜리는 영혼의 감성과 고상함을 함의하는 것으로 인식했다. 뱅상-뷔포(Vincent-Buffault, 1991)에 따르면, 18세기 프랑스에서 공개적으로 눈물을 흘리는 것은 뛰어난 감성의 증거로서, 남성과 여성 모두에게 아주 적절한 것으로 간주되었다. "눈물은 몸과 마음의 혼합으로서의 희열이고 감각이자 내적 움직임이다. 개인적으로 눈물을 흘리는 것은 자아의 발견이고 자신의 존재를 느끼는 행복이다. 홀로 우는 것은 또한 '자신을 즐기는' 법을 아는 것이다"(Vincent-Buffault, 1991: 3). 그렇다고 이것이 완전히 자신의 감정에 빠지는 것이 적절한 것으로 간주되었다고 말하는 것은 아니다. 눈물은 뉘앙스를 달리하여 선별적으로 흘려야만 했고, 따라서 고도로 통제되었다. 거기에는 위험스러울 정도로 과도해지는 것을 피하게 하는 눈물의 '기술'이 존재했다. "감성의 눈물은 세련된 자기 수양을 나타내는 것이었다. 일련의 미학적, 윤리적, 심지어는 의학적 이해관심이 그러한 발전된 감성의 한계를 규정했다"(Vincent-Buffault, 1991: 53).

얼굴 붉어짐 또한 그것이 너무 두드러지거나 빈번하지 않는 한 세련된 감성의 표시로 간주되었다. 영국의 저술가 토머스 버제스Thomas Burgess는 자신의 저서 『얼굴 붉어짐의 생리학 또는 메커니즘The Physiology or Mechanism of Blushing』(1828)에서 얼굴 붉어짐은 인간성, 인간의 영성 그리고 도덕적 가치의 독특한 표시라고 주장했다. 그는 얼굴 붉어짐은 "영혼이 양 볼에 도덕적 느낌을 지닌 다양한 내적 감정을 드러내는 최고 권력을 가지기 위해, 그리고 우리가 신성시해야만 하는 규칙을 위반하고 있다는 것을 다른 사람들에게 나타내는 신호로 작용하게 하기 위해" 신이 창조한 것이라고 믿었다(Skultans, 1977: 152에서 인용함). 하지만 다른 한편 과도하게 얼굴이 붉어지는 것은 내적인 도덕적 착란의 증거로 인식되었고, 상습적인 수음자임을 나타내는 표시였다(Skultans, 1977: 153).

18세기 후반에 문학에서 고딕양식이 출현한 것 또한 이처럼 격렬한 감정 쪽으로의, 그리고 (어느 정도는) 자기통제력의 상실 쪽으로의 전환이 일어났음을 분명하게 보여주는 것이었다. 고딕양식 — 메리 셸리Mary Shelley의 소설 『프랑켄슈타인Frankenstein』과 브램 스토커Bram Stoker의 『드라큘라Dracula』가 이에 해당한다 — 은 과잉, 과거로의 회귀와 미련, 초자연적인 것, 악, 몽환적인 것, 공포와 웃음의 감정을 소재로 다루었다. 그것은 인본주의의 이면을 규명함으로써 계몽주의의 합리성 추세에 의문을 제기했다. 고딕문학의 거장들은 항상 자신들의 감정을 표현하고 그것과 싸우고, 격발하는 열정, 증오, 욕망, 분노, 광기, 강렬한 사랑에 굴복했다. 고딕문학은 감정의 양가성을 상세하게 묘사하며 문화적 경계를 위반하고 그것에 대해 우려를 표명하는 것에 열중했다. 고딕양식은 독자들에게 도덕적 교훈을 주거나 우아한 '이성적' 반응을 불러일으키기보다는 강렬한 감정적 반응을 부추기기 위해 기획되었다. 따라서 그러한 일단의 문학은 기존의 습속과 '적절한' 행동에 대한 태도를 전복한다. 즉 악이 덕에 대해, 무질서가 질서에 대해, 그리고 욕망이 이성에 대해 승리를 거두는 것으로 제시된다(Botting, 1996).

그러므로 근대의 주체는 합리적 통제가 아니라 자신의 본성과 감정을 표현하고 그것과 싸우는 능력에 의해 규정되었다. 합리성에 특권 부여하기와 자유로운 감정표현에 특권 부여하기 간에는 계속해서 긴장이 존재해 왔다. 감정에 대한 접근방식에서 나타나는 이러한 이원론은 빅토리아시대의 슬픔과 애도에 대한 태도에서 분명하게 드러났다. 자기의식self-consciousness — 자신이 남들에게 어떻게 보이는지에 대한 관심을 포함하여— 이 강해진 것도 바로 빅토리아시대였다. 내밀한 생각과 감정상태를 포함하여 내적 자아가 자신도 모르는 사이에 드러날 수 있다고 여겨졌고, 따라서 사람들은 항상 그러한 일이 일어나는 것을 막기 위해 조심해야만 했다(Sennett, 1977; Baumeister, 1987). 이러한 맥락에서 집은 하나의 피난처, 즉 감정통제를 (완전히는 아니더라도) 일부 완화할 수 있는 하나의 장소가 되었다(이에 대한 보다 상세한 논의는 제4장과 제5장을 보라).

빅토리아시대에 사람들이 많은 상황에서, 특히 자신의 외모를 남 앞에 드러내는 것과 관련한 자기통제에 강박적이었지만, 그들은 동시에 슬픔, 장례식, 애도의례 — 복잡하고 긴 시간동안 이루어지는 — 에도 집착했다. 슬픔을 드러내는 것은 민중문화에서 흔히 있는 일이었고, 슬픔은 삶의 경험과 다른 감정들을 강렬하게 하는 것으로 제시되었다. 학교는 아이들에게 사랑하는 사람의 죽음과 그에 따른 슬픔을 각오하라고 가르쳤다. 이를테면 미국에서 장난감 제조자들은 어린 소녀들이 가지고 노는 인형의 관을 판매했다(Stearns, 1995: 46). 슬픔에 빠지는 것은 기쁨을 강렬하게 느끼게 해주는 것이라고 시사되기도 했다. 1882년에 출간된 가족 관련 조언 매뉴얼의 저자는 다음과 같은 의견을 피력했다. "어떠한 가정도 슬픔이 어떤 식으로든 그들의 삶에 들어오기 전에는 그들의 최고의 행복과 사랑의 달콤함 그리고 최고로 만족스러운 기쁨에 도달하지 못한다는 것은 정말로 당연할 것이다"(Stearns, 1995: 47에서 인용함).

그러므로 전근대시기에서 근대시기에 이르기까지 몸과 자아에 대한 지배적 개념들과 관련지어 오늘날 감정 관념이 발전되어온 궤적을 추적할 수 있다. 전근대세계에서는 몸/자아를 '열려 있는' 실체, 즉 다소 침투할 수 있는 실체로 보는 개념이 있었음을 보여주는 증거들이 존재한다. 감정은 세상으로 '빠져나갈' 수도 또는 그렇지 않을 수도 있는, 몸/자아 내에 존재하는 액체로 개념화되었다. 전근대세계에는 몸/자아의 열림을 단속하기 위한 규칙과 금지가 존재하기도 했지만, 외부세계와 결합된 쾌락이 일반적으로 그것의 두려움보다 우선해온 것으로 보인다. 르네상스 이후 계몽주의시대에 이르기까지 몸/자아는 부분적으로는 규제와 자기통제를 더 많이 강조한 탓에 개념적으로 외부세계에 보다 '닫혀 있는' 것으로 개념화되었다. 그리고 몸/자아의 경계에 대한 통제가 느슨해지거나 통제를 상실하는 것에 대해 더 크게 우려했음을 보여주는 증거도 있다.

그렇다고 이것이 '열린' 몸에서 '닫힌' 몸으로의 이행이 불연속성과 대항 담론 없이 순조롭게 진전되었다고 주장하는 것은 아니다. 실제로 감정의 규제와 통제가 강화되었던 시기들은 대체로 감정을 인간임과 자기진정성의 가장 강력한 원천으로 제시하는 대항 담론과 맞닥뜨렸다. 이것은 오늘날에도 여전히 사실이며, 이 장의 다음 절에서 나는 후기 근대사회에서 표출되는 그러한 경쟁하는 담론들을 보다 상세하게 탐구할 것이다.

유동적 감정의 제어 불능성

감정이 파괴적이고 여하튼 자아에 외재한다는 관념은 오늘날 서구 사회들에도 여전히 존재한다. 실제로 우리는 흔히 감정의 힘 앞에서 우리가 수동적이고 심지어는 무기력하다는 것을 암시하는 용어들을 가지고 감정에 대해 말한다. 이것은 우리가 더 나은 판단을 하고 최선의 노력을 다하지만, 우리가 자주 감정에 굴복하거나 압도당하는 자신을 발견한다는 것을 시사한다. 솔로몬(Solomon, 1976: xv)이 지적하듯이, 우리는 "스스로에게 우리 안의 강력하고 비합리적인 힘과 싸우는 무기력한 순교자의 역할을 맡기는" 경향이 있다. 제2장에서 지적했듯이, 사람들은 감정에 대해 묘사할 때, 감정이 자아/몸의 '내부에서' 발전한다는 관념을 흔히 이용한다. 우리는 감정이 우리 안에 쌓인다고 느낀다는 말을 들으며, 우리는 그러한 감정을 통제하고자 분투하거나 그렇지 않으면 그것에 굴복하여 몸 '밖으로' 내보내고자 한다. 우리는 "사랑에 빠지고", "공포로 인해 마비되고", "질투심에 사로잡히고", "양심의 가책으로 인해 괴로워한다". 우리는 우리의 감정으로 인해 "안타까워하고", 감정에 "짓눌리고", "고통받고", "압도당하고", "휩쓸리고", "당혹해한다". 이러한 용어들 모두는 감정이 우리에게서 '일어나는' 것이며, 감정은 우리의 침착성과 자기통제력을 파괴하는 것이고, 그러한 것들은 우리를 고통스럽게 하고 우리의 심신을 쇠약하게 하는 경험이라고 시사한다(Solomon, 1976: xv). 그렇지 않으면, 우리는 우리의 감정에 맞서 '싸운다.' 이를테면 사람들은 화와 "투쟁하고", "싸우고", 화를 "극복하고", 화와 "씨름하고", "맞서고", 화를 "참고", 화에 "굴복한다"는 말을 듣는다(Lakoff, 1987: 392).

이러한 관점에서 감정은 본능적이고 원시적이며, 우리의 다른 고등한 측면보다 동물적 측면에 더 가까운 것으로 제시된다. 감정은 혼란, 무절제, 무질서, 예측 불가능성, 비합리성, 그리고 심지어는 자신과 다른 사람 모두에게 일정 정도의 사회적 또는 신체적 위험이 되는 것과 결부지어진다. "감정이 지닌 혼란스런 에너지는 가까이 있는 누군가를 위험에 처하게 하고, 그러한 감정을 경험한 사람을 약하게 만든다"(Lutz, 1986: 291). 레이코프는 "그는 미쳤어", "나는 미쳤어", "너는 나를 미치게 만들고 있어", "그는 돌았어", "나는 미쳐 날뛰었지", "그녀는 제정신이 아니었어", "그가 발작을 일으켰어", "그가 히스테리를 부렸어", "광분"과 같은 표현 속에서 화와 정신이상 간의 연관성을 지적한다(Lakoff, 1987: 390). 나아가 화의 표출은 자주 동물적인 성질을 지니는 것으로 묘사된다. 화가 났다는 것을 표현하는 말들, 이를테면 "bristling with anger(털을 곤두세우다)", "hackles up(닭이 화가 나서 목의 털을 세우다)", "bare his teeth(동물이 화가 나서 이빨을 드러내다)", "ruffled her feathers(새가 성을 내어 깃털을 곤두세우다)", "snarling with anger(개 등이 이빨을 드러내며 으르렁거리다)"가 이를 예증한다(Lakoff, 1987: 393~394). 이 모든 은유와 담론은 감정이 몸과 자아의 일부일 뿐만 아니라 그것들과 분리되어 있음을 암시한다. 감정적인 사람, 즉 그들의 감정이 그들의 자아를 '좌지우지하게' 놔두는 사람은 자신의 감정에 휘둘리는 약한 사람으로 상정된다(Lutz, 1986: 294). 이러한 개념화의 근간을 이루는 것이 "이성이 우리 자신의 대부분을 이루는 정신의 주요 부분, 즉 우리가 완전히 우리의 통제력하에 두고 있는 정신의 유일한 부분"이라는 관념이다(Solomon, 1976: 11).

이러한 담론은 우리가 일반적으로 우리의 몸을 인식하는 방식, 즉 몸을 우리 자신의 일부이지만 또한 우리 자신과 분리되어 있는 것으로, 그리하여 규율을 통해 제어 불능성과 무질서를 억제할 필요가 있는 것으로 보는 방식을 따르고 있다(Falk, 1994: 2~3). 헤이우드(Heywood, 1996)는 그녀가 '신경성 무식욕증 논리anorexic logic'라고 부른 것을 근대 영미 문화에서 적절한 행동을 바라보는 부르주아의 관념을 지배하는 논리라고 묘사한다. 그녀는 신경성 무식욕증 논리를 일군의 이원대립 ─ 마음 대 몸, 날씬함 대 뚱뚱함, 흰 것 대 검은 것, 남성적인 것 대 여성적인 것, 개인 대 공동체, 무질서 대 통제 ─ 에 의거하는 일단의 가정들로 정의한다. 그 다음으로 그녀는 이러한 대립이 개인들이 신체 사이즈와 체형과 관련된 먹기 및 여타 식이요법을 대하는 방식뿐만 아니라 감정표현을 포함하여 여타 삶의 영역에 접근하는 방식과 관련되어 있다고 주장한다. 신경성 무식욕증 논리는 금욕적 폭식 회피, 합리성의 추구, 욕망과 육욕의 초월을 기초로 하고 있다. 이 논리에 따르면, 감정상태는 이러한 자기억제 의식을 흐트러뜨릴 가능성이 있다. 감정은 불결하고 더럽고 동물적이고 불안하고 역겨운 것이다.

앞서 지적했듯이, 이상적인 인간 몸에 대한 서구의 지배적인 관념은 단단하고 침투할 수 없고 외부세계와 차단되어 있는 축축하지 않은 몸이다. 이러한 이상과 대조적으로, 감정적 몸은 자주 '열려 있'거나 '그로테스크한' 몸, 사회적으로 용인되는 방식으로 그 자체를 억제할 수 없는 몸, 그것의 경계를 산산이 파열시킬 우려가 있는 몸이다. 감정을 유동체로 보는 관념 (제2장과 앞서의 논의를 보라)은 이러한 담론과 관련되어 있다. 우리는 많은 상황에서 유동체의 경계적 성격, 즉 새어 나오거나 스며드는, 그리하여 통제를 거부하는 성질 때문에 유동체에 대해 양가감정을 가진다. 이것은 미끈거리거나 끈적거리는 유동체의 경우에 특히 그러하다. 그러한 유동체는 완전히 고체도 아니고 완전히 액체도 아닌 것의 지위를 가진다. 그러한 유동체는 부패, 부식, 분해의 부산물이다. 그것은 썩은 물질로부터 새어 나온다. 유동체를 분비하는 몸은 혐오의 한 기준으로, 괴물로 제시된다. 왜냐하면 그것이 억제력을 상실하고 있고, 살아 있는 생물과 죽은 육신의 중간 성격을 띠기 때문이다. 우리는 그러한 몸과 유동체에 매혹될 뿐만 아니라 그것을 혐오하고 몸서리친다(Wilson, 1995: 247).

이 장에서 앞서 논의했듯이, 몸의 '문명화'의 여파로 전개된 특히 근대적인 접근방식은 몸의 구멍과 그것으로부터의 배출물을 규제하고 단속하는 것에 더더욱 많은 관심을 가졌다. 실제로 몇몇 논평자들은 신체의 경계를 통제하고자 하는, 즉 침투 또는 침입으로부터 몸의 구멍을 보호하고자 하는 욕망은 후기 근대세계에서 하나의 지나친 강박관념이 되었다고 주장하기도 했다. 크로커와 크로커(Kroker and Kroker, 1988)는 이전 시대에 비해 20세기 후반은 오염된 체액으로 보이는 것과의 접촉에 대한 패닉이 증가해 온 것으로 특징지어진다고 주장한다. 그들은 HIV/AIDS에 대한 우려와 우리의 면역체계의 붕괴, 즉 그것의 침투에 대처할 수 없음에 대한 두려움을 축으로 하여 진전된 '몸 매카시즘Body McCarthyism'을 규명한다. 크로커와 크로커는 그러한 패닉을 현대 서구 사회의 천년말fin de millénium 불안의 일부로 파악한다. 그러한 불안 속에서 사람들은 자신들을 급속히 붕괴하고 있고 더욱 위험해지고 있는 세계 속에 홀로 있는 것으로 생각한다.

현대 서구 사회에서 우리는 가래, 침, 땀, 고름, 오줌, 똥, 정액, 피 같은, 육체화된 삶의 불가피한 경험의 일부인 체액을 대체로 역겹고 혐오스러운 것으로, 즉 상징적으로 오염되고 있는 물질로 보도록 사회화된다. 메리 더글러스Mary Douglas가 지적했듯이, 그러한 물질들을 둘러싼 공포와 불안, 그리고 그것들을 '더럽고' '오염되고 있는' 것으로 상정하는 것은 반드시 그것들이 비위생적이라는 관념에서 생겨나는 것이 아니라 보다 근본적으로는 그것들이 (자아와 타자 간의 구분과 같은) 문화적 분류체계에 입각해서 볼 때 개념적으로 제자리를 벗어나 있다는 관념에서 생겨난다(Douglas, 1966/1980). 몸의 내부는 그것의 미끈거림과 불쾌한 광경과 냄새 때문에 몸의 외부에 비해 훨씬 더 혐오스러운 것으로 간주된다. 그러므로 우리는 몸의 구멍들을 가능한 한 단속하고자 노력한다(Miller, 1997: 52). 체액이 '내부'에서 '외부'로 나오는 것은 몸의 경계의 침투 가능성, 즉 몸의 본질적 동물성을 보여주는 강력한 표지이다(Grosz, 1994: 193~194).

그리하여 초기 어린 시절부터 그러한 물질들을 '적절히' 규제하는 것이 크게 강조된다. 사회적으로 '적절하지 않은' 때와 장소에서 그러한 물질을 드러내는 것은 통제력을 충격적일 만큼 크게 상실하여 유아기의 혼란스런 신체상태로 돌아갔다는 것을 보여주는 증거이다. 침을 질질 흘리는 자제하지 못하는 나이 든 몸이나 불구화된 몸은 그것이 통제력을 결여하고 있음을 보여주는 악몽과 같은 광경이다. 몸에서 배출된 체액을 다른 사람이 보게 놔두는 것은 대부분 창피를 당하는 것인 반면, 다른 사람들의 체액과 접촉하는 경험은 잠재적 위험과 혐오스러움으로 가득 찬다.

감정의 유동성은 다른 유동체들(특히 체액)에서처럼 그것이 내부와 외부 간의 경계를 해체하는 경향이 있다는 점에서 문제 있는 것이 된다. 따라서 체액은 신체의 경계를 무너뜨려 공포와 전율을 불러일으킨다는 점에서 오염되고 있는 것으로 개념화된다. 체액처럼 감정도 "흘러나오고 침투하고 스며든다. 감정의 통제는 결코 보장할 수 없는 조심해야 하는 문제이다" (Grosz, 1994: 194). 눈물은 아마도 체액 중 상징적으로 가장 '깨끗한' 것일 것이다. 눈물은 깨끗한 물과 같은 액체이기 때문에, 그리고 또한 그것이 더 혐오의 대상이 되는 신체의 다른 구멍들이 아니라 눈으로부터 방출되기 때문에 외견상 순수한 것으로 간주된다. 하지만 눈물 역시 분명한 통제력 상실, 즉 자아의 억제력 와해를 보여주는 증거이다. 눈물을 흘리는 행위는 몸에 "구멍이 있다"는 것, 즉 몸이 쉽게 상처받을 수 있고 침투당할 수 있다는 것, 다시 말해 몸이 '내부'와 '외부' 간의 경계의 무너짐으로 특징지어진다는 것을 보여주는 증거이다.

레더(Leder, 1990)가 지적하듯이, 몸은 자주 "존재하지 않는 것"으로 경험된다. 즉 우리는 배고픔, 고통 또는 다른 신체적 감각의 발생을 경험하지 않는 한, 우리의 몸을 의식적으로 인식하지 않는다. 고통과 불쾌함 같은 감정상태는 그것들이 지닌 감각적 차원 때문에 몸을 의식하게 한다. 실제로 강렬한 감정은 마치 몸이 우리를 장악한 것처럼 느끼게 한다. 극단적인 감정경험을 겪는 순간에 우리는 신체 감각이 인지적 또는 '합리적' 과정을 압도하는 것을 경험한다. 화가 났을 때에는 심장박동 수가 증가하고 근육이 긴장되고 게다가 아드레날린도 분출되기 때문에, 우리는 몸을 더욱 의식하게 된다. 당황해서 얼굴이 붉어지고 신경을 써서 위가 뒤틀리고 기뻐서 신이 날 때, 몸이 전면에 등장하여 자신을 알리고, 우리는 몸을 우리의 정신 또는 의지의 통제력을 벗어나 있는 것으로 경험한다. 레더는 이처럼 감정적 경험 속에서 몸이 다시 부상하고 그것과 동시에 감정을 다시 통제하고자 하는 욕구가 발생하는 과정을 생생하게 묘사했다.

나는 그러한 감정들이 내 안에서 나를 지배하고 있다고 생각한다. 그것은 내가 떨쳐버릴 수 없는 하나의 이질적 존재이다. 불안은 그러한 현상을 보여주는 좋은 실례이다. 중요한 학술대회에서 논문을 발표할 때, 나는 나의 손이 축축해지고 나의 목소리가 갈라지기 시작하는 것을 발견한다. 나의 심장은 쿵쾅거리고, 숨이 막힌다. 나의 말씨에 집중을 하려고 노력해도, 나의 주의는 그러한 신체적 표현에 다시 이끌리고 만다. 나는 그것들에 주의를 기울여 통제하려고 노력한다. 나는 나의 소심함이 드러나지 않게 하기 위해 숨을 깊이 쉬어 나를 진정시키고 나의 목소리를 조정한다. 이러한 불안은 분명 내 안에서 일어난 것이지만, 또한 내가 통제하기 위해 분투하는 외부로부터 오는 어떤 것이기도 하다(Leder, 1990: 84~85).

감정경험에 대한 이러한 설명은 또한 질병 또는 고통의 서사에서도 흔히 발견된다. 이러한 설명 속에서 '자아'는 몸과 싸우는 것으로 개념화된다. 그리고 고통에 빠지거나 병에 걸리거나 무능력해진 몸은 자주 자아와 비非자아 모두로, 그리고 자기통제와 합리성에 위협이 되는 것으로 개념화된다. 그러한 극단적인 신체상태를 경험하는 사람들은 신체적 고통의 징후에 대해 말할 때, 또는 고통, 질병, 기능장애를 유발하는 몸의 부분에 대해 말할 때, 그것이 그들 자신이 아닌 다른 무엇이라고 말한다. 즉 그들은 감각 또는 신체부분이 자신의 일부라는 것을 인정하면서도 그것들을 외재화한다. 이를테면 고통을 그들 내부에 숨어 있는 악마나 괴물 또는 몸 주변을 돌며 몸을 공격하는 어떤 힘이라고 묘사하지만, 또한 자신의 몸이 배반한 것이라고 본다. 강력한 고통을 경험한 사람들은 자주 분열된 주체성, 즉 자아와 싸우는 자아를 느끼기도 한다(Good, 1994: 124).

또한 감정은 자아를 장악하고 있는 몸으로 경험되기도 한다. 만약 우리가 감정상태에 '사로잡히'거나 휩싸이는 것, 즉 감정이 '폭발'하거나 몸으로부터 '분출'하는 것을 통제력을 잃은 것으로 느낀다면, 그것은 하나의 무서운 경험이 될 수 있다. 당혹감, 굴욕감, 혐오감, 수치심은 감정통제력을 상실함으로써 (사적으로 또는 더욱 심각하게는 공적으로) 초래되기도 한다. 감정의 유동성으로 인해, 감정은 질서와 예의범절을 위협하기도 하고, 품위를 떨어뜨리기도 하고, 사람들이 다른 사람들로부터 비난받거나 쉽게 상처받게 하기도 하고 칭찬받게 하기도 한다. 여기에서 고조된 감정상태에서 자아의 분열이나 '붕괴'가 발생할 수 있다거나 "평정심을 되찾고" 자아통제의 상실이 초래한 "사태를 수습하라"고 언급하는 감정 담론이 유래한다.

감 정 , 인 간 성   그 리 고   도 덕 적   가 치

나는 감정통제에 특권을 부여하는 담론이 감정을 인정하는 것의 중요성을 옹호하고 감정을 인간성의 본질적 부분으로 표현하고 감정의 자유로운 표현에 특권을 부여하는 대항 담론에 의해 도전받고 있다고 주장해왔다. 내가 제2장에서 살펴보았듯이, 감정은 인간임의 본질적 부분으로, 그리고 인간을 동물이나 기계와 같은 무생물과 구분해주는 어떤 것으로 인식된다. 감정은 영성과 영혼성 같은 더 높은 인간적 속성과 연계지어지고, 흔히 인간존재의 정수이자, 의미와 가치체계의 토대를 이루는 것으로 제시된다. 감정은 자연에 더 가까우며 문화의 '인위성'과 대조된다는 의미에서 '솔직한' 것으로 인식된다. 삶이 죽음과 대비되고 공동체와 관계가 소외와 대비되고 주관적인 것이 객관적인 것과 대비되고 진정한 것이 인위적인 것과 대비되는 것과 동일한 방식으로 감정은 소원함이나 유리遊離와 대비되는 것으로 위치지어진다(Lutz, 1988: 56~57).

현대 서구 사회에서 사람들은 감정적 자아를 '진실한' 또는 '진정한' 자아라는 관념의 중요한 한 측면으로 인식하고 있다. '진정한' 자아는 개인의 주체성의 특별한 측면이라는 특권을 부여받아 왔다. 사람들은 이러한 진정한 자아를 확인하고 그것이 의식 깊은 곳에서 나와서 작동하게 하는 것이 중요하다고 생각한다. 크레이브Craib가 지적했듯이,

우리는 '진실한' 또는 '진정한' 자아를 우리에게서 가장 중요한 어떤 것으로 생각하기도 한다. 우리가 그것에 대해 말할 때, 우리는 그것을 마치 쉽게 깨지거나 파손될 수 있는 매우 아름답고 가치 있는 꽃병이거나 한 것처럼, 자주 깨지기 쉬움, 소중함과 같은 감정과 연관시키곤 한다. 우리는 그것을 보여주는 데 신중을 기하고 소중히 지킨다. 때때로 심지어 우리는 점점 더 신이 없어지는 세계에서 그것을 신과의 연계고리로 느끼기도 한다(Craib, 1994: 72).

감정에 긍정적 의미를 부여하는 것은 우리가 '진정한' 자아에 특권을 부여하는 것의 일부이다. 감정상태는 '진정한' 자아에 대한 통찰을 얻는 수단으로 이해된다. 왜냐하면 감정상태가 지니는 '자연성'으로 인해 그것이 '문화'의 속박을 '돌파'하는 것으로 인식되기 때문이다. 우리의 감정은 우리가 특정 현상에 대해 실제로 어떻게 반응하는지를 보여주는 최고의 기준이 되었다. "누구든 감정을 가지고 있고 그것을 드러낸다. 그리고 누가 감정을 자신의 정체성 전략으로 이용하든, 그 사람은 도덕적으로 옳다. 왜냐하면 감정은 소통 과정에서 논쟁의 대상이 될 수 없기 때문이다"(Gerhards, 1989: 749). 제2장에서 지적했듯이, 감정은 어떤 식으로든 "밖으로 표출되어" 외부세계에 드러나지 않는 한, 감정은 혼자 가지는 것이어서 다른 사람들이 언제나 그것을 알 수 있는 것은 아니다. 루츠(Lutz, 1985: 80)는 주관적이

고 개인적인 것이라는 감정의 의미가 감정에 개성의 지표라는 특별한, 심지어는 성스러운 지위를 부여한다고 지적한다. "이러한 견지에서 감정은 생각이 아니라는 점에서 목적격 나Me이다"(Lutz, 1985: 80).

감정이 없다는 것은 인간이 다른 사람들과 맺는 관계의 특징이자 그것의 지탱물인 동정심과 공감을 결여하고 있다는 것이다. 몇몇 사회적 맥락에서는 감정통제력의 붕괴가 긍정적인 것으로, 즉 따뜻한 퍼스낼리티나 감수성이 강한 퍼스낼리티의 표시로, 또는 다른 사람과의 감정적 유대가 강한 사람의 표시로 간주되기도 한다. 이를테면 다른 사람의 곤경에 눈물을 흘릴 때, 또는 가까운 가족 성원이나 친구를 잃고 슬픔을 드러내는 경우가 그렇다. 이러한 관점에서 감정적이라는 것은 약함의 표시가 아니라 오히려 강한 확신과 활력의 지표이다(Lutz, 1986: 294). 감정적인 (마음이 따뜻한) 퍼스낼리티와 대비되는 것은 '냉혈적' 사이코패스, 즉 감정을 느끼지 못하고 그리하여 다른 사람을 죽이고 아무런 양심의 가책도 느끼지 못하는 '짐승 같은 인간'이다. '감정 없는' 인간 또는 비인간 피조물이라는 개념은 공포의 기준의 하나로, 두려움과 혐오감을 불러일으킨다.

공포의 전통에서 골렘이나 좀비처럼 영혼을 가지지 않는다는 것은 그 피조물이 동정심이 없고 당신의 간청에 귀를 기울이지 않을 것이라는 것을 의미한다. 기계도 유사하게 반응한다. …… 로봇, 인조인간, 사이보그 모두가 실제로 공포 효과를 낳을 수 있는 것은 부분적으로는 그것들이 데카르트적 동물처럼 영혼 없이 행동하는, 그리하여 연민이나 동정심 없이 행위 하는 것으로 되어 있기 때문이다(Wilson, 1995: 246).

감정이 지닌 인간다운 성격에 대한 강조는 또한 20세기 초에 부상하기 시작하여 일반화된 인식에서도 등장한다. 당시에 (특히 도시) 사회 속의 삶이 사람들을 소외시키고 개인적 유대를 단절시키고 자아를 왜곡한다고 인식되었다. 그러한 담론에서 사회는 인간의 감정을 질식시키고 자아의 자율성을 억압하고 '진정한' 개성의 획득을 방해하는 것으로 제시된다(Baumeister, 1987: 170). 그러한 담론이 감정에 대한 낭만주의적 접근방식에서 기원한다는 것은 분명하다. 실제로 솔로몬(Solomon, 1976)은 그것을 '새로운 낭만주의'라고 불렀다. 하지만 그는 새로운 낭만주의는 원래의 낭만주의와는 달리 감정과 이성을 구분하거나 감정을 비합리적인 것으로 보는 것이 아니라 오히려 감정을 자아와 다른 사람들에 대한 올바른 그리고 아주 예리한 판단의 토대로 설정한다고 주장한다. 솔로몬 자신은 다음과 같이 주장하며 이러한 관점을 지지한다. "열정은 우리 존재의 영혼 자체이다. 이성의 합리화와 통제를 필요로 하는 것은 열정이 아니다. 오히려 열정의 현실적 지혜와 정박지를 필요로 하는 것은 이성이다"(Solomon, 1976: xvii).

감정에 대한 새로운 낭만주의적 접근방식은 페미니스트, 낙태반대운동가, '녹색' 또는 환경운동 회원들, 게이와 레즈비언 활동가, 동물해방주의자들이 벌이는 몇몇 현대 사회운동의 담론들 속에서도 발견된다. 이들 운동은 서로 경쟁하고 자주 그들의 이해관계를 놓고 충돌한다. 하지만 그들을 하나가 되게 하는 것은 감정이다. 감정이 사람들로 하여금 운동가가 되어 그러한 운동에 가담하게 한다. 그러한 운동의 담론에서 일반적으로 그러한 운동을 추동하는 것으로 제시되는 감정이 바로 공감, 동정심, 화이다. 다른 사람들 또는 비인간 생명체에 대한 공감과 동정심, 그리고 인간의 권력남용으로 인식되는 것에 대한 화에 기초한 감정이 사회가 강요하는 메마름과 합리성을 극복할 수 있게 해준다. 마페졸리(Maffesoli, 1996)는 후기 근대시대를 '부족의 시대time of the tribes'라고 지칭하고, 개인적인 것과 감정적인 것이 윤리적·도덕적 판단의 적절한 토대로 간주되게 되었다고 주장했다. 그는 그러한 '신부족' — 자주 라이프스타일 선호에 기초하는 — 의 예로 유사성과 정체성에 기초한 정치집단의 출현에 주목한다. 마페졸리는 개인들이 함께 그러한 집단을 결성하게 하는 것이 바로 감정의 힘이라고 주장하고, 그러한 에너지를 지칭하기 위해 (제도 권력에 대립하는 것으로서의) 일반 사람들의 '힘puissance' 또는 활력, '생기론의 다중 폭발multiple explosions of vitalism', '감정적 접착제emotional glue', '사회적 신the social divine', 뒤르켐식의 '집합적 흥분collective effervescence'과 같은 용어들을 사용한다.

낭만주의 사상을 반향하는 또 다른 지배적 담론은 '감정적 퍼스낼리티'를 '비감정적' 퍼스낼리티보다 비교적 더 세련되고 더 감수성이 있는 것으로 표현한다. '감정적'이라고 인식되는 (또한 '과민하다'거나 '몹시 신경질적이라고 언급'되기도 하는) 개인들은 그들의 감정에 '더 충실한' 것으로, 다시 말해 감정상태에 따라 삶을 살아가는 것으로 여겨진다. 그러한 담론은 사람들이 특정한 퍼스낼리티를 가지고 태어난다고 암시한다. 그러한 퍼스낼리티가 사람들에게 예민한 감수성을 가지게 할 수도 있고, 아니면 보다 둔감한 성향을 지니게 할 수도 있다. 여기서 둔감한 성향이란 침착하게 삶에 접근하고, 보다 '민감한' 유형의 사람들보다 불안에 휩싸이거나 기뻐서 어쩔 줄 몰라 하지도 않는다는 것을 의미한다. 이러한 의미는 정신과 의사가 한 잡지기사에서 불안발작과 관련하여 인용한 표현에서 분명하게 드러나 있다. 그는 다음과 같이 논평했다. "척도의 한편에는 상당한 수준의 평정심을 가지고 살아가는 금욕주의자들이 있다. 다른 한편에는 감정적이고 예민하고 보다 상처받기 쉬운 유형이 있다. 이들은 창조적이고 민감하고 까다로운 사람들로, 내성적이며 그들의 삶은 부침이 심하다"(Hawley, 1997: 18에서 인용함). 이 담론은 '감정적인' 사람은 그들이 사건에 대해 극단적인 감정으로 반응하는 성향을 지니고 있기 때문에 어쨌거나 삶에서 더 많은 것을 얻는다고 시사한다. 여기에는 (앞서 논의한) 18세기 영국에서 분명하게 드러났던 '신경과민' 담론의 흔적이 자리하고 있다.

감정에 정성 쏟기: '심리 관련' 학문의 중요성

감정과 진정한 자아 간에 흔히 상정되는 연관성 때문에, 우리는 자주 감정적 자아에 대한 우리의 인식을 우리가 왜 특정한 방식으로 행동하는지를 설명하는 데서 그 근거로 사용하곤 한다. 이러한 담론에서 감정의 제어 불능성, 즉 우리가 감정을 다스리고 억누르는 데서 겪는 어려움은 여전히 문제 있는 것으로 고려되기도 하지만, 또한 유용한 목적에 기여하기도 한다. 우리의 행동을 다른 방법으로는 설명할 수 없는 상황에서 우리가 느끼는 감정을 확인하는 것은 그 행동에 구실을 마련해주고 또 때로는 심지어 행동을 정당화해준다. 우리가 어떤 일을 하는 까닭은 우리가 통제할 수 없는 감정에 휘둘려서 "어찌할 수 없기" 때문이다. 우리는 우리 자신을 특정한 감정적 형질 또는 '감정적 정체성'을 지닌 것으로 파악하고(이를테면 우리 자신을 '감정적' 또는 '비감정적' 존재로, 그리고 '욱하는 성미가 있는', '시기심이 있는' 또는 '마음이 여린' 등으로 묘사한다), 그러한 성격 특성이 사건과 사람에 대한 우리의 반응을 틀 짓는다고 주장하는 경향이 있다.

그러한 형질은 생활경험이나 자아에 정성 쏟기 같은 어떤 것이 그것을 변화시키지 않는 한 우리의 생애 내내 우리의 퍼스낼리티의 일부로 지속된다고 인식된다. 제2장에서 기술한 인터뷰 응답자들 중 일부가 시사했듯이, 사람들은 나이가 들어감에 따라, 또는 의지력을 발휘하여, 즉 일부러 감정을 보다 공개적으로 표현하려고 노력함으로써 '보다 감정적'이 될 수도 있다. 아니면 우리는 우울성향, 화 또는 시기적 행동과 같은 우리가 바람직하지 않은 것으로 고려하는 감정적 자아의 측면들을 억누르거나 거부하고자 할 수도 있다.

자아와 몸에 대한 후기 근대적 이해의 또 다른 두드러진 특징은 자아와 몸이 계속해서 정성을 쏟아야 하는, 결코 끝나거나 완결되지 않는 하나의 '프로젝트' 또는 노력으로 간주되게 되었다는 것이다. 후기 근대사회에서의 사회관계에 대한 저술들 속에서 벡-게른샤임과 벡(Beck, 1992; Beck and Beck-Gernsheim, 1995)은 개인화 과정 ─ 또는 탈산업사회에서 전통적인 사회적 결속, 신념체계 그리고 관계로부터 벗어나고자 하는 움직임 ─ 에 대해 논의한다. 이것은 더 많은 유연성뿐만 아니라 새로운 요구와 책무 ─ 특히 성 정체성, 노동, 가족, 낭만적 관계와 같은 문제에 대한 선택과 관련한 ─ 를 수반한다. 그러한 요구와 책무를 수행하기 위해서는 존재론과 생애 과정상의 미래에 대해 높은 수준에서 계속해서 성찰할 것이 요구된다. 사람들은 사회적으로 '적절하게' 처신하고 삶의 목표를 달성하기 위해 자아를 규제하는 윤리적 관행들을 실행하는 것으로 이해된다. 전산업사회에서는 사람들의 운명이 출생 시의 사회적 신분에 의해 이미 구조화되어 있다고 생각되었다면, 이제는 비록 운명의 장난보다는 개인의 노력을 통해서이지만, 생애 과정이 훨씬 더 융통성 있고 열려 있는 것으로 개념화된다.

우리가 감정을 이해하고 경험하는 것도 바로 몸/자아에 대한 이러한 관념을 통해서이다. 감정관리와 감정조절은 자아에 대한 성찰작업에서 필수적인 측면이다. 그러기 위해서 우리는 감정적으로 가장 잘 처신하는 방법에 항상 주의를 기울여야 한다. 오늘날 서구 사회에서 개인들은 계속해서 자신들의 감정적 자아를 점검하고 그것에 정성을 쏟으라는 권고를 받는다. 제2장에서 인용한 인터뷰 응답자들이 언급했듯이, 상황이 허락할 때 감정을 표현하는 것뿐만 아니라 감정을 조절하고 통제하는 것 역시 중요하다. 아무 때나 자신이 느끼는 감정을 표출하는 것도 사회적으로 적절하지 않지만, 감정을 너무나도 엄격하게 억누르는 것도 바람직하지 않다. 하지만 앞서 지적했듯이, 감정'작업'은 감정관리에 관한 것만이 아니라 감정적 자아의 성격을 개선하고 그것을 변화시키고자 하는 것이기도 하다.

미국 심리학자 다니엘 골먼Daniel Goleman의 『감정지능: 왜 그것이 IQ보다 중요할 수 있는가?Emotional Intelligence: Why It Can Matter More than IQ』(1995)는 1990년대 중반에 미국, 영국, 호주와 같은 나라에서 베스트셀러였다. 이 책에서 골먼이 제기한 주장은 자기 자신과 다른 사람의 감정을 인식하는 것이 근대의 성공적인 삶에 필수적 부분이라는 관념을 뒷받침하는 데 기여했다. 그는 성공에 기여하는 두 가지 형태의 '개인적 지능'이 있다고 주장한다. 하나가 대인관계 지능interpersonal intelligence 또는 다른 사람의 감정과 행위를 이해하는 능력이고, 다른 하나가 개인 내 지능intrapersonal intelligence 또는 자신의 자아를 이해하는 능력이다. 이 두 지능은 '감정지능'에 기여한다. 여기서 감정지능은 자신의 충동을 통제하고 만족을 연기하고 다른 사람과의 관계를 잘 처리하고 다른 사람들과 공감하는 능력을 포함한다. 골먼은 전통적인 IQ테스트에서 높은 점수를 받은 사람들도 만약 그들이 감정지능을 가지고 있지 못하다면 그들의 잠재력을 실현하지 못할 수도 있다고 주장한다. 골먼은 감정지능 스킬을 가지고 있지 않은 사람들은 우울증, 스트레스 관련 질병, 약물남용, 섭식장애에 시달리고, 다른 사람에게 폭력적으로 행동하고, 고용이나 대인관계에서 실패할 가능성이 크다고 단언한다. 그는 대량실업, 불법약물 이용, 폭력과 같은 오늘날 젊은 사람들 사이에서 발생하는 사회문제들을 감정지능의 전반적 결여에서 초래되는 것으로 파악한다. 따라서 골먼의 테제는 남자와 여자 모두에게 '감정교양'이 갖는 중요성을 강조한다. 여기서 감정교양은 감정과 관련된 자아에 정성을 쏟고 자기 자신과 다른 사람의 감정을 확인하는 방법과 사회적 성공을 이루기 위해 감정을 적절하게 관리하는 방법을 배우는 것을 포함한다.

'진실한' 또는 '진정한' 자아라는 관념이 자기규제와 자기개선의 노력을 뒷받침한다. 자아의 '진실성'이 출현하는 것도 바로 자기인식을 지향하는 실천을 통해서이다. 개인들은 가능한 한 '최고의 자아'를 획득하기 위해 자신들의 삶 내내 자기인식을 추구하고 성찰할 것으로 여겨진다. "이것이 요구하는 것이 바로 사람들의 특정한 성질, 욕망, 성향, 버릇, 사고습관, 감정에 대해 도구적인 자세를 취하는 능력이며, 사람들은 그러한 능력을 바탕으로 그중 바람직한 것과 마주할 때까지 계속해서 어떤 것은 버리고 다른 것들은 강화하는 **작업을 할** 수도 있다"(Taylor, 1989: 159~160, 강조는 원저자). 배우 윌리엄 허트William Hurt가 1995년 후반에 말했던 것처럼, "모든 사람은 삶이라는 특권을 가치 있게 만들기 위해 노력한다. …… 삶은 당신에게 홀륭함을 입증하라고 주어진 선물이다. 당신 자신은 평생에 걸쳐 성취해야 하는 어떤 것이다"(*Sydney Morning Herald*, 25 November 1995에서 인용함).

자아 프로젝트를 정의하고 다루기 위해 '주체성'에 관한 새로운 '전문지식'이 발전해왔고, 그 과정에서 많은 전문직(이를테면 심리학자, 정신과 의사, 사회사업가, 카운슬러, 보호관찰관)이 "정신상태를 측정하고 그것의 변화를 예측하고 그러한 질병의 원인을 진단하고 치료약을 처방하는" 전문가의 위치를 확립해왔다(Rose, 1990: 3). 인간과학의 관찰결과와 모니터링 사례들이 '정상적' 자아라는 관념을 구축했고, 사람들은 그것에 준하여 자신들을 측정할 것을 재촉받는다. 만약 개인들이 자신에게 결함이 있다는 것을 발견하면, 그들은 '정상성'에 도달할 것을 권고받는다. 특히 인본주의 심리학과 정신분석학이 후기 근대사회에서 자아와 감정이 개념화되는 방식에 점점 더 영향을 미쳐왔다. 인본주의 심리학은 자아실현과 자기수용이라는 말을 이용하여 인간 행복의 극대화를 지향한다. 이 접근방식은 선善이 내부에 존재한다고, 즉 사람의 내재적 속성의 하나이고, 모든 악은 외부로부터 온다고, 즉 개인에게 '강요'되어 그 또는 그녀의 '진정한' 자아를 왜곡한다고 반복해서 주장한다(Richards, 1989: 115).

홀웨이(Hollway, 1989: 26)는 1960년대 강단 심리학에서 일어난 변화에 대해 기술한 바 있다. 그 과정에서 '인본주의' 심리학이 실증주의 심리학이 제시한 합리주의적 관점에 대한 하나의 대안이 되었다. 인본주의적 접근방식은 만남 집단encounter groups과 같은 특이한 것을 만들어냈다. 만남 집단 속에서 참여자들은 치료요법 훈련의 하나로 자신들의 감정을 다른 성원들에게 드러내도록 부추겨진다.

나는 끝없이 만남 집단에 참석했던 것으로 기억한다. 그 집단에서 내가 개입할 수 있는 최선의 것은 어떤 사람에게 "네, 그렇지만 당신은 뭘 **느끼죠?**"라고 묻는 것이었다. 만약 어떤 사람이 자신의 감정을 교류하는 데 어려움을 겪는다면, 그것은 (인간관계 집단이 전력을 기울여 만들어낸 신뢰 분위기가 벗겨버릴 수 있는) 겹겹의 사회화 층위들 아래에 감정이 숨겨져 있기 때문이었다. 핵심 개인core individual, 즉 사회화 이전에 존재하는 정수라는 관념이 이 모델에서 중심을 차지하고 있다. 따라서 감정은 문화가 아닌 자연의 산물이 되었다. 즉 감정은 개인에 대한 진리의 담지자이다(Hollway, 1989: 26~27).

이 접근방식 그 자체는 프로이트식의 '대화치료'와 억압 관념에 기초해서, 히스테리, 병적 공포, 강박관념 같은 신경성 또는 심리적 장애를 위협적이거나 고통스런 충동과 욕망, 또는 경험의 기억 ─ 자주 섹슈얼리티와 관련되어 있는 그것들은 의식적인 정신 속에 받아들일 수 없기 때문에 무의식 속에 저장되어 있다 ─ 을 억압함으로써 생기는 것으로 간주한다. 정신분석학의 언어와 개념들은 20세기 중반경에 특히 치료요법 언어와 개념들의 형태로 일상생활 안으로 들어왔다. 그리하여 억압, 좌절 같은 용어와 무의식이라는 핵심개념이 빈번히 일반인들에 의해 사용되게 되었다(Berger, 1966).

　제2장에서 지적했던, 감정에 대한 일반인들의 설명에서 흔히 사용된 댐 은유가 프로이트의 저술에서도 분명하게 드러난다. "프로이트가 그의 부르주아 신경증 환자와 느끼고 듣고 싸운 것은 그들의 내적 욕망이 댐을 터뜨리기 시작할 때 느끼는 강력한 욕망의 흐름이었다. …… 그것으로 인해 초래된 홍수의 결과가 아마도 감정이 지성을, 여성적 무정부상태가 남성적 질서를, 비합리성이 합리성을, 욕망이 이성을 정복하는 것이었을 것이다"(Frosh, 1991: 34). 프로이트가 볼 때, 근대사회에서 삶을 특징짓는 것은 바로 그러한 위협적인 혼돈상황에 맞서 질서를 유지하기 위한 개인들의 투쟁이었다. "에너지로 가득 찬 원시적 실체인 무의식의 에너지는 이러한 자

연 은유가 갖는 힘 ─ 댐의 터짐과 화산 폭발 ─ 을 통해 자연의 위급상태를 조정하는 식으로만 억제된다"(Frosh, 1991: 40). 정신분석학적 치료요법의 주안점은 치료요법사와 대화하고 그와의 대화를 통해 그러한 압박을 완화시킴으로써 무의식적 감정의 방출을 용이하게 해주는 것이었다.

다른 사람에게 감정을 고백하는 것에 대한 이러한 치료요법적 접근방식은 또한 감정에 대한 현재의 대중 담론으로 성공적으로 이동했다. '억압'의 제거는 근대 문화 ─ 일반적으로 개인들이 자신들의 욕구, 욕망, 감정을 표현할 권리를 거론하는 ─ 의 중심 테마의 하나가 되었다(Craib, 1994: 7). 1995년 후반 영국 텔레비전 다큐멘터리 시리즈 〈파노라마panorama〉가 고 다이애나 왕세자비와 행한 널리 알려진 한 인터뷰에서, 왕세자비는 그녀가 다식증, 자해, 산후우울증 때문에 치료요법과 카운슬링을 받았음을 밝혔다. 그 인터뷰에서 그녀는 자신의 감정을 '숨기지 않고' 그것에 대해 서로 이야기할 수 있는 것이 갖는 중요성을 강조했다. 이를테면 그녀는 소원해진 남편 찰스 왕세자가 그와 그의 연인과의 관계를 숨기지 않았던 것을 시인했다. "나는 정직함을 칭찬했어요. 어떤 다른 사람과의 관계에 대해 솔직하다는 것은 그의 입장에서는 굉장한 일이에요."

다이애나 왕세자비가 자신의 감정을 드러내는 데서 '정직함'과 '솔직함'이 갖는 중요성을 강조한 것은 우리가 우리의 감정상태를 우리 자신과 다른 사람에게 표현해야 한다는, 즉 우리의 감정을 말로 표현해야 한다는 진부한 말을 강조하는 것이다. 크레이브는 실제로 우리의 문화가 감정에, 특히 감정을 관리하고 '위험하지 않게' 만드는 것에 집착하고 있다고 주장한다(Craib, 1994: 86~87). 그는 카운슬링이나 심리치료를 청하고 감정에 대해 숙고하고 그것에 대해 이야기하는 것은 오늘날 신분 ─ 특히 섹슈얼리티와 관련한 - 의 표시로 인식되고 있다고 주장한다(Craib, 1994: 89). 그는 환자들 사이에서 자신의 감정을 '교류하는' 방법을 학습하고 자신의 감정에 대해 이야기하고 표현하기 위해 그를 찾는 사람들을 관찰해왔다. 크레이브는 자신의 경험에 기초하여 감정에도 '유행'이 있다고 주장한다. 그는 현재 남성에게는 취약함과 공포가 유행하고 있고, 여성에게는 화가 유행하고 있는 것처럼 보인다고 주장한다(Craib, 1994: 89~90). 그는 또한 심리치료 교습생과 환자들이 감정을 말로 표현하고 이해하면 그 감정이 사라질 것이라고 믿고 있음을 알게 되었다. 그러한 믿음에 깔려 있는 가정이 바로 "우리가 감정을 가지고 있기보다는 감정에 대해 이야기할 수 있는 능력을 가지고 있다는 것, 그리고 그것에 대해 이야기하는 것이 감정적 갈등을 해소하여 우리가 우리 자신 및 다른 사람들과 편안하고 평화로운 상태에 있게 해준다"는 것이다(Craib, 1994: 104).

자아를 '심리적 메커니즘의 집합체'로 보는 인식은 사람들로 하여금 자신을 기술적·계산적·합리적 방식 - 산업생산에서 특권을 부여받은 방식인 - 으로 다룰 수 있게 해준다(Berger, 1966: 363; Craib, 1994: 102~103). 곤경에 대처하고 그것을 보다 '체계화'하여 보다 잘 '관리'하기 위해 전문가에게 '기술적' 도움을 구함으로써 그 곤경의 '원인'을 규명하는 것은 '문제'를 해결하고 있는 중인 것으로 간주된다. 크레이브에 따르면, 그러한 과정에서 실망, 상실, 슬픔, 비탄, 죽음, 고통의 불가피성이 부정된다(Craib, 1994: 104). 그러한 강박관념에 대한 토론을 통해 그러한 감정들은 자주 '긍정적' 감정 또는 '창조적' 경험으로 전환된다. 심리요법적 담론을 통한 자아 위치짓기는 또한 냉철함, 합리성, 과학에 대한 욕망과 (종교의 매력의 일부인) 신비와 주술에 대한 욕망이라는 모순적 욕망을 하나로 묶는다. 심리학적 사고에서는 종교라는 '내세'가 '거기 바깥에' 존재하기는커녕 발견되기를 기다리면서 개인 '안에' 존재한다(Berger, 1966: 363~364).

친밀성과 고백

사람들이 자신의 가장 내밀한 감정을 '드러낼' 것을 기대받는 것은 '전문가'와의 관계에서만이 아니다. 점점 더 복잡해지고 있는 것으로 보이는 사회와 사회관계에 대처하기 위해 우정과 사랑에 관한 의미론적 장場이 출현해왔고, 친밀성을 둘러싼 담론도 크게 증가해왔다(Luhmann, 1986). 개인적 관계가 협력적 친밀성을 제공하여 '외부'의 위험으로부터 우리를 지켜주는 것으로 여겨지고 있다. 개인적 관계는 사람들이 "자기 모습 그대로를" 드러낼 수 있고 맞비난의 공포 없이 자신의 감정을 공개적으로 표현하고 '공적 영역'에서 요구되는 '거짓' 자아표현을 요구받지 않는 장소로 제시되어왔다(Sennett, 1977; Stearns and Stearns, 1986). 개인들은 친밀한 관계 속에서 그들의 감정 — 심지어 부정적인 감정조차도 — 을 서로 공유함으로써 친밀성을 획득하고 유지할 것을 기대받는다.

사람들은 일반적으로 신뢰가 자기노출, 즉 "자신을 다른 사람들에게 '공개적으로 드러내는' 것"을 통해서만 획득될 수 있다고 생각한다(Giddens, 1990: 124). 앤서니 기든스에 따르면, 관계의 질에 대한 우리의 집착은 이러한 신뢰를 쌓을 필요성에서 기인한다. 에로틱한 몰입은 특히 더 자기노출을 요구한다. 다른 사람을 알기 위해서는 자신을 알아야만 한다(Giddens, 1990: 122). 루만Luhmann도 유사하게 '친밀성'을 높은 정도의 '개인 간 상호침투'를 포함하는 것으로 파악한다. 여기서 개인 간 상호침투는 "서로의 관계에서 서로의 적절성의 문턱을 낮추고 그리하여 한 사람이 적절한 것으로 간주하는 것이 거의 항상 다른 사람에 의해서도 적절한 것으로 여겨지는 것을 의미한다. …… 연인들이 끊임없이 서로 이야기할 수 있는 것은 그들이 경험하는 모든 것이 공유할 가치가 있는 것이고 또 서로 공감하기 때문이다"(Luhmann, 1986: 158). 그는 다른 개인적 관계들은 다른 사람이 자신을 상세하게 '알게 될' 것이라는 예상 때문에 그것에 부담을 느끼게 하고, 그러한 부담이 그러한 관계를 유지하기 어렵게 만들고 또 이상적인 개인적 관계를 보다 강렬하게 추구하게 한다고 지적한다(Luhmann, 1986: 162).

그러므로 한 사람의 가장 내밀한 감정, 꿈, 공상을 다른 사람에게 고백하는 것은 스스로를 인식하여 '진정한' 자아를 '드러내'고자 하는 전략의 주요한 일부이다. 고백은 한때 분명히 '진실'을 생산하는 하나의 종교의례 — 즉 가톨릭교에서 어떤 사람이 자신의 죄를 다른 사람들이 없는 곳에서 성직자에게 드러내게 하고 그 다음에 그 성직자가 사면의 수단을 명하는 메커니즘 — 였다. 푸코는 오늘날 우리 사회는 '매우 고백하는 사회'가 되었다고 시사한다.

고백은 그 효과를 널리 확산시켜왔다. 그것은 사법, 의학, 교육, 가족관계, 사랑하는 관계에서, 일상생활의 가장 일상적인 일에서, 그리고 가장 엄숙한 의례들에서 중요한 역할을 수행한다. 사람들은 자신의 범죄, 자신의 잘못, 자신의 생각과 욕망, 자신의 병과 근심을 고백한다. 사람들은 말하기 매우 곤란한 것도 최대한 정확하게 말하려고 애쓴다. 사람들은 자신의 부모, 자신의 교육, 자신이 사랑하는 사람들을 공개적으로 그리고 사적으로 고백한다. 사람들은 다른 누구에게 말할 수 없는 것을 즐거움과 고통 속에서 독백하고, 그러한 것에 대해 책을 쓰기도 한다. 사람들은 고백한다. 그게 아니면, 고백을 강요받는다(Foucault, 1978: 59).

고백은 어렵지만 보상을 받는 과정으로 간주된다. 고백으로부터 출현하는 '진실'은 그것을 공개적으로 표현하기 위해서는 극복해야 하는 어려움과 장애에 의해 공식적으로 추인된다. 교회나 카운슬링 회의에서 또는 친구나 섹스 파트너에게 자신의 비밀을 밝힐 때, 고백자는 그 과정을 통해 정화된다. '진실'을 솔직하게 털어놓은 것이 거의 목적 자체가 되었다. 즉 그것은 '억눌린' 생각과 감정으로 인식되는 것을 해방시키는 하나의 카타르시스적 경험이 되었다.

따라서 오늘날 서구 사회에서 성적 행동과 내밀한 행동은 과거에 비해 강압적으로 또는 도덕주의적으로 공공연히 규제되지 않는다. 그러한 행동들은 권위관계와 명령보다는 상대적으로 평등한 당사자들 간의 협상을 통해 이루어진다. 그리고 그러한 협상은 새로운 형태의 자기통제를 요구한다. "[친밀성은] 자신의 요구사항을 말로 표현하는 과정에서 일정 정도의 고집과 진실성(오늘날 '단호함'이라고 부르는)을 요구하고, 또한 신체적 또는 경제적 강요 수단을 포기할 것을 요구한다. 그리고 친밀성은 다른 사람의 욕망에 대처하기 위해 일정 정도의 인내와 창의성을 요구하는 것과 함께 다른 사람의 욕망을 기꺼이 존중하고 그것에 공감할 것을 요구한다"(de Swaan, 1990: 156). 친밀성은 공적 행동과 사적 행동의 구분을 전제로 하며, 하나의 행동에서 다른 행동으로 이전할 수 있는 능력과 역량을 요구한다. 그리고 그것은 항상적인 자기 모니터링을 필요로 한다(de Swaan, 1990: 193). 이것은 개인적 관계를 더욱 복잡하게 만들고, 각자가 자신의 열망 또는 욕망을 분명하게 말하고 만약 그것이 다른 사람의 그것을 침해할 경우 자신의 그것을 기꺼이 포기할 것을 강요한다(de Swaan, 1990; Beck and Beck-Gernsheim, 1995).

하지만 사랑에 투여되는 감정적 강도와 연인관계를 둘러싼 기대의 강렬함은 점점 더 도달하기 어려운 사랑의 이상을 낳았다. "사랑은 쾌락, 신뢰, 애정이자 동시에 그것들과 정반대의 것 ─ 지루함, 화, 습관, 배신, 외로움, 협박, 절망, 조소 ─ 이기도 하다"(Beck and Beck-Gernsheim, 1995: 12~13). 어떤 사람이 어떤 친밀한 타자에게 보내는 신뢰는 언제든 중단될 수 있다. 즉 깨진 연애를 통해 친밀한 타자가 낯선 사람이 된다. 그러므로 자신을 다른 사람에게 '열어놓는 것'은 양가감정과 불안으로 특징지어진다. "돌봄과 후원의 제공자로서의 타자를 신뢰하고자 하는 욕구는 고통 및 좌절과 뒤얽힌다"(Giddens, 1990: 144). 자율성과 타인에 대한 의존 사이에서 균형을 잡기란 어렵다(Giddens, 1992: 140). 친밀한 관계가 '공유하고 있는 것'이 안전감을 제공하기도 하지만, 또한 그것이 개인들을 '망설이게' 만들어 하나의 짐이 되기도 한다(Craib, 1994: 169). 따라서 개인적 관계는 존재론적 안전을 약속해주는 동시에 심각한 불안전의 장이기도 한 것으로 제시되어왔다(Giddens, 1990, 1992; Craib, 1994; Beck and Beck-Gernsheim, 1995).

다른 사람과의 감정 및 감정적 유대의 깊이와 관련한 불안을 보여주는 증거들도 있다. '공동의존성co-dependency'과 '섹스 또는 사랑 중독' 같은 새롭게 발견된 심리적 상태는 친밀성과 감정적 가까움에 대한 강렬한 욕구로 인식되는 것을 병리화하고 그러한 욕구를 부적절한 것으로, 그리고 개인적 무능함과 자기통제력 결여의 증거로 제시해왔다('섹스 중독' 현상에 대한 논의로는 Irvine, 1995를 보라). 관계를 다루는 많은 인기 있는 자기계발서들은 "파트너를 너무나도 사랑하는" 또는 스스로를 "파트너가 없이는 아무것도 아닌 존재"로 여기는 사람, 즉 스스로는 자율적 개인으로 처신할 수 없어 보이는 사람들 — 보통 남성보다는 여성으로 그려지는 — 의 문제에 초점을 맞추어왔다.

대중잡지와 자기계발서가 친밀한 관계를 다루는 방식에 관한 두 연구는 거기서 파트너들 간의 '감정 소통'과 과도한 타인 의존 회피 욕구 모두가 점점 더 강조되어왔음을 발견했다. 트레처(Treacher, 1989)는 1950년에서 1985년 사이에 영국 여성잡지에서 나타난 자아표현 방식을 추적했다. 그 녀에 따르면, 1950년대에 잡지는 다른 사람들에게 선행을 베풀 것을 강조 하고 여성에게 자신에 앞서 다른 사람들을 생각하라고 충고한다. '여성 인 생 상담' 칼럼은 여성들에게 일반적으로 가슴이 머리를 지배하지 않게 감 정을 통제하라거나, 자신을 곱씹고, 과거를 잊고 미래를 바라보고, 자기탐 닉과 자기연민을 피하라고 조언한다.

트레처는 1970년대경에는 조언칼럼이 "감정을 표현함으로써 자신을 이 해하라"는 식으로 감정표현을 적극적으로 장려하고 있다고 지적한다. 솔 직함, 즉 생각과 감정을 억누르거나 무시하기보다는 그것들을 자기 자신 과 타인들에게 표현하는 것이 하나의 새로운 덕성으로 제시되었다. "문제 에 대해 이야기하기"가 빈번히 문제의 해결책으로 제시되었다. 조언칼럼 은 여성의 관심이 오직 가족과 남편에게 있는 것으로 제시하기보다는, 여 성들이 가족의 맥락에서뿐만 아니라 결혼 및 가족과 분리된 자아정체성과 자율성의 욕구를 가지고 있다는 점을 인정했다. 의존성은 자기자율성을 질식시키는 유해한 힘으로 제시되고, 타인은 사람들의 기대와 욕구를 충 족시킬 수 있게 해주는 것이 아니라 항상 사람들을 실망시키는 경향이 있 는 것으로 제시되었다.

혹실드(Hochschild, 1994)도 유사하게 감정관리 개념 중의 하나로 자신이 '문화적 냉각cultural cooling'이라고 기술하는 것에 주목해왔다. 그러한 추세는 미국의 인기 있는 자기계발서들에서 확인된다. 여기서 '냉각'은 독자들, 특히 여성들에게 친밀한 관계에 대한 그들의 감정적 욕구를 관리하고 다른 사람에게 너무나도 크게 감정적으로 의존하지 말 것, 즉 타자의 감정적 '희생자'가 되지 말 것을 권고하는 방식과 관련되어 있다. 혹실드에 따르면, 그러한 책의 독자들은 자신들의 감정을 친밀한 다른 사람들과 소통하라는 부추김을 받으면서도, 또한 그들은 '차가운' 감정전략을 활용하고 자기 보호 메커니즘의 하나로 다른 사람들과 일정 정도의 감정적 거리를 유지하라고 권고받는다. 독자들은 친밀한 타자들과 교제를 하는 데 신중을 기하고, 실망하지 않기 위해 일정 정도 불신하고, 자신의 감정과 욕구와 '건강한 소통'을 하는 것과 타인에게 너무나도 많은 것을 드러내는 것 사이에서 균형을 유지할 것을 권고받는다. "포스트모던한 카우걸은 불신 패러다임에 맞추어 자신의 모습을 만들어왔다. 그녀는 감정통제라는 금욕적 관행에 전념하고, 다른 인간 존재와 놀랄 정도로 적은 사랑만을 주고받을 작정이다"(Hochschild, 1994: 11).

따라서 사람들이 친밀한 관계 속에서 행동방식을 '선택'하는 데서 더 많은 자유와 융통성을 가질 것으로 보이지만, 바로 그 융통성이 부담과 불확실성을 함께 가져온다고 주장되기도 한다. 친밀한 관계에서 감정적 자아 프로젝트를 계속 진행한다는 것은 자율성의 욕구와 관계 맺기의 욕망 사이에서 곡예를 하고, 자신의 가장 내밀한 생각을 친밀한 타자에게 드러낼지 말지를 저울질하고, 상처받을 가능성과 감정통제력 상실의 위험을 감수하는 것이다.

'건강한' 감정과 '건강하지 않은' 감정

서구 사회에서 '공개적인' 감정표현이 옹호되는 것은 자기진정성에 대한 관심 때문만은 아니다. 제2장에서 주장했듯이, 많은 사람들은 또한 감정억압이 사람들의 정신적·심리적 건강에 해롭다는 믿음을 강력하게 견지하고 있다. 제2장에서 지적했듯이, 몸을 하나의 수압체계로 보는 개념과 감정을 그 체계 주위를 흐르는 액체 또는 증기 같은 실체로 보는 개념을 통합하는 기계 은유는 나쁜 건강, 몸, 감정 간의 관계에 대한 사고방식을 지배하는 것 중의 하나이다. 댐 은유도 감정억제의 잠재적 부작용을 기술하기 위해 흔히 사용된다. 감정은 몸 내부에 '쌓이는' 것으로, 그리고 만약 방출되지 않으면 긴장과 압력을 만들어내는 것으로 개념화된다.

이 장에서 앞서 논의한 바 있는, 몸과 건강상태에 대한 전산업시대의 인식은 그것들에 대한 오늘날의 인식 속에서도 찾아볼 수 있다. 그러한 것들로는 몸에 대한 체액 모델, 그리고 몸 내의 체액과 여타 액체의 다양한 농도와 온도를 감정상태와 연계짓는 것을 들 수 있다. 악령이나 악마가 몸의 구멍으로 들어와 건강을 나쁘게 하거나 못된 성미를 유발할 수 있으며 따라서 그것을 다시 '내보낼' 필요가 있다는 관념 또한 파괴적 현상을 '내부'에서 외부세계로 방출하는 것을 지지하는 관념들을 뒷받침한다. 우리가 더 이상 몸과 관련한 우리의 개념들 속에서 체액이나 악마를 직접 거론하지는 않지만, 우리는 여전히 몸/자아 내에 나쁜 감정을 담아두는 것은 해로울 수도 있다는 견해를 보지하고 있다. 자신의 감정을 자신에게 가두어두고 화, 좌절, 죄책감과 같은 부정적 감정을 억누르는 것은 흔히 병리적인 것으로 제시된다. 감정을 자유롭게 '공개적으로' 표현하는 것이 훨씬 더 '자

연스럽고' '건강에 좋다'고 주장된다. 이러한 관념은 지난 몇 십 년 동안 전
문가 포럼과 대중문화 모두에서 많은 주목을 받아왔다.

건강과 감정의 관계에 대한 대중적 관념은 의과학적 인식의 변화에 크
게 영향받고 있다. 오늘날 심신의학 접근방식은 감정이 기능장애를 일으
켜 건강을 악화시킨다고 주장한다. 감정은 천식, 피부병, 소화기장애, 고혈
압, 심장질환, 순환기질환과 같은 질병의 신체적 원인을 악화시키는 결과
를 초래하는 것으로 인식된다(Wingate, 1988: 392). 내부 감정상태의 '자연스
러운' 반사적 표현을 통제하거나 억압하려는 시도는 몸의 균형에 혼란을
야기할 수도 있다는 주장이 이러한 심신의학적 접근방식을 뒷받침한다.
"이를테면 만약 어떤 남자가 아픈 까닭이 그가 항상 두려워하기 때문이라
면, '용기를 되찾는 것'이 도망치는 것, 즉 벌벌 떨며 **행동하는** 것을 막아줄
수도 있다. 그러나 그것이 그가 두려워하는 것을 항상 막아주지는 못한다.
그리고 이 통제할 수 없는 두려움이 내적으로 그를 아프게 만든다"(Wingate,
1988: 166, 강조는 원저자).

마음, 몸, 건강상태가 어떻게 서로 관련되어 있는지의 문제를 다루기 위
해 발전된 심리신경면역학psycho-neuroimmunology이라는 비교적 새로운 학
제적 분야의 연구자들에게서도 감정은 신체기능(또는 기능장애)에 다양한
영향을 미치는 내적 동인으로 간주된다. 그들은 면역체계가 다양한 감정
에 의해 약화되거나 강화될 수 있다고 주장한다. 이를테면 부정적 감정들
은 면역체계의 작용과 효력을 훼손하는 특정 호르몬들을 산출하여 질병에
더 잘 걸리게 한다(Lyon, 1993). 사람들이 자신들의 면역체계를 강화하여 질
병을 피하기 위해서는 자신들의 감정을 통제해야 한다고 강조하는 심리신
경면역학적 관점은 개인의 감정적 삶이나 퍼스낼리티의 상태를 질병의 '원

인'으로 보는 견해를 뒷받침해왔다. 그것의 예비조사 결과들은 전통적인 의학적 치료법을 보충하거나 대신하여 질병을 극복하는 방법의 하나로, 환자들에게 '적극적으로 사고하게' 하는 것을 포함하여 운동을 하도록 훈련시키는 방법에 대한 관심을 불러일으켰다. 그러므로 심신의학의 담론과는 달리 심리신경면역학의 담론에서 감정은 개인의 의지에 의해 통제될 수 있는 것으로, 그리고 그러한 통제는 면역기능과 그로 인한 건강상태에 유익한 결과를 가져다줄 수 있는 것으로 간주된다. 따라서 건강에 대한 책임은 자신의 감정을 관리할 수 있는 능력과 관련하여 개인에게 지어진다.

퍼스낼리티 관념과 감정 유형은 체액 모델이 처음으로 통용되기 시작한 이래 감정과 건강의 연관성을 이해하는 데서 주요한 역할을 해왔고 오늘날에도 여전히 지배적인 역할을 하고 있다. 명상에 관한 한 인기 있는 책은 다음과 같이 단언한다. "여유 있고 행복하고 느긋한 사람이 어째서 신경질적이고 고민이 많고 불안해하는 정반대의 사람들보다 의학적 질환이 적어 보이는지를 생각해보라"(Wilson, 1985: 19). 손택(Sontag, 1989: 20~21)은 결핵과 암이 퍼스낼리티 유형과 관련한 질병으로 간주되어왔다고 지적한다. 19세기에 대중들 사이에서 결핵 환자는 특히 민감하고 과도하게 감정적인 퍼스낼리티를 지니고 있는 경향이 있는 것으로 묘사되었다. 결핵은 좌절된 열정, 특히 낭만적 사랑의 질병으로, 무모하고 감각적인 사람들이 걸린다고 생각되었다. "결핵의 발열은 내부에서 불타고 있음을 보여주는 표시이다. 결핵 환자는 열정에 의해 '불타고' 있는 사람으로, 그 열정이 몸을 녹여버린다"(Sontag, 1989: 20). 이와 대조적으로 현대 서구 사회에서 암은 열정의 부족 또는 계속된 감정억압으로 인한 질병으로, 화와 같은 즉각적인 격한 감정이나 섹슈얼리티를 표현할 수 없는 사람들이 걸린다고 개념화된다. 오늘날 자신의 부정적 감정을 부정하고 의미 있는 관계를 맺고 있지 못하기 때문에 그러한 감정을 다른 사람들과 공유하지 못하는, 고립된 외로운 개인은 '암 퍼스낼리티cancer personality' 유형으로 묘사된다(Sontag, 1989: 51).

'A형' 퍼스낼리티와 'B형' 퍼스낼리티의 범주화 — 1959년에 처음으로 범주화되었지만, 1970년대와 1980년대에 대중 담론에서 흔히 사용되는 — 는 퍼스낼리티와 신체적 특성을 질병의 결과와 연관시키는 또 다른 방식이다. 'A형 행동유형'을 드러내는 사람들은 참을성이 없고 불안해하고 경쟁심이 강한 과잉성취자로, 항상 서둘러 업무를 마치고 자신의 몫에 결코 만족하지 못하는 것으로 묘사된다. 그들은 신체적 행실의 측면에서 쉽게 흥분하고 조바심 내고 근육 긴장을 보이고 말을 빨리하는 것으로 특성화된다. 이와 대조적으로 'B형 행동유형'을 가진 사람들은 여유 있고 상냥하고 비경쟁적이고 느긋한 과소 성취자로 묘사된다. 전자 유형의 퍼스낼리티로 범주화되는 사람들은 '느긋하게' 여유 부리지 못하고 다른 사람들과의 상호작용에 감정적으로 만족하지 못하기 때문에 관상동맥성 심장질환과 같은 스트레스 관련 질병에 걸릴 위험이 더 큰 것으로 여겨진다.

'A형 행동유형'과 관련하여 문학에서는 성급함, 적대감, 화, 경쟁심, 탐욕, 에고티즘, 그리고 '제어할 수 없는 야망'과 같은 '반사회적' 특질과 감정은 바람직하지 못하고 당연히 관상동맥성 심장질환과 같은 질병으로 응징된다고 시사한다. 이러한 행동유형은 "서구 자본주의 사회의 가치들에 과잉 순응하는" 것으로 간주된다. 그리고 역설적이게도 그것이 성취와 고된 노동을 높이 평가하는 사회적 규범을 따를 때조차, 그것은 사회적 결속에 하나의 위협이 되는 것으로 간주된다. 그러한 개인들은 "스스로 병을 초래하는" 것으로, 즉 '느긋해지기'를 거부함으로써 심장질환을 자초하는 것으로 인식된다(Helman, 1987: 97).

지난 30년 동안 서구 사회에서 출현한, '전인론적' 건강 관념으로의 이동 추세 또한 감정과 퍼스낼리티 유형이 건강상태와 관련되어 있다는 관념을 뒷받침해왔다. 전인론의 옹호자들은 (자신들이 건강과 질병에 대한 생의학적 이해를 지배하는 것으로 간주하는) '몸-마음 분할'을 거부한다. 대신에 그들은 몸과 마음이 건강과 관련하여 서로 영향을 미치는 하나의 실체로 고려되어야 한다고 주장한다. 전인론적 건강의 지지자들은 고대 체액 모델에서 분명하게 나타나는 건강 접근방식을 취해, 건강을 개인과 환경 — 다른 사람들과의 관계와 감정상태를 포함하여 — 간의 불균형에 의한 것으로 파악한다. 따라서 병과 질환은 마치 그것이 오직 몸의 한 부분에만 국한되어 있다는 듯이 그 부분만을 치료해서는 안 되고(전인론자들은 생의학적 치료가 그러하다고 주장한다), 몸/자아 전체가 치료되어야만 한다. 이러한 철학은 자연요법, 동종요법, 배치플라워요법Bach flower remedies, 향기요법 같은 대안 치료요법들을 뒷받침한다. 그러한 치료요법들에서는 각 환자의 감정상태를 포함하여 개인의 퍼스낼리티 프로필을 구성하고 다루는 것이 중요하게 고려된다. 이를테면 동종요법에서 치료는 특정 유형의 퍼스낼리티를 지향하고 있다. 환자의 '신체구조'가 그 또는 그녀의 체질과 직접적으로 연계지어진다. 그리고 의술 자체도 감정 프로필과 관련하여 기술된다(Coward, 1989: 72~73).

신체적·심리적 건강과 감정 간의 관계에 대한 오늘날의 이해는 '스트레스' 관념 — 이 용어는 전문가 문헌에서 매우 흔한 것이 되었다 — 을 이용하는 경향이 있다. 토이츠(Thoits, 1995: 53)는 지난 10년 동안 심리학과 사회학 저널들에서 '스트레스와 건강'에 관한 논문이 3000편 넘게 발표되었다고 지적했다. 사회적 스트레스에 관한 담론은 고통을 이를테면 활동의 자극제, 신의 뜻 또는 도덕적 기질의 테스트라기보다는 당연히 병을 유발하는 것이라고 본다. 고통은 비정상적인 것, 즉 금욕적으로 견뎌야 하는 것이기보다는 완화시키거나 제거해야만 하는 어떤 것으로 간주된다(Pollock, 1988: 381). 스트레스의 심리학화는 스트레스에는 무수한 잠재적 원인들이 존재한다는 것을 의미한다. 즉 만약 개인이 어떤 것을 그것이 얼마간 스트레스를 유발한다고 인지하거나 반응한다면, 거의 모든 것이 스트레스를 유발할 수 있다. 그러므로 질병을 유발하는 것은 스트레스 요인 그 자체가 아니라 그것에 대한 개인의 지각이다(Pollock, 1988: 387).

스트레스 담론을 뒷받침하는 의미들은 낭만주의적 관점을 받아들여 근대적 삶의 소외와 압박에 대해 우려를 표명한다. 스트레스는 부적응, 즉 인간이 만든 제조된 사회적 환경(통상적으로 농촌환경보다는 도시환경)과 인간의 생물학적 기질의 괴리에서 생기는 하나의 질병이다. 스트레스에 대한 대중 담론과 '전문가' 담론 모두에서 근대적 삶의 조건은 사람들을 '진정한 자아'로부터 소외시킴으로써 부정적 감정을 부추기고 긍정적 감정을 억누르게 하는 데 기여한다고 주장된다. 사람들은 이제 (보다 원시적인 사회문화적 발전단계, 즉 수렵채집단계에서부터 수천 년간 발전시켜온) 자신들의 '자연적인' 생물학적 리듬 및 타인과의 상호작용으로부터 단절되어 소외감을 느끼고 또 근대 도시환경 속의 삶에 좌절한다고 인식된다. 특히 기술과 만들어진 환경이 '자연'과 '문화' 간의 충돌을 불러일으킴으로써 고통을 유발할 것이라고 지적된다.

스트레스는 항상 '나쁜' 것이라는 관념이 그간 대중 포럼과 의학 포럼 모두에서 널리 받아들여져왔다. 영국의 노팅엄 시에서 수행된 한 인터뷰 연구는 응답자의 대다수가 "스트레스 경험을 근대적 삶에 편재하는 불가피한 조건으로 느끼고 또 스트레스가 질병의 직접적 원인일 수 있다고 생각한다"는 것을 발견했다(Pollock, 1988: 382). 특히 '심장발작'과 '신경쇠약'은 스트레스에 의해 유발되는 것으로 확인되었다. 응답자들은 심장발작을 일으키는 사람의 스테레오타입으로 작업장의 압박에 몹시 시달리는 경영진과 기업가 — 이들은 거의 항상 남성일 것으로 간주된다 — 를 떠올리는 경향이 있었다. 신경쇠약은 깨진 개인적 관계와 같은 불행한 삶의 경험으로 인해 생기는 것으로 간주되었다. 폴락(Pollock, 1988)이 수행한 연구의 응답자들은 스트레스가 신체적 질병을 유발하는 방식에 대해 다소 모호하고 불명확하게 표현했다. 몇몇 사람들은 스트레스가 어떤 식으로든 생리적 과정을 가속화시키고 그리하여 결국에는 몸이 그것에 대처하지 못하게 된다는 관념을 떠올렸다. 그들은 그 결과 몸의 각 부분 중 하나(이를테면 심장)가 '아주 나빠진다'고 제시했다. 일부 사람들은 스트레스가 신경을 '자극'하거나 '곤두서게' 하여 신경체계를 교란시킴으로써 신경쇠약을 유발한다고 생각했다. 그들은 스트레스가 신경체계의 '가장 약한' 지점을 공격한다고 생각했다.

서로 다른 개인들이 스트레스에 반응하는 방식과 관련한 이러한 설명들에는 도덕적 판단이 자리하고 있었다. 이를테면 어떤 사람들이 병에 걸리는 까닭은 그들이 "스트레스를 견딜" 수 없기 때문에, 그들이 "정신력으로 문제를 극복"하지 못하기 때문에, 또는 그들이 '허약한' 체질을 가지고 있기 때문이라고 주장되었다(Pollock, 1988: 382~383). 내가 제2장에서 지적했듯이, 감정을 '다루는' 능력과 관련한 도덕적 판단은 내가 수행한 연구에서도 인터뷰 응답자들이 감정과 건강의 관계를 토론할 때 분명하게 드러났다.

이러한 도덕적 의미는 오늘날의 건강과 질병에 관한 담론에서 아주 흔히 발견된다. 이처럼 의학 담론과 건강 증진 담론에서 자기통제 ─ 질병을 예방하기 위해 자신의 건강상태에 책임을 지고 자신의 식생활, 담배와 알코올 등 약물 섭취, 운동과 같은 자신의 '라이프 스타일'의 측면들을 모니터링하는 것 ─ 에 점점 더 초점을 맞추는 것은, 나쁜 건강은 개인들이 적절한 예방전략을 취하지 않고 있음을 보여주는 표시이며 따라서 그들이 자신들의 질병에 책임이 있다는 관념을 뒷받침하고 강화하는 데 기여해왔다(이 점에 관한 보다 상세한 논의로는 Lupton, 1995를 보라).

그러므로 감정과 건강에 대한 지배적 담론들은 자아/몸을 (자신의 잠재력과 건강상태를 극대화하기 위해 주의 깊은 관리, 적절한 정보의 수집과 이용, 그리고 행동규제를 요구하는) 끝나지 않는 프로젝트로 보는 일반적 관념과 부합한다. 건강과 감정에 대한 담론에서 다른 사람 또는 환경적 요인(이를 테면 작업장 상태 또는 도시에서의 삶)과의 상호작용이 부정적인 감정상태를 불러일으킬 수 있다고 주장되지만, 그러한 상태에 대처하는 책임은 빈번히 다시 개인에게 지어진다.

결론적 논평

나는 이 장에서 감정, 육체화, 주체성에 관한 오늘날의 담론이 매우 유동적이고 변덕스러운 감정을 주의 깊게 규제하고 통제하는 것의 중요성을 인정하는 것과 그러한 감정을 표현하여 그것이 몸에서 '빠져나가게' 할 필요성을 강조하는 것 사이를 왔다 갔다 하고 있다고 주장해왔다. 이 두 감정 개념 모두는 하나의 문화적으로 규정된 자아 모델, 즉 자아를 (긴장과 유동성으로 가득 차 있고 따라서 특정 현상을 '안'에 머물게 하고 다른 현상들을 '밖으로' 내보내기 위해 항상 신중하게 단속해야 하는 경계들로 둘러싸여 있는) '몸-컨테이너' 속에 거주하는 것으로 파악하는 모델에 의거한다.

중세시대 이후 일어난 몸의 점차적 '폐쇄'는 자율성과 개인주의에 특권을 부여하는 몸/자아 관념과 연계되어 있다고 주장되어왔다. 이러한 과정의 일환으로 특정한 몸/자아는 감정을 잘 억제하지 못하고 또 유동하는 감정이 외부세상으로 유출되는 것을 잘 통제하지 못하는 그리하여 덜 '문명화된 몸/자아로 규정되어왔다. 서구 사회의 맥락에서 그러한 몸/자아의 담지자로 식별되어온 것이 빈민, 노동계급, 비백인, 여성과 같은 사회적 약자집단의 성원들이다. 그들을 덜 '문명화'된 존재로 그리고 '그로테스크'한 몸/자아의 속성과 관련한 두려움과 불안의 소재지로 위치짓는 것은 '문명화된' 이상에 가장 가까이에 가 있는 것으로 제시되어온 사람들 — 주로 영국또는 북유럽 민족의 부르주아 남성 — 에 비해 그들이 사회적으로 불리한 위치에 처하게 하는 데 기여해왔다. 다음 장에서 나는 젠더 문제를 택해 감정에 대한 담론들이 여성성과 남성성의 사회문화적 의미에 기여해온 방식을 상세하게 탐구한다.

4

'감정적 여성'과 '비감정적 남성'

젠더에 관한 글을 쓰는 사회이론가들이 여성성과 남성성의 수행성을 지적하는 것은 이제 흔한 일이 되었다(이를테면 Butler, 1990; Connell, 1995). 이러한 관점에서 젠더는 유전적으로 규정되기보다는 사회화의 결과로 인식될 뿐만 아니라, 또한 하나의 역동적 자아 프로젝트, 즉 일상생활의 일부로, 항상 만들어지고 또 고쳐 만들어져야만 하는 어떤 것으로 간주된다. 이러한 젠더의 역동성에 대한 강조는 젠더관행을 한 개인이 생애 과정 내에서 그리고 심지어는 단 하루만에도 얼마간 바꿀 수 있는 어떤 것으로 만든다. 젠더관행은 단지 누군가가 남성 또는 여성의 '성 역할'을 채택하여 자신의 생애 동안에 그것을 고수하는 문제만이 아니라 오히려 서로 다른 남성성과 여성성을 항상 유지하는 하나의 프로젝트의 문제이다. 우리는 젠더를 우리의 자아와 몸 테크닉의 일부로 수행한다. 그러한 것들 중 가장 눈에

띄는 수준에서 실행되는 것이 우리의 복장과 헤어스타일, 우리의 걸음걸이와 말하기 방식, 그리고 또 다른 것으로는 우리가 몸을 움직이고 장식하는 방식이다. 우리가 감정을 경험하고 표현하는 방식들 또한 젠더화된 자아의 수행관행의 일부로 고려될 수 있다.

고대시대 이래로 서구 사회에서 감정적 자아 개념은 통상적으로 젠더화되어왔다. 젠더화된 감정 관념의 구성과 관련된 주요한 관심사 중의 하나가 감정억제와 자아통제의 중요성에 관한 것이다. 앞 장에서 지적했듯이, 자기통제와 자기억제라는 이상이 후기 근대성 속에서 주요한 것으로 부상해왔다. 타인에 대한 지배뿐만 아니라 몸/자아의 지배는 전통적으로 모든 개인이 열망해야 하지만, 여성보다 남성이 더 성취할 가능성이 큰 것으로 구성되어왔다. 이러한 차이는 여성의 몸 대 남성의 몸에서 부여된 의미 속에 자리 잡고 있다. 통상적으로 여성이 감정을 느끼고 표현하는 방식은 남성의 감정표현 스타일과 비교하여 분명하게 구별된다. 감정에 대한 담론에서 주요한 이원대립 중의 하나가 '감정적 여성'과 '비감정적 남성'의 대비이다.

통상적으로 '사적' 영역과 '공적' 영역 간에 설정된 구분 또한 감정이 젠더화되는 방식에서 한 가지 중요한 차원을 이루고 있다. 노동영역은 사적영역 또는 '집'과 대립되는 것으로 구성된다. 내가 제3장에서 지적했듯이, 집에서는 '공개적인' 감정표현과 느슨한 감정관리가 보다 적절하고, 심지어는 개인의 웰빙에 필요한 것으로 인식된다. '집'은 대체로 남성보다는 여성의 영역으로, 즉 여성이 권력을 행사하고 주요한 책임을 지는 영역으로 묘사되어왔다. 특히 집에서 자신의 파트너와 아이들을 위해 감정적 균형을 유지하는 것은 여성의 역할로 간주되어왔다.

이 장은 '감정적 여성'과 '비감정적 남성'의 이원대립의 전략과 의미를 검토하는 것으로부터 시작한다. 따라서 여성의 몸을 남성의 몸보다 더 유동적이고 덜 억제되는 것으로 묘사하는 것과 관련된 상징적·정신역학적 측면에 논의의 초점이 맞추어진다. 그 다음에는 감정노동의 젠더화된 측면이 친밀한 관계의 맥락에서 분석된다. 제2장에서 기술한 인터뷰 응답자들의 설명에서 분명하게 드러났듯이, 오늘날 남성성 개념과 감정 개념에서 변화가 일어난 것으로 보인다. 남성적 감정성의 '여성화'라고 불릴 수 있는 것이 현재의 감정 개념에서 하나의 주요한 추세가 되어왔다. 이것이 암시하듯이, 거기에는 언제나 작동하는 일단의 헤게모니적 담론이 존재할 수도 있지만, 그러한 담론들은 항상 논쟁의 대상이 되고 있고, 실제로 서로 경쟁하고 충돌하기도 한다. 이 장은 이러한 추세와 그것이 젠더와 감정에 관한 가정들에 대해 갖는 함의들을 논의하는 것으로 끝맺음된다.

'감정적 여성'

최근 들어 영어권 문화와 북유럽 문화에서는 모든 사람이 전범위의 모든 감정을 느낄 수 있다는 점을 인정하면서도, 슬픔, 공포, 감상성, 취약성, 시기심, 질투심과 같은 감정을 표현하는 것은 남성보다 여성에게 전형적이고 더 적절한 것으로 인식되어왔다. 화, 분노, 공격성 또는 환희와 같은 감정은 남성에 비해 여성에게 덜 기대되거나 덜 용서된다. "여성에게 화는 '좋은' 것이 아니다. 화가 나서 씩씩거리는 여자는 '매력적이지 않다'. 화난 여자는 앙칼지고 상스럽고 고약하다. 그런 여자는 신뢰할 수 없고 매력적이지 못할 정도로 통제불능이다"(Brownmiller, 1984: 209). 프리드먼(Friedman, 1996: 62)은 살인을 한 여자는 살인을 한 남자보다 훨씬 더 의구심과 공포심을 가지고 바라보게 된다고 지적한다. 왜냐하면 그러한 소행은 젠더화된 행동에 대한 가정들을 깨뜨리는 것이기 때문이다. 남자들은 종종 특정한 상황(전쟁과 같은)에서 살인을 하도록 되어 있다. 즉 살인의 가능성은 남성성에 내재하는 것의 일부로 간주된다. 이것은 여성들에게는 사실이 아니다. 여성들이 살인을 할 때, 특히 자신들의 아이를 살해할 때, 그들은 여성으로서의 자신들의 본성을 타락시키는 것으로 간주된다. 그러므로 여성 살인자는 그녀의 범죄가 특히 질병에 의한 것으로 인식되지 않는 한, 남성 살인자에 비해 보다 사악하고 무서운 것으로, 심지어 더 통제불능인 것으로 간주된다.

일반적인 의미 수준에서 감정 또는 감정성 자체는 문화적으로 여성적인 것으로 부호화되는 반면, 합리성 또는 감정성의 결여는 주로 남성적인 것으로 제시된다. 브라운밀러(Brownmiller, 1984: 207)는 전문 심리학자 집단을 대상으로 수행한 한 획기적 연구 ― 이 연구는 1970년에 발표되었다 ― 에 대해 언급한다. 그 연구에 따르면, 심리학자들은 "매우 잘 우는", "매우 감정적인", "쉽게 상처받는", "매우 쉽게 영향받는", "매우 주관적인", "감정과 생각을 구분하지 못하는"과 같은 퍼스낼리티 특질들을 매우 여성적인 특질로 간주했다. 그 집단이 매우 남성적인 것으로 평가한 특질에는 "매우 단도직입적인", "매우 논리적인", "결코 울지 않는"이 포함되어 있었다.

이러한 감정의 젠더화는 일련의 역설적인 의미를 전달해왔다. 일반적으로 여성들은 온화함을 드러내고 다른 사람에게 기꺼이 다정한 느낌을 표현할 수 있고 다른 사람들의 감정을 잘 알아채고 그것에 공감할 것을 기대받는다. 이러한 속성들은 지배적인 이상적 여성성 형태의 중요한 측면으로 간주된다. 실제로 감정표현이 없거나 다정함과 배려심 같은 특질을 결여하고 있는 것으로 보이는 여성들은 적절한 여성성을 결여하고 있는 것으로 간주되기도 한다(Jaggar, 1989: 157). 그러한 감수성이나 배려심의 표현은 남성들에게 동일한 정도로 요구되거나 이상적인 남성성의 극히 중요한 구성요소로 간주되지 않는다. 남성들은 일반적으로 그들의 감정 스타일에서 "더 둔감하고" "더 거친" 것으로, 그리고 감정의 지각에 덜 관심을 가지는 것으로 간주되어왔다. 여성성과 감정성 간에 강한 상징적 연계관계가 존재하는 것처럼, 여성들은 '태생적으로' 다른 사람들의 감정을 잘 다루는 것으로 간주된다. 왜냐하면 여성들은 본래 감정적이고 감정표현을 잘하는 것으로 여겨지는 반면, 남성들은 대체로 그렇지 않은 것으로 여겨지기 때문이다. 제2장에서 몇몇 인터뷰 응답자들이 지적하듯이, 여성들은 남성들보다 더 "자신들의 감정을 솔직히 드러낸다". 여성들은 자신들의 감정상태에 더 민감하고 예의바름의 관리자로서 감정관리를 증진시키는 일을 담당하고 있는 것으로 계속해서 제시된다. 즉 여성은 "마음의 관리자, 감성적 기억의 관리자"로 제시된다(Brownmiller, 1984: 215).

이러한 '여성적인' 감정적 속성은 자주 여성의 감정적 감수성과 다른 사람에 대한 배려심을 보여주는 바람직하고 적절한 것으로 인식된다. 제2장과 제3장에서 논의했듯이, 이러한 특질들은 일반적으로 인간성 및 세련된 감정과 연관지어지고, 감정과 감정성에 부여된 긍정적 의미의 주요한 차원을 이루는 것으로 제시된다. 하지만 다른 한편 여성에게 상정되는 더 큰 감정지각 및 감정표현 능력 그리고 그들의 감정적 불안정성은 또한 매우 부정적인 의미를 담고 있기도 하다. 이는 남성들과 비교한 여성들의 열등성에 관한 인식과 관련하여 특히 두드러지게 나타난다. 앞서의 장에서 지적했듯이, 감정적임은 의지의 약함, 이성적 사고 능력의 부족, 통제력의 상실과 연관지어진다. 재거는 여성성과 감정성을 연계짓는 많은 이원대립의 복잡한 연관에 대해 지적한 바 있다. "이성은 감정과 대비되어온 것만이 아니다. 이성은 또한 정신적인 것, 문화적인 것, 보편적인 것, 공적인 것, 남성적인 것과 연관지어져온 반면, 감정은 비합리적인 것, 신체적인 것, 자연적인 것, 특수한 것, 사적인 것, 그리고 물론 여성적인 것과 연관지어져 왔다"(Jaggar, 1989: 145).

그러므로 감정 및 감정성과 여성성 간에 계속해서 상정된 관념연합은 비합리성, '그로테스크'한 몸의 혼돈성, 이성과 교양의 결여, 하류층 성원의식 같은 감정과 연관된 여타 부정적 의미들과 여성성을 결부시킨다. 여성에게 상정된 감정적 변덕스러움과 그들의 몸 간에는 분명한 은유적 관념연합이 존재한다. 여성 일반이 몸과 결부지어지는 반면, 남성은 육체보다는 정신에 의해 '압박'받는 것으로 제시되어왔다. "사람들은 여성이 감정의 높은 파도에 휘말려서 허우적거린다면 남성은 강한 정신력, 즉 통제력을 유지할 수 있는 강한 정신력, 다시 말해 지적 근육을 가진다는 데 일반적으로 동의하고 있다"(Brownmiller, 1984: 208). 여성을 육체에 위치시키고 남성을 정신에 위치시키는 이원대립은 여성성을 몸과 결부된 부정적 의미를 구체화하고 있는 것으로 보는 견해를 함축한다. "그러한 이원성의 구체적인 역사적 내용이 무엇이든 간에, **몸**이 부정적 용어이고, 그리고 여성이 몸이라면, 그것이 무엇 — 지적 집중의 방해, 신으로부터 벗어나라는 유혹, 성적 욕망이나 폭력 또는 공격에의 굴복, 의지부족, 심지어는 죽음 — 을 함축하든 간에 여성은 부정적이다"(Bordo, 1993: 4, 강조는 원저자).

여성성과 '사적인 것' 및 '집'과의 관념연합은 또한 지불노동의 영역을 포함하여 삶의 많은 영역에서 여성에게 중요한 함의를 지녀왔다. 특히 전문직 일자리와 관료 일자리는 문화적으로 남성성, 합리성, 자기통제(효율적인 생산과 관리를 탈안정화하는 것으로 인식되는 감정을 엄격하게 통제하는 것을 포함하여)와 결부지어진다. 감정성은 그러한 환경에 부적절한 것으로 간주된다(Davies, 1996). 이를테면 관료제는 무질서한 감정상태로 인식되는 것에 반대하고 '합리성'과 질서를 옹호하며, 그것의 권위는 감정적 결속보다 전통, 사회적 지위 또는 기술적 능력에 기초한다(Putnam and Mumby, 1993: 41).

이성과 남성성을, 그리고 감정과 여성성을 연계시키고 첫 번째 짝을 두 번째 짝보다 우위에 있는 것으로 설정하는, 서로 밀접한 관계에 있는 이원대립의 전례들은 고대시대에 그 뿌리를 두고 있다. 즈느비에브 로이드 Genevieve Lloyd의 『이성적 남성Man of Reason』(1984)은 서양철학에서 나타나는 이러한 대립의 기원을 추적했다. 여성을 부정적으로 제시하는 이원론적 구성은 서양철학에서 흔히 발견되는 사상이었다. "철학사상의 시작에서부터 여성적임은 이성이 남겨놓은 것으로 상정되는 것 ─ 대지의 여신의 비밀스런 힘, 즉 신비한 여성의 능력에 숨어 있는 미지의 힘 ─ 과 상징적으로 결부지어졌다"(Lloyd, 1984: 2). 고대인들은 이성을 획득하기 위해서는 여성적임과 그와 관련된 무질서를 제거해야, 즉 몰아내야만 한다고 주장했다. 로이드는 기원전 6세기에 시작된 피타고라스 철학을 하나의 예로 들고 있다. 피타고라스 철학에서 남성적임은 질서정연한 것, 경계지어진 것, 정확한 것과 명시적으로 연계지어진 반면, 여성적임은 그러한 것들과 정반대의 것 ─ 무질서, 경계의 결여, 불확실한 것 ─ 과 결부지어졌다(Lloyd, 1984: 3).

유사하게 플라톤도 남성적임은 인간정신이 접근할 수 있는 알 수 있는 형태와 결부지은 반면, 여성적임은 합리적 지식의 탐구를 벗어나 있는 알 수 없는 일과 연계지었다. 이러한 구분과 관련되어 있는 것이 몸에 대한 플라톤의 멸시이다. 플라톤은 몸을 합리적 사고에 끼어들어 그것을 방해하는 것으로 인식했다(Lloyd, 1984: 4~6). 아리스토텔레스 같은 경우에는 다음과 같이 기술했다. "여성은 남성보다 더 동정심이 있고 더 쉽게 감동을 받아 눈물을 흘린다. 동시에 여성은 더 질투심이 많고 더 성을 잘 내고 더 잔소리하고 때리는 경향이 있다. 게다가 여성은 남성보다 더 의기소침하고 덜 희망에 차 있는 경향이 있다"(Brownmiller, 1984: 208에서 인용함). 그리스 사상과 기독교 사상을 종합하고자 했던 철학자 토마스 아퀴나스Thomas Aquinas의 13세기 저술들에서도 여성은 남성에 비해 추론능력이 부족하고 열등한 것으로, 불안정하고 열정에 쉽게 그리고 너무나 기꺼이 빠지는 것으로 묘사되었다(Synnott, 1993: 46). 그의 견해는 아마도 놀라운 것이 아닐 것이다. 왜냐하면 그의 스승 대 알베르토Albert the Great는 한때 다음과 같이 기술했기 때문이다. "여성은 [남성보다] 도덕적 행동을 할 수 있는 자격을 덜 갖추고 있다. …… 이성이 남성을 모든 선을 향해 나아가게 하는 것과 마찬가지로 여성의 감정은 여성을 온갖 악으로 치닫게 한다"(Synnott, 1993: 45에서 인용함).

이처럼 여성을 남성보다 감정에 의해 훨씬 더 조작당하는 것으로, 그리하여 열등한 것으로 묘사하는 것은 제3장에서 지적했듯이 질서, 자기통제, 이성을 향한 정명이 다시 우위를 차지하게 된 근대 초기까지 계속되었다. 16세기와 17세기에는 흔히 감정의 젠더화의 일환으로 감정 면에서 여성이 남성보다 더 표리부동한 것으로 묘사되었다. 여성은 순진한 남성을 매혹하거나 배신하려는 시도 속에서 거짓 감정상태를 더 잘 전달하는 것으로 간주되었다. 여성이 자연에 더 가까운 것으로 인식되기 때문에, 그들의 관능성과 섹슈얼리티가 그들을 지배하고 그들로 하여금 남성들이 이성을 잃도록 유혹하는 것으로 여겨졌다. 유명한 영국 작가 로버트 버튼Robert Burton은 『멜랑콜리의 해부Anatomy of Melancholy』(이 책의 초판은 1621년에 출간되었다)에서 여성은 신의가 없고, 남성을 속이려는 계산된 시도 속에서 거짓 감정을 드러낸다고 기술했다. 그는 다른 남성들에게 다음과 같이 충고했다. 여성이 그들의 사랑을 맹세할 때, "그들을 믿지 마라. 당신은 어쩌면 그녀의 맹세, 눈물, 미소, 단언 때문에 그녀가 오직 그대의 것이고 당신이 그녀의 마음과 손과 애정을 가졌다고 생각할 것이다. 그러나 실제로 그런 일은 결코 없다. 그때에도 그녀에게는 침대에 한 명의 애인, 거리에 다른 애인, 집에는 한숨 쉬는 제3의 애인, 그리고 제4의 애인 등등이 있을 것이다"(Rojek, 1993: 61에서 인용함). 루소와 같은 당시의 낭만주의 철학자들은 자신들이 여성과 자연(그리하여 덕성과 진실)의 닮은 속성으로 인식한 것을 옹호하는 동시에 자연과 연관지어지는 무질서에 대해서는 비판적이었다. 따라서 그들은 자연이 이성에 의해 길들여지고 질서 지어질 필요가 있다고 인식했다. 여성이 천부적으로 자연에 가까운 것으로 인식된 반면, 남성은 자연이 제공하는 덕성과 진실을 파악하기 위해 이성을 필요로 하고, 그 이성을 통해 자연에 가까워지는 것으로 인식되었다(Lloyd, 1984: 58~64).

서구 사회에서 산업화의 결과 진전된, 집과 일터의 분리는 많은 저술가들로 하여금 여성성을 '사적인 것' 및 '감정성', 그리고 남성성을 '공적인 것' 및 '합리성'과 연계시키게 해왔다. '사적' 영역과 '공적' 영역의 구분의 일환으로 '가정적인 것' 또는 '집'의 여성화와 가정의 여성화가 증대해왔다. 집과 일터의 분리는 그러한 공간들을 서로 다른 방식으로 감정을 이용하고 표현하는 장소들로 위치지었다. '시민'사회에서 이기적인 개인들의 계약관계가 상호작용 양식을 지배했다면, 가정이라는 여성화된 장소는 애정, 사랑, 친밀성에 기초한 관계를 포함하여 전혀 다른 역동적 관계를 가지는 것으로 인식되었다(Fraser and Gordon, 1994: 100). 흔히 경제적 영역은 따뜻한 협력적인 사적 영역에 비해 경쟁, 계산, 불확실성, 개인주의에 의해 특징지어지는 비인격적이고 차가운 개인적 관계의 장소로 제시되었다. 반면 집은 '보다 자유로운' 감정표현(그러한 감정들이 긍정적인 것으로 인식되는 한에서)이 허용되는 주요한 사적 영역으로 인식되었다.

19세기경에 가정은 공적 영역보다 더 높은 도덕적 가치를 가지는 친밀한 피난처로 이상화되었다(Sennett, 1977: 20). 가족관계는 지속적이고 계속되는 감정적 지원을 제공할 것으로 기대되었다. 사랑과 가족관계는 인간의 중요한 성취물로 간주되었고, 감정표현은 정서적 유대를 유지하는 것의 일부로서의 가치를 부여받았다(Taylor, 1989: 293). 그 세기에 산업자본주의의 성장과 함께 상업이라는 남성의 세계와 집이라는 여성의 영역이 점점 더 분리되면서, 특히 후기 빅토리아시대에 남성들은 더욱 무정하고 차가운 페르소나를 띠도록 부추겨졌다. 독립심이 강하고 침착하고 활력 있고 규율적인 것이 남성의 이상이 되었다. 톰 브라운Tom Brown의 『학창시절 Schooldays』(1857)과 같은 텍스트에서 신봉되듯이, 그러한 새로운 이상은 용기, 비감정적임, 신체적 용감함, 대담무쌍함과 같은 이상들에 의해 뒷받침되었다. 중간계급 소년들을 위한 공교육은 팀 게임, 냉수욕, 스파르타식 기숙시설과 같은 전략을 통해 젊은 남성들에게서 그러한 속성들을 계발시키고자 했다(Segal, 1990: 105~111). 집은 고요한 오아시스, 즉 남성들이 공적 삶이라는 혼돈스런 현실로부터 물러가서 평화와 휴식을 찾을 수 있는 장소

로 제시되었다. 이를테면 칸시안Cancian은 1827년에 뉴잉글랜드의 한 목사
가 주장했던 다음과 같은 말을 인용했다. "집은 남자가 …… 일의 괴로움
과 곤란한 상황으로부터의 피난처, 힘든 일로부터의 매혹적인 휴식처, 애
정의 상호교환을 통해 걱정을 더는 곳이다"(Cancian, 1987: 19).

　19세기에 집과 가정이 부르주아 남성이 상업적 세계의 압력으로부터 피
난하는 곳으로 점점 더 주목받게 된 것은 당시에 여성이 어떻게 묘사되는
지를 암시하는 것이었다. 라시(Lasch, 1977: 6)에 따르면, 부르주아 가족체계
는 "여성의 지위를 낮추는 동시에 끌어올렸다". 여성들은 그들의 따뜻한
여성적 자질을 가지고 그들의 남성과 아이들을 돕도록 고무되었다(Cancian,
1987: 21). 이러한 역할은 일반적으로 사적 영역에서 가치를 부여받았고, 여
성의 도덕적 권위 주장을 뒷받침했다(Barker-Benfield, 1992: 37). 여성은 그러
한 역할을 수행하는 적절한 생득적 능력 ― 남성에게는 없는 친절함, 타인에
대한 배려, 공감, 공격성의 결여, 다정함, 애정 ― 을 소유하고 있는 것으로 제
시되었다. 여성이 집을 장식하고 가구를 배치하는 방식조차도 상업세계의
혼돈과 고단함을 털어버리기 위해 설계된 집을 안락, 질서, 부드러움, 따뜻
함의 장소로 유지하는 데 중요한 것으로 간주되었다(Rojek, 1993: 74). 이것은
다시 여성을 완전히 가정의 맥락 내에 위치시키는 데 기여했다. 왜냐하면
여성은 '공적' 영역에 참여하는 데 적합한 감정적 능력을 결여하고 있는 것
으로 간주되었기 때문이다. 상업세계에서 성공하는 데 극히 중요한 것으로
인식되는 공격성, 냉정한 합리성, 경쟁심 같은 특질은 여성성으로부터 분리
되어 선천적으로 그리고 상당 정도 남성적인 것으로 위치지어졌다.

　경제적 생산과 '공적' 영역에서, 특히 부르주아 성원들의 경우에 여성의
적절한 역할은 다른 사람들(남편과 아들들)이 그들의 일을 준비할 수 있게

해주고 감정적 위안을 통해 그들의 노력을 뒷받침하는 것으로 인식되었다 (노동계급 여성은 그들이 자신들이나 그들의 가족을 부양하기 위해 집 밖에서 지불노동에 종사할 수밖에 없기 때문에 그들이 원할 경우에도 자주 그러한 이상을 달성할 수 없었다). 어머니들은 자신들이 비합리적이고 감정적으로 묘사될 때조차도 그들의 남자 아이들을 단속하고 그들을 합리적이고 냉정한 시민으로 키울 것을 기대받았다.

과학적 의학의 지식체계 또한 남성과 여성이 감정을 표현하는 방식에는 중요한 차이가 있다는 관념을 구성하고 전파하고 정당화하는 데서 중요한 역할을 수행해왔다. 이러한 관점에서 젠더 차이는 주로 남성과 여성의 해부학적 차이 – 특히 그들의 생식기관과 관련한 – 에 근거를 두고 있다. 의과학적 담론에서 여성과 감정성 간의 관계는 일반적으로 하나의 사실로서 무비판적으로 받아들여지고, 이 분야에서의 연구는 그것의 '참'임을 입증하는 데 전념해왔다. 이를테면 18세기 영국의 의사, 철학자, 소설가들은 여성이 남성보다 훨씬 더 민감하고 섬세한 '신경조직'과 '감정passion'을 가지고 있고 또 그들의 신경체계가 '더 미세한 조직'으로 이루어져 있다고 주장했다(Barker-Benfield, 1992: 26~27). 그 세기의 마지막 3분의 1경에 다정함은 품위 있는 여성의 감성적 특징의 하나로 간주되게 되었고, 그것이 신경질환에 더 많이 걸리는 것과 연관지어졌음에도 불구하고, 그러한 세련됨에 높은 가치가 부여되었다(Barker-Benfield, 1992: 28). 이처럼 보다 세련된 감성과 여성을 연계시키는 것이 여성의 도덕적 우위, 예의바른 행동, 풍부한 상상력을 암시하면서도, 그것은 또한 신체적·정신적 열등성과 관련한 의미들과도 연계지어졌다(Barker-Benfield, 1992: 36).

감정과 결부된 관념과 젠더화된 섹슈얼리티 관념 간에도 강력한 관계가 존재한다. 이를테면 여성의 섹슈얼리티에 대한 빅토리아시대의 가부장제적 접근방식은 여성을 정숙하고 섬세하고 다정한 것으로 인식했지만, 그러한 속성들은 신체적·감정적으로 여성을 지배하는 것으로 간주되는 여성생식기관의 난폭함과 혼돈스런 성격을 덮어 감추고 있는, 정성들여 꾸민 얇은 사회적 겉껍데기로 간주되었다. 스미스-로젠버그(Smith-Rosenbergm 1985: 183)가 논평한 바 있듯이, 빅토리아시대 사람들은 여성을 "고결한 동시에 열등한 존재로, 순진무구한 동시에 동물적인 존재로, 순수하지만 본질적으로 성적인 존재로" 묘사했다. 여성은 사춘기, 생리, 임신, 폐경기를 겪는 동안 특히 그들의 기분을 스스로 통제할 수 없는 것으로 거론되었고, 그러한 시기 동안에 의사로부터 격렬한 감정을 표출하는 것을 피하고 자극적인 활동을 하지 말 것을 조언받았다(Smith-Rosenberg, 1985: 186~188). 이와 대조적으로 남성은 자신들의 성적 충동에 대해 훨씬 더 많은 통제력을 가지는 것으로 인식되었다.

셔틀워스(Shuttleworth, 1990)는 빅토리아시대 잉글랜드에서 대중을 상대로 한 의학광고와 의학문헌들이 여성의 분비작용, 특히 생리에 집착하는 모습을 보였다고 지적한다. 그녀에 따르면, 당시의 의학문헌들에서 여성은 그들의 신체분비물의 흐름을 통제하기 위해 의학적 도움이 필요한 것으로 묘사되는 반면, 남성은 자신들의 내적 자원을 이용하여 자기통제력을 발휘할 것을 권고받았다. 의사들은 정신적 노력이 생리의 흐름을 방해할 수 있다고 주장했고, 그리하여 여성들에게 그들의 몸이 그들 자신을 통제할 수 있도록 하기 위해 그들의 정신을 무디게 하여 자극과 흥분 — 그것이 지적이든 또는 감정적이든 — 을 줄이라고 충고했다. 여성은 또한 임신하고 있는 동안에 그들의 아이에게 손상을 입히지 않도록 하기 위해 격한 감정상태를 피하라는 충고를 받았다. 아이의 신체적·정신적 상태는 "임신 중의 어머니의 상태와 감정 그대로의 복사물"일 수 있다고 생각되었다(Shuttleworth, 1993/1994: 38). 의학의 몇몇 권위자들은 모유수유가 어머니가 아이들에게 자신의 감정상태를 전달하는 통로일 수 있다고까지 생각했다. 이를테면 1860년에 여성병원의 한 (남자) 의사는 여성이 격렬한 감정을 경험하고 나서 아이에게 젖을 먹이는 것에 대해 경고하며, 그의 주장을 뒷받침하기 위해 남편이 폭력적 공격에서 벗어나는 것을 돕고 나서 얼마 지나지 않아 아이에게 모유를 수유함으로써 아이에게 의도하지 않게 나쁜 영향을 미친 여성에 대한 일화를 이용했다(Wright, 1988: 311).

빅토리아시대 동안에 히스테리 진단은 15세에서 40세 사이의 도시 중간계급과 중상계급 여성들에게서 흔한 일이었다. 의사들은 히스테리가 여성만 걸리는 질환이라고 여겼다. 왜냐하면 히스테리가 자궁질환에서 기원하는 것으로 인식되었기 때문이다. 히스테리의 가장 독특한 증상은 간질발작과 유사한 '발작'으로, 그것은 자주 환자가 웃다가 격하게 울기를 반복하고, 또 때에 따라서는 환상을 경험하거나 청력과 언어능력을 상실하고, 부동의 빈사상태로 이어지기도 했다(Smith-Rosenberg, 1985: 200~201). 19세기 말경 의학문헌에서는 신체적 증상보다는 기질과 퍼스낼리티 특질을 포함하는 '히스테리적 여성의 성격' 모형이 만들어지기 시작했다. "의사들은 흔히 히스테리적 여성을 감수성이 예민하고 남의 영향을 받기 쉽고, 나르시시즘적인 것으로 묘사했다. 그러한 여성들은 매우 불안정하고 그들의 기분이 겉으로 보기에 대수롭지 않은 이유들 때문에 갑자기 극적으로 변했다"(Smith-Rosenberg, 1985: 202).

히스테리가 이제 더 이상 하나의 별개의 의학적 질병으로 고려되거나 자궁과 결부되지 않지만, 그것은 현대의 등가물들을 가지고 있다. 생리 전 증후군과 폐경에 대한 오늘날의 담론 — 의학적 담론과 대중 담론 모두 — 은 흔히 여성들의 행동이 매우 감정적인 방식으로 반응하는 것을 포함하여 그들의 호르몬의 지배를 받는 것으로 묘사한다. '생리 전 증후군'이라는 용어는 배란으로 이어지는 며칠 동안에 발생하여 누적된 신체장애를 묘사하기 위해 이용된다. 히스테리처럼 생리 전 증후군은 (가슴이 부풀어 오르는 것과 같은) 신체적 증상뿐만 아니라 극단적인 정서불안 — 즉 우울증이나 공황발작과 같은 감정적 장애와 일반적인 비합리적 행동 경향 — 을 포함하는 것으로 인식된다. 생리 전 증후군으로 고통받는 여성들은 흔히 감정통제력을 상실함으로써 주기적으로 동물처럼 되고 분명한 이유 없이 버럭 성질을 내는 경향이 있는 것으로 묘사된다(Chrisler and Levy, 1990). 유사하게 폐경기의 여성들도 그들이 제어할 수 없는 변덕스러운 호르몬의 지배를 받는 것으로 제시되고, '의식의 혼미', 건망증, 감정적 동요, 변덕스러워짐, 성미 급해짐, 우울증 또는 이유 없는 격분을 경험하는 등 자기통제력을 거의 가지지 못하는 것으로 묘사된다(Lupton, 1996b).

'비감정적인' 남성

20세기 말에 '비감정적 남성'의 원형 — 항상 '감정적 여성'의 원형과의 이원대립 속에서 그 의미를 획득하는 — 은 긍정적 연상과 부정적 연상 모두를 가지고 있다. 한편에서 그것은 남성을 보다 합리적이고 더 많은 지성과 이성을 지니고 있고 더 잘 통제하고 그리하여 공적 영역에 더 적합한 것으로 제시한다. 다른 한편 감정표현이 남성과 여성 모두에게 갖는 중요성에 점점 더 주목하게 되고 감정적 감수성에 특권을 부여하고 자신의 감정을 '교류하는' 것이 중시되면서(제2장과 제3장에서의 논의를 보라), '비감정적 남성'은 또한 감정적으로 메마르고, 자아의식을 결여하고 있고, 감정을 표현할 수 없음으로 인해 스스로를 감정적 장애나 신체적 질병의 위험에 처하게 하는 것으로 자주 묘사된다. 회의실과 같은 특정한 상황에서 자신의 감정을 자신의 마음속에 담아두는 것이 여전히 남성에게 적절한 것으로 고려되면서도, 많은 다른 맥락 — 그리고 특히 친밀한 관계의 영역 — 에서는 남성들은 그들 자신은 물론 파트너, 다른 가족 성원, 친구들을 위해 자신의 감정을 드러낼 것을, 그리고 해롭고 쓸모없는 '비감정적' 남성의 원형으로 간주되는 것에 저항하고 도전할 것을 권장받는다. 그러므로 남성이 감정적 측면에서 어떻게 행동해야만 하는지를 규정하는 단일한 남성성의 표상은 존재하지 않는다.

남성성에 관한 책 — 대중 서적 및 학술적 저작 모두 — 은 통상적으로 남성들이 감정적 삶을 '저지당하는' 것으로 묘사한다. 남성은 자기 자신에 대해 '알지 못하며', 자신의 감정과 차단되어 있고, 자신이 무엇을 왜 또는 어떻게 느끼는지를 표현하지 못하는 것으로 묘사된다. 현대 서구 사회에서는 감정이라는 말은 남성의 사회적 위치를 논의하는 데서 자주 사용되고 있다. 그러한 저술들 중 많은 것이 페미니즘 저술들이 자주 사용하는 "개인적인 것이 정치적인 것이다"라는 접근방식을 취해 개인적 경험에 대한 논의와 이론적 분석을 한데 통합해왔다. 사회변화(이를테면 제2의 물결 페미니즘 운동의 영향)에 대한 남성들의 대응과 관련한 남성 관련 저술들은 그들의 무능력감, 수치심, 공포, 불안, 약점에 대해 기술하고, 남성들이 그러한 감정을 감추지 않는 것이 중요하다고 주장한다. 남성억압과 남성 역량 약화disempowerment는 빈번히 그들이 자신의 감정에 대해 말하지 못하는 것과 등치된다(Yudice, 1995).

남성성에 관한 학술적 저술가인 빅터 사이들러Victor Seidler는 남성들이 자신들의 감정을 '더욱 교류'하려고 시도할 때조차 지배적인 형태의 남성성으로의 그들의 사회화가 그것을 어렵게 만든다고 주장한다. "우리는 어린 시절에 감정을 죽이라고 배우면서 자랐고, 그 결과 우리는 남성으로 살아남을 수 있었다. 이것은 자주 남성들인 우리는 우리가 무엇을 느끼는지를 알지 못한다는 것을 의미한다. 우리는 우리에게 일어나는 일을 표현할 수 있는 단어를 가지고 있지 못하며, 또한 우리의 감정적·개인적 삶이 해체되어왔다는 것을 인식하지도 못한다"(Seidler, 1991: 37). 사이들러와 같은 저술가들은 남성이 공포, 좌절, 불안전성, 불안을 느낄 수도 있지만 그들은 자신들에게 통제되고 규율되어야 하고 받아들일 수 없는 것으로 다가오는 그러한 감정들을 부정한다고 주장한다. 심리치료사인 로저 호록스Roger Horrocks도 유사하게 다음과 같이 주장한다. "남성은 일반적으로 감정적으로 무능하고 감정을 분명하게 표현하지 못한다. 남성은 감정을 위험한 것으로 생각하고 그것을 두려워하고 피한다"(Horrocks, 1994: 30). 호록스는 자신이 어떻게 느끼는지를 알지 못하고 세상에 대해 지적으로 반응하고 다른 사람과의 친교를 멀리하는 남성을 지칭하기 위해 '감정 자폐증'이라는 용어를 사용한다. 그는 이것이 그러한 남성들에게 정서적 문제를 낳을 것이라고 주장한다. 왜냐하면 그들이 자신들의 약점, 절망, 불안, 공포, 타인에의 의존성을 표현할 수 없다는 것을 발견하기 때문이다.

남성성에 관한 저술가들은 자신들이 '여성적' 감정표현 양식으로 간주하는 것이 '남성적' 양식보다 우위에 있다고 자주 주장해왔다. 사회학자 기든스(Giddens, 1992, 1994)는 사랑과 친밀성에 대한 자신의 최신 저술들에서 남성의 감정 스타일과 여성의 감정 스타일을 분명하게 구분하고, 후자의 접근방식을 옹호한다. 그는 이전의 몇 십 년 동안 여성은 친밀한 관계 속에서 "커다란 그리고 일반화할 수 있는 중요성을 지닌 변화를 선도해"왔다고 주장한다(Giddens, 1992: 1~2). 기든스는 '순수한 관계pure relationship'가 여성들이 추구해온 이상이라고 주장한다. 기든스에 따르면, '순수한 관계'는 평등한 관계이며, "관계 그 자체를 목적으로 하여 시작되는 사회적 관계"로, 그 속에서 각자는 상대방과 그 관계로부터 이익을 끌어낸다(Giddens, 1992: 58). 기든스는 다음과 같이 주장한다. 순수한 관계가 이룩될 때 "자기인식을 동반한 감정적 소통을 통해 조직화된 평등한 관계가 가능해진다. …… 감정적으로 편안하고 다른 사람들의 감정에 공감할 수 있는 개인이 그러한 능력을 결여하고 있는 사람들보다 더 유능하고 참여적인 시민이 될 가능성이 크다"(Giddens, 1994: 193).

기든스(Giddens, 1992, 1994)에 따르면, 남성은 그러한 이상의 성취를 향해 나아가는 데서 여성에 뒤떨어진다. 여성과 마찬가지로 남성도 지난 두 세기 동안 출현해온 낭만적 관계(제3장에서 논의한)에 영향을 받아왔지만, 서로 다른 방식으로 영향을 받았다. 남성들은 한 여성과 낭만적 사랑에 빠지기도 하지만, 여성을 자신들과 동등한 사람으로 보지 않는다. 일반적으로 남성들은 주로 낭만적 사랑으로 집중되는 친밀성의 영역으로부터 스스로를 차단해왔다. 왜냐하면 그것이 성적 정복 및 만족과 관련되어 있기 때문이다. 남성들은 연애관계를 통해 자기정체성을 발전시키기보다는 일의 성취를 통해 그렇게 한다. 기든스는 유급노동 속에서 남성들이 수행하는 역할이 전통적으로 남성들로 하여금 '감정적 삶'을 차단하게 했다면, 여성들은 가사영역에 틀어박히게 되면서 '사랑의 전문가'가 되게 되었다고 주장한다.

그러므로 그러한 저술들에서 남성들은 일반적으로 다른 사람들에게 굳세고 강력하고 상처입지 않는 남성이라는 이미지를 제시하는 과정에서 '진정한 자아'를 부정하게 되는 것으로 묘사된다. 데이비드 코헨David Cohen은 자신의 책 『남성이라는 존재Being a Man』(1990)에서 승리감과 화와 같은 일부 감정들이 남성들에게 표현이 허용되는 감정이라면 무력감과 관련된 보다 부정적인 감정들은 남성들이 공개적으로 인정하거나 표현하기 어려운 감정이라고 지적한다.

> 우리의 감정이 여성의 감정보다 덜 강렬한 것은 아니지만, 어떤 감정들은 우리에게는 수치스럽다. 승리와 성공은 멋진 것이다. 만약 당신이 어떤 다른 감정 — 비참함, 공포, 근심 — 의 원인을 가지고 있다면, 그것을 감추는 것이 최선이다. 가면을 써라. 불굴의 정신을 가지고 있는 척하라. 당신이 남자답지 않아 보인다면, 다른 사람들이 그리고 여자들이 어떻게 당신을 좋아하고 존경하겠는가?(Cohen, 1990: 85)

이 이야기가 암시하듯이, '공적' 영역에서 작동하는 '비감정적 남성'의 현대판 원형 — 냉정하고 무정하고 자기통제적인 태도를 지닌 남성 — 은 남성들로 하여금 비록 그들이 공개적으로 표현하지는 않지만 자주 느낄 수도 있는 공포, 비참함, 불안의 감정을 인정하지 못하게 한다.

역사적 문헌들은 남성이 화는 물론 사랑과 애정의 감정을 포함하여 그들의 감정을 항상 억누르도록 강요받아온 것은 아니었으며, '비감정적' 남성의 원형은 일반적으로 인식되는 것보다 더 최근에 구성된 것이라고 시사하기도 한다. 이를테면 남성들은 남성 철학자, 시인, 소설가들의 저술에서 출현하는 그리고 세련된 감성의 증거로서의 감정표현에 특권을 부여한 (제3장에서 논의한) 낭만주의적 접근방식을 대체로 지지했다. 상업과 산업이라는 '공적' 영역의 출현이 남성들 사이에서 '무정한' 태도를 고무해왔을 수도 있지만, 19세기까지 줄곧 남성들은 사랑하는 감정을 서로에게 공개적으로 드러내는 능력을 여전히 가지고 있었다. 리처즈(Richards, 1987)는 빅토리아시대 사회에서, 구체적으로 말하면 적어도 동성애라는 죄에 대해 커다란 관심이 일었던 1880년대 이전까지는 남자다운 대담한 사랑은 조롱받기보다는 높은 평가를 받았다고 지적한다. 그 당시의 문서들은 학교에서 소년들 사이에서 그리고 대학에서 남자들 사이에서 엄청나게 분출되는 감정들을 담고 있었고, 특히 학창시절에 대한 묘사는 학교를 고대 그리스 모델의 순수한 이상을 따르는 소년들의 낭만화된 애정과 우정의 황금전원으로 묘사했다.

야코본(Yacovone, 1990) 또한 남성성의 역사는 소년과 남자들에게 비감정적인 냉정한 태도를 보이라고 부추기는 담론에만 초점이 맞추어짐으로써 왜곡되어왔다고 주장한다. 야코본은 미국의 노예제도 반대단체의 사회사와 지성사에 대한 연구를 수행하는 과정에서 빅토리아시대 동안에 중간계급 남성들 간의 우정이 일부 여성들 간의 우정 못지않게 매우 애정 어렸음을 암시하는 많은 문헌증거들을 우연히 발견했다. 그러니까 용인될 수 있는 것으로 고려되는 다양한 종류의 남성성이 존재했고, 그중 일부는 젠더 구분을 흐리게 하는 것이었다. 하지만 야코본은 19세기 말경에는 그러한 사랑과 애정의 배출구조차 주변으로 쫓겨났다고 주장한다. 감상성의 거부, 급속한 산업화, 대량이주, 경제적 변화, 탈구는 "근력과 힘을 숭배하는 문화를 낳았다"(Yacovone, 1990: 95).

일부 논평자들이 당연한 것으로 여기는 것과는 달리, 산업혁명 이후 남성들이 가정이라는 감정적 세계의 아웃사이더로 인식되었다는 것은 사실이 아니다. 남성이 지불노동의 영역으로 이동한 것이 그들이 집에서 가족들과 함께 지내는 시간을 줄였을 수는 있지만, 그것이 반드시 남성들 자신이나 가족건강 및 가족복리 '전문가들'에 의해 바람직하지 않은 것으로 여겨진 것은 아니었다. 19세기 이후에도 아이양육 문헌들은 남성이 아버지로서 그들의 아이를 돌보는 데서 중요한 역할을 수행하는 것이 갖는 중요성을 주기적으로 언급하고, 남성들이 그들의 의무를 이행할 시간을 가지지 못하는 것에 대해 한탄해왔다(Lupton and Barclay, 1997: ch 2).

이를테면 19세기 후반과 20세기 초에 가정환경 내에서 남편과 아버지로서 더 많은 감정적 책임을 지는 남성을 강조하는 일이 증가했음을 보여주는 증거들이 존재한다. 이는 부분적으로는 '부재하는 아버지'에 대한 관심이 증가하고 남자 아이들이 어머니에게 과도하게 많이 노출되고 아버지에게는 충분하게 노출되지 못함으로써 여성화될 수도 있다는 우려에서 기인한 것이었다. 영국과 미국 같은 나라에서는 전문가들이 남성들에게 아이양육에 더 많이 참여하고 적절한 '남성 역할 모델'을 제공할 것을 요구하고 나섰다. 특히 중간계급 아버지들은 그들의 아이들과 더 많은 시간을 보내고 엄한 권위주의자로 홀로 행동하기보다는 서로 간에 감정적 유대를 강화하기 위해 아이들에게 애정을 보여줄 것을 권고받았다. 아버지임은 남성의 자기표현의 가능한 수단 중의 하나로, 즉 감정표현을 통해 만족감과 성취감을 얻을 수 있는 하나의 수단으로 제시되었다(Marsh, 1990; Griswold, 1993; Tosh, 1996).

'비감정적 남성'의 원형은 또한 남성들의 경우에도 공적 영역과 사적 영역 모두에서 화, 공격성, 시기심, 좌절, 격정과 같은 감정들 ― 어떤 경우에는 폭력으로 이어지기도 하는 ― 이 자주 발생한다는 점을 무시한다. 제2장에서 제시한 인터뷰 응답자들의 몇몇 답변에서도 분명하게 드러났듯이, 사랑하는 감정을 드러내는 것을 경멸하는 남성들도 화, 격정, 폭력에 관한 한 그것들을 그렇게 극히 자제하지 않기도 한다. 제프 히언Jeff Hearn은 남성을 '비감정적인' 것으로 보는 구성물에 대한 하나의 대안적 견해를 피력한다. 그는 오히려 남성들이 "특히 화, 섹슈얼리티, 폭력에 관한 한, 너무나도 '감정적'이며 심각할 정도로 자제력을 잃는다(또는 실제로 과도하게 자제력을 행사한다)고 주장하고(Hearn, 1993: 143), 다른 사람의 지배 자체가 심히 감정적인 경험일 수 있다고 지적한다. 그럼에도 불구하고 히언은 남성들은 폭력적 행동이나 화가 나서 행동한 것에 대한 책임을 피하고자 할 때 자주 감정을 자아에 외재하는 어떤 것으로 보는 담론을 이용한다고 주장한다. 남성들은 감정에 '압도당하'거나 '휩쓸려'서 자신을 온전하게 통제할 수 없었다고 제시하기도 한다.

히언은 이러한 담론을 남성 섹슈얼리티에 관한 '수압' 모델에 비유한다. 이 모델은 남성이 욕정이나 욕망에 압도되어 통제력을 유지하고자 최선의 노력을 다함에도 불구하고 그들은 충동을 억제할 수 없다고 제시한다(Hearn, 1993: 147~148). 그러한 담론은 남성을 감정적으로 폭발하기 쉬운 존재로 제시하면서도, 그러한 통제력 상실은 예외적이라고 제시하거나 다른 방식으로 정당화하는 경향이 있다. 감정 격발에 대한 정당화는 자주 여성 섹슈얼리티의 유혹과 여성의 부정不貞으로 인한 체면 손상 등 여성의 행동과 관계지어진다.

해리스(Harris, 1989)는 프랑스에서 세기말(19세기의 마지막 몇 십 년) 동안에 남성에 의해 저질러진 살인사건의 거의 절반에서 피고들이 자신들의 아내, 연인 또는 라이벌을 살해한 동기로 격정을 들었다고 지적한다. 살인으로 재판을 받는 남성들은 자주 자신들의 여성 파트너의 배신행위나 다른 남성들에 의한 공개적 모욕에 맞서 자신의 남성적 명예를 지킬 필요성을 거론함으로써 자신들의 범죄를 정당화하고자 했다. 이들 피고인은 통제할 수 없는 격정이 일시적인 광기를 불러일으키거나 짐승 같은 상태로 타락시킴으로써 도덕의식을 잃게 하고 범죄를 저지르게 한다는 담론에 의지한다. 결투는 상처받은 자존심을 만회하고 화를 푸는 공식화된 수단이었고, 이는 사적 명예는 소송제도를 통해 적절히 앙갚음될 수 있는 것이 아니라는 믿음에 의해 합리화되었다. 마찬가지로 연인이나 라이벌에 대한 격정 범죄도 명예를 회복하고 격분과 질투심을 다루는 적극적 수단의 하나로 제시되었다.

19세기 말에도 프랑스 법정은 남자의 격정과 여자의 격정을 여전히 구분하고 있었다. 남성들은 격정 범죄의 경우에 신체적 야만성을 이유로 하여 법원에 의해 무죄로 판결될 가능성이 여성에 비해 훨씬 더 많았다. 반면에 폭력 범죄로 기소된 여성들은 훨씬 적은 수만이 그렇게 되었다. 해리스는 "'남편 구타'라는 보기 드문 예외에 대해 조사를 맡은 치안판사, 재판관, 배심원, 이웃들은 무섭다는 반응을 보였고, 이러한 전면적인 비난은 어떤 근본적인 규범 — 거의 금기에 해당하는 — 이 위반되었다는 것을 시사하는 것이었다"고 지적한다(Harris, 1989: 294). 폭력 범죄로 기소된 여성들은 히스테리로 고통받고 있는 것으로, 또는 생리, 임신이나 수유 같은 신체상태에 과도하게 영향을 받아 그들의 이성능력이 손상되어 있는 것으로, 그리하여 본래 불안정하고 감정적으로 격하기 쉬운 것으로 자주 묘사되었다. 이와 대조적으로 남성들은 오직 일시적인 이성 상실 상태로부터만 고통받는 것으로 묘사되고, 그러한 상태는 자주 자신들의 파트너의 부정한 행동에 대한 타당하고 정당한 감정적 반응에 의해 불러일으켜진 것으로 간주되었다.

오늘날 서구 국가들에서 대부분의 주요한 폭력행위와 범죄가 남성에 의해 저질러진다는 것은 분명한 사실이다(Connell, 1995: 83; Alder and Polk, 1996: 396). 살인을 포함하는 그러한 범죄들은 자주 여성 파트너와 관련된 소유적 질투심이나 여성 파트너에 의해 버려졌다는 절망감이 유발하는 격정을 포함한다. 아동학대와 아동살해를 포함하는 그러한 범죄들은 화와 통제력 상실은 물론 그 남자의 여성 파트너에 대한 강한 복수심과 증오와도 연관되어 있다. 하지만 또 다른 그러한 범죄들은 남성들의 무력감, 상실감, 슬픔, 무기력감과도 연관되어 있다(Alder and Polk, 1996).

서구 사회에서 특히 노동계급 남성과 젊은 남자들과 관련된 특정한 남성성 형태들은 폭력을 남성성의 일부를 표현하는 것으로 보고 그것에 특권을 부여하거나 아니면 적어도 그것을 묵인한다. 톨슨(Tolson, 1977: 43)은 영국 노동계급 소년들에게서 공격성은 '보편적 표현수단'이자 '스타일'의 토대이고 자신을 보호하는 것이라고 주장했다. 보다 최근에 코넬(Connell, 1995: 98~103)은 호주의 노동계급 출신 젊은 남성 실업자들에 대한 자신의 사례 연구에서 폭력이 그들의 삶의 주요한 일부라는 사실을 관찰했다. 카난(Canaan, 1996: 114)은 주로 영국의 젊은 백인 노동계급 남성들이 다른 젊은 남성들에 대한 폭력 — 그들을 공격하기 위해 자주 깨진 병을 사용하기도 하는 ― 에 신이 나서 참여하는 것과 관련하여 자신에게 들려준 이야기에서 자신이 느낀 "공포와 매력"을 기술한 바 있다. 이들 젊은 남성은 일부러 술에 취하여 통제력을 잃고 그들의 또래에게 난폭한 '가혹'행위를 했다. 싸우는 동안에 화를 내는 것은 용기를 얻고 고통을 느끼는 것을 피하기 위한 수단으로 평가되었고, 그러므로 상황에 대한 통제력을 유지하는 방법으로 간주되었다. 싸움은 또한 이들 젊은 남성에 의해 다른 문제들과 관련한 '자신들의' 좌절감이나 화에서 '벗어나는' 하나의 수단으로 간주되었다. 약물 사용과 폭력 모두는 가혹한 생존 현실을 '벗어나서' (즉 도피하여) 가치 있는 형태의 남성성을 구성하고 수행하는 방식으로 작동한다(Collison, 1996).

하지만 또 다른 남성성 형태들은 폭력을 부적절한 것으로 상정하는 경향이 있다. 이는 경기장과 같이 면밀하게 규정되고 통제되는 장소가 아닌 한 폭력적 행위를 통해 화, 좌절감, 공포 또는 상실감을 드러내지 말 것을 기대받는 특권계급의 남성들에게 특히 사실이다. 이를테면 부르주아 조직의 맥락에서 남성들은 화와 그것과 관련된 공격성을 말로 (화나 비꼬는 말을 통해) 표현하는 것 말고는 공공연하게 감정적으로 행동하지 말 것을 권고받는다(Hearn, 1993). 하지만 이것이 부르주아의 노동상황에는 격한 감정이 존재하지 않는다고 주장하는 것은 아니다. 그곳에서도 사람들은 여타 작업장에서 다른 사람들의 감정에 대처하는 것과 마찬가지의 방식으로 감정관리를 통해 감정을 통제한다. 로퍼(Roper, 1996)와 같은 비판가들이 지적해왔듯이, 감정은 남성적 페르소나로부터 배제되기는커녕 그것에서도 중심적이다. 작업조직이 냉정한 합리성을 그것의 이상으로 삼고 있을 수도 있지만, 남성과 여성 모두는 작업장에서 다른 사람들과 항상 감정 ― 남성들이 여성은 물론 다른 남성들과의 관계에서 경험할 수 있는 욕망, 우정, 서로 간의 끌림을 포함하여 — 을 수반하는 방식으로 관계를 맺는다(남자들의 관리관계에서 인정되지 않는 동성애적 욕망과 유혹전략에 대한 설명으로는 Roper, 1996을 보라).

유동성과 아브젝트

제3장에서 논의했듯이, 현대 서구 사회에서 이상적인 몸은 절제되고 축축하지 않은, 그리고 다른 사람들의 몸과 구분되고 그 경계를 효과적으로 단속할 수 있는 몸이다. 나 또한 제3장에서 감정의 유동성이 감정적임과 감정표현을 둘러싼 오늘날의 불안의 한 원천이라고 주장했다. 그 이유는 유동성이 무정부적 성향을 가지고 있기 때문이었다. 몸/자아의 경계를 봉쇄하거나 통제하는 것은 어려우며, 항상 그 경계를 깨고자 하는 위협이 존재한다. 유동성 또는 액체성은 빈번히 여성성과 결부지어지는 특성들이다. 전형적인 여성의 몸은 문화적으로 남성의 몸보다 더 침투할 수 있고 외부 세계로부터 덜 봉쇄되어 있다고 제시된다. 여성의 몸은 필연적으로 새어나올 수밖에 없고 또 그것을 통제할 수 없는 것으로, 즉 누출되는 경향이 있는 것으로 개념화된다(Grosz, 1994: 203). 그로츠의 표현으로, "여성의 몸은 결여 또는 부재뿐만 아니라 더욱 복잡성을 지니는 것으로, 새어나오고 통제할 수 없고 누출되는 액체로, 무정형의 흐름으로, 분비물을 분비하여 덫에 빠지게 하는 점성물질로, 단지 남근만이 아니라 자기 봉쇄력을 결여하고 있는 것으로 구성되어왔다"(Grosz, 1994: 203). 이러한 봉쇄력의 결여는 여성의 몸이 방출하는 유동체뿐만 아니라 살이 많음에서 기인하는 것으로 인식된다. 몸의 살의 야윔과 단단함이 특권을 부여받는 오늘날, 엄격하게 '관리되

지' 않은, 물컹거리는 살이 불룩 튀어나온 통통하고 펑퍼짐한 몸은 문화적으로 추한 것으로, 그리고 그 몸이 외양상 제멋대로이고 자기규율을 결여하고 있다는 점에서 심지어는 혐오스러운 것으로 제시된다(Bordo, 1993).

여성의 감정적 반응은 자주 감정의 유동성과 결부되고, 남성의 반응은 열, 그리고 불과 결부되었다. 이를테면 패테이-차베즈와 그의 동료들(Patthey-Chavez et al., 1996)의 여성용 현대 에로소설 연구에 따르면, 젠더 차이는 남성과 여성이 열정에 반응하는 방식과 관련하여 기술되었다. 남자 주인공과 여자 주인공 모두는 열정의 힘에 맞서 싸우는 것으로 묘사되었다. 남성의 경우에 그들이 맞서 싸우는 것이 여성의 몸에 대한 그들의 욕망이었다면, 여성의 경우에는 싸움의 상대가 그들 자신의 몸이었다. 남녀 등장인물들 모두는 자신들이 명료하게 생각할 수 없고 마치 약물에 취한 것처럼 행동한다는 것을 발견했다. 남자들은 흔히 뜨거운 불타는 열정을 경험하는 것으로 묘사된 반면, 여성은 유동성의 측면에서 보다 소극적으로 반응했다. "불처럼 축축한 기운이 로맨스 주인공들의 몸속을 신체 감각처럼 빠르게 흐르고, 자주 그들을 압도하는 하나의 힘(이를테면 홍수)이 된다. …… 여성들은 남성의 '뜨거운 행위와 말'에 반응하여 **녹아 용해된다**"(Patthey-Chavez et al., 1996: 88~89, 강조는 원저자).

남성의 몸 ― 실제의 또는 상상의 ― 은 일반적으로 여성의 몸보다 더 단단하고 건조한 몸이라는 이상을 따르는 것으로 간주된다. 영화 속의 허구적 남자 등장인물의 근육질의 상처받지 않는 몸 ― 영화 〈터미네이터Terminator〉 시리즈에서 아널드 슈워제네거Arnold Schwarzenegger가 연기한 몸과 같은 ― 이나 엘리트 스포츠맨의 몸은 그러한 이상의 극치를 보여준다. 존스(Jones, 1993: 89~90)가 지적했듯이, " '모든 것을 안에 담아두다', '모든 것을 쏟아내다', '눈물을 속으로 참다'와 같은 표현들 모두는 빈틈없고 누수 없고 침투할 수 없는 몸 ― 이러한 몸에서는 몸의 경계가 물질이 자기도 모르게 내부에서 외부로 나가는 것을 전혀 허용하지 않는다 ― 이라는 남성적 이상을 표현하는 은유들이다".

스포츠활동은 사회적 출신배경과 무관하게 남성들이 참여자로서건 관중으로서건 간에 전통적으로 화, 공격성, 승리감, 기쁨 같은 감정을 표현해온 수단이었다. 그러한 활동은 또한 정반대의 목적에 기여하기도 한다. 즉 그것은 참여자가 특정한 감정을 자기규율을 통해 '생산적으로' 통제하거나 배출하는 방식을 입증한다. 전통적으로 노동계급 출신과 흑인 출신 남성이 명성과 부를 획득할 수 있었던 몇몇 수단들 중의 하나인 복싱과 같은 스포츠는 특히 공격성을 통제된 방식으로 방출하는 것으로, 즉 파이터가 그의 상대에게 격렬하게 행동할 수 있음은 물론 (상대가 가한 고통을 금욕적으로 견디는 것을 포함하여) 그렇게 함으로써 자신이 쿨하다는 것을 보여주는 것으로 평가된다. 보다 자율적인 자기중심적 양식이자 감정표현보다는 자기규율에 더욱 집중하는 보디빌딩과 같은 신체활동들은 남성들이 의지력을 발휘하여 자신의 몸과 감정을 뛰어넘고자 할 수 있는 수단의 하나이다. 성공적인 보디빌딩의 결과로 강화된 근육발달은 어떤 남성이 지닌 남성성의 증거이자 자신의 몸을 통제하고 규율할 수 있는 능력을 보여주는 표지로 작동한다. 그러므로 단단하고 강인한 근육질의 몸은 감정을 포함한 그 어느 것도 부술 수 없는, 억제되고 자제된 이상화된 몸이기도 하다(Wacquant, 1995).

밀러(Miller, 1997: 102~103)는 여성의 몸은 남성들의 혐오와 욕망 모두를 불러일으킨다고 주장한다. 이것은 단지 여성의 몸이 "떡 벌리고 있는 구멍"으로 개념화되거나 끈적이는 액체를 분비하기 때문만이 아니라 남성의 몸이 생산하는 매우 심히 오염된 체액 — 정액 — 의 그릇이기 때문이기도 하다. 그는 정액이 "질을 악취가 나는 생식과 발생의 장소로 만들며, 질은 비가 많이 오고 습하고 질퍽질퍽한 습지를 혐오의 근원으로 만드는 일련의 이미지들과 비유된다"고 주장한다(Miller, 1997: 103). 밀러에 따르면, 남성들은 정액을 특히 혐오스럽고 수치심을 자아내는 것으로 바라본다. 그것은 정액이 소변이 나오는 것과 동일한 구멍으로 배출되거나 정액이 혐오감을 주는 끈적거리고 미끈거리는 질감을 가지고 있기 때문만이 아니라 그것이 문화적으로 남성의 신체통제력의 상실과 결부지어지기 때문이기도 하다(Miller, 1997: 103~104). 제3장에서 주장했듯이, 체액에 대한 통제력 상실은 혐오감, 당혹감, 굴욕감, 공포의 감정들과 결부지어진다.

여성의 몸은 가장 극단적으로는 출산의 순간에 고통, 통제할 수 없는 신체적 몸부림, 고함, 신음, 울부짖음, 비명의 소동 속에서, 즉 액체의 홍수가 동반하는 격한 감정의 소동 속에서 여성의 몸으로부터 배출되는 태아의 형태로 물질과 감정 모두를 누출하는 것으로 인식된다. 즉 피, 양수, 점액 모두는 산고를 겪는 몸으로부터 소리와 함께 배출된다. 생리하는 또는 분만하는 몸은 문명화된 것과 그로테스크한 것, 자연과 문화, 내부와 외부, 성인기와 유년기, 합리적 존재와 비합리적 존재 간의 경계에 거주한다. 생리와 분만은 그것들이 호르몬과 '자연적' 신체주기에 지배받기 때문에 예고 없이 시작되기도 한다. 생리가 산출하는 당혹감과 혐오는 다시 체액에 대한 통제력 상실과 연관지어진다. 생리는 단순히 통제력의 상실이 아니라 정확한 예측이 불가능하기 때문에 통제의 부재를 의미한다. "소녀에게 생리는 피, 상처와 고통, 그리고 불결한 것 — 눈에 보이지 않게 마르지 않는 것, 그리고 잠을 자는 중에 꿈속에서가 아닌데도 그 일이 있을 때마다 새어나오는 것을 통제할 수 없는 것 — 과 연관되기 때문에, 그것은 어린 시절에 끝낸 것으로 여겼던 통제 불능 상태가 다시 시작된다는 것을 의미한다"(Grosz, 1994: 205).

문헌증거들은 남성들이 여성을 열등하고 위험한 존재로 상정한 것은 감정적·신체적 억제력을 결여하고 있다고 인식하기 때문이었음을 암시하곤 한다. 이를테면 테베라이트(Theweleit, 1987)는 전후 독일에서 질서를 유지하고 혁명에 저항하기 위해 제2차 세계대전에서 돌아온 장교들로 조직된 독일 의용군 소속 남성들의 저술과 그들에 대한 저술들을 검토함으로써 그러한 군인들이 여성에 대해 가지고 있던 양가감정을 밝혀냈다. "그들은 여성에 대한 강렬한 관심과 냉담한 무관심, 공격성과 경의, 증오·불안·멀리함과 열망 사이에서 동요한다"(Theweleit, 1987: 24). 테베라이트는 홍수의 은유가 공산주의의 위협과 여성에 의한 위협을 나타내기 위해 이용되었다고 지적한다. 이 두 위협 모두는 군인의 몸을 삼켜버릴 가능성이 있는 것으로 개념화되었다. 의용군의 저술들 속에서 혁명의 '늪'과 '악의 세계', '통속잡지', '홍수'는 신체분비물, 특히 여성의 몸으로부터 나온다고 여겨지는 분비물들에 대한 극단적 부정성을 함의하는 신체 용어들(홍수, 적조, 끈적끈적한 물질)로 기술된다. 그러한 물질들은 혼성적이고, 끈적거리고, 흡수되고, 움직이고, 자율적이고, 삼키거나 휩쓸릴 수 있고, 뒤에 흔적을 전혀 남기지 않기에 사람을 현혹시킨다(Theweleit, 1987: 409). 군인들은 자신들을 스스로 강화하고 단련하고 폐쇄함으로써 그러한 유동체가 자신들의 몸으로 들어오거나 몸에서 나가는 것을 막을 필요가 있는 것으로 보았다. 테베라이트는 다음과 같이 지적했다. "군인-남성 댐에서는 우리가 언급해온 어떠한 물줄기도 흐르지 못한다. 그는 모든 물줄기 — '상상의' 물줄기와 실제의 물줄기, 정액과 욕망의 물줄기 — 가 흐르는 것을 막기 위해 애쓴다. …… 이 모든 흐름이 차단된다. 보다 중요하게는 단 한 방울도 몸의 껍질을 통해 새어나올 수 없다"(Theweleit, 1987: 266).

『사랑과 씨름하기: 남성이 여성, 아이, 부모, 그리고 각자와 친밀성을 놓고 싸우는 법Wrestling with Love: How Men Struggle with Intimacy with Women, Children, Parents and Each Other』(1992)이라는 제목을 달고 있는 보다 최신의 남성용 자기계발서에서 미국 심리학자 새뮤얼 오서슨Samuel Osherson이 사용한 언어를 살펴보면, 그는 유동성 은유를 이용하여 친밀성이 남성에게 유발하는 것으로 여겨지는 수치심을 자주 언급한다. 그는 관계와 접촉에 대한 열망은 남자답지 않은 것으로, 그리고 남성들이 느끼고 행동해야 하는 방식에 반하는 것으로 경험된다고 주장한다. 오서슨은 남성의 친밀성 욕구가 유발하는 수치심을 "비이지적인 감정(우리는 '아니꼽고', '비굴하고', '한심하고', '먼지보다 못한 것으로' 느끼거나 아니면 '죽고 싶을 만큼 모멸감'을 느낀다)"으로 묘사한다(Osherson, 1992: 31). 그는 그 책 도처에서 남성들이 경험하는 그리고 싫어하는 감정에 그들이 압도당하는 경험을 기술하기 위해 '감정범람'이라는 용어를 사용한다. 그는 이렇게 주장한다. "친밀성은 우리로 하여금 감정을 노출하게 하거나 무능하게 만드는 것만이 아니다. 그것은 또한 우리를 혼란에 빠뜨릴 수도 있다. 우리는 화, 슬픔, 희망 또는 절망으로 넘쳐나서 너무나도 괴롭고 불확실해져서 뭔가가 잘못된 것처럼 느끼거나, 우리의 억제 능력을 압도하는 감정의 압력하에서 파편화되거나 부서지지는 않을까 우려할지도 모른다"(Osherson, 1992: 32). 그는 그런 일이 발생할 때, "우리는 우리를 향한 수치스런 불쾌한 손가락질을 느낀다"고 주장한다(Osherson, 1992: 40). 오서슨은 계속해서 다음과 같이 주장한다. "많은 남성들이 어린 시절의 많은 부분을 그들의 감정을 억누르거나 통제하기 위해 노력하는 데 보냈다. 그러한 감정들이 몰려드는 것은 허물어지고 있다는, 즉 '계집애 같고', '나약하고', '호모 같다'는 치욕적인 감정을 유발한다"(Osherson, 1992: 41).

이 저술에서 사용한 담론과 은유에서도 우리는 테베라이트가 분석한 의용군 텍스트에서 분명하게 드러난 것과 동일한 종류의 것, 즉 감정의 유동성(그리고 끈적거림)과 관련한 공포, 불안, 혐오, 그리고 그러한 유동성/끈적거림의 여성적인 것으로의 부호화를 발견할 수 있다. 의용군 텍스트와 오셔슨의 저술 모두에서 새기 쉬운 유동적인 몸, 즉 감정으로 '넘치는' 몸은 그것의 액체성, 억제력의 결여, 그리고 그와 연관된 여성성으로 인해 여하튼 남자답지 못한 것으로, 그리고 그것의 당연한 결과 혐오스러운 것이자 수치심을 유발하는 것으로 제시된다.

몇몇 이론가들은 남성이 감정표현과 친밀한 관계에 접근하는 방식이 왜 여성과 다른지에 대한 정신역학적 설명을 추구해왔다. 그들은 남성이 여성을 과도하게 감정적이고 통제하지 못하는 존재로 상정하는 것의 바탕에는 다른 사람들에게 너무 가까워지는 것에 대한 그들 자신의 두려움이 자리하고 있다고 주장해왔다. 그들은 남성성 프로젝트가 정신역학 수준에서 여성성 프로젝트보다 훨씬 더 빈약하다고 주장한다. 그 결과 남성들은 그들의 젠더와 관련하여 여성보다 더 불안해하고, 항상 자신들의 남성적 주체성을 확인받고 싶어 한다. 그리고 남성들은 자신들을 침투할 수 없고 독립심이 강하고 자율적이라고 제시하고자 하는 시도 속에서 방어전략을 취하는 경향이 있다. 남성과 여성 모두가 감정의존성 ― 친밀성의 일부로서 자신들의 자기억제력과 자율성을 잃게 하고 의심하게 하는 ― 을 의식하기는 하지만, 특히 남성이 그것을 깨닫고 그것이 정신역학 수준에서 초래하는 불안과 열등감을 자신들과 분리시켜 그것들을 여성 타자에게 투영하는 방식으로 그러한 감정들에 대처할 가능성이 더 크다.

크리스테바(Kristeva, 1982)에게서는 어머니와의 관계와 개별화 과정이 사랑, 증오, 좌절, 상실, 공포뿐만 아니라 혐오까지를 포함한 격한 감정의 원천이다. 크리스테바는 자신의 아브젝트abject 개념[이질적이고 더러워서 경계 밖으로 버려질 것 - 옮긴이)] ─ 그녀는 이를 "정체성, 체계, 질서를 교란하는" 것으로 기술한다(Kristeva, 1982: 2) ─ 을 어머니-유아 관계에서 처음으로 발생하는 경계성liminality에서 연원하는 것으로 설정한다. 그녀는 그러한 경계성이 격한 그리고 자주 상충하는 감정들을 유발한다고 주장한다. 크리스테바는 정신분석학이론뿐만 아니라 인류학자 더글러스의 저작 ─ 경계의 상징성과 그러한 경계의 위반이 초래하는 공포와 혐오에 대한 그녀의 저작은 사회문화이론에서 대단한 영향을 미쳐왔다(제3장을 보라) ─ 에도 의존한다. 크리스테바는 몸의 경계의 위반이 유발하는 감정의 기원을 유아기 동안의 개별화 과정에 위치시키고자 한다(클라인의 저작에 관한 제1장에서의 논의를 참조하라). 그녀는 유아가 개별화의 일환으로 어머니를 '타자'로 구성할 때 발생하는, 안락하고 자양분을 제공하는 어머니의 강력한 몸과의 일체성 상실이 비애감을 수반한다고 주장한다. 그러나 유아가 자율성을 획득할 수 있는 것은 오직 어머니의 몸을 아브젝트로 구성하는 것을 통해서뿐이다. 자신과 타자의 몸과의 경계를 흐리게 하는 것에 대한 (성인의 삶으로까지 이어지는) 반발과 끌림 사이의 동요는 물론, 경계적인 것liminal ─ 자기억제력 또는 자아/타자의 '적절한' 정의의 결여 ─ 로 인식되는 것이 야기하는 매력과 혐오 모두가 여기서 유래한다.

아브젝트는 그것의 중간적 성격 때문에 자아정체성과 자기억제력을 위협한다. 아브젝트가 유발하는 감정들, 즉 증오와 혐오, 욕망과 매력은 거의 전적으로 본능의 수준에 자리하고 있으며, 그것의 기원은 의식 수준에서는 전혀 설명될 수 없다. 크리스테바가 기술하듯이, "아브젝시옹abjection[아브젝트를 경계 밖으로 내버리는 것 - 옮긴이] 내에는 내·외부의 엄청난 것으로부터 유출된 것으로 보이는 위협에 반발하여 그것을 가능한 것, 견딜 수 있는 것, 생각할 수 있는 것의 밖으로 추방하는, 존재의 은밀한 폭력적 반란들 중의 하나가 자리하고 있다"(Kristeva, 1982: 1). 중요한 것은 무의식 속에서 어머니와의 원래의 연계 때문에 아브젝트가 항상 문화적으로 여성적인 것과 연계되어진다는 것이다. 따라서 경계적인 것, 자신과 타자 간의 경계를 깨는 것, 자기억제력을 위협하는 것으로 고려되는 몸이나 물질 또는 사물들은 일반적으로 '여성적인 것'으로 부호화된다(Grosz, 1994).

영향력 있는 정신분석학적 페미니즘이론가 낸시 초도로우(Nancy Chodorow, 1978, 1989) 역시 대상관계이론을 채택하여 남성들이 자아정체성과 자율성을 실현하기 위해 자신들을 여성과 구별짓는 방식을 탐구한다. 초도로우는 여성이 유아의 기본적인 돌봄 역할을 맡기 때문에 아이들은 그들의 발달 과정의 일부로서 (그들의 아버지보다는) 어머니로부터 독립하고 또 유아의 일부인 어머니의 몸과의 공생을 거부할 것을 강요받는다는 관념에 근거한다. 특히 남자 아이들은 그들의 어머니가 여성이고 그들 자신은 남자가 되어야 한다는 것을 깨닫자마자 남성적 자율성을 추구하는 과정에서 그들의 어머니와의 밀접한 관계를 거부하고자 한다. 초도로우는 그 결과 남자 아이들은 어머니라는 인물과 그녀와 결부된 여성적 속성 — 친밀성, 의존성, 감정성 — 을 거부하고 부정한다고 주장한다. 남성성은 여성적이지 않은 것에 의해 규정된다. 그것은 여전히 불확실한 채로 남아 있고, 따라서 항상 입증될 것이 요구된다. 어린 남자 아이들과 성인 남성들이 자주 여성성과 여성에 대한 혐오를 드러내는 것도 바로 여기에서 연유한다.

초도로우는 그렇기 때문에 남성들은 그들의 어머니, 그리고 더 나아가 모든 여성과 매우 양가적인 관계를 맺는다고 주장한다. 즉 남성들은 욕망과 불안, 의존성과 자율성 사이에서 괴로워하고, 여성의 몸에 빠지기를 원하면서도 동시에 그것을 두려워한다. 많은 남성들은 지배적인 문화적 형태의 남성성을 취하고자 하는 시도의 일환으로 견고한 에고 경계를 유지하고 관계 맺음으로부터 자신들을 방어하고자 노력하기 때문에, 다른 사람들과 인정 넘치고 친밀하고 배려하는 관계를 맺는 데 어려움을 느낀다. 초도로우에 따르면, 다른 한편에서 여자 아이들은 어머니로부터 (타인이 아닌 마치 자기 자신이거나 한 것처럼) 나르시시즘적으로 사랑받는다. 그러므로 여자 아이들은 보다 확실한 젠더 정체성을 가지지만, 다른 사람들과의 관계에서 보다 약한 자율성 의식을 가진다. 초도로우는 여성이 여성성 발전 과정의 일환으로 남성과 동일한 정도로 개별화 과정을 거칠 필요가 없기 때문에, 즉 여성은 다른 여성으로서의 어머니와 동질감을 가질 수 있기 때문에, 그들은 덜 자율적이고 자율성과 의존성 간의 긴장으로 가득 차지 않은 동족 자아의식을 더 가지는 경향이 있다. 초도로우에 따르면, 남성들이 자신들의 감정적 친밀함의 욕구를 거부할 때, 그들은 자신들의 감정을 자신들이 연루된 여성에게 투영하거나 그것을 억누르며, 그리하여 사랑의 욕구를 표현하는 사람들을 견딜 수 없어 하게 된다. 남성들은 배타적이고 강렬한 관계를 기대하면서도 두려워한다. 반면 여성은 그러한 욕구를 더 잘 표현할 수 있는 능력을 가지고 있다.

이러한 정신역학적 과정을 통한 젠더 재생산을 다룬 초도로우의 초기 저작은 일부 사람들에 의해 접근방식이 너무나도 구조주의적이라고, 즉 개인들이 자신들의 젠더화된 자아의식을 발전시키고 다른 사람들과 관계를 맺는 방식에 다양성과 변화의 여지가 거의 존재하지 않는다고 비판받아왔다. 초도로우는 보다 최근의 저작(Chodorow, 1995)에서 젠더와 사랑은 물론 (역시 친밀한 관계에 대한 사람들이 반응을 틀 짓는) 개인들의 본가에서의 개인적 생활경험을 둘러싸고 회자되는 문화적 담론, 서사, 판타지를 고려하는 것의 중요성을 강조해왔다. 그녀는 그렇게 함으로써 개인의 삶의 경험과 정신psyche에 초점을 맞추는 정신역학과, 개인의 젠더화된 사회적 지위와 특정한 역사적 순간에 특정 문화 집단의 성원으로서의 사회적 지위 또한 그 또는 그녀의 감정적 자아의 극히 중요한 구성요소로 바라보는 인식을 하나로 묶는다.

> 젠더는 남성과 여성이 사랑하는 방식에서 중요한 요소이다. 그리고 모든 남성과 여성의 사랑의 판타지, 욕망 또는 관행은 부분적으로 그들의 젠더화된 자아의식에 의해 틀 지어진다. 그러나 이러한 젠더화된 자아의식 자체는 개인적으로 그리고 특히 문화적 의미와 (특정 개인의 정신분석적인 전기와 결합되어 있는) 개인적인 감정적 의미를 독특하게 융합함으로써 만들어진다(Chodorow, 1995: 100).

초도로우는 사람들이 자신들의 부모와 다른 가족 성원, 매스미디어, 교육제도 등을 통한 사회화를 통해 자신들이 학습한 문화적 레퍼토리를 의식적·무의식적으로 전유함으로써 자신들의 감정적 반응을 만들어낸다는 점을 강조한다. 그녀는 하나의 문화적 맥락 내에서조차 개인들이 이용하고 의존할 수 있는 여러 형태의 남성성과 여성성이 존재한다는 것을 인정한다. 하지만 그중 어떤 것이 다른 것들에 비해 헤게모니를 가지고 있고, 따라서 보다 많은 문화적 반향과 영향력을 가지는 경향이 있다. 그럼에도 불구하고 그러한 지배적인 젠더 형태들조차 경쟁의 대상이 되며 변화될 수 있다.

이러한 주장은 영국의 이성애 남성과 여성의 관계에 대한 논의를 포함하고 있는 홀웨이의 연구에서 뒷받침된다(또한 그녀의 연구에 대해 제1장에서 논의한 것도 보라). 초도로우와 같이 홀웨이(Hollway, 1984, 1989, 1995)도 친밀성에 대한 개인들의 반응이 감정과 젠더에 대한 주요한 지배적 담론은 물론 그들의 부모와 형제와의 어릴 적 관계의 이력과 같은 개인적 경험의 특징들을 통해 구조화된다고 주장한다. 그러한 어릴 적의 개인적 경험의 영향으로 인해 일부 사람들은 다른 사람들에 비해 자율성의 욕망과 통제의 욕망 사이에서는 물론 다른 사람들과의 친밀함과 의존성 사이에서 발생하는 동요를 더 성공적으로 다루기도 한다. 그럼에도 불구하고 그녀의 연구는 남성들이 여성들보다 의존성을 위협적이고 불안정하게 만드는 것으로 생각할 가능성이 더 크다고 제시했다. 홀웨이는 자신이 연구한 남성들이 그들의 감정적 친밀성의 욕구를 자신들의 여성 파트너에게 투영하고 또 너무 가까워지고 의존적이 되는 것을 두려워하는 경향이 있음을 발견했다.

홀웨이의 남성 인터뷰 응답자 중 한 명은 다음과 같이 말했다. "나는 깊이 빠지는 것을, 그리고 그 다음에는 그러한 관계 형성이 요구하는 것에 대처할 수 없다는 것을 매우 두려워한다"(Hollway, 1984: 244). 그는 계속해서 어떤 관계에서 자유를 유지하고자 하는 욕구, 그리고 파트너에게 사랑을 고백하면서조차 책임을 회피하고자 하는 자신의 욕구에 대해 말했다. "깊이 빠지는 것" 또는 "떠나보내는 것"에 대한 그의 두려움은 다른 사람을 신뢰하는 것과 관련하여 남성들이 느끼는 강한 취약성 의식을 입증한다. 왜냐하면 어떤 사람이 감정을 드러낸다는 것은 다른 사람에게 권력을 부여하는 것이기 때문이다. 또 다른 남성 인터뷰 응답자도 유사하게 "당신이 한때 다른 사람들에게 당신이 그들을 필요로 한다는 것을 드러내 보인 적이 있다면, 당신은 자신을 매우 취약하게 만든 것이다"라고 말했다(Hollway, 1989: 246). 홀웨이는 "여성은 헌신을 필요로 하는" 반면 남성은 그렇지 않다는, 계속 이어져 내려오고 있는 담론의 근원을 이루는 것이 바로 남성들이 느끼는 불안을 이처럼 여성에게 투영하는 것이라고 주장한다. "여성을 친밀하고 안정적인 관계에 대한 열망과 관련한 담론의 주체로 재생산하는 것은 남성이 그들 자신의 욕구(그리고 그것이 여성에게 부여할 수도 있는 권력)와 관련된 위험으로부터 남성을 보호한다"(Hollway, 1984: 245~246).

이와 같이 그로츠, 크리스테바, 초도로우, 홀웨이의 저술들은 자신의 경계를 봉쇄하지 못하는 것으로 인식되는 새어나오는 몸, 그리고 그러한 유동성과 관련된 공포와 혐오의 정신역학적 기원을 규명하는 데 기여한다. 남성과 여성 모두의 정신발전의 일부인, 어머니의 몸으로부터의 개별화 과정이 그 몸과 관련한 매우 강렬한 감정들 — 주로 사랑과 증오 — 을 발생시키기 때문에, 여성의 몸은 성인기로 이어지는 그러한 감정들의 저장소로 상정된다고 주장된다. 특히 남성들은 여성성의 안티테제로 설정된 남성성을 확립하고 유지하고자 시도한다. 남성들은 그들 자신의 몸/자아의 유동성과 무절제성, 그리고 그들이 내적으로 인식하는 감정적 의존성을 거부하기 위한 시도의 일환으로, 여성들을 그들의 통제할 수 없는 육체성으로 인해 더욱 취약하고 더욱 의존적이고 더욱 혼돈스런 존재로 제시한다(Grosz, 1994: 200).

여성들 스스로가 유동성, 감정성, 통제력 상실 ─ 이성들이 결합하여 여성성을 열등한 것으로 표상한다 ─ 의 의미를 위협하거나 깨뜨리기도 한다. 일부 여성들, 이를테면 가혹한 다이어트와 운동을 하거나 섭식장애를 가지고 있는 여성들은 그들 자신의 (여성이기 때문에) 제어 불가능한 몸을 규율하기 위한 하나의 시도로 그러한 신체관행에 참여하기도 한다. 그들은 자신들의 '여성적' 살을 점차 제거하는 것을 단단하고 봉쇄된 건조한 몸이라는 남성적 몸을 향한 하나의 상징적 조처로 인식한다(Bordo, 1993; Heywood, 1996). 맬슨과 어셔(Malson and Ussher, 1996)는 신경성 무식욕증을 가지고 있는 23명의 여성들과 행한 인터뷰에서 그들이 생리하는 여성의 몸과 감정적임에 대해 부정적 태도를 표출한다는 것을 발견했다. 그 여성들은 원형적 여성성을 불안정한 감정성을 포함하는 것으로 생각했고, 그러한 감정성 자체는 그들에 의해 취약성 및 통제력 상실과 결부지어졌다. 그들은 자신들이 여성의 몸이 갖는 부정적 의미를 극복하기 위한 시도의 일환으로 자신들을 자신들의 '이질적인' 생리하는 몸과 구별하고 싶어 한다고 말했다. 자신들의 먹기를 통제하는 것은 그들이 규율되는 봉쇄된 몸이라는 이상을 추구하기 위해 선택한 수단이었다. 그러한 신체관행은 여성적인 살집을 줄여 몸집을 조금씩 줄여줄 뿐만 아니라 자주 무생리라는 부작용을 낳기도 한다. 그것이 자신들이 생리와 연관짓는 혼돈스런 감정과 신체적 유동성을 종식시켜주기 때문에, 그것은 신경성 무식욕증 여성들에 의해 긍정적으로 평가되기도 했다.

섭식장애로 고통받지 않는 여성들조차도 몸과 자아의 규제 불능성과 여성성을 연계짓는 의미들을 깨뜨림으로써 그러한 의미를 극복하고자 하기도 한다. 또 다른 연구에서 루츠(Lutz, 1990)는 15명의 미국 남성과 여성을 인터뷰하여, 감정통제에 대한 그들의 담론을 분석했다. 그녀는 여성들이 남성들보다 두 배나 더 자주 감정통제에 대해 이야기했다고 지적했다. 루츠는 그러한 담론 유형을 감정통제력 상실과 여성성 모두에 부여되는 부정적 의미를 통해 설명할 수 있다고 주장한다. 따라서 여성들은 자신들이 남성들에 비해 감정에 대한 통제력을 더 쉽게 상실하고 따라서 더 많은 의식적 통제가 요구된다고 인식하기도 한다. 루츠에 따르면, 여성들이 통제력 상실과 연관된 부정적 의미를 알고 있기 때문에, 여성들은 감정통제를 유지하는 것의 중요성을 분명하게 표현하고 자신들을 낙인찍힌 여성의 원형과 분리시킴으로써, 자신들을 '통제자'이자 '통제받는 사람'으로 이중적으로 위치짓는다(Lutz, 1990: 73~74).

제2장에서 기술했듯이, 내가 수행한 인터뷰 연구에서 여성들은 단지 자신들이 여성이라는 이유로 감정적이라고 상정되는 것에 대해 양가감정을 드러냈다. 남성과 여성 모두는 어떤 맥락(특히 친밀성의 영역)에서는 감정을 표현하는 것이 중요하며 남성보다 여성이 그러한 표현 능력을 더 많이 가지고 있다는 것에 동의했다. 하지만 그들은 또한 특정한 맥락에서는 여성성과 감정성을 결부짓는 것이 여성에게 불리하게 작동한다고 인식했다. 이를테면 일부 여성들은 작업장이라는 상황에서 자신들이 '감정적 여성'으로 상정되는 것에 대해 우려하고, 그것을 피할 수 있는 신중한 전략을 수립하기도 했다. 또 다른 여성들은 여성에게 부여된 부정적 의미를 인식하고 그것과 싸우고 있었다.

감정노동과 친밀한 관계

최근 '감정노동emotional labour'이라는 용어가 젠더 및 친밀한 관계와 관련하여 사용되고 있다. 이 용어는 때때로 '감정작업emotion work'이라는 용어와 바꿔 쓸 수 있는 말로 사용되지만, 보다 구체적인 의미를 지니고 있다. 제1장에서 주장했듯이, '감정작업'은 '감정규칙'에 따라, 또는 사람들이 특정한 상황에서 어떤 종류의 감정을 느껴야 하는지와 관련한 기대에 따라 감정을 구성하는 것을 지칭한다. '감정노동'은 보다 구체적으로 다른 사람의 감정에, 특히 특정 사회적 단위 또는 작업장 내에서 조화를 유지할 목적의 일환으로 대처하는 것과 관련하여 사용된다(이를테면 Hochschild, 1983; James, 1989; Duncombe and Marsden, 1993, 1995, 1998을 보라). 여성이 남성보다 훨씬 더 많이 감정노동에 종사하며, 이는 여성이 사회적·경제적으로 불리한 처지에 있음을 보여주는 하나의 특징이라고 주장되어왔다. 이를테면 던콤브와 마스덴(Duncombe and Marsden, 1993: 234)은 여성이 집에서 수행하는 감정노동을 '감정적 집안일'과 '보이지 않는 가사노동'이라고 부른다. 그들은 여성들이 가족관계의 감정적 측면을 유지하는 책임을 지고 있음을 고려할 때 많은 여성들이 '3교대'로 일하고 있다고 주장한다. 그들에 따르면, "친밀성과 감정적 호혜성의 추구는 젠더 불평등의 마지막 영역이다"(Duncombe and Marsden, 1995: 165).

가족의 맥락에서 감정노동과 관련된 일에는 계속해서 다른 사람들의 감정상태에 주목하고 반응하는 것뿐만 아니라 그러한 맥락에서 '부적절한' 것으로 간주되는 다른 사람들의 감정을 규제하고 고통을 줄이기 위해 행동하는 것도 포함된다. 그것은 여성이 다른 사람들에게, 특히 가족 성원들에게 증명할 것을 기대받는 헌신적인 '돌봄'의 일부이다(James, 1989: 26). 따라서 여성의 감정노동의 목적은 사회질서와 규범을 유지하고 그것들을 한 세대에서 다른 세대로 재생산하는 것이다. 하지만 아이러니하게도 그러한 일은 일반적으로 노동으로 간주되지 않는다. 왜냐하면 그것이 자주 무급이며, 아내와 어머니로서의 여성의 '천부적' 역할이라는 당연시되는 관념과 결합되어 있기 때문이다. 하지만 제임스가 지적하듯이, 감정노동은 많은 노력, 생각, 시간을 요구한다. "감정이 '비합리적'인 것으로 간주될 때, 감정과 조직을 결부짓기란 어렵다. 하지만 감정을 관리하기 위해서는 다른 '일' ― 지불노동과 부불노동 ― 과 마찬가지로 예상, 기대, 계획, 일정표 짜기, 분쟁조정이 요구된다"(James, 1989: 27).

결혼과 가족의 맥락에서 돌보미로서의 여성의 역할은 여성을 영원히 '공적' 영역보다는 '사적' 영역에 위치시키게 하는 동시에 여성으로 하여금 남성이 '공적' 영역에 참여하는 것을 지원하는 일을 하게 한다고 비판받아왔다. 남성들은 집에서 감정노동의 수행자가 아니라 그것의 수혜자이며, 그것이 남성들이 작업장이라는 장소에서 감정작업을 효과적으로 수행할 수 있게 해준다고 주장된다. 멀홀랜드Mulholland가 주장하듯이, 어떤 남성들은 실제로 "가정생활을 자신과 감정적으로 단절시키기도 한다. 그들은 가족문제와 마주하거나 그것의 해결책을 찾기를 거부한다. 남성들의 일이 가족생활과 연관된 문제들에 그들이 더 깊이 관여하는 것을 피하게 하는 구실을 제공한다"(Mulholland, 1996: 143). 이는 '사적' 영역과 '공적' 영역 간에 흔히 설정되는 구분이 얼마간 인위적이라는 것을 암시한다. 왜냐하면 이 경우에서도 '사적' 영역에서 여성이 수행하는 감정노동과 여타 노동은 남성이 계속해서 '공적' 영역에 참여하여 성공하는 것의 일부를 이루고 있기 때문이다. 멀홀랜드(Mulholland, 1996)는 '일중독'에 빠진 영국 남성 기업가들과의 인터뷰에서 그들이 실제로 자신들의 아내를 자신들이 긴 노동시간에 지쳐서 늦게 집에 들어왔을 때 그들에게 몹시 필요한 감정적 구원을 제공해주는 것으로 바라본다는 것을 발견했다. 남성들은 육아와 가정문제의 짐을 덜어주는 것이 '좋은' 아내라고 인식했다.

　나는 제3장에서 '진정한' 자아를 발견하고 그것에 정성을 쏟는 그리고 친밀한 관계를 유지하는 프로젝트의 일환으로 감정의 표현과 드러냄이 점점 더 중시되어왔다고 지적했다. 그러한 활동들은 남성과 여성 모두에게 중요한 것으로 제시되어왔지만, 여전히 여성이 남성에 비해 그러한 일에 훨씬 더 유능하고 더 기꺼이 그러한 일을 한다고 인식되고 있다. 남성과 여성이 부모로서 수행하는 활동에 대한 한 조사연구는 여성이 돌봄노동과 감정노동을 훨씬 더 많이 수행하는 경향이 있고, 게다가 그러한 일에 더 많은 능력을 가지고 있는 것으로 간주된다는 관념을 뒷받침한다. 베르헤연(Verheyen, 1987)은 1980년대 초에 네덜란드의 남성과 여성을 대상으로 수행한 연구에서 아버지와 어머니가 자신들을 특히 부모임의 관계적 측면 및 정서적 측면과 관련하여 서로 다르게 판단한다는 것을 발견했다. 그녀는 부모 모두의 경우에서 어머니가 일반적으로 부모임의 관계적·정서적 측면의 영역에서 '전문가'로 고려된다는 것을 발견했다. 아버지들은 자식들에 관여하지 않고 그들과 함께 시간을 보내지 않는 것을 후회하는 경향이 있었다. 하지만 동시에 그들은 자신들의 일 때문에 그것은 불가피한 것이었으며 따라서 바꿀 수 없다고 생각하는 경향이 있었다. 베르헤연은 어머니로서의 여성들이 자신들이 아이들과 갖는 관계를 포함하여 모든 관계의 관계적 측면을 더 많이 인식하고 있는 반면, 아버지로서의 남성들은 자신들을 그들의 아이들로부터도 독립되어 있는 존재로 규정한다고 주장한다. 베르헤연은 그 결과 어머니가 아버지보다 아이들과의 정서적 관계를 더 잘 인식하고 그것에 대해 자기 비판적이고, 아이들의 욕구에 더 민감하다고 주장한다[또한 유사한 결론을 내리고 있는 리벤스(Ribbens, 1994)와 왈저(Walzer, 1996)의 연구도 보라].

던콤브와 마스덴(Duncombe and Marsden, 1993, 1995, 1998)은 결혼생활을 오랫동안 지속해온 커플을 대상으로 하여 그들의 관계에 대한 인터뷰를 수행했다. 그들은 그 자료에 근거하여 근대의 많은 이성애적 관계에서 감정 표현의 불균형이 분명하게 드러난다고 주장한다. 그들은 여성이 그러한 관계에서 대부분의 감정노동을 수행하고 친밀감을 드러내는 행동을 '한다'고 주장하고, 남성들은 유사한 정도로 친밀한 감정을 표현할 수도 없고 표현하지도 않을 것이라고 불평한다. 그들의 연구에서 여성들은 이를테면 그들의 파트너가 자발적으로 사랑과 애정을 표현하며 감정적으로 '특별한' 느낌을 받게 만들어주기를 원하지만, 대부분의 경우에 그들은 자신들의 파트너가 그렇게 해준다고 느끼지 못했다. 그들은 남자들이 자신들의 일을 우선시하여 집 밖에서 시간을 보내기 때문에 마치 자신들이 '버려진' 것 같다고 느꼈다(또한 제2장에서 언급한 나의 연구에서 이 문제에 대해 일부 여성들이 드러낸 의견들도 참고하라). 그 연구에서 남성들은 무엇이 문제인지를 이해하지 못하는 것으로 보였고, 어떤 경우에는 그들의 파트너의 요구가 (일터에서 고된 하루를 보낸 후에는 특히 더) 불합리하다고 생각했다. 남성들은 자신들이 감정을 가지고 있다고 인정하면서도, 자신들이 그러한 감정을 아내에게 노출하는 것을 좋아하지 않는다고 주장했다.

비평가들은 여성들은 유급 고용 상태에서도 일반적으로 남성보다 더 많은 감정노동을 할 것을 기대받으며 고객이나 손님을 세심하게 다루는 일을 포함하는 '돌봄' 산업이나 '서비스' 산업(이를테면 판매원, 간호사, 접객 승무원)에서 여성이 과잉 대표되고 있다고 주장해왔다(Hochschild, 1983; James, 1989). 비서직에 있는 여성들도 자주 특정인을 '돌볼' 것을 기대받는다. 왜냐하면 그들은 상관에게 거의 아내나 어머니처럼 일함으로써 상관이 감정의 균형을 유지할 수 있게 하고, 또 상관이 자신에 차 있고 유능하고 또 심란한 감정상태에 의해 마음이 흔들리지 않는 것처럼 보이게 하는 일을 '막후에서' 수행하기 때문이다(Pringle, 1989). '사소한' 것처럼 보이는 경향이 있고 또 자주 인정받지도 못하는 그러한 감정노동이 전문적 또는 관료제적 일터에서 보다 중요한 지적 또는 수익산출적 활동으로 보이는 일들을 지원한다(Davies, 1996). 파킨(Parkin, 1993) 또한 (자주 젠더화되어 있는) 유급노동 환경 속에서 일어나는 감정표현 또는 감정억제의 공간적 차원에 대해 지적한다. 이를테면 대학에서 비서와 행정직원은 일반적으로 항상 다른 사람들과 공유하는 '공개적' 구역에서 일함으로써 거의 프라이버시가 허용되지 않고 또 근무시간 내내 '공개된 상태'로 있을 것을 요구받는 반면, 학문적 종신직원은 초대하지 않는 한 어느 누구도 들어올 수 없는 자신만의 사무실을 가지고 있다. 전자의 노동자 집단이 주로 여성들이라면, 후자는 주로 남성들이다.

하지만 감정노동이 감정표현을 부추기거나 사람들을 진정시키거나 행복하다고 느끼게 만드는 것에 관한 것일 필요가 없다는 것을 인식하는 것이 중요하다. 여성이 유급 일터와 집에서 남성보다 그러한 종류의 활동에 더 많이 종사한다는 것은 아마도 사실일 것이다. 그러나 남성들도 일터나 자신들의 친밀한 관계에서 미덕으로 간주되는 것을 위해 자신들의 감정을 억누르는 것과 같은 또 다른 종류의 감정노동을 한다. 이를테면 자신들의 가장 최근 저술들에서 던콤브와 마스덴(Duncombe and Marsden, 1998)은 감정노동이 "자신을 표현하는" 것으로 한정될 필요가 없다는 점을 지적해왔다. 가정에서 자신의 파트너가 고민하거나 걱정하지 않게 하기 위해 남성들이 자신들의 불안과 좌절 ─ 일과 관련된 그것들을 포함하여 ─ 을 파트너에게 숨기는 것도 감정노동에 해당할 수 있다. 일터에서 직업적 자아를 드러내거나 사회적 불협화음을 피할 목적으로 불안이나 화의 감정 또는 좌절을 혼자만 간직하는 것 또는 마음속으로 싫어하는 사람을 좋아하는 척하는 것도 남성과 여성 모두가 참여하는 감정노동의 한 형태로 간주될 수 있다.

일부 페미니스트들이 자신들이 여성성과 감정성 간의 부정적 관념연합이라고 보는 것을 비판하고 그러한 의미들을 깨뜨리거나 그것들에 이의를 제기해왔지만, 다른 페미니스트들은 또 다른 방침을 채택하여 자신들이 여성의 고도로 발전된 감정적 감수성과 감정표현 능력이라고 보는 것에 특권을 부여하고자 해왔다. 이러한 독해에서 감정성은 우월한 의미를 부여받고, 지적 활동이나 합리성과 직접적으로 대립하는 것으로 제시되지 않는다. 특히 감정성은 부정적 감정보다는 긍정적 감정, 즉 화나 증오보다는 사랑, 동감, 친절함과 관련되어 있는 것으로 제시된다. 이러한 페미니즘 담론은 또한 감정성을 비이기적인 방식으로 다른 사람들과 관계 맺고 다른 사람들을 돌보는 능력과 동일시하는 경향이 있다. 감정노동은 그 나름의 보상을 받는 가치 있는 활동으로 제시된다.

이러한 관점의 옹호자들은 인간의 삶을 본질적으로 상호의존적이고 다른 사람들과의 감정적 관계 속에서 살아가는 것으로 인식하고, 여성, 특히 어머니가 입증하는 상호관계성, 관계 맺음, 돌봄과 공감의 윤리에 특권을 부여한다. 이러한 주장에는 자율적이고 개별화되고 비관계적인 자아라는 남성화된 관념 ― 즉 그들이 '관계적 존재' 모델에 비해 축소적이고 제한적이라고 간주하는 비관계적 존재 모델 ― 에 대한 경멸이 내재해 있다(이를테면 Gilligan and Rogers, 1993; Jordan, 1993; Ruddick, 1994를 보라). 그러한 문헌들은 친밀한 관계에서 여성이 수행하는 감정노동을 역량 약화와 사회경제적 불이익에 기여하는 것으로 부정적으로 고려하는 것이 아니라 오히려 여성의 권력과 자아실현의 잠재적 원천의 하나로 볼 필요가 있다고 넌지시 주장한다.

남성적 감정성의 '여성화': 평등을 향하여?

내가 앞에서 주장해왔듯이, 남성성에 대한 새로운 저술들은 남성들이 자신들의 감정을 다른 사람들, 특히 친밀한 사람들에게 현재보다 더 많이 표현해야만 한다는 가정을 재생산하는 경향을 드러내왔다. 양육에 남성이 더 많이 참여할 것을 요구하는 페미니즘 비평가들의 저술과 더불어 이러한 '새로운' 아버지에 대한 관심의 증가는 여성이 '천부적으로' 남성들이 가지지 못하는 방식의 감정노동 능력을 갖추고 있다는 관념에 문제를 제기하는 것이었다(Lupton and Barclay, 1997). 대중 포럼과 전문가 포럼 모두에서 이러한 남성 감정의 '여성화' 움직임은 일반적으로 긍정적인 것으로, 즉 남성과 여성 간의 보다 평등한 관계와 아버지와 자식들 간의 보다 강한 감정적 유대를 낳을 가능성이 있는 것으로 제시되고 있다.

그러므로 이러한 묘사들 속에서 '여성적' 또는 '열린' 접근방식이 감정적 행동의 아주 적절한 방식으로 제시되는 반면, '남성적' 접근방식은 남성과 그들의 친구들 모두에게 어리석고 구식이고 해로운 것으로 묘사된다. 크레이브(Craib, 1994)는 자신의 생애동안 감정과 감정성에 대해 이야기하는 방식에서 일어난 변화에 주목해왔다. 그는 자신의 어린 시절에 그러한 관행은 자주 여성적이고 열등한 것으로, 즉 남성은 피해야만 하는 어떤 것으로 간주되었다고 주장한다. 현재에도 감정적임은 여전히 여성적인 것으로 인식되고 있지만, 그것은 종종 열등한 자질이기보다는 우월한 자질이라고 주장된다(Craib, 1994: 88).

대중매체에서 표상되는 바와 같이 그간 사람들의 감정과 다른 사람들과의 관계에 대한 관심은 전통적으로 여성적인 것으로 간주되었다. 멜로드라마는 전형적인 '여성' 장르로, 가정사를 중심으로 한 극본과 친밀한 관계의 우여곡절을 둘러싸고 전개된다. 반면 전형적인 남성 대중오락물은 액션, 신체적 기량, 정치적 술책, 범죄나 스포츠활동을 다룬다. 하지만 특정 미디어 제작물을 그것이 친밀한 관계와 연애관계에 초점을 맞추었다는 이유로 '여성적인' 것으로 개념화하는 것은 다른 미디어 제작물들도 항상 일련의 강렬한 감정들을 불러일으킨다는 사실을 무시한다. 이를테면 '경찰 프로그램'과 같이 범죄와 폭력을 다루는 텔레비전 드라마는 물론 뉴스 보도의 장사 밑천도 바로 공포, 불안, 동요와 같은 감정들이다. 그리고 내가 서론에서 지적했듯이, 정치적 사건과 스포츠 사건의 보도는 감정을 축으로 하여 전개된다. 이러한 점에서 그러한 미디어 제작물들도 결코 멜로드라마보다 덜 '감정적'이지 않지만, 감정성이 남성적 관심과 행동보다는 여성적인 관심 및 행동과 연계된 특정한 의미를 지니는 경향이 있기 때문에 자주 덜 감정적인 것으로 간주된다.

그럼에도 불구하고 최근 주류 텔레비전과 영화에서 이러한 이원적 구분
— '여성적인' '감정적' 매체와 '남성적인' '비감정적' 매체 간의 — 이 점점 더 흐
려져왔다. 여성성과 감정성이 여전히 문화적으로 매우 강력하게 연계지어
지고 있음에도 불구하고, 보스카글리가 '남성적 감정성'이라고 부르는 것
이 최근 대중매체에서 출현해왔다. "남성이 간신히 눈물을 참고 '고백하고'
개인적 과거에 대한 추억에 잠기고 또 자신들의 열등함을 탐구하는 광경
이 그간 무대에 올려지면서, 관중들에게 예민한 감수성을 지닌 새로운 남
성 세대가 성년에 도달했음을 깨닫게 해왔다"(Boscagli, 1992/1993: 64). 이는
오늘날 남성 등장인물들이 자주 감정에 대한 관심과 그들의 감정적 행동
을 표현하는 방식에서 특히 분명하게 드러난다. 말이 없고 냉정하게 처신
하는 단단한 근육을 가진 액션 영웅이 주류 영화에서 여전히 남성의 지배
적인 전형으로 그려지기는 하지만(〈터미네이터〉의 슈워제네거), 예민한 감
수성을 가지고 자신의 감정을 분명하게 토로하는 남성 인물도 역시 이를
테면 우디 앨런Woody Allen과 할 하틀리Hal Hartley의 영화에서는 흔하게 등장
한다. 액션 영웅조차도 때때로 부드러운 감정을 드러낼 수 있는 능력을 가
지고 있는 것으로 표현된다. 이를테면 쿠엔틴 타란티노Quentin Tarantino 감
독의 〈펄프 픽션Pulp Fiction〉에서 복서 브루스 윌리스Bruce Willis는 극단적인
폭력활동에 관여하면서도 어떤 장면에서는 위험한 상황으로부터 도망치
고 다른 장면에서는 그의 연인을 껴안고 그녀와 다정한 말을 주고받는 것
으로 그려진다.

1980년대 후반의 드라마 〈서티섬싱thirtysomething〉, 현대 드라마 〈파티
오브 파이브Party of Five〉, 그리고 시트콤 〈엘렌Ellen〉, 〈사인필드Seinfeld〉,
〈프렌즈Friends〉 같은 황금시간대 미국 텔레비전 시리즈들은 모두 여성 시

청자뿐만 아니라 남성 시청자를 겨냥했고, 남성 등장인물들을 자신들의 개인적 관계에 관심을 가지고 있고, 그것에 대해 조언을 구하기 위해 다른 사람들 — 남자와 여자 모두 — 과 세세하게 이야기하는 데 관심을 기울이는 존재로 묘사했다. '새로운 아버지' 역시 자식들에 헌신하고 자식들과 그들의 개인적 문제에 대해 의논하고 그들에게 그것에 대해 조언하는 것을 포함하여 그들과 시간을 보내는 데 관심을 기울인다. 최근 들어 이러한 새로운 아버지상이 매스미디어에서 묘사된 그것의 최고의 전형, 즉 매우 성공을 거둔 코미디 〈코스비 쇼The Cosby Show〉에서 빌 코스비Bill Cosby가 연기한 클리프 헉스터블Cliff Huxtable이라는 인물을 통해 대중화되었다[매체에서의 아버지에 대한 표현을 논의하고 있는 것으로는 럽턴과 바클레이(Lupton and Barclay, 1997: ch. 3)를 보라].

　나와 나의 동료는 이전에 수행한 젊은 아버지들에 대한 연구에서 우리와 인터뷰한 남성들이 이러한 '새로운 아버지' 담론을 받아들이고 있음을 발견했다. 우리가 연구한 남성들 모두가 아이들과 '함께 있고' 싶어 하고 그들과 다정하고 친밀한 관계를 유지하고 싶어 했다. 그들은 자신들이 아버지와 감정적으로 거리가 있었던 것으로 묘사했고, 자신들은 아버지 노릇을 하는 데서 그런 일이 일어나지 않기를 바랐다고 말했다. 일부 남성들은 어린 자식들과 어떻게든 깊은 수준에서 감정적으로 교류하고자 했지만, 다른 사람들은 자식들을 돌보고 그들과 친밀한 관계를 발전시킬 수 있는 기회가 부족하다는 것에 좌절했다. 그러한 어려움은 그들의 지불노동, 그리고 그들의 파트너가 그들이 아이 돌봄의 역할을 더 많이 수행하는 것을 달가워하지 않는 것 등을 포함하여 수많은 요인에서 기인했다(Lupton and Barclay, 1997).

　많은 남성들이 변화하는 담론에 맞추어 자신들의 감정을 표현하기 위해

온갖 노력을 다 하고 있음을 암시하는 또 다른 증거도 있다. 내가 제2장에서 지적했듯이, 내가 연구를 위해 인터뷰한 남성들은 대부분 자신들이 감정을 표현할 필요가 있다는 점, 그리고 사랑하는 감정을 가족 성원들에게 드러내는 것은 물론이고 자신들의 정신적·신체적 건강을 위해 슬픔과 불안 같은 감정들을 (마음속에 '담아두기'보다는) 표현하는 것이 중요하다는 점을 분명하게 인식하고 있었다. 많은 젊은 남성들이 감정표출 담론을 편안하게 받아들이는 것으로 보였고, 이를테면 남들 앞에서 눈물을 흘리거나 자신을 '매우 감정적'이라고 묘사하는 데서 전혀 어려움을 느끼지 않았다. 하지만 몇몇 나이 든 남성들은 그들이 최선의 노력을 다함에도 불구하고, 그렇게 하기가 매우 힘들다는 것을 발견했다. 이는 일부 남성들이 '감정규칙'이 변화하여 이제 남성들의 감정표현이 저지되기보다는 격려 받고 있다는 것을 인식하고 있음에도 불구하고 그들은 그러한 규칙을 따르는 데서 어려움을 겪고 있다는 것을 시사한다. 그들은 감정을 표현하는 데서 요구되는 스킬을 결여하고 있는 것으로 보인다.

남성성에 대한 자유주의적 저술들 속에서 이제 남성들이 감정에 대한 '여성적' 접근방식을 받아들일 필요가 있다는 관념이 일반적으로 옹호되는 반면, 남성성에 대한 보다 보수주의적인 저술들은 제2의 물결 페미니즘운동[젠더 구분의 해체가 이 운동의 주요한 목적을 이룬다 - 옮긴이]과 "감수성이 예민한 새로운 남성"의 원형에 대해 다소 적대적이다. 그러한 비판가들은 남성들이 '전통적인' 남성성의 속성 ― 이를테면 그들의 공격성과 화의 수용능력 ― 으로 간주되는 것을 억지로 포기할 필요가 없다고 주장해왔다. 로버트 블라이Robert Bly의 유명한 책 『아이언 존Iron John』(1990)과 같은 신화시적 저술과 그와 연관된 미국의 대중 '남성운동'이 후자의 관점을 보여주는 사례들이다. 블라이와 그의 추종자들은 감정을 표현하는 것이 감정을 억압하는 것보다 '더 건강하며' 따라서 남성들이 자신들의 감정을 다른 사람들에게 표현하는 것이 허용될 필요가 있다는 관념을 따르면서도, 그러한 표현이 남성들 사이에서 자신들의 '심층적인 남성성'을 재확립하고 페미니즘의 침입에 맞서 그러한 남성성을 방어하는 것의 일환으로 이루어져야 한다고 주장하는 경향이 있다. 따라서 거기서는 남자와 그들의 아버지와의 관계의 감정적 차원에, 그리고 다시 '진정한' 남자가 되기 위해 그들이 자신들의 아버지와 다른 사람들에 대해 느끼는 고통, 좌절, 공격성, 화를 (소리치기와 괴성지르기, 성년식, 그리고 숲 속에 들어가서 북 치고 창던지기를 포함한 '전통적인 남성 의례'와 같은 활동을 통해) 후련하게 배출할 필요성에 더 많은 초점이 맞추어진다. 신화시적 남성운동에서 감정표현의 '여성적' 측면, 그리고 남성들이 여성(그들의 어머니나 그들의 파트너)과 더 친밀해질 필요가 있다는 관념은 그 운동이 보다 '진정한' 남성적 감정표현으로 인식하는 것에 밀려 주변화된다.

또 다른 논평자들은 일부 남성 저술가들이 자신들이 감정을 표현할 능력이 없다고 가정되기 때문에 자신들이 그러한 능력을 결여하게 되었다는 식으로 묘사해온 것에 대해 비판해왔다. 그러한 논평자들은 일부 남성단체, 학계인사, 남성용 자기계발서 저술가들이 남성을 특히 여성운동의 희생자로 상정하기 위해, 그리고 여전히 존재하는 남녀 간의 사회적 불평등을 얼버무리기 위해 이용하고 있는 레토릭에 주목해왔다. 이 비평가들은 감정표현의 문제가 그러한 문헌들에서 여성이 남성에 비해 이득을 얻는 방식의 한 가지 사례로 이용되고 있다고 주장한다. 이를테면 메스너(Messner, 1993)는 신화시적 남성운동이 남성들의 슬픔, 좌절, 화라는 감정을 극단적으로 단순화하여 이용하고 정당화하는 방식을 비판한다. 그러한 운동은 그 같은 감정들의 해결을 약속하고 나서지만, 권력지위와 사회적 특권을 가진 남성과 맞서지 못하며, 남성과 여성의 관계를 희생하여 남성들을 하나로 묶는다. 메스너는 또한 젠더평등과 더 나은 관계를 위해 남성들에게 자신의 '마음을 열' 것을 촉구하는 사람들에 대해서도 비판적이다. 그는 다음과 같이 지적한다. "주목을 끌고 있는 새로운 남성과 관련한 순진함의 커다란 부분을 차지하고 있는 것이 바로 만약 소년과 남성들이 "자신들의 감정을 표현하는" 법을 배울 수 있다면 그들이 더 이상 여성을 지배하고자 하는 욕구를 느끼지 않을 것이라는 믿음이다"(Messner, 1993: 731).

보스카글리(Boscagli, 1992/1993)에 따르면, 이전에 남성이 자신의 감정 — 이를테면 슬픔 — 을 기꺼이 표현하는 것이 '여성적'이라는 낙인이 찍혔다면, 탈근대시대에 그것은 남성들이 불안을 느끼고 있음을 보여주는 징후이다. 남성들은 이 시대를 남성 자아의 위기 시대라고 인식한다. 매스미디어는 이러한 "예민한 감수성을 지닌 새로운 남성"의 출현을 지난 20년간 페미니즘이 낳은 결과라고 자주 언급한다. 그것이 시사하는 바에 따르면, 남성들은 젠더관계의 변화에 스스로가 보다 '여성적'이 되게 놔두는 식으로 대응해왔거나, 그게 아니라면 그들에게 감정적 고통을 야기하는 '남성성의 위기'를 겪고 있는 중이다. 남성들이 흔히 사용하는 담론이 바로 '감정적인' 개인이 보편적 인간이라는 것이다. "나는 느낀다, 고로 존재한다"가 새로운 남성의 교의이다(Boscagli, 1992/1993: 73). 보스카글리는 이 '새로운 남성'이 흘리는 눈물은 하나의 생존수단, 즉 남성이 그들의 우월함을 재확인하는 수단으로 전유된다고 주장한다. 권력지위에 있는 남성들의 경우에 운다는 것이 그의 인간성과 감수성을 보여주는 것으로 문화적으로 받아들여지기도 하지만(보스카글리는 걸프전에서 미군을 통솔한 남성 슈워츠코프 Schwarzkopf 장군을 실례로 이용한다), 불리한 처지에 있고 주변화된 사회집단의 남성과 여성 같은 덜 특권 있는 개인들의 경우에는 그들이 감정성의 표현으로 인해 낙인찍히고 있다는 것은 여전히 사실이다. "우는 남자는 하나의 인간적 존재인 반면, 우는 여자는 하나의 여자이다. 그녀는 움으로써 그녀의 인간성을 잃고 젠더화되고 또 다시 '개별적인' 존재가 될 뿐이다"(Boscagli, 1992/1993: 75). 그러므로 권력 있는 남성이 공개적으로 눈물을 흘릴 수 있다는 것은 남성의 권위와 특권의 전통적 원천을 불안정하게 만들기보다는 그의 높은 확고한 사회적 지위를 훨씬 더 강력하게 보여주는 것일 수도 있다(또한 Messner, 1993: 731~732도 보라).

이 같은 제안은 피셔(Fischer, 1993: 311)가 인용한 경험적 연구에 의해서도 뒷받침되는 것으로 보인다. 그 연구에서 참여자들은 영화의 장면들을 보면서 남성과 여성이 드러낸 반응들(울기, 웃기, 무감정)을 평가해줄 것을 요청받았다. 우는 남자는 웃는 남자와 무감정한 남자보다 더 긍정적인 평가를 받은 반면, 우는 여자는 무감정한 사람들보다 더 부정적인 평가를 받았다. 그로브스(Groves, 1995) 역시 동물권리운동에 참여하는 사람들과 행한 인터뷰에서 남성들을 그 운동에 가입하게 한 감정이 여성회원들을 그렇게 하게 한 감정과 다르게 고려된다는 점을 발견했다. 여성들은 일반적으로 다른 사람들에 의해 무방비 상태에 있는 동물들에 대한 그들의 동정심과 애정이라는 감정 때문에 그 운동에 참여하고 있는 것으로, 그러므로 그들은 감상적인 것으로 기술되었다. 반면 남성들은 그들 자신이 동물의 권리 면에서 행해지는 부정한 행위와 관련한 '합리적인', 즉 논리적으로 도출된 감정적 반응 때문에 운동에 참여한다고 스스로 밝히거나, 아니면 다른 사람들로부터 그들의 감수성과 동정심 때문에 용기 있게 감정적으로 참여하는 사람으로 칭찬받았다. 그로브스가 인터뷰한 남성과 여성 모두에게서 남성의 감정은 보다 정당하고 합리적인 것으로 인식되었다.

결론적 논평

나는 이 장에서 '감정적 여성'과 '비감정적 남성'이라는 이원대립에 기여하는 의미와 담론들, 그리고 그러한 원형이 젠더화된 경험에 대해 갖는 함의를 규명해왔다. 이를 통해 우리는 젠더 및 감정과 관련하여 오랫동안 지속되어온 특정 가정들이 여전히 살아남아 있지만 남성성과 여성성에 관한 종래의 구분들이 분명히 흐려지고 있다는 것을 알 수 있었다. 제2의 물결 페미니즘의 여파로 여성들은 이제 집에서의 돌봄활동에 적극적으로 참여할 뿐만 아니라 지불노동의 영역에 참여할 것을 기대받고 있다. 여성들이 그들에게 내재된 것으로 가정되는 감정성 지향 경향 때문에 절제된 자율적인 자아라는 이상에 도달하기가 더욱 어렵다고 인식되기도 하지만, 여성들은 그러한 이상을 갈망할 것을 여전히 기대받고 있다. 역으로 남성이 친밀한 영역에서 여성에 비해 그들의 감정을 '터놓고' 드러낼 수 있는 능력을 덜 가지고 있는 것으로 간주됨에도 불구하고, 남성들은 이제 가정에서 자신의 강한 감정적 존재감을 드러내고 자신들의 감정을 친밀한 다른 사람들에게 표현할 것을 권고받고 (실제로도 기대받고) 있다.

이처럼 감정성과 관련한 이상적인 남성성 (특히 부르주아적) 관념과 이상적인 여성성 관념이 수렴되고 있다. 이제는 "여성적 친밀성과 감정표현을 남성적 독립성과 능력과 결합시킨 어떤 사람"을 '선진적인' 사람으로 기술하는 경향이 있다(Cancian, 1987: 8). 하지만 이러한 수렴현상이 정지하는 지점이 있다. 일터에서 매우 합리주의적이거나 냉정한 또는 공격적인 접근방식을 취하는 여성들은 자주 도를 넘은 것으로, 그리고 "남성처럼 행동" 함으로써 여성성을 희생시키고 있는 것으로 간주된다. 그리고 아이를 갖지 않거나 아이 돌봄의 대부분을 파트너에게 맡기기로 결정한 여성들도 여전히 일정 정도 의구심의 대상이 되고 있다. 마찬가지로 일에 대해 거의 관심이 없고 그의 아이들 돌보기를 좋아하는 남성, 또는 도가 지나칠 정도로 "예민한 감수성을 지닌 새로운 남자" 페르소나를 채택하고 있는 남성도 자주 조롱의 대상이 되거나 계집애 같다는 혐의를 받는다. 또한 남성의 감정성에 대한 최근의 강조는 '감정적 여성'과 결합되어 있는 부정적 감정을 꼭 전복할 필요는 없다고 시사하기도 한다. 권력 있는 지위에 있는 남성은 그들의 지위가 신중하게 선택된 공개적 감정표현을 통해 강화된다는 것을 발견하기도 한다. 그러나 여성이나 덜 권력 있는 남성의 경우에 그와 유사한 감정표현은 그들의 사회적 지위를 훼손한다.

5

감정, 사물, 장소

놀랍게도 사람들이 그들의 물질적 소유물이나 물리적 환경과 맺는 관계의 성격을 규명하고자 해온 경험적 연구는 거의 없다. 보다 구체적으로 사람들과 대상 또는 장소의 관계가 갖는 감정적 측면을 상세하게 검토하는 것을 포함하고 있는 연구는 두말할 필요도 없다. 런트와 리빙스톤(Lunt and Livingstone, 1992: 65)이 논평한 바 있듯이, 사회과학의 연구는 사람들이 대상 또는 사물과 맺는 관계보다는 서로 간에 또는 제도와 맺는 관계들을 겨냥하는 경향이 있었다. 밀러도 유사하게 대중문화 비평가들이 대상에 대해 가지고 있던 그러한 막연한 느낌을 확인한 바 있다. 그에 따르면, 문화비평가들은 사람과 대상의 관계는 어쨌든 간에 간접적이고 물신숭배적이거나 적절하지 않은 것이며 그렇기에 기본적으로 직접적인 사회적 관계와 '실제' 사람들에게 관심을 기울여야 한다는 가정에 입각하여, 대상을 문화적으로 분석하는 것을 경멸하는 경향이 있었다(Miller, 1987: 11). 하지만 대상이나 환경의 의미 그리고 사람과 그것들의 상호작용이 사회적 과정을 통해 구성되고 항상 특정한 문화적 맥락 속에 존재하는 것과 마찬가지로, 인간의 사회적 관계 그 자체가 대상과 공간 환경에 영향을 받고 그것에 의해 틀 지어진다는 것은 분명하다.

이 장에서 나는 우리가 사물 및 공간과 맺을 수 있는 감정적 관계의 문제를 다룬다. 나는 먼저 소비와 감정에 대해 검토하는 것에서 시작하고, 그다음으로 구체적으로 전유 과정 ― 구체적으로는 우리가 대량생산된 상품을 우리의 자아 관념에 어떻게 통합하는지 ― 에 초점을 맞춘다. 이어서 대상이 다른 사람들과의 감정적 관계의 매개체로 작동하는 방식에 대해 논의한다. 그런 다음에 나는 우리가 공간과 장소, 특히 '집'과 관련하여 느끼는 감정들을 검토한다. 그리고 마지막으로, 여가활동이 불러일으키는 감정들을 검토하는 것으로 이 장을 끝맺는다.

소비와 감정

우리 대부분은 아마도 우리가 감정적으로 애착을 가지고 있지만 이제 더 이상 기능적 용도를 가지고 있지 않는 물건을 버리기가 쉽지 않다는 것을 경험한 적이 있을 것이다. 우리는 머그잔, 자동차, 구두, 양털 점퍼, 청바지, 모포, 봉제 장난감, 자전거, 주방용품과 같은 다양하고 진부한 대상에 우리의 감정을 투여하기도 한다. 또한 우리는 특별한 장소 ― 그것이 건축된 것이든 또는 '자연'환경이든 간에 ― 와 강한 감정적 관계를 발전시키기도 한다.

인간-대상 관계는 제도적인 것뿐만 아니라 정신 내적인 것과 전기적인 것을 포함하여 여러 수준에서 형성되는 것으로 이해할 수 있다. 의식적 수준과 무의식적 수준 모두에서 인공물에 투여된 의미들은 사회적 경험, 개인적인 전기와 기억, 문화적 신화와 공상의 산물이다(Lunt and Livingstone, 1992: 67).

소비사회학과 소비심리학 영역의 대부분의 저술가들은 물질적 대상이 일반적으로 특정한 페르소나를 구성하고 표현하기 위해 그리고 하위문화 집단의 성원의식을 뒷받침하기 위해 이용되고 있다고 지적해왔다(이를테면 Bourdieu, 1984; Featherstone, 1990; Willis, 1990; Dittmar, 1992를 보라). 이를테면 디트머(Dittmar, 1992: 6)는 소비재를 '정체성의 물질적 상징'이라고 일컫는다. 이러한 관점에서 볼 때, 상품의 적극적 선택과 소비는 다양한 형태의 주체성의 창출과 유지에 본질적이다.

모든 상품처럼 삶의 모든 측면은 자기준거적 의미로 물들어 있다. 우리가 하는 모든 선택은 우리의 정체성의 엠블럼, 즉 우리의 개성의 표지이고, 그 각각은 우리가 어떤 종류의 사람인지를 우리 자신과 다른 사람에게 알리는 메시지이고, 뒤에서 빛을 발하여 소비하는 그 또는 그녀의 자아를 밝게 비춘다(Rose, 1990: 227).

그러므로 우리의 상품 선택과 사용은 계속되는 자아 프로젝트의 필수적 측면의 하나, 즉 우리가 '진정한' 자아를 확인하고 그것에 정성을 쏟는 과정의 일환으로 인식되기도 한다.

이러한 의미 형성 과정은 전적으로 일방적으로 이루어지는 것이 아니다. 왜냐하면 대상이 주체성의 성격을 반영할 뿐만 아니라 변화시키기도 하기 때문이다. 칼론(Callon, 1991: 137)이 주장하듯이, 대상은 "인간의 몸, 감정, 도덕적 행동방식을 가지고 놀면서 인간에게 이래라저래라 하기도 한다. …… 인공물은 가끔 인간이 그것으로 환원되기도 하는 수수께끼 같은 멀리 떨어져 있는 대상이 아니다". 인간 개발자들이 만들어낸 사물의 형태와 기능은 특정한 방식으로 인간의 행위, 육체화, 사고의 방향을 돌려놓기도 한다. 이 공생적 의미 형성 과정의 중심에서 작동하는 것이 감정상태이다. 이를테면 니퍼트-엥Nippert-Eng은 의복의 문화적 의미가 감정적 자아에 의지하고 또 기여하는 방식을 논의한 바 있다. 그녀가 지적하듯이, 의복과 우리의 육체화 관념의 밀접한 관계, 의복과 자아표현의 관계, 그리고 더 나아가 우리의 피부와 맞닿는 의복의 감각적 차원이 함께 결합하여 의복에 주체성의 중요한 한 측면을 부여한다.

수많은 요인들이 옷과 자아의 본질적 관계 그리고 그것의 자극력에 기여한다. 복장과 관련된 사회적 이미지들은 옷의 감각적 느낌 및 스타일과 결합하여 특정한 심적 성향을 불러일으키거나 '촉발한다'. 이것은 부분적으로는 옷이 가장 몸에 밀착된 심적 소품의 하나이기 때문이다. 옷은 우리에게 끊임없이 그것을 생각하게 한다. 옷은 우리의 피부에 대비되어 그리고 우리의 나머지 겉모습과 결합하여 거의 항상 자아의식의 한 원천을 이루는 배경이 된다 (Nippert-Eng, 1996: 51).

의복과 같은 대상은 우리의 자아표현과 주체성 의식과 매우 밀접하게 결합되어 있기 때문에, 의복의 선택은 우리의 감정적 태도에 심대한 영향을 미칠 수 있다. 이를테면 우리는 우리가 예전부터 입던 편한 캐주얼 복장을 하고 있을 때에는 격식 있는 정장을 하고 있을 때와 다르게 느끼는 경향이 있다. 또한 우리가 사회적 상황에 '적절하지 못한' 옷을 입고 있다는 느낌은 심한 곤혹감과 당혹감을 유발할 수도 있다. 입고 있는 옷을 포함한 신체적 외양이 사람들의 기분에 커다란 영향을 미칠 수도 있다. 만약 어떤 사람이 자신이 상황에 '어울리는' 옷을 입고 있고 '멋있어' 보인다고 느낀다면, 그는 자신감을 느낄 가능성이 더 큰 반면, '어울리지 않아' 보이고 남의 이목을 끌지 못한다고 느낀다면 정반대의 결과를 초래할 것이다. 그러므로 사람들로 하여금 안정감과 자신감을 느끼게 만들어주는 옷은 사람들이 새로운 또는 낯선 환경에 있을 때처럼 불안감, 취약감, 불확실성을 느끼는 상황에서 '갑옷'으로 이용되기도 한다(Tseëlon, 1995: 60~64).

많은 대량생산 상품들은 사람들에게 그 상품을 사고 싶어 하는 감정상태를 불러일으키도록 만들어진다. 하우크(Haug, 1986: 7~8)는 상품미학이라는 관념을 통해 상품의 외양과 매력의 중요성, 그것이 자극하는 욕망 그리고 상품 속에 투여된 주체성을 확인한다. 하우크는 상품미학을 "상품형태의 제품에서 비롯되고 교환가치에 의해 기능적으로 결정되는 복합체 — 물질적 현상과 그러한 물질적 현상에 의해 조건 지어진 감각적 주체-객체 관계의 복합체 — "로 정의한다(Haug, 1986: 7). 그는 "어떤 상품과 관련한 아름다움이 사람들에게 매력적인 경우, 그것은 사람들의 감각적 인식과 감각적 관심을 이끌어낸다"고 주장한다(Haug, 1986: 8). 그러므로 상품의 사용가치는 자주 그것의 미학, 즉 욕망을 불러일으키는 그것의 감각적 매력에 근거한다. 상품은 그것의 감각적 매력을 가지고 소비자들 스스로가 의식적으로 또는 무의식적으로 '결여하고' 있다고 인식할지도 모를 모종의 것에 호소한다.

가게 진열창에서 옷, 레코드점에서 콤팩트디스크, 레저 매거진에서 모터보트, 일요일 신문에 묘사된 군침이 도는 요리 또는 이웃집 사람의 새로운 스마트카를 바라볼 때, 우리는 욕망이라고 묘사할 수 있을 뿐인 감정을 경험한다. 한때 달콤했지만 좌절감을 느끼게 한 욕망, 마치 전적으로 성적인 것이기라도 한 것처럼 우리의 신체적 존재를 몸부림치게 하기도 하는 욕망 말이다. 그러한 대상들은 마치 성적 대상이기라도 한 것처럼 우리를 유혹하고 일련의 공상을 유발한다. 그리고 대상이 접근할 수 없는 상태에 있을수록 그러한 공상의 나래는 점점 더 펼쳐진다(Gabriel and Lang, 1995: 113).

그러므로 대상의 선택은 단지 '합리적'인 의식적 수준에서만 발생하지 않는다. 우리는 어떤 대상을 획득하는 쪽으로 '이끌리는 힘', 즉 그것에 대한 모종의 매력을 느끼기도 한다. 하지만 우리는 그 이유를 설명하거나 이해하기 어렵다는 것을 발견하기도 한다. 대상과 그것에 투여된 욕망의 보다 심층적인 상징적 의미가 그 대상에 대한 우리의 반응과 느낌을 구성하는 데서 중요한 까닭도 바로 여기에 있다. 디트머가 시사하듯이, "우리가 '새로운' 물건을 살 때 상징적 의미가 비용과 자원과 관련한 합리적 의사결정보다 더 크게 고려되기도 한다(Dittmar, 1992: 65)". 우리가 구매하고 사용하는 대부분의 물질적 대상들(이를테면 옷, 자동차, 손목시계, 가구, 음식물)은 또한 특정한 기능적 목적을 가지지만, 그러한 대상들에 결부된 의미들이 우리의 선택에서 본질적이다(그리고 때로는 그것이 우리가 그것들을 선택하는 유일한 이유이기도 하다). 몰리(Morley, 1992: 214)는 구매 후에 사용하지 않고 방치되는 가정용 컴퓨터의 예를 들고 있다. 그는 컴퓨터를 (한 질의 백과사전과 유사한) '지식기계'이지만, 또한 (그것이 그것의 명시적인 합리적/기능적 목적을 위해 사용되는지의 여부와는 무관하게) '가구'를 상징하는 하나의 토템물체라고 본다.

우리는 물건의 '이미지'에 대한 우리의 인식에 의거하여 우리가 이용할 수 있는 다양한 것들로부터 하나의 구체적인 물건을 선택한다. 그러한 과정은 그것이 의식적 수준에서 일어나든 아니면 무의식적 수준에서 일어나든 간에 우리가 '누구'이고 우리가 다른 사람에게 보여주고 싶어 하는 '이미지'가 무엇인가를 확인하는 것의 일부이다. 지불할 만한 형편이 되는 가격, 물건의 외양, 그리고 다른 유사한 물건과 비교한 그것의 분명한 유용성 같은 다른 요소들도 이 선택 과정에서 분명 중요하다. 그럼에도 불구하고 그러한 요소들과 물건의 이미지를 구분하기란 그것들이 뒤얽혀 있기 때문에 쉽지 않다. 이를테면 롤스로이스와 같은 극히 비싼 자동차는 부분적으로 그것의 가격 때문에 명성이 있다. 많은 사람들이 그 자동차의 공학기술이나 디자인을 칭찬하기도 하지만, 단지 매우 부유한 사람들만이 그것을 구매할 만한 여유를 가질 수 있다.

어떤 대상이나 경험에 대한 광고전략은 그 제품에 상징적 의미를 부여하는 것에 의존한다. 광고는 그렇게 함으로써 그 제품에 대한 긍정적 감정과 부정적 감정 모두를 불러일으키고자 하기도 한다. 광고는 자주 무의식 수준에서 문화적으로 공유되고 경험되는 불안, 불안전감, 죄책감을 불러일으키고 그것들에 호소하기도 한다. 광고는 자주 자신들이 주요 고객으로 삼은 사람들에게는 특정한 불안이 존재하지 않는다고 알리고, 그 제품에 부여된 속성을 가지고 그러한 불안을 덜어주겠다고 약속한다(Williamson, 1978; Richards, 1994). 상품과 경험의 소비와 관련한 많은 마케팅, 광고, 프레젠테이션 전략은 또한 감정적 성취의 중요성, 다른 것들보다도 자아의 나르시시즘적 즐거움, 자기탐닉, 그리고 쾌락 그 자체를 강조한다(Featherstone, 1990: 19).

재화는 그것에 본래 부착되어 있지 않은 추상적 가치를 그것과 결부시키는 과정을 통해 의미를 부여받으며, 그러한 결부 짓기는 자주 잠재의식적 또는 무의식적 연상의 수준에서 발생한다. 이를테면 코카콜라와 펩시콜라 같은 청량음료 광고들은 빈번히 햇살이 내리쬐는 장소에서 뛰노는 근심걱정 없는 매력적인 젊은이들의 이미지와 같은 상징들을 이용하여 즐거움, 행복, 흥분의 가치를 그 음료들에 부여하고자 한다. 그 음료를 소비할 경우 그러한 감정들이 경험될 것으로 표상된다. 그러한 이미지들은 또한 사람들의 성적 매력, 근심걱정 없고 즐거운 삶에 대한 갈망, 그리고 바람직한 집단의 성원이 되고 싶은 열망 등과 관련한 불확실성을 전달하기도 한다.

캠벨(Campbell, 1995)은 소비경험 일반(그것이 대상이든 경험이든 간에)은 쾌락주의, 즉 쾌락추구의 한 형태라고 주장한다. 그는 사람들은 대부분의 대상이나 경험을 단지 그것들이 기본적 욕구를 충족시키기 때문이 아니라 그것들이 즐거움을 제공하기 때문에 소비한다고 주장한다. 대상이나 경험을 획득하거나 소비하기에 앞서 그것들에 대해 생각하고 공상하고 몽상하는 것, 즉 자신을 소비를 포함한 '상상된 시나리오' 속에 위치시키는 것은 그것들이 불러일으키는 즐거움의 중요한 일부이다. 이것이 사사하듯이, 대상이나 경험이 자극하는 감정은 소비의 쾌락적 차원에 본질적일 뿐만 아니라 그것들이 갖는 문화적 의미에도 기여한다. 하지만 대상이 유발한 환상과 그것의 실제의 소비 간에는 자주 간극이 존재한다. 실제로 캠벨(Campbell, 1995)이 지적하듯이, '실제의' 대상이나 경험은 그것들을 둘러싸고 유발된 환상에 미치지 못하는 실망스러운 것으로 판명나기도 한다. 그러므로 소비는 강한 욕망과 쾌락뿐만 아니라 환멸, 그리고 심지어는 슬픔이나 절망의 감정 또한 수반한다. 소비는 항상 새로운 욕망의 표적, 즉 새로운 대상을 요구한다. 왜냐하면 대상은 그것이 한때 소유하고 있던 그것의 가장 유력한 욕망의 원천을 상실하기 때문이다(Falk, 1997: 79). 폴크는 소비자가 늘 욕망하는 상품과의 관계를 '사랑 중독' ─ 보다 구체적으로 말하면 새로운 파트너들과 거듭 사랑에 빠지고 그런 다음 그들이 화답하면 흥미를 잃어버리기를 반복하는 것 ─ 과 유사한 것으로 언급한다(Falk, 1997: 80).

어떤 새로운 유형의 소비상품과 접하는 것은 새것 애호증, 즉 "새로운 것이 주는 행복"을 수반하기도 한다. 새로운 상품이 주는 만족의 주요한 부분은 그것의 새로움과 (외견상으로 볼 때 사용되어 더럽혀지지 않은) 그것의 원래의 '완전한' 상태에서 나온다. 하지만 새로운 상품의 소비는 또한 새것 혐오증을 동반하기도 한다. 왜냐하면 새로움은 또한 이상함, 낯섦, 그리고 불확실성과 연관된 위험을 연상시키기 때문이다(Richards, 1994: 96~101). 이러한 현상은 개인들이 개인용 컴퓨터와 비디오 녹화기와 같은 대량생산된 복잡한 상품을 처음 접할 때, 그러한 기술이 동반하는 경향이 있는 신비함으로 인해 복잡한 '지능' 기계를 자신들이 다룰 수 있을지를 확신하지 못하는 사람들에게서 특히 두드러지게 나타난다.

1995년 후반에 나와 나의 동료가 사람들이 일터에서 정기적으로 사용하는 개인용 컴퓨터와 맺는 관계를 알아보기 위해 수행한 한 연구에서, 우리는 호주 대학에서 다양한 지위(교수직과 행정직 모두)를 차지하고 있는 40명의 남녀와 인터뷰했다(Lupton and Noble, 1997을 보라). 우리는 참여자들에게 다른 질문들과 함께 자신들이 처음에 컴퓨터를 공부하고 이용하면서 겪은 경험을 기술하고 거기에서 비롯된 잊지 못할 기억 ─ 컴퓨터 사용과 관런한 좋은 경험과 나쁜 경험 모두 – 을 자세하게 이야기해줄 것을 요청했다. 대부분의 참여자들은 그들이 처음 컴퓨터를 접했을 때 느꼈던 강렬한 감정적 반응들 – 흥분과 즐거움에서부터 공포, 불안, 좌절에 이르는 다양한 감정들 – 을 자세하게 이야기했다. 사람들이 처음으로 컴퓨터 사용법을 배우면서 느낀 흥분과 즐거움의 감정은 대체로 그들이 알게 된 많은 새로운 기술을 이용하는 데서 경험하는 새로움, 그리고 컴퓨터의 이용이 자신들의 작업관행을 혁명적으로 변화시켜 삶을 더 편하게 만들 것이라는 기대감과 관련되어 있었다. 다른 참여자들의 경우, 그들이 느끼는 흥분은 사용하는 데 일정 정도의 기술과 지능을 요구하는 '어려운' 또는 '복잡한' 기계로 인식되는 것을 정복했다는 즐거움과도 관련되어 있었다. 컴퓨터의 정복에 요구되는 어려운 일은 하나의 '도전'으로, 즉 정복하기 위해서는 노력과 끈기가 요구되는 어떤 것으로 묘사되었다. 다른 사람들은 컴퓨터 이용이 주는 '재미'의 측면에 대해 이야기하며 그들의 초기 경험을 놀이로 제시했다.

하지만 컴퓨터 기술을 자신들에게 억지로 떠맡겨진 것으로 느낀 사람들은 훨씬 더 부정적인 감정적 반응을 보였다. 그들은 자주 그러한 지식을 결여하고 있기 때문에 자신이 그것에 부적합하다고 느끼고 또 그들이 일을 하는 새로운 방법을 배워야만 한다는 데 분개했다. 사람들은 능력 없음, 공포, 불안을 느낀다고 표현했다. 그러한 감정들은 대체로 자신들이 익숙하게 사용하고 있던 기술보다 더 기술적으로 정교화된, 그리하여 보다 신비해 보이는 기술이 도입됨에 따라 자신들의 일이 규정되는 방식을 자신들이 통제할 수 없다는 데서 유발되었다. 많은 참여자들이 컴퓨터와 관련하여 겪은 최악의 경험은 중요한 작업물을 잃어버린 극적인 사건을 둘러싼 것이었다. 많은 사람들이 자신들이 실수를 통해 '비싼 교훈'을 얻고 나서 정기적으로 자신들의 작업을 저장하고 백업 디스크를 세심하게 관리하게 되었다고 말했다.

컴퓨터는 우리 연구의 참여자들에게 좌절은 물론 화, 무기력, 공포, 절망의 감정을 자주 불러일으킨 것으로 묘사되었다. 이를테면 한 교수는 그가 초기에 저장하는 것을 잊어 6시간 동안 작업한 것을 날려버렸을 때의 경험에 대해 이야기했다. 그의 반응은 이랬다. "화가 치밀었죠. 그것 때문에 사람들이 어째서 물건을 집어 창문으로 내던질 수 있는지를 이해할 수 있게 되었지요!" 이들 사례에서 컴퓨터는 능숙하고 '통제력을 가진' 한 명의 노동자로서 자신들의 일을 '수행하는' 능력을 손상시키는 것이었다. 이것이 시사하듯이, 특히 새로운 기술적 인공물을 자신의 작업활동에 성공적으로 통합시키는 것이 자신의 지위를 유지하는 데서 극히 중요한 일터에서, 컴퓨터 및 그와 관련된 장비와 같은 새로운 상품과 접하는 것은 새것 애호증과 새것 혐오증 모두를 경험하게 할 수 있다.

전유

광고와 홍보 전략이 대량생산된 물건에 감정적 의미를 부여하는 데서 분명 중요한 역할을 하기는 하지만, 그것은 그러한 물건을 구매하고 사용하는 사람들이 그것에 대해 생각하고 느끼고 그것과 상호작용하는 방식에서 단지 한 가지 차원을 이루고 있을 뿐이다. 사용자들은 다른 형태의 매스미디어, 다른 사람들과의 관계, 교육제도, 일터 등을 통해 구성된 기존의 의미들을 상품에 결합시킨다.

새로운 상품이 초기에 갖는 매력의 일부가 그것을 획득하자마자 곧 상실되기도 하지만, 근대 소비자들은 또한 자신의 상품과 오래 지속되는 관계를 수립하여 그것을 일상생활에 통합시키고 의인화하여 의미 있는 것으로 만들고 싶어 하기도 한다. 그렇게 함으로써 "대상은 마음속에서 그윽한 멋을 획득한다. 즉 그것은 친숙해지고, 집이라는 소우주에서 자신의 자리를 발견한다"(Falk, 1997: 80). 사람들이 물질적 인공물을 획득하고 사용할때, 그들은 그것을 의인화하고 자신들의 일상에 통합시키고자 하는 과정에서 그것을 변형시킨다. 일부 저술가들은 이를 '전유' — 구체적으로는 소비자가 '생경한' 상품을 획득하고 그 상품을 자아에 얼마간 병합하는 역동적 과정 — 라고 기술해왔다(Miller, 1987; Silverstone et al., 1992).

상품은 전유를 통해 특색 없는 물건에서 의인화된 물건으로 변형되고, 그과정에서 그것은 주체성에 중요한 것이 되기도 한다. 이것은 미국의 한 과학실험실에서 일하는 사람들을 대상으로 하여 사람들이 '집'과 '일터' 간의경계를 구분하는 방식에 초점을 맞춘 인터뷰 연구에서 입증된 바 있다. 니퍼트-엥은 그 조사의 일환으로 사람들과 그들이 일터와 집에서 소지하고다니는 물건의 종류의 대해 이야기했다. 그녀는 지갑이나 핸드백 속에 가지고 다니는 옛 사원증, 어떤 사람이 일정 기간 동안 살면서 일했을 수도 있는유효기간이 만료된 다른 나라의 운전 면허증, 전문협회의 옛 회원증과 같은물건들은 명시된 기능적 시간이라는 면에서는 '쓸모없는' 것이지만, 특정한자아의식을 뒷받침하는 데 기여한다고 지적한다. "우리는 그러한 물품들을그것들이 지닌 내적 통합력, 좋은 기억을 떠올리게 하는 능력, 그리고 때로는 위안을 주는 힘 때문에 순전히 우리 자신을 위해 간직하기도 한다. 아니면 우리는 그것들을 다른 사람들이 하는 이야기를 입증하기 위해 소품으로가까이에 두기도 한다"(Nippert-Eng, 1996: 59). 니퍼트-엥은 그 실례로 여전히 자신을 반란 정치활동가로 생각하기를 좋아하고 보수적인 지인들에게 그것을 보여주기를 좋아하기 때문에 좌파 정치조직의 유효기간이 지난 회원증을 자신의 지갑에 넣고 다니는 한 실험실 근무 과학자를 들고 있다.

전유 관념은 대상과 주체성 간의 관계를 상호 구성적인 과정적인 것으로 바라보는 개념을 발전시킨다. 다시 말해 전유 관념은 주체-대상의 만남을 본질적으로 구성적이고 역동적인 상호 관계적 성격을 갖는 것으로 파악한다. 전유는 하나의 물건이 구매에 의해 또는 선물로 획득되어 하나의 소유물, 즉 소유자의 삶의 일부가 되는 시간으로부터 시작된다. 우리가 대량생산된 인공물을 구매할 때, 그 인공물은 하나의 상품으로, 즉 거래의 대상으로 관계를 시작한다. 하지만 그것을 구매한 사람이나 어떤 다른 사람에 의해 일단 획득되고 나면, 그것은 전유행위를 통해 상품상태를 벗어나기도 한다. 하나의 물건이 "특별한 것이 될" 때, 또는 일상적 사용을 통해 개인적 소유물 그 이상의 것으로 변형될 때, 그것은 '탈상품화'된 것으로 간주되기도 한다(Kopytoff, 1986: 65).

일부 저술가들은 전유의 결과 물건이 자아를 공간 바깥으로 확장시키는 역할을 하기도 하며, 그리하여 그 물건은 몸을 에워싸고 있는 '자아의 영토'가 된다고 시사해왔다(Nippert-Eng, 1996: 34). 옷, 사진, 자동차, 손가방이나 서류가방, 도구, 공문서(이를테면 여권과 출생증명서), 그리고 여타 개인적 소유물들이 그러한 물건의 예들이다. 전유 과정 속에서 대량생산된 인공물들이 사용을 통해 육체화됨으로써 개조되기도 한다. 그것들은 인간 발자취의 흔적의 모습을 띠기도 하고, 또는 그 소유자들에 의해 (일정한 한계 내에서) 의도적으로 조작되기도 하고 변경되기도 한다. 그 과정에서 그러한 물건들은 개인의 습관을 엿볼 수 있게 하거나 개인적 사건의 기표와 연상기호로 작용하는 자서전적인 것이 된다. 그것들은 곤잘레스(González, 1995)가 자아의 '인공기관들'이라고 부르는 것이 된다. 그녀는 그러한 '인공기관들'의 예로 다음과 같은 것들을 들고 있다. "의복과 천 그리고 그것의 모든 냄새와 잔여물, 수년간 사용해서 온갖 신체 흔적이 남고 뒤틀리고 처진 가구, 닳은 은그릇과 구두, 이 모든 쓸 수 있는 물건들은 시간이 지나면서 그것들의 순수한 기능적 지위의 자율성을 잃고 대신 인간 발자취의 흔적을 담는다"(González, 1995: 133).

전유를 통해 변화가 일어난 결과 그러한 대상들은 일반적으로 상품으로서는, 즉 다른 사람들이 그것들을 획득하도록 유인하는 데서는 덜 매력적이 된다(이 규칙의 주요한 예외가 골동품이다). 개인화되어온 물건들은 금전적인 것 이외의 가치, 즉 매우 개인적인 의미를 지닌 가치를 부여받는다 (Kopytoff, 1986: 83). 그 물건들이 개인적인 표현으로 가득 차게 되기 때문에, 그것들은 또한 감정으로 가득 차게 될 가능성이 크다. 이러한 감정적 충만의 과정이 모든 또는 거의 대부분의 상품에서 일어나는 것은 아니다. 특히 그러한 과정은 잠시 사용하고 나서 버리는 단명한 상품에서는 일어나지 않는다. 그러한 일은 무엇보다도 우리가 입는 물건, 우리를 둘러싸고 있는 물건(우리의 집 또는 자동차), 우리가 매일 육체화된 상호작용을 하는 물건 (이를테면 가구) 또는 우리와 다른 사람을 연결하는 의미를 획득한 물건(이를테면 우편엽서나 인사장)에서 일어나는 것으로 보인다.

이를테면 새로 산 구두 한 켤레는 비인격적인 상품으로, 즉 동일한 종류의 모든 대량생산된 구두와 동일한 것으로 시작한다. 따라서 그 물건은 자아에 '이질적인 것' 또는 '타자'로서 다가온다. 즉 그것은 '자아의 일부'로 간주되지 않는다. 하지만 그것의 소유자에 의해 일정 기간 사용되는 동안 구두창에 소유자의 걸음걸이의 흔적이 남고 소유자의 발 모양에 맞게 가죽이 변형되면서(그리고 때로는 구두에 맞게 소유자의 발이 변형되면서), 그 구두는 점차 의인화되고 '탈상품화'되기도 한다. 그러한 특별한 구두는 이제 생산되어 거래되고 팔리는 동일한 종류의 다른 것들과 다르다. 그 구두는 그 소유자의 개성과 일상경험의 흔적이 배어들어 있는 특별한 것이 되어, '다른 것'(대상)보다는 '자아'의 존재론적 상태(주체) 쪽으로 더욱 이동한다. 하지만 그 과정에서 그 물건은 상품으로서의 교환가치를 상실한다. 즉 그것은 다른 소비자에게는 덜 매력적이게 된다.

물건은 감정적 차원과 감정적 관계를 하나의 특별한 장소에서 다른 장소로 가져와서 사람들의 '또 다른' 삶을 생각나게 하는 역할을 하게 하는 방식으로 사용되기도 한다. 물건의 이러한 사용은 특히 유급 일터에서 발생하는 것으로 보인다. 니퍼트-엥(Nippert-Eng, 1996)은 사람들이 '집'과 '일터' 간의 경계를 정의하는 방식을 연구하면서, 그녀가 인터뷰한 몇몇 사람들에게서 집에서 가족사진이나 아이의 그림과 같은 인공물과 기억할 만한 물건을 직장에 가져다 놓는 것이 그들에게 감정을 불러일으키는 수단, 그리고 그들이 일터를 더욱 편안하고 즐겁게 만드는 데 도움을 주는 자아를 표현하는 수단이 된다는 것을 발견했다. 니퍼트-엥은 그의 연구대상이었던 실험실에서 일하는 기계 기술자들의 예를 들고 있다. 그 남자들은 사무직, 연구직, 행정직 직원들처럼 개인 사무 공간을 가지지 못했지만, 그럼에도 불구하고 아내, 아이들, 반려동물, 그리고 심지어는 그들의 집, 보트, 자동차의 사진을 자신들의 도구박스 뒤에 게시판을 만들어서라도 붙여놓았다. 그러한 인공물들도 일터의 특정 공간을 개인의 특별한 영역으로 표시하는 데, 즉 '자아의 영토'를 표시하는 데 기여한다.

사람들은 자신들이 그들의 소유물과 감정적 관계를 갖는다는 점을 때때로 부정하기도 하지만, 그들이 물건에 대해 이야기하거나 생각하는 방식은 그들이 어떤 식으로든 그 물건을 의인화하거나 그것에 생명을 불어넣는 경향이 있음을 자주 드러내기도 한다. 이것은 자동차와 같은 기계의 경우에서 특히 분명하게 드러난다. 자동차는 이미 의인화되어 있다. 왜냐하면 그것이 운전자와 탑승자를 감싸고 있고, 운전자의 신체 움직임에 반응하기 때문이다. 그리하여 그 속에서 자아와 기계의 관계는 거의 상호의존적인 것으로 경험되게 된다. 자동차라는 물건은 공격적인 남성의 힘과 모성의 방어력과 매끄러운 여성의 몸을 결합함으로써 자궁과 같은 내적 환경, 즉 공적 공간 내의 사적 지대를 제공한다(Richards, 1994). 리처즈가 지적하듯이, 자동차는

우리가 들어가서 통제할 수 있는 하나의 커다란 물건이자 일종의 기구이고 폐기물을 만들어낸다. …… 그것은 다양한 병을 앓고 쇠약해진다. 그리고 그것은 아주 눈에 띄게 노화된다. 우리로 하여금 그렇게 직접적으로 신체형태로 경험할 수 있게 하는, 즉 우리로 하여금 사물을 마치 몸인 것처럼 경험하게 하는 물건은 많지 않다(Richards, 1994: 71).

마찬가지로 개인용 컴퓨터의 디자인도 다소 다른 방식이기는 하지만 인격화를 조장한다. "그것의 전문가들은 그것이 '살아 있다'고 생각하지 않는다. 그러나 그것은 살아 있는 것 같은 속성을 쉽게 투사할 수 있는 매체이다. '집에 누군가 있는 것 같다'는 환상이 그것을 뒷받침한다"(Turkle, 1988: 43). 항상 사용하여 일상생활의 일과의 일부가 되어 있는 많은 다른 기계들

과는 달리, 개인용 컴퓨터는 그것의 사용자에게 화면상에서 단어를 사용하여 또는 어떤 개인용 컴퓨터의 경우에는 사용자가 자신의 컴퓨터에 프로그램화해놓은 인간 목소리를 포함하기도 하는 음향효과를 통해 자주 "말을 건다". 많은 개인용 컴퓨터들은 컴퓨터가 부팅될 때마다 화면상에 자동적으로 나타나는 메시지를 통해 사용자의 이름을 써서 그를 환영하도록 의인화되어 있다. 매킨토시는 그들의 컴퓨터를 친절한 사람 같은 피조물로 표현하기 위해 웃는 얼굴을 하고 있는 아이콘들을 이용한다.

컴퓨터는 또한 사용자들과 육체화된 관계 — 사용자들이 다른 많은 기계들보다 더욱 개인적인 관계를 맺게 하는 — 에 있는 것으로 위치지어진다. 이를테면 조작자가 개인용 컴퓨터를 사용하고 있을 때, 모니터는 그들의 얼굴로부터 단지 몇 센티미터 떨어져 있을 뿐이며, 그들은 한 번에 몇 시간씩 모니터를 응시하기도 한다. 키보드는 사용자의 생각이 화면상의 단어들로 전환되는 기회를 제공하고, 마우스의 사용은 모니터상의 아이콘들의 움직임과 직접적인 관계를 맺게 한다. 이것은 컴퓨터가 사용자의 생각과 쌍방향적 방식으로 반응하는 것으로 생각하게 하는 효과를 갖는다. 그러므로 개인용 컴퓨터를 사용하는 사람들이 그것을 자아의 확장으로, 즉 기분과 퍼스낼리티를 갖는 인간 같은 것으로 생각하기도 하고(특히 그것이 기대한 만큼 일을 하지 못할 때) 또 심지어 그것에 이름을 붙여주기도 하는 것은 놀랄 일이 아니다.

우리가 컴퓨터 사용자에 대한 우리의 연구에서 발견했듯이, 비록 대부분의 사람들이 자신들이 그들의 컴퓨터를 '도구' 또는 '생명 없는 대상' 이상의 것으로 본다는 것을 부정하기는 했지만, 그들은 자주 컴퓨터에 대해 일정 정도 의인화를 연상하게 하는 방식으로 말했다. 컴퓨터는 흔히 인간처럼 '우둔하거'나 '총명하'거나 '친절한' 것으로, 일정한 '생명'을 갖는 것으로, '죽을' 수도 있는 것으로, 그리고 사용자에게 최대한의 혼란을 유발하기 위해 오작동을 일으킬 "순간을 의도적으로 선택하는" 것으로 묘사되었다. 한 여성은 그의 컴퓨터가 "너무 똑똑한 게 탈이야"라고 기술하고, 초기 매킨토시를 '애인'으로, 현재의 컴퓨터를 '오랜 친구'라고 말했다. 33세의 한 남자 교수는 비록 그가 그의 컴퓨터가 퍼스낼리티를 가지고 있다고 보지 않는다고 주장했지만, 다음과 같이 시인했다. "나는 나의 컴퓨터가 월드 와이드 웹에서 매우 느리게 작동할 때 나는 장난삼아 나의 컴퓨터를 톡톡 치기도 하고, 때로는 그것을 토닥거리며 '작동해라, 작동해라, 너 그렇게 할 수 있지'라고 말해요. …… 난 컴퓨터에게 그런 식으로 말해요. 예 그래요"(보다 상세한 논의로는 Lupton and Noble, 1997을 보라).

라투르(Latour, 1992)가 주장했듯이, 이 같은 기계의 의인화 경향은 인간이 사용하기 위해 인간이 개발한 인공물의 성격 그 자체를 전제할 때 일정 정도 필연적이다. 라투르는 '의인화된anthropomorphic'이라는 단어의 어원, 즉 사람anthropos과 형태morphos의 결합은 "인간의 모습을 하고 있다는 것" 또는 "인간의 형상을 부여하는 것"을 의미한다고 지적한다. 기계는 인간의 행위를 대신하기 위해 인간의 지위를 차지하는 대리물로 개발되어온 것이기 때문에, 그리고 기계가 그것을 이용하는 과정에서 인간 행위를 틀 짓기 때문에 인간의 자질을 부여받는다(Latour, 1992: 235~236). 더 나아가 제1장에서 지적했듯이, 레이코프(Lakoff, 1987, 1995) 같은 이론가들은 인간이 세계를 육체화된 주체로 경험하기 때문에 (컴퓨터의 내부 작동과 같은) 추상적 현상을 개념화하는 방식의 대부분은 인체와의 은유적 관계에 의존한다고 제시해왔다. 나는 감정적 존재로서의 인간, 그리고 다른 사람들과의 상호작용 - 감정을 불러일으키고 다른 사람의 내밀한 상태를 항상 평가할 것을 요구하는 상호작용 - 에 익숙해진 개인으로서의 인간이 세계를 인식하는 과정에서 하나의 은유적 전략으로, 컴퓨터 같은 대상에 불가피하게 감정, 기분, 능력을 부여할 것이라고 제시하기 위해 이러한 지적을 확대하고자 한다.

취미의 일환인 인공물 수집활동은 대상의 획득과 이용이 어떻게 하나의 고도로 감정적인 개인적 경험이 될 수 있는지를 보여주는 실례이다. 하나의 수집품으로서의 인공물들은 자주 수집물의 일부로서의 역할 말고는 거의 아무런 실제적 용도를 가지지 않기도 하지만, 그것들과 '나의 수집품'이라는 관념의 결합이 그것들의 가치와 그것들이 주는 즐거움의 원천이다. 다넷과 카트리엘(Danet and Katriel, 1994)은 수집가들에 대한 자신들의 연구에서 수집가들과의 인터뷰에서뿐만 아니라 수집가용 매뉴얼과 수집과 관련한 여타 대중 문헌들에서 수집을 기술하기 위해 사용된 은유들에 초점을 맞추었다. 그들은 수집가들이 자신들이 수집한 품목을 마치 그것이 가족 성원이나 아이들인 것처럼 이야기하고 그 대상에 공공연히 감정을 부여하기 때문에 다른 사람들에 의해 자주 괴짜로 간주된다는 것을 발견했다.

다넷과 카트리엘이 지적하듯이, 대상에 대한 '비합리적' 충동과 감정적 반응이 수집가의 경험을 지배하는 것으로 보이지만, 다른 사람들은 그것을 이해하기 어려워하기도 한다. "대상과 '사랑에 빠지고' 그것을 마치 아이나 반려동물처럼 다루고 그러한 일에 많은 시간, 돈, 에너지를 소비하는 것 모두는 정당화하기 어려울 수도 있다"(Danet and Katriel, 1994: 31). 수집가들은 자신이 너무나도 집착적이 되고 더 많은 수집용 물품을 손에 넣고자 하는 욕망을 통제하지 못하고 "너무 야단을 떠는" 것은 아닌가 하고 스스로 우려하기도 한다. 그럼에도 불구하고 그들은 동시에 자신들을 그러한 방향으로 몰고 가는 집착의식과 열정을 즐기고, 수집 물품을 구매하고 매만져서 정리하는 활동이 무척 재미있고 그들을 평온하게 해주면서도 또한 그들에게 활력을 불어넣어주고 기운을 북돋아준다는 것을 발견한다.

> 수집가들은 물건을 매개로 하여 가상의 것을 추구하고, 혼돈을 경험하고, 미지의 것을 무한히 찾아 나서고, 비합리적 충동에 굴복하고, 통제 불능의 것이 주는 스릴 있는 위험을 즐긴다. 그리고 그들은 그러한 물건을 통해 자신의 마음을 사로잡고 있는 심히 심미적인 활동을 홀로 느긋하게 즐기기도 한다. 그러한 활동이 그들을 독특한 '흥미로운' 개인들로 만든다(Danet and Katriel, 1994: 34).

물론 자신들을 '수집가'로 간주하는 사람들만이 소유물을 모으고 그것에 개인적·감정적 속성을 부여하는 것은 아니다. 우리 모두는 우리의 일상활동과 일상적 관계의 일환으로 다양한 이유 ― 기능적 이유에서든, 심미적 이유에서든, 정서적 이유에서든, 또는 이 세 가지 이유 모두에서든 간에 ― 에서 인공물을 수집한다. 그간 주로 사회심리학 분야에서 사람들이 자신들의 소유물에 부여하는 의미를 규명하고자 하는 조사가 일부 수행되어왔다. 가장 흥미롭고 영향력 있는 연구 중의 하나가 칙센미하이와 록버그-할튼 (Csikszentmihalyi and Rochberg-Halton, 1981)에 의해 수행되었다. 그들은 시카고에 살고 있는 사람들을 대상으로 하여 그들의 가정용 소지품들에 대해 인터뷰했다. 그들은 그렇게 하면서 사람들이 어떤 이유에서든 소중히 여기거나 특별한 것으로 간주하는 소지품의 종류의 유형학을 만들어냈다.

칙센미하이와 록버그-할튼은 이를테면 어떤 사람들은 특정한 가구 한 점을 자신들의 결혼 초기 시절을 생각하게 한다는 이유에서, 또는 그것이 소중한 친구가 준 것이라는 이유에서, 또는 자신들이 직접 만들었다는 이유에서 특별한 것으로 간주한다는 것을 발견했다. 한 인터뷰 응답자는 자신이 그녀의 거실에 있는 겉 천을 간 의자 두 개를 소중히 여기는 이유를 다음과 같이 말했다. "그 의자 한 쌍은 나와 남편이 언젠가 처음으로 사가지고 와서 앉았던 거예요. 그것들은 나의 집을 연상시키지요. 나는 아이를 가졌고 아기와 함께 그 의자에 앉아 있곤 했어요"(Csikszentmihalyi and Rochberg-Halton, 1981: 60에서 인용함). 실제로 자신들의 가구 중 어떤 것을 특별한 소유물로 여기는 사람들 가운데서 그 이유로 감정적인 것을 언급한 경우가 가장 많았고, 공리주의적 이유를 강조한 경우는 그리 많지 않았다. 이처럼 상품은 사람들이 그것을 처음 구입했을 때 가졌던 의미를 훨씬 넘어서는 의미를 체현하기도 한다.

디트머(Dittmar, 1992)는 사람들이 특정한 개인 소유물을 다른 소유물들보다 가치 있는 것으로 평가하는 이유를 규명하고자 하는 유사한 목적을 가지고 수행한 한 연구의 일환으로, 한 설문지를 세 집단의 영국 응답자들 — 회사 통근자, 실업자, 학생 — 에게 배포했다. 그녀는 응답자들에게 자신들이 중요한 것으로 간주하는 개인 소유물 5개의 목록을 작성하고 각 소유물이 그들에게 중요한 이유를 그들 자신의 말로 기술해줄 것을 요청했다. 디트머는 자신이 '감상적 품목'으로 범주화한 물건들(주로 사진, 선물, 보석류)이 두 번째로 가장 자주 언급된 소유물이라는 것을 발견했다. 약간 더 자주 언급된 소유물은 그녀가 '여가 물품'으로 묶은 범주 — 이 범주에서는 음악장비가 수위를 차지했다 — 였고, 약간 덜 자주 언급된 범주가 가정용품과 가전제품과 같은 '실용적 소유물'이었다. 응답자들의 선택을 그 이유의 측면에서 살펴보면, 그 범주들은 대체로 도구적 이유, 용도 관련 이유, 감상적 이유에 대응했다. 디트머는 여성이 남성보다 감상적 이유를 더 많이 드는 경향이 있는 반면, 남성들은 도구적인 이유와 용도 관련 이유를 거론한다는 것을 발견했다. 감상적 이유들에는 대상뿐만 아니라 그것과 개인적 관계의 상징적 연관성과 관련된 감정이 포함되어 있었다. 하지만 도구적 이유에도 역시 휴식이나 기분전환을 용이하게 해주는 소유물과 같은, 감정표현과 관련된 측면들이 포함되어 있었다.

이러한 연구들이 시사하듯이, 우리가 그러한 물건에 대해 느끼는 감정은 상이한 방식으로 발생한다. 개인의 소유물들은 기억의 저장소로서의, 즉 개인적 성취, 성공, 다른 사람과의 관계 그리고 다른 사람과 공유한 전기를 기록하고 있는 유형의 물질로서의 역할을 할 수 있다. 실제로 어떤 대상도 그러한 역할을 할 수 있다. 즉 사진, 인사장, 편지, 가구, 옷, 보석류, 주방용품과 그릇, 레코드와 콤팩트디스크, 향수, 극장 프로그램과 책 모두가 옛 사람이나 사건 또는 어떤 개인이 살거나 방문했던 장소를 연상하게 하기도 한다. 우리가 친밀한 관계에 있었던 다른 사람을 연상시키는 특정한 물건은 사랑, 증오 또는 질투의 감정을 불러내기도 한다. 이를테면 어떤 음악이나 노래는 우리에게 우리의 삶의 특정 시기 ― 우리에게 중요한 관계에 있던 시기 ― 를 생각하게 하기도 한다. 또 다른 어떤 것들은 우리의 어릴 적 가족생활을 연상시키기 때문에 또는 학창시절이나 대학시절과 연관되어 있기 때문에 강렬한 감정을 불러일으키기도 한다. 어떤 물건은 우리가 즐거움을 느끼는 감정상태에 들어가는 데, 그리고 고통스런 감정을 벗어버리는 데 도움을 준다. 주방용품과 같은 물건들, 텔레비전 같은 가정용 기계, 그리고 자동차나 컴퓨터 같은 다른 기계들은 우리의 일상적 삶의 일부이고 우리의 일상적 일과에 내재한다고 할 수 있을 만큼 우리에게 친숙한 것이 되었기 때문에 감정을 불러일으키기도 한다. 그것들의 분실 또는 고장은 그것이 우리의 일상을 혼란스럽게 만들기 때문에 불안과 화라는 감정을 불러일으키기도 한다.

감정의 매개자로서의 물건

물건이 하위문화 집단의 스타일과 성원의식에 관한 생각들을 자신 및 다른 사람과 소통할 수 있게 해주는 수단으로만 기여하는 것은 아니다. 물건은 또한 사회관계의 일부로 기능하며, 사람들 간의 감정적 유대를 뒷받침하기도 한다. 어떤 물건들은 사람들 간의 감정적 관계의 발전과 유지에서 극히 중요하다. 필기도구와 인사장과 같은 소통도구들은 전화와 서로 연결되어 있는 컴퓨터 같은 전자기계들처럼 어떤 사람들이 느끼는 방식을 단어를 통해 직접 전달하는 기능을 수행한다. 사진과 같은 물건들은 우리에게 사랑하는 사람을 어떻게 바라보는지를 생각나게 하여 애정 또는 사랑을 강화하는 데 기여한다. 선물과 같은 또 다른 물건들은 "꽃으로 마음을 전하세요"라는 꽃가게의 선전문구가 말해주듯이, 덜 직접적인 방식으로 감정적 유대를 표현하고 재생산하는 데 기여한다.

모열(Moyal, 1989)은 호주에 거주하는 각기 다른 사회적 배경을 가진 다양한 연령대의 여성들을 대상으로 하여 실시한 전화 사용에 관한 연구에서 그들이 전화를 친구나 가족 성원들과 친밀한 관계를 맺고 유지하는 극히 중요한 수단으로 간주한다는 것을 발견했다. 모열이 발견한 바에 따르면,

그것은 나이 든 여성들과 그들의 성인 딸에게 특히 사실이었다. 그들 중 많은 사람이 자신들의 정기적인 전화 통화가 외로움, 우울, 지루함, 불안, 걱정을 막아주거나 다소 해소해주는 하나의 방법이라고 생각했다. 여성들은 결혼파탄이나 죽음으로 이어질 수도 있는 위기의 시간이나 병중일 때, 또는 다른 성인들과 거의 접촉 없이 오랜 기간을 보내고 있을 때, 전화를 이용하여 가까운 친척이나 여성 친구들을 찾거나 조언을 들었다. 이는 나이 지긋한 어머니들이나 어린아이를 돌보는 젊은 엄마들의 경우에 자주 사실이었다. 할머니인 여성들은 그들이 정기적으로 볼 수 없는 어린 손자들과의 관계에서 전화 접촉이 수행하는 필수적 역할에 대해 말했다. 모열의 연구에서 참여자들은 하나의 기계로서의 전화가 대면적 접촉을 포함하지 않는 다른 형태의 소통과는 다른 소통의 질을 제공한다고 지적했다. 한 여성은 다음과 같이 말했다. "전화는 교외에서의 가정생활이 외롭기 때문에 나에게 매우 중요해요. 그리고 전화는 색깔과 다양성을 갖고 있는 연결장치, 그리고 사랑하는 사람들과의 연결장치죠. 감정과 돌봄을 소통할 필요가 있어요. 전화는 편지보다 더 인간적이에요. 나는 내 친구가 어떻게 '느끼는'지를 알고 싶어 하고, 나는 전화 통화에서 그것을 들을 수 있어요" (Moyal, 1989: 14~15에서 인용함).

인터넷, 즉 전화나 광섬유선을 통해 세계를 가로질러 서로를 연결해주는 컴퓨터 네트워크 시스템이 점점 더 관련 기계에 접근할 수 있는 사람들 간에 소통수단이 되고 있다. 인터넷은 이메일(전자메일)을 사용하는 사람들이 매우 빠르게 메시지 소통을 할 수 있게 해줄 뿐만 아니라 단체로 쌍방향적인 실시간 토론과 판타지 게임을 할 수 있게 해준다. 이 새로운 기술과 관련하여 매스미디어와 문화연구 분야에서 수행된 많은 연구들이 인터넷을 통해 친밀한, 심지어는 낭만적이고 에로틱한 관계들이 발전하는 방식을 탐구해왔다. 지난 몇 십 년 동안 우리는 유저들이 서로 완전히 익명으로 노골적인 에로틱한 채팅 ― 다른 말로는 '사이버섹스'로 알려진 ― 을 할 수 있는, '스로브넷Throbnet'과 '슬리즈넷Sleazenet'과 같은 욕망을 부추기는 이름의 네트워크들이 급격히 늘어나고 있음을 목도해왔다(Wiley, 1995; Springer, 1996: 54~55). 그러한 네트워크상에서 유저들은 그들이 원하는 모든 방식으로 성적 또는 낭만적 용어로 자신들을 표현하기도 한다. 네트워크를 통해 만난 어떤 사람들은 계속해서 사진과 카드를 교환하고, 대면적인 만남을 가지고, 심지어는 함께 살거나 결혼하기로 결심하기도 한다.

일부 저술가들이 그것을 인터넷을 통해 유토피아적 방식으로 상호관계를 맺을 수 있는 기회, 즉 친밀성을 확립하고 유지하고 '가상공동체'에 참여하는 새로운 방식을 예고하는 것으로 제시해왔지만, 다른 사람들은 그것에 의문을 제기하고, 컴퓨터 매개 관계를 대면적인 만남을 포함하는 관계보다 더 메마르고 어쨌든 덜 '진정한' 것으로 파악해왔다. 일부 사람들은 표준화된 컴퓨터 글자체를 이용하는 언어적 의사소통에 의존하는 상호작용은 다른 많은 형태의 의사소통보다 감정을 표현할 수 있는 능력이 훨씬 떨어진다고 주장해왔다. 왜냐하면 거기서는 말의 어조나 고조와 같은 측면들 또는 얼굴표정에 의해 전달되는 단서를 표현할 수 없기 때문이다. 따라서 "웃음이나 빈정대는 어조와 같은 대면적 또는 전화 의사소통에서 전달되는 '방백'이 글로 쓴 텍스트에 포함될 필요가 있다"고 지적되기도 한다 (Wiley, 1995: 151).

그러한 목적으로 컴퓨터를 이용하는 사람들은 다른 사람들과 '적절한' 관계를 형성할 수 없을 것이라고 우려하는, 보다 비관적인 담론들도 존재한다. 한 비평가가 지적한 바 있듯이, "우리에게 컴퓨터의 사용이 요구될수록, 우리는 점점 더 진정한 심층적인 인간적 경험을 할 수 없게 될 것이다"(Lakoff, 1995: 124). 이러한 평가는 컴퓨터 사용이 탈인간화를 초래할 수 있다고 시사한다. 이를테면 컴퓨터를 이용하는 사람들이 다른 사람들과의 친밀한 관계에서 핵심적 요소로 고려되는 전 범위의 감정 모두를 경험하거나 이해할 수 없는 '기계 같은' 주체가 되고 말 수도 있다는 것이다. 터클(Turkle, 1996)의 연구에 따르면, 상당히 많은 시간을 쌍방향적 판타지 게임을 하는 데 보내는 사람들은 가상세계를 대면적 관계보다 더 쉽게 조작할 수 있고 또 덜 복잡한 것으로 인식한다. 즉 그들은 컴퓨터 매개 관계를 다른 관계와는 달리 '신뢰할 수 있고' 또 '예측 가능한' 것으로 바라본다. 하지만 그러한 열광자들조차도 그러한 게임을 하는 것이 그들을 게임 '중독'에 이르게 하여, 그들로 하여금 '현실 관계' 및 모든 책임과 단절하게 할지도 모른다고 우려한다.

사진은 사람, 장소, 사물을 기억하기 위한 확실한 물건으로, 그것들을 기록하고 있는 것만이 아니라 그와 관련된 현상에 대한 회상을 틀 짓는 역할을 한다. 칙센미하이와 록버그-할튼(Csikszentmihalyi and Rochberg-Halton, 1981)은 그들의 연구에서 개인 사진들이 밀접한 관계, 감정, 기억과 연관되어 있기 때문에, 그리고 그것들이 대체할 수 없는 것으로 고려되기 때문에 그들의 인터뷰 응답자들에 의해 높게 평가되고 있다는 것을 발견했다. 그들의 지적에 따르면, 특히 나이 든 사람들에게서 "사진은 집에 있는 어떤 다른 대상 이상으로 개인적 연대의 기억을 보전하는 목적에 기여한다. 감정을 불러일으키는 능력이라는 면에서 사진을 능가할 수 있는 어떤 다른 유형의 물건은 존재하지 않는다"(Csikszentmihalyi and Rochberg-Halton, 1981: 69). 이를테면 사망한 가족 성원의 소중한 사진을 잃어버린 것이 그들에게 갖는 의미를 기술할 때, 몇몇 참여자들은 그 일을 생각하고 눈물을 흘렸다. 사랑하는 사람이 아직 살아 있을 경우에는, 우리가 그 사진의 모습을 응시할 때, 사진은 그들에 대한 생각과 감정을 불러일으키는 데 도움을 준다. 가족생활의 친밀한 관계를 자신들의 노동일의 삶으로 가져오기 위해 사람들은 자주 친밀한 사람 ─ 특히 배우자와 아이들 ─ 의 사진을 일터에 펼쳐 놓는다(Nippert-Eng, 1996: 71~72).

선물의 상징적 지위는 선물이 우정과 가족관계의 감정경제에서 수행하는 역할 때문에 흥미로운 성찰 대상이다. 선물 주기는 그러한 친밀한 관계를 유지하는 하나의 중요한 의례이며, 그러한 관계들과 함께 하는 우정, 사랑, 감사와 같은 전통적 감정에 의해 고무되는 것으로 이해된다. "세 가지 감정 모두는 행위자가 다른 사람과 일체감을 갖게 하며, 따라서 특정한 목적을 위해 자신과 타자 간의 경계가 부정되고, 외부인들과 대비되는 하나의 집합적 정체성이 규정된다"(Cheal, 1988: 18). 선물은 주는 사람과 받는 사람 간의 관계의 성격을 규정할 뿐만 아니라 그러한 긍정적 감정을 전달하는 것으로 이해된다. 가브리엘과 랑(Gabriel and Lang, 1995: 58)이 지적하듯이, 선물이 관계에서 수행하는 역할 때문에 "선물은 매우 민감한 소비영역이다". 선물의 가격이나 질에 대한 잘못된 판단은 주는 사람과 받는 사람 모두에게 당혹감, 굴욕감, 분노를 포함하는 일련의 감정을 유발할 수 있다.

사랑의 이데올로기에 따르면, "선물은 한 사람이 다른 사람에 대한 자연적 애정의 결과로 자발적으로 주는 것이다"(Cheal, 1988: 106). 하지만 사랑과 애정의 상징으로서의 선물에 주어진 중요성 때문에, 근대 서구 사회에는 '완벽한 선물perfect gift'을 둘러싼 긴장들이 존재한다. 그러한 긴장들 중의 하나가 완벽한 선물은 그것의 금전적 가치나 물질적 형태에 근거해서가 아니라 그것이 표현하는 감상에 의해 판정된다는 것이다. "좋은 선물은 진정한 내적 자아와 내적 감정의 자유로운 자발적 표현이다"(Carrier, 1990: 32). 선물이 개인에게 맞추어지고 '비상업적'일수록, 그것은 사심 없는 사랑과 애정을 표현하는 '진정한' 선물로 높이 평가받는다. 개성 없는 상품들이 대량생산됨에 따라, 그러한 선물을 주는 것이 주는 사람과 받는 사람의 개인적 정체성을 표현해줄 것이라고 기대하기란 어렵다.

이를테면 캐리어(Carrier, 1990: 30)의 지적에 따르면, 크리스마스 선물이 대량생산된 물건이라는 그것의 정체성을 숨기고 그것에 개성을 부여하기 위해 일반적으로 축제종이로 포장된다면, 잼과 빵 같은 집에서 만든 식품 선물은 완전히 포장되지 않고 자주 용기와 카드를 자랑스럽게 그냥 드러낸다. 그는 그러한 선물은 완전히 포장할 필요가 없다고 주장한다. 왜냐하면 그것은 상품으로 획득한 것이 아니고, 따라서 그것을 상품에서 선물로 변형시키기 위해 축제종이로 포장할 것이 요구되지 않기 때문이다. 순수한 선물 이데올로기를 가장 잘 따르는 경향이 있는 것은 바로 가족의 맥락이다. 이를테면 부모는 크리스마스에 자신들의 아이들에게 답례로 받는 것을 훨씬 초과하는 선물을 주고, 그 선물은 사무실과 같은 다른 환경에서 주는 것보다 훨씬 더 의인화된다(Carrier, 1990).

선물 이데올로기가 선물 자체의 실제적 성격을 부정하는 경향이 있는 반면("중요한 것은 생각이다"), 서구 사회에는 특정한 감정을 나타내는 몇몇 대량생산된 상품들이 있다. 이를테면 누군가에게 초콜릿을 주는 것은 낭만적 사랑을 암시하는 경향이 있고, 따라서 그것이 밸런타인데이 선물 주기의 중심축을 이루고 있다. 꽃 보내기 또한 동일한 의미를 가지고 있다.

특히 그것이 붉은 장미라면, 비록 그것이 다른 맥락에서 선물되었다고 하더라도, 이를테면 누군가가 입원하고 있을 때 또는 어머니날에 어머니에게 주었다고 하더라도 그렇다. 광고의 주장에 따르면, 그의 (여성) 파트너에게 다이아몬드를 선물하는 남자는 "다이아몬드는 영원하기" 때문에 그의 변치 않는 낭만적 사랑을 바치고 있는 중이다. 샴페인은 축하의 상징으로, 그리고 흥분 및 쾌락과 관련된 감정의 상징으로 구매되고 소비되는 경향이 있다.

토포필리아 : 감정과 장소

인간은 사물뿐만 아니라 장소 또는 풍경 — 비도시적 환경은 물론 도시와 타운 같은 만들어진 환경도 포함하여 — 과 감정적 관계를 가지기도 한다. 인문지리학자 이-푸 투안Yi-Fu Tuan은 이러한 현상을 '토포필리아topophilia' — 보다 구체적으로 말하면 "사람과 장소나 환경 간의 감정적 유대" — 라고 부른다(또한 Tuan, 1974: 4; 또한 1977, 1979도 보라). 공간과 장소는 하나의 육체화된 존재로서의 '세계 내 존재'가 경험하는 중요한 특성들이다. 왜냐하면 육체화는 항상 공간적 차원을 통해 경험되기 때문이다. 사람들이 자신들의 물리적 환경의 여러 측면을 틀 지을 수 있는 것과 마찬가지로, 환경은 주체성을 틀 짓는다. 내가 제1장에서 주장했듯이, 개인들이 감각 — 시각, 청각, 후각, 시각, 그리고 환경에 대한 느낌 — 으로부터 얻는 장소와 공간에 대한 지각은 감정의 생산에서 중요한 역할을 하기도 한다. 그러한 감각을 통해 이루어지는 개인적 경험 역시 장소가 유발하는 감정의 중요한 일부를 이룬다.

투안(Tuan, 1974: 27~29)은 공간범주가 어떻게 감정과 강력한 관념연합을 이루고 있는지에 주목해왔다. 이를테면 열린 공간은 자유, 모험 가능성, 밝음, 공적 영역, 형식미와 불변의 아름다움을 나타낸다면, 닫힌 공간은 자궁의 안전, 프라이버시, 어둠을 나타낸다. 이러한 지배적인 문화적 의미 때문에 우리는 그러한 유형의 공간에 있을 때 특정한 감정을 경험하는 경향이 있다. 또한 우리는 감정 용어를 이용하여 환경의 특징을 묘사한다. 이를테면 우리는 산이 '솟구쳐 있다soar'고 말하고, 파도가 '밀려온다swell'고 말하고, 그리스 신전이 '고요하다calm'고 말한다. 장소는 애정, 희망, 향수와 같은 감정을 고무하기도 하지만, 또한 불안, 혐오 또는 공포와 같은 감정을 불러일으키기도 한다. 이를테면 서구 문화에서 자연'풍경'으로 고려되는 장소들(이를테면 숲, 호수, 바다, 확 트인 전원)은 진정성과 순수한 감정 모두의 원천으로, 그것들의 아름다움에 대한 경외, 기쁨, 환희를 불러일으키고 마음을 편안하게 해주는 것으로 묘사되어왔다. 하지만 또한 그것들은 공포와 위험, 맹렬함과 황폐함의 장소, 즉 '자연'이 '문화'의 문명을 압도하는 곳, 그리고 사람들의 발길이 닿지 않는 곳으로 들어가자마자 이상한 일이 일어날 수도 있는 곳으로도 묘사되어왔다.

성경은 신과의 영적 교감과 관련된 특정한 감정상태를 나타내는 풍경의 사례들을 크게 다루고 있다. 그중 하나인 '황무지'는 두 가지의 주요한 모순적 의미를 가지고 있다. 성경은 신과의 만남을 일반적으로 인간이나 다른 생명체들의 방해를 받지 않는 황량한 지역에서 일어나는 것으로 묘사한다. 그리고 성경에서 그러한 삭막한 사막 같은 풍경은 금욕주의와 순수한 신앙심을 상징한다. '황무지'는 또한 성경에서 신이 저주를 내린 장소라는 특별한 의미를 가지고 있기도 하다. 사람들은 신의 법을 위반했을 때

통상적으로 별로 황무지로 보내진다. 황량한 지역은 단지 영적 묵상을 위한 장소만이 아니라 악마의 유혹과 공격이 일어나는 장소이기도 하다(Tuan, 1974: 109~110).

도시와 대규모 타운 또한 정반대의 의미들을 부여받아왔다. 한편에서 그것들은 자유, 세련됨, 문명의 장소로, '문화'가 가장 융성한 곳으로, 그리고 대규모 인간집단의 활동의 일부로서 즐거운 활동이 일어나는 곳으로 묘사되었다. 하지만 다른 한편 도시와 타운은 또한 지저분하고 오염되고 무서운 곳으로, 질병과 범죄의 장소로, 스트레스 유발지로, 그리고 낯선 사람들과의 무수한 덧없는 상호작용으로 인해 비인격적이고 소원하고 불가항력적인 성격을 지니는 곳으로 자주 묘사되었다. 작은 타운이나 마을은 공동체와 안전 같은 긍정적 의미들과 결부지어지고, 사람들이 서로를 알고 서로를 '돌보는' 장소로 묘사되지만, 또한 질식할 것 같고 지루한 곳, 비열한 험담과 질시의 온상으로 묘사되기도 한다.

극히 소수의 사회학자들이 만들어진 환경의 감정적 차원에 관심을 기울여왔다. 그러한 작업을 수행한, 가장 영향력 있는 인물 중의 한 사람이 초기 사회학자 짐멜(Simmel, 1903/1969)이다. 그는 20세기 초에 "대도시와 정신적 삶"이라는 주제에 대한 글을 쓰면서 도시적 삶이 지닌 비인격적이고 방향을 상실한 불가항력적 성격에 대해 논의했다. 짐멜은 익명성과 결합된 도시 거주의 격렬함, 인간 간의 수많은 접촉, 영혼 없음, 인간관계에서의 일관성 결여가 정체성의 파편화를 낳았다고 주장했다. 그는 도시사람은 '심적 자극'의 과잉을 경험하고 그것이 그들로 하여금 일상생활의 복잡성에 보다 쉽게 대처하기 위해 그들의 감정을 억누르고 그들의 삶을 작은 구획으로 파편화하는 식으로 수세적으로 반응하게 한다고 생각했다. 하지만 짐멜이 대도시적 삶에 대해 전적으로 부정적이었던 것은 아니었다. 그는 또한 도시가 새롭고 보다 정교화된 형태의 세련된 감성과 식별력을 가질 수 있게 해준다고 지적하기도 했다.

사람들은 특정 타운, 도시, 지역이 특정한 '기질'을 가지고 있고, 그것이 다른 감정에 비해 특정한 감정을 조장하여 지역정체감 — 특정한 세계관과 결부되기도 하는 — 에 기여하는 것으로 생각한다. 이를테면 영국에서 북부와 남부는 자주 문화적으로 차별 지어진다. 북부는 노동계급, 주변부, 황량한 시골, 공업과 공장, 험한 아웃도어 레저활동, 더 습하고 더 추운 기후, 그리고 선린의식과 감정공동체를 연상시킨다. 이와 대조적으로 남부는 중심부, 경제적·사회적 엘리트, 온순하고 상냥한 시골 사람, 주식중개업과 경영진, 고급문화, 더 따뜻하고 더 온화한 기후, 그리고 제도, 돈, 권력을 연상시킨다(Shields, 1991: 231). 미국 또한 '남부'와 '북부'로 분할된다. 더 추운 북부 주의 거주자들은 더 세련되고 지적이고 감정을 억제하는 것으로 제시된다. 이에 비해 온화한 지역에 사는 남부사람들은 감정적으로 더 격하고 현실적이고 투박한 것으로 묘사된다. 호주에서 '북부'와 '남부'에 부여되는 문화적 의미는 정반대지만, 기후와 감정적 성향은 동일하게 연계지어진다. 호주의 북부지역은 가장 열대지역에 속하고, 그 주민들은 '더 거칠고' 고상한 에티켓에 그리 관심을 가지지 않고 심지어는 약간 미친('정신이 나간') 것으로 묘사된다. 사람들이 보다 남부로 여행할수록, 날씨는 더 추워지고, 사람들은 더욱 진지하고 감정을 억제하는 것으로 인식된다.

이와 관련된 또 하나의 구분이 통상적으로 가장 큰 (그리고 가장 경쟁적인) 두 도시, 즉 시드니와 멜버른 사이에서 거기에 거주하는 사람들의 '유형'과 관련하여 이루어지고 있다. 대중의 상상력 속에서 시드니 거주자들은 지성을 계발하기보다는 훨씬 더 쾌락주의적이고 경솔하고 덧없는 육체의 쾌락을 탐닉하는 데 더 많은 관심을 가지는 것으로 간주된다. 시드니는 대체로 햇살이 내리쬐는 도시, 그곳의 아열대성 기후, 무성한 초목, 아름다운 항구, 많은 해변에 의해 묘사되고, 이는 웰빙과 휴양의 감정에 기여하고 주로 야외생활을 하는 라이프스타일을 뒷받침한다. 그곳은 매년 여름에 개최되는, 참여자들의 심한 육체 노출을 특징으로 하는 게이·레즈비언 마디그라 퍼레이드Mardi Gras parade를 포함한 강렬한 게이 문화로 유명하다. 이와 대조적으로 멜버른 거주자들은 자주 보다 지적이고 삶에 대해 진지하고 보다 '유럽적인' 접근방식을 취하는 것으로 묘사된다. 이는 잘 구획된 격자무늬 거리, 상대적으로 드문 해변, (호주에서) 더 추운 날씨와 같은 멜버른의 지역적 배치와 연계되어 있다. 멜버른의 이러한 측면들은 보다 배타적이지만 또한 세련된 분위기에 기여하는 것으로 인식된다. 그곳 사람들은 (멜버른에 많은 열성팬들을 가지고 있는 스포츠인 호주식 축구 경기를 보러가는 것을 주요한 예외로 하면) 야외활동에서 즐거움을 찾기보다는 술집, 카페, 서점, 영화관 또는 공연장에 함께 모인다.

테일러와 그의 동료들(Taylor et al., 1996)은 영국 북부 도시 맨체스터와 셰필드의 '지역감정local feeling' — 이는 레이먼드 윌리엄스Raymond Williams의 '감정의 구조structures of feeling'로부터 이끌어낸 개념이다 — 을 설명하는 그들의 책에서 지역 거주자들과의 포커스 그룹 토의에 의지하여, 사람들이 자신들의 이웃과 그들이 살고 있는 도시에 대해 일반적으로 품고 있는 감정을 탐구한다. 테일러와 그의 동료들은 이 '지역감정'을 다음과 같은 여러 요소들의 결합으로부터 출현하고 있는 것으로 파악한다. (1) 그들과 다른 사람들의 관계는 물론 공간, 장소, 대상과의 관계를 포함하여 그들이 살고 있는 장소에 대한 거주자들의 살아 있는 경험들, (2) 특정한 공간에서 살고 있음과 관련한 기억과 신화, (3) 젠더, 합리성, 민족성, 직업, 사회계급과 관련한 문제들, (4) 매스미디어와 같은 포럼에서 드러나는 그 도시의 문화적 표상, (5) 지역의 기후와 지형적 특징, 그리고 도시의 건축학적·물리적 배치, (6) 도시 내의 삶의 상태와 양식에 영향을 미치는 보다 광범한 역사적·인구학적·경제적 차원들. 이 모든 차원들이 역동적 방식으로 상호작용하며, 사람들이 자신들의 지역환경에 대해 느끼는 감정들을 생산하고 틀 짓는다.

테일러와 그의 동료들(Taylor et al., 1996)은 맨체스터와 셰필드라는 탈산업적 도시에서 자신들의 도시에 대한 거주자들의 감정은 중공업지대(맨체스터의 경우 목화와 직물, 셰필드의 경우 철강)라는 역사적 사실의 결과인 찌든 물리적 공간, 최근 그러한 산업의 쇠퇴와 그로 인한 실업의 증가, 그리고 그와 관련된 빈곤의 증가와 같은 요인들에 의해 강력하게 틀 지어져왔다고 주장한다. 이러한 보다 광범위한 변화는 특히 나이 든 사람들 사이에 '더 좋았던 시대'에 대한 향수의식, 그들의 도시가 붕괴되고 쇠퇴하고 있다는 비관적인 느낌, 그리고 삶이 훨씬 더 불확실하고 위험해져왔다는 느낌을 낳았다. 지역주민들은 이웃 또는 도시 전체에서 자신들이 '위험한' 곳으로 간주하는, 그리고 자신들이 범죄의 희생자가 될 수도 있다고 우려하는 특정한 공적 공간을 아주 잘 알고 있었다. 테일러와 그의 동료들(Taylor et al., 1996: 174)의 표현으로, 그들은 자신들이 특정한 장소를 '안전한' 또는 '불안전한' 곳으로 범주화하는 '정신적 지도'를 가지고 있었다. 그러한 판단은 공간 그 자체의 특징, 그 공간에 거주하는 경향이 있는 사람들(이를테면 '빈민', '약물중독자', 젊은이 집단, '거지' 또는 노숙인) 그리고 여러 상황적 측면에 근거하여 이루어지는 경향이 있었다.

시블리(Sibley, 1995)는 자신이 1940년대 런던에서 자라던 것에 대한 기억과 경험을 이용하여, 보다 구체적인 수준에 초점을 맞추어 어린 시절의 시간적 차원과 공간적 차원을 탐구했다. 그에 따르면, 아이를 책임지고 있는 사람들(부모, 다른 가족 성원, 교사)이 만들어진 환경과 관련하여 구축한 경계들이 아이가 느끼는 감정 — 특히 위반과 관련하여 — 에서 중요한 역할을 수행한다. 시블리는 "지리적 요인들이 그러한 경계를 이루고 있으며, 그러한 요인들은 부분적으로는 감각 — 공포, 불안, 흥분, 욕망 — 에 의해 경험되고 규정되며, 그러한 감각들이 아이들이 자신과 사람들 및 장소와 관계를 맺는 과정을 틀 짓는다"고 주장한다(Sibley, 1995: 124). 그는 학교 운동장, 그리고 학교 가는 길에 있던 고양이 고기 가게를 회상한다. 학교 운동장은 약자를 괴롭히는 사람들이 있었기 때문에 두렵고 피하는 장소였으며, 고양이 고기 가게의 냄새는 혐오감을 불러일으켰었다. 시블리는 아이들은 어른들의 명령과 바람을 따르기 때문에 자주 집이나 학교 같은 환경에서 스스로 시간과 공간의 사용을 거의 통제하지 못한다고 지적한다. 시간과 공간의 사용(이를테면 정리하지 않은 침실, 잠자러 갈 시간)을 놓고 아이들과 어른들 사이에 긴장이 발생하기도 한다. 그로부터 아이들은 심한 욕구불만을 느낄지도 모른다. 그러나 어른이 되어서는 그것을 자주 쉽게 잊는다. "어른인 우리는 이전에 경험했던 어떤 것과 달라 보이고 다른 냄새가 나는 새로운 장소에 있는 것 같다는 느낌, 또는 학교에 지각한 것 또는 침대로 보내진 것을 망각한다"(Sibley, 1995: 136).

'집'의 감정적 의미

최근 주말 신문 컬러 부록에 실린 한 기사에서, 호주 저널리스트 데버러 호프Deborah Hope는 시드니에 있는, 그녀의 가족이 살았던 집에 대한 좋은 기억을 글로 표현했다. 그녀는 어린 시절 넓은 정원에서 게임을 했던 것과 가족이 크리스마스에 즐겁게 축하연을 벌인 일을 향수에 젖어 자세하게 묘사하고, 그녀의 어린 시절에 느낀 집에 대한 감정과 현재 그녀의 무질서한 가정생활과 관련한 감정들을 비교했다. "항상 변함없던 질서, 한결같은 일상과 안락함, 확실한 전통적 가치, 영원할 것 같은 느낌, 이것들은 나의 부모님의 집에 대해 말하는 것인데, 그곳은 이제 단지 하나의 목가적인 곳만이 아니라 나 자신의 성인기의 가정생활과 날카롭게 대비되는 하나의 이상이다(Hope, 1996: 24). 호프는 계속해서 그녀의 사촌이 그녀 자신의 가족이 살던 집이 새 집을 짓기 위해 철거되는 것을 어떻게 지켜보았는지에 대해 그리고 그 경험과 연관된 감정에 대해 기술했다.

　그녀는 이렇게 말했다. "돌무더기가 된 집을 바라보는 것, 그러니까 우리 것이었던 건물들, 나의 부모님들이 페인트칠을 한 담들이 헐려 그대로 도로에 노출되는 것을 바라보는 것은 매우 고통스러웠어요. 나는 돌무더기를 헤치고 들어가서 내가 가져갈 만한 어떤 물건을 찾아보려고 애썼지만, 나는 어떤 것도 발견할 수 없었어요. 나는 거기에 서서 어떤 일이 일어났는지를 상상해 보려고 노력했어요. 그것은 엄청난 상실감이었어요. 그것에 대해 생각하는 것은 매우 고통스러워요. 그것은 마치 능욕당하는 것 같았어요(Hope, 1996: 24에서 인용함).

호프가 그 기사를 쓰기 위해 인터뷰한 다른 사람들도 그들이 자란 집에 대한 강한 감정적 애착을 되풀이해서 드러냈고, 그 장소에 안전, 편안함, 영원함의 의미를 거듭 부여했고, 그 집을 잃거나 집이 파괴됨에 따른 슬픔과 고통을 반복해서 언급했다. 호프가 주장했듯이, "누군가의 집은 친밀한 관계, 경험, 역사의 혼합물이며, 그러한 것들이 서로 얽혀 우리의 구조를 이루고 있다"(Hope, 1996: 28).

현대 서구 사회에서 '집'이라는 개념은 '진정한' 감정적 자아에 특별하게 반영되어있다. 제4장에서 지적했듯이, 산업화 이후 공격적인 비인격적 지불노동의 세계 또는 '공적' 영역으로 표현되어온 공간과 가족과 친밀한 관계라는 '사적' 영역으로 표현되어온 공간이 점점 더 분할되면서, 집은 그간 안전, 환경에 대한 통제, 편안함, 창의성, 자유의 장소가 되어왔다. 세넷(Sennett, 1977: 3)은 근대의 공적 삶은 우리에게 진정하지 않아 보이는 하나의 형식적 의무의 영역이지만 사적 삶은 우리가 진정한 방식으로 행동하고자 하는, 즉 우리 스스로에게 '진실'되고자 노력하는 영역이라고 논평한다. 가족관계와 집이라는 장소는 흔히 가족 성원들에게 편안함과 안전을 제공하는, 즉 그들이 바깥 세계의 위험으로부터 벗어날 수 있는 안전한 장소를 제공하는 것으로 묘사된다.

이처럼 집과 가족에 대한 기분 좋은 묘사와는 대조적으로 바깥 세계, 특히 도시환경은 양가적으로, 즉 활기차고 자극적이지만 또한 위험과 위해 요소들로 가득 차 있는 것으로 그려진다. 그러한 위험들에는 사고, 오염, 범죄와 같은 것들이 포함되지만, 또한 자신과 상호작용하는 사람들이 신뢰성을 결여하고 있을 경우, 즉 그들이 속이는 경향이 있을 경우, 위험은 그러한 사람들에 의해 야기되기도 한다(Frosh, 1991). 도둑이 들어 집을 털린

적이 있는 사람들은 일반적으로 그 경험에 엄청난 고통 — 성폭행이 유발하는 감정과 유사한 개인적 폭행당함의 느낌을 포함하여 — 을 가지고 반응한다 (Dittmar, 1992: 46). 이러한 반응은 또한 '집'과 연관된 의미들과 연계되어 있기도 하다.

니퍼트-엥(Nippert-Eng, 1996: 18~22)은 '집'과 '일터'가 행동, 겉차림 등에 관한 서로 다른 규칙을 갖는, 개념적으로 서로 다른 공간으로 이해되는 방식을 기술한다. '집'은 안전한 환영받는 안식처로, 즉 어머니/아내의 사랑이 안전과 신체적·감정적 자양분을 제공하고 하루의 고단함으로부터 회복할 수 있게 해주는 여성의 영역으로 이상화된다. 이와 대조적으로 '일터'는 임금노동, 자기통제, 자기규율의 장소, 보다 남성적인 공간, 즉 자아의 공적 표현이 요구되는 공적 활동의 장이다. 니퍼트-엥이 지적하듯이, "그러나 사적 영역인 '집'은 이상적으로 말하면 우리가 '우리일' 수 있는 곳, '발을 올려놓고 쉴 수 있고' '머리를 풀고 있을 수 있고' '우리를 보고 있는 사람들 사이에서도 편하게 있을 수 있고' '있는 그대로를 드러낸다'고 해서 비난받지 않는 장소이다"(Nippert-Eng, 1996: 20). 그녀는 계속해서 다음과 같이 주장한다. "집은 우리가 가족이라는 존재의 예측 가능한 연속성과 우리가 누구인가에 대한 우리의 오랜 (그리고 얼마간의 힘든) 기억을 찾는 곳이다. 그것은 우리가 가장 철저하게 우리 자신의 과거, 현재, 미래를 깊이 새겨둘 것으로 기대되는 장소이다"(Nippert-Eng, 1996: 22).

집은 또한 흔히 사람들이 권력을 행사하는 하나의 장소, 즉 사람들이 자신의 욕구와 취향에 따라 개조할 수 있는 몇 안 되는 장소의 하나로 묘사된다. 창의성과 자기표현이라는 의미가 집의 개량, 복구, 장식과 같은 활동들과 결부지어진다. 그러한 활동뿐만 아니라 집 안에 있는 공간과 물건과의 일상적 상호작용을 통해 집은 '자아의 영토'의 일부가 되기도 한다. 칙센미하이와 록버그-할튼이 주장하듯이, "집은 피난처 이상의 것이다. 그것은 어떤 사람이 중요한 것으로 고려하는 것을 육체화한 물리적 환경을 창출할 수 있는 세계이다. 이러한 의미에서 집은 그 안에 살고 있는 거주자들의 자아의 가장 강력한 기호가 된다"(Csikszentmihalyi and Rochberg-Halton, 1981: 123). 그들의 인터뷰 응답자들 중 많은 사람들이 자신들의 집의 특징에 대해 물었을 때 집을 '안락하고' '아늑하고' '편안한' 곳으로 묘사하는 경향이 있었다(Csikszentmihalyi and Rochberg-Halton, 1981: 127). 그들은 또한 자신들의 집에 대해 심지어는 의인화된 용어들로 표현하며 강한 감정적 애착을 드러냈다. 열다섯 살의 한 소녀는 다음과 같은 식으로 자신의 집을 묘사했다. "우리 집은 마치 나를 사랑하는 것처럼 내게 친절하게 대하는 것 같이 느껴져요. …… 솔직하게 말해, 실제로 자기 집 같은 집은 어디에도 없어요. 나는 우리 집에 익숙해 있고, 집 주변에 있는 모든 세세한 것까지 알아요. …… 때론 주변의 모든 것이 슬픔이다가, 그 다음에는 주변의 모든 것이 행복이에요. 훌륭해요, 우리 집은 훌륭해요"(Csikszentmihalyi and Rochberg-Halton, 1981: 130에서 인용함). 이 소녀의 말에서 나타나듯이, 우리가 우리의 집에 대해 긍정적 감정을 가진다면, 우리가 그곳에 들어갈 때 우리는 사람들이 어머니라는 인물의 팔에 안길 때와 거의 같은 정도로 집에 껴 안긴다는 느낌을 받기도 한다. '따뜻함'이라는 개념이 우리가 집을 편안하고 사랑받고 있고 '차가운' 바깥 세계의 참화로부터 보호받고 있다고 느끼게 하는 것으로 묘사하기 위해 자주 이용된다.

프라이버시 또한 서구에서 집을 이해하는 본질적 요소의 하나이다. 그것은 사람들이 (친밀한 가족 성원들을 제외한) 다른 사람들의 감시로부터 벗어날 수 있게 해준다. "'집에 있다'는 것은 (다른 무엇들 가운데서도) 어떤 개인이 안전하고 통제권 안에 있어 다른 사람들의 침입과 감독에서 벗어나 있다고 느끼게 한다"(Allan and Crow, 1989: 3). 하지만 이러한 프라이버시는 긍정적 함의뿐만 아니라 부정적 함의를 지닐 수도 있다. 이는 어린아이가 있는 일부 여성들, 노인이나 실업자 같이 자신들이 집에 갇혀 고립되어 있다고 느끼는 사람들의 경우에 특히 사실이다. 그들에게는 집이 '감옥'처럼 느껴질 수도 있다(Allan and Crow, 1989: 6).

집의 긍정적 의미는 또한 친밀한 관계와 가족관계 내에서 출현하는 것으로 규명되어온 일련의 위협과 위험 ― 남성들이 그들의 배우자와 아이들에게 가하는 폭력과 성적 학대, 집 안에서의 여성의 예속, 결혼 및 가족 파탄의 경제적·감정적 부작용을 포함하여 ― 에 의해 문제시되고 또 동요되어왔다. 20세기 말경에도 집과 친밀한 관계를 바깥 세계로부터의 '안식처'와 '피난처'로 보는 담론이 여전히 지배적이기는 하지만, 그것에 대항하는 담론도 똑같이 강력한 반향을 일으키고 있다. 이는 어쩌면 부분적으로는 대항 담론이 첫 번째 담론을 너무나도 극적으로 반격하기 때문일 수도 있다.

집과 결부되어 있는 잠재적으로 부정적인 감정들에도 불구하고, 많은 사람들은 자신들의 집, 이웃, 나라를 떠나는 것을 하나의 혼란스럽고 고통스러운 경험으로 느낀다. 투안은 "누군가를 집과 이웃에게서 강제로 쫓아내는 것은 친숙함을 통해 바깥 세계의 당황스러움으로부터 인간존재를 보호해주는 덮개를 벗기는 것"이라고 지적한다(Tuan, 1974: 99). 역사학자 피터 리드Peter Read는 그의 책『무로 돌아가기: 잃어버린 장소의 의미Returning to Nothing: The Meaning of Lost Places』(1996)에서 화재나 사이클론을 비롯한 다양한 재난을 통해 자신들의 집을 잃어버린, 또는 집이 댐건설의 일환으로 수

몰되거나 새로운 고속도로를 건설하기 위해 철거되어 강제로 자신들의 집을 떠난 호주사람들과 행한 인터뷰들을 소개한다. 그는 또한 다른 나라로부터의 이주자로 어릴 적에 집을 자발적으로 떠난 사람들 또는 농부로서 농장을 가지고 있었지만 은퇴와 파산을 비롯한 다양한 이유로 그곳을 떠난 사람들과도 이야기를 나누었다. 리드와 이야기를 나눈 사람들이 제시한 설명은 그들이 살았던, 그리고 그들이 감정적으로 애착을 가지게 된 도시·교외·농촌 풍경에 대해 그들이 갖는 거의 영적인 관계 같은 것을 생각나게 하는 것이었다. 그들은 자신들의 개인적 전기, 그들의 기억, 그들과 다른 사람들의 관계, 그들의 집과 풍경 속에서 살았던 경험 간의 상호관계를 강조했다.

우리가 우리의 집과 주변 풍경에 대해 갖는 감정적 애착은 그러한 환경 속의 대상, 그것의 냄새, 감촉, 소리, 색깔과의 일상적인 육체화된 상호작용으로부터 발전한다. 집 안의 많은 개별 물품들을 이용하고 그것에 주의를 집중하는 것 ― 칙센트미하이와 록버그-할튼(Csikszentmihalyi and Rochberg-Halton, 1981: 184)이 소유물에 대한 영적 에너지의 투여라고 기술한 것 ― 을 통해 '집'의 의미를 소통하는 하나의 게슈탈트gestalt[어떤 사물이나 현상을 지각할 때 떠오르는 형태나 형상 ― 옮긴이]가 만들어진다. 그러므로 그러한 애착은 시간이 지나면서 우리가 친숙해지고 습관화된 반복적인 감각적 경험에, 그리고 우리가 그러한 공간을 공유하고 있는 사람들에 대한 우리의 감정적 느낌 ― 좋은 느낌과 싫은 느낌 모두 ― 에 근거한다. 개인들의 생애사의 측면에서 강렬한 느낌으로 남아 있고 또 개인적으로 중요했던 중대한 사건들은 어떤 다른 장소보다도 빈번히 집의 맥락에서 더 많이 발생한다. 리드가 인터뷰한 한 여성 응답자는 (호주의) 퍼스라는 도시에 있는 자신의 가족이 사는 집에 대해 다음과 같이 말했다.

내가 그 집에 대해 생각할수록, 나는 한 장소에서 발생하는 중요한 사건들이
그 장소를 더 잊을 수 없게 만든다는 점을 더욱 실감한다. 나는 그 집에서 벗
어날 수 없다. 나의 퍼스에 있는 집에서 나의 할머니와 나의 삼촌 모두가 숨
졌다. 이 모든 것들이 더해져서 하나의 집을 특별한 어떤 것이 되게 한다
(Read, 1996: 115에서 인용함).

우리가 집을 떠날 때, 그것이 스스로의 선택에 의해서든 아니면 비자발
적으로든 간에, 그것은 감정적으로 고통스러운 경험일 수 있다. 이것이 리
드가 인터뷰한 사람들 가운데 한 사람의 말에서 분명하게 드러났다. 그녀
는 은퇴해서 거의 40년에 달하는 결혼생활 내내 남편과 함께 살았던 농촌
의 농장을 떠나 인근 도시로 이주했다. "그곳을 떠나는 실제 신체적 느낌
은 매우 힘든 것이었어요. 거의 뱃속에서부터 올라오는 엄청난 절망감을
몸으로 느꼈어요"(Read, 1996: 15에서 인용함). 그녀는 떠남의 고통이 어떻게
결코 그녀를 떠나지 않았는지를 묘사했다. "감정을 억누르고 있을 때에도,
갑자기 그게 치솟을 때가 있어요. 몸과 땅을 실제로 묶어놓은 것, 논리와
이성의 판단과 행동과는 무관하게 정신의 일부를 이루는 감정, 그러니까
나를 엄습하는 뭔가가 있어요"(Read, 1996: 20에서 인용함).

한 지역 또는 나라에 있던 자신들의 집을 떠나서 영구히 살기 위해 다른
지역 또는 나라로 이주한 사람의 경우에, 그들이 새로운 장소로 함께 가져
온 물건들을 사용하는 것은 향수의 한 수단, 즉 그들이 이전의 거주 장소와
유대를 유지하는 수단이다. 자신들의 본국에서 주변화된 집단의 일원으로

살고 있는 사람들도 사진과 자신의 집의 유품과 같은 추억의 물건들을 이용하여 '집'의 새로운 의미를 구성하고자 하기도 한다. 그들이 이사할 때 함께 가져온 물건들은 뿌리의식과 안정감을, 그리고 처음에 낯설고 '서먹서먹한' 곳에 집이라는 의식을 제공하고, 그들이 이전의 삶, 거주지, 정체성과 연속성을 유지할 수 있게 해준다(González, 1995: 145~146). 곤잘레스가 지적하듯이, "그러한 경우에서 고국을 상징적으로 또는 지표적으로 표현하는 물건들은 그것이 실제적이든 또는 이데올로기적이든 간에 공동의 '자아'의식을 뒷받침하는 데 기여한다. 그것들에는 기억이 하나의 물질적 형태로 현시되어 있다"(González, 1995: 138).

감정적 탈출: 여가활동

중세시대 이후 서구 사회에서 '문명화된' 몸이 '그로테스크'한 몸에 비해 높이 평가되기 시작했지만(제3장을 보라), 멜러와 실링(Mellor and Shilling, 1997)은 후기 근대세계 속에서 제3의 몸의 유형을 규명한다. 그들은 '문명화된' 몸의 통제 경향과 감각적·감정적 경험을 높이 평가하는 (점점 더 중대하고 있는) 경향을 결합하고 있는 그러한 유형을 '바로크baroque'적 몸이라고 부른다. 근대성의 산물인 자기통제와 신체 규율의 강화는 그것의 당연한 결과로 위반의 즐거움을 낳았다. 자기 자신에게 규칙을 부과하는 것은 순응하지 않을 가능성, 즉 위반 가능성, 다시 말해 욕망과 금지 간의 끝없는 상호작용을 발생시킨다(Roper, 1994: 8). 멜러와 실링이 지적하듯이, "조정되지 않은 원래 그대로의 경험과 감정에 대한 욕망, 즉 집의 느낌을 주는 몸에 대한 욕망은 그것의 내적 준거기준이 그러한 욕망을 진부한 것으로 만들어버린 문화에서는 당연한 것이다"(Mellor and Shilling, 1997: 26).

페더스톤(Featherstone, 1990: 14~15)이 묘사했듯이, 카니발, 장터, 축제는 역사적으로 무절제 문화, 감정표현 그리고 "기름진 음식, 술, 난교가 주는 직접적이고 저속한 그로테스크한 몸의 쾌락을 위한 환경을 제공해왔다. 그러한 환경에서 경계는 무너지고, 터부는 의도적으로 타파되고, 일상의 세계는 순전한 쾌락을 위해 엉망진창이 되어버린다. 페더스톤은 무절제한 또는 에로틱한 감각적 자극을 통해 카니발적인 것과 연관된 감정을 유발할 수 있는 또 다른 장소들의 예로 도시, 해변 유흥지, 19세기의 음악당, 전시회, 백화점, 쇼핑몰을 들고 있다.

하지만 캠벨(Campbell, 1995)은 전통적인 전근대 쾌락주의는 주로 풍부함, 호화로움, 부유함, 흥청대기에 관심을 가지는 반면 오늘날의 쾌락주의는 또한 위험, 슬픔, 고난, 공포를 수반하기도 하는 '새로운' 자극적인 경험을 통해 성취된다고 주장한다. 20세기 말경에 인간존재의 본성에 대한 많은 논평은 새롭고 자극적인 경험에 대한 끝없는 추구, 그리고 그러한 경험의 일부인 만족하지 못함에 주목한다. "만족을 모르는 호기심에 의해 움직이는, 들떠서 조바심 내며 항상 다른 것을 찾아 나서는 탐구자로서의 소비자 이미지가 많은 저명한 문화이론가들의 견해를 뒷받침하고 있다"(Gabriel and Lang, 1995: 72). 그러한 경험의 예로는 공포·서스펜스·신파조 영화 보기, 스릴 있는 놀이기구 타기를 포함한 테마파크 구경 가기, '불편한 생활하기'를 포함하는 모험적인 휴가 즐기기 또는 컴퓨터 게임 하기를 들 수 있다. 그러한 쾌락주의는 감각적 각성을 넘어 상상력을 이용하여 흥분과 향수 같은 감정을 불러일으킨다. "즐거운 각성을 만들어내는 자극이 외부의 실제적 원천만큼이나 내부의 상상된 원천으로부터도 쉽게 유발될 수 있기 때문에, 있음직한 새로운 즐거운 경험들에 대한 몽상은 이미 반복해서 경험한 현실의 경험들에 대한 하나의 기꺼운 대안 이상의 것이 될 수 있다" (Campbell, 1995: 118).

오늘날 여행과 관광은 일반적으로 소비자들이 하나의 감정적 장소에서 다른 감정적 장소로 이동하는 것을 포함하는 경험으로 제시된다. 휴가가 제공하는 감정적 경험은 그것의 가장 중요한 판매 포인트 중의 하나이다. 휴가 광고는 일반적으로 잠재적 고객의 마음을 끌기 위해 감정 언어를 사용한다. 어떤 휴가지는 '기분전환을 할 수 있는 일', 즉 긴장을 풀 수 있는 기회를 제공하기도 하고, 그게 아니면 '자극적인 것' 그리고 심지어는 위험 의식을 제공하기도 한다. 광고는 고객들에게 일상생활의 지루한 현실에서 탈출하여 자신을 감각을 고조시키는 환경에 빠뜨리리라고 호소한다.

로젝(Rojek, 1993: ch. 4)은 1970년대와 1980년대에 유럽과 미국에서 엄청난 자본이 구경거리와 감각을 축으로 하여 조직화된 탈출 지역들에 투자된 것에 대해 기술한다. 그러한 것들로 유명인이나 수많은 사람들이 갑자기 또는 극단적인 죽음을 맞이한 장소(이를테면 제임스 딘James Dean이 자동차 사고로 사망한 미국 고속도로와 아우슈비츠)에 세워진 관광 매력물, 옛 시대의 사건과 생활방식을 재현하고자 하는 문화유산지역, 유명 소설가들이 살았던 또는 그곳에 대해 글을 썼던 지역(이를테면 요크셔의 브론테 컨트리Bronte Country)의 탐구를 포함하는 문학풍경 지역, 일련의 구경거리와 자극적인 탈것을 축으로 하여 조직된 테마파크(이를테면 캘리포니아의 유니버설 영화 촬영소와 디즈니 테마파크)를 들 수 있다. 그러한 장소들은 흥분과 행복이라는 감정뿐만 아니라 향수, 공포, 슬픔이나 비통함의 감정, 그리고 진정성에 대한 욕망, 극단적 감각, 모험, 이국적인 것, 새로움, 호기심에 호소한다. 로젝은 그러한 장소가 유발하는 즐거움의 많은 것이 시간과 공간의 응축, 즉 "소비자에게 몇 초 만에 대륙을 횡단하고 몇 분 만에 수 세기를 거슬러 올라가는 '경험'을 할 수 있게 하는 것"과 연결되어 있다고 주장한다(Rojek, 1993: 164).

영화관, 공연장, 레스토랑, 바, 선술집과 같은 보다 평범한 일상적 장소들은 특정한 유형의 감정들 — 즐거움, 흥분, 기분전환, 즐김 — 을 불러일으키고 맛볼 수 있는 장소들을 제공한다. 그것들은 부분적으로는 그러한 감정을 유발하기 위해 만들어진 환경(이를테면 음악 설비, 안락한 의자, 다른 사람들과의 상호작용 기회 부여) 때문에 발생하기도 하지만, '외출한다'는 것에 부여된 기존의 문화적 의미에 의해 유발되기도 한다.

식사를 하기 위해 집 밖으로 나간다는 것은 여가의 주요한 한 가지 형태이다. 외식은 그것이 맥도날드와 같은 패스트푸드 체인점에서이건 아니면 보다 값비싼 고급 레스토랑에서이건 간에 즐거움, 흥분, 기분전환, 즐김의 의미와 연관되어 있다.

외식할 때, 우리는 다양한 욕구와 욕망을 추구한다. 우리는 외식에서 신체적 생명유지라는 평범한 욕구에 더하여, 일상의 과정을 변화시킬 때 느끼는 흥분, 우리가 다른 사람들과 물리적으로 가까이에서 우리의 일을 수행할 때 느끼는, 계속되는 사회적 삶의 흐름에 참여하고 있다는 느낌, 그리고 과시적 소비와 재정능력의 과시에서 파생하는 것으로 여겨지는 자기고양 의식을 추구한다(Finkelstein, 1989: 64).

자신들의 음식을 광고하는 음식점들은 자주 가족과 젊은 사람들이 함께 식사하면서 웃거나 동석한 사람들이 서로 즐거워하는 모습을 보여줌으로써 자신들이 제공하는 경험의 일부인 그러한 긍정적 감정에 주목하게 하고자 한다. 음식점의 구조와 장식 그리고 그들 음식의 포장 역시 (특히 어린아이들에게) 즐거움과 놀이 의식을 불러일으키도록 고안된다. 그러한 감정은 다시 외식의 색다름, 그리고 (특히 여성에게) 집에서처럼 스스로 요리하고 설거지를 하지 않는다는 것이 동반하는 호사감과 연계되어진다. 우리는 자주 생일이나 기념일과 같은 특별한 날을 기념하기 위해 그 날을 '평소와는 다른' 날로 성격 규정짓는 의례의 일부로, 그리고 특별한 감각적 즐거움으로 자신을 만족시키는 방식의 하나로 외식을 선택하곤 한다. 외식은 또한 주말, 즉 주중의 노동일보다는 여가시간과 보다 강하게 결합되어 있다.

관광경험처럼 외식경험은 자주 소비자들이 평소에 집에서는 스스로 준비할 수 없는 흥미롭고 맛있는 색다른 요리를 먹는 경험을 통해, 그리고 또한 레스토랑에 가 있다는 경험 자체를 통해 자극적인 활동에 참여하는 수단으로 제시된다. 나는 사람들과 음식을 놓고 벌인 인터뷰를 포함하는 한 연구에서 그들이 외식경험과 관련하여 '이국적인' 요리를 발견하고 새로운 음식을 먹어보는 흥분과 즐거움을 자주 언급한다는 것을 발견했다(Lupton, 1996a). 하지만 외식이 반드시 즐거운 경험인 것만은 아니다. 일부 사람들은 외식경험이 (특히 값비싼 고급 레스토랑에서 식사했을 때) 그리 편안하지 않거나 불안을 유발한다는 것을 발견한다. 왜냐하면 그것이 자신들에게 익숙하지 않은 일정한 격식화된 행동방식을 요구하기 때문이다. 보다 친숙하고 덜 공적인 가족식사를 하는 것과 비교할 때, 외식은 "개인들에게 무엇을 주문하고 그것을 어떻게 먹는가에 대한 지식을 과시할 것을 요구하기 때문에, 개인들에 의해 자주 보다 부담이 되는 것으로 경험된다"(Lupton,

1996a: 99). 그러한 지식을 가지지 않는 것으로 '보여지는' 것은 심한 당혹감을 불러일으킬 수도 있다. 또한 음식이 좋아하는 것이 아니거나 요리가 형편없어서, 사교 관계가 바라던 것만큼 즐겁지 않거나 편하지 않아서, 또는 레스토랑 직원이 무례하거나 주문을 받는 것이 너무 느리기 때문에 유발되는 실망도 외식경험의 일부일 수 있다. 이러한 경험들은 레스토랑 식사가 특별하고 그리하여 행복감과 즐거움을 만들어줄 것이라는 기대에 반한다. 게다가 어떤 사람들은 레스토랑에서 그들에게 제공한 식사가 낯선 재료나 향료를 이용한 것이기 때문에 불안감 또는 심지어는 혐오감을 느끼기도 한다(Lupton, 1996a: 101~102를 보라).

여가 개념 자체는 노동일의 세계와 휴식과 향유의 세계 간의 시간적·공간적 분리에 의존한다. 특정 시간과 공간은 하나 또는 다른 하나 — 평일 대 주말, 사무실 대 술집, 낮 대 밤 — 에 속하는 것으로 명시된다. 상품이 그러한 구분을 규정하고 재생산하는 것을 돕기 위해 자주 사용된다. 이를테면 미국, 영국, 호주 같은 영어권 사회의 많은 사람들에게 커피는 여가보다는 일과 문화적으로 결부지어지는 반면, 술은 정반대의 의미를 지닌다. 커피는 노동일 내내 주기적으로 소비되고, 자주 아침에 맨 먼저 마시는 커피는 일을 시작한다는 것을 의미한다. "우리는 커피를 마시는 어떤 사람의 이미지를 고도로 인위적인 활동 — 중요하고 고된 일 — 을 하기 위해 자연적 정신상태와 싸우고 있는 사람과 결부시킨다"(Nippert-Eng, 1996: 129). 이와 대조적으로 술은 일과시간이 끝나고 저녁에, 그리고 특히 일주일의 노동이 끝난 후 여가시간을 규정하는 수단의 하나로 소비되는 경향이 있다(Gusfield, 1987). 어떤 사람들은 일터에서 집에 도착하자마자 알코올성 음료를 가지고 자리에 앉는 습관을 가지고 있기도 하다. 그들은 그것을 자신이 자신의 일과 관련된 압박과 뇌리를 사로잡고 있는 생각에서 '벗어나는' 것을 돕는 이행음료로 이용한다(Nippert-Eng, 1996: 129). 커피가 자기통제, 냉철함, 합리적 사고와 결부지어지는 반면, 술은 자기통제의 상실, 자기탐닉, 탈억제라는 의미를 지닌다. 따라서 두 상품 모두 특정한 감정적 분위기를 만들어내고 유지하는 것으로 여겨진다.

어떤 사람들에게 바 또는 술집의 세계에 들어가는 것은 노동세계(또는 실업자에게는 비노동세계)의 현실을 탈출하는 수단을 제공한다. 윌리스 Willis는 정기적으로 술집에 가는 젊은 영국 남자들에 대해 다음과 같이 지적한다.

술집의 온기, 규모, 편안함, 보호가 그러하는 것처럼, 술의 직접적 효과는 그것이 자아의 긴장을 풀어주고 현실세계와 거리를 두게 해준다는 것이다. …… 많은 젊은 남자들에게 특히 토요일 밤에 술집에 가는 것은 또한 일종의 모험의 시작 또는 약속을 의미한다. 보다 이국적 '분위기의 스타일'로 새로 단장한 일부 '여가용 술집'은 이를 상징적으로 보여준다. 그러한 모험 또는 약속은 주어진 것, 세속적인 것, 일상적인 것의 중지에 관한 것이다. 그것은 술의 신체적 효과로 머릿속에서 그리고 가장 가까운 사회집단 속에서 시작되지만, 그것의 파문이 바깥으로 퍼져나가 파도를 만들면서 변화를 만들어 낸다(Willis, 1990: 101).

엘리아스와 더닝(Elias and Dunning, 1986; Dunning, 1996)은 스포츠와 여가활동이 유발하는 감정에 초점을 맞추어 유사한 주제를 연구해왔다. 그들은 그러한 활동들이 사람들이 평상시에 안전을 추구하는 조건에 일정 정도 불안전한 요소들을 끌어들임으로써 그들을 지루하고 예측 가능한 일상생활에서 벗어나게 해준다고 주장한다. 그 속에서 위험, 긴장, 불안, 불확실성은 그것들의 파괴성과 '야만'성 때문에 높게 평가된다. 엘리아스와 더닝은 또한 여가활동에서 수반되는 '모의mimetic' 감정의 측면 — 보다 구체적으로 말하면 그러한 맥락에서 감정이 참여자에게 직접적으로 영향을 미치는 '실제' 사건과 관련되어 있지 않기 때문에 그 감정이 즐거운 것으로 경험되기도 하는 방식 — 에 대해 강조한다. 그들은 서구 사회에서 흥분의 공적 각성은 보통 엄격하게 통제되기 때문에 모의의 맥락에서 그러한 감정을 경험하는 기회가 추구된다고 주장한다.

사람들은 증오와 살인욕구, 상대를 쳐부수고 적을 굴복시키는 것, 매력적인 남자나 여자와 사랑하는 것, 임박한 패배의 불안, 그리고 공개적으로 열리는 승리 개선식을 대리로 경험할 수 있다. 한마디로 말해 사람들에게 여타 상황에서는 상대적으로 단조롭고 비감정적인 일상의 삶을 강요하는, 그리고 삶의 모든 영역에서 높은 정도의 감정통제를 항상 요구하는 사회에서도 사람들은 매우 다양한 유형의 강렬한 감정적 각성을 (일정 정도) 용인받고 있다 (Dunning, 1996: 195).

엘리아스와 더닝은 그러한 감정이 '실제의 삶'에서 느끼는 감정의 보다 약한 형태라고 주장한다. 왜냐하면 거기에는 그 감정을 고무한 사건과 일정한 거리가 있기 때문, 즉 거기에는 매개요소가 존재하기 때문이다. 따라서 이를테면 공포, 혐오, 증오의 감정조차도 여가를 통해 즐길 수 있는 것으로 경험되기도 한다. 참여자들은 또 다른 상황에서는 고통스러운 것으로 느꼈을 감정을 경험할 기회를 제공받는다. 이를테면 공포영화를 보는 사람들은 죽음, 사지절단, 유혈폭력 장면을 보면서 공포와 혐오의 감각적 전율을 추구하고, 그러한 광경에서 그것들의 위반성 때문에 즐거움을 발견한다(Tudor, 1995). 괴물이나 사이코패스가 활보하고 그들이 인간 먹이를 공격하는 것을 목격할 때 관객들에게 유발되었다가 해소되는 서스펜스, 홍분, 신체적 긴장은 자신들의 안전을 결코 위협하지 않기 때문에 강렬한 즐거움을 주는 것일 수 있다.

어떤 집단에 하나의 성원으로 참여하는 것 또한 여가활동에서 발생하는 감정적 경험을 할 수 있게 해준다. 뒤르켐의 '집합적 홍분' 개념 — 구체적으로는 다른 사람들과의 육체화된 상호작용을 통해 산출되는 강렬한 감정 — 이 종교적 의례와 관련된 것이기는 하지만(제1장을 보라), 그것은 또한 보다 세속적인 활동들에도 적용될 수 있다. 퍼시와 테일러(Percy and Taylor, 1997)는 축구 팬덤이 카리스마적 종교와 갖는 강력한 유사성을 지적한 바 있다. 그들에 따르면, 축구 팬과 종교적 광신자 모두가 일반적으로 다른 사람들과 영적 교감을 하며, 현실과 단절한 채 더 큰 집단에 참여하는 것을 즐기고, 카리스마적 지도자(선수)를 영웅으로 숭배하고 헌신적으로 사랑하며, 고양된 '홍분' 감정, 심지어는 환희를 경험한다. 그들은 축구 서포터들이 자주 리버풀 서포터들의 〈유 윌 네버 워크 얼론You'll never walk alone〉과 같은 노래를 신성한 찬송가처럼 부른다고 지적한다. 퍼시와 테일러에 따르면, 종교적 광신자와 축구 팬들에게 "믿음은 신 속에 또는 팀 속에 있다. 둘 모두는 신자들에게 연기하고 축복을 베풀고 그들을 인도하고 그들에게 승리를 가져다주기 위해 거기에 존재한다"(Percy and Taylor, 1997: 40). 두 집단 모두는 공통의 정체성, 희망, 의미를 발견할 수 있고, 그들의 경험의 일부인 가능성의 서사에 참여한다.

더욱 위험한 신체적 활동에 참여하는 개인들은 위험한 또는 금지된 지위로서의 자신들의 지위로부터, 즉 대부분의 사람들이 지지하는 자기행동의 규칙을 조롱하는 것으로부터 즐거움을 찾기도 한다. 이를테면 젊은 사람들, 특히 최하층 출신의 젊은이들은 모의 감정상태를 넘어서는 폭력과 범죄행위 그리고 건강위협 행동 — 이를테면 음주운전과 과속운전 그리고 다량의 약물 섭취와 같은 — 을 실제로 벌이는 경향이 있다(Collison, 1996). 그러한 활동의 즐거움은 "바로 그 순간에 있다"는 것에 대한 고조된 의식, 그리고 그러한 의식이 주는 흥분으로부터 나온다. "경계 위에 또는 그것 너머에 있다는 것 — 이성을 벗어나 열정 속에 있다는 것 — 은 잠시 영적·낭만적 유토피아에 도달하는 것이다"(Collison, 1996: 435). 하지만 사람들이 감정통제를 전혀 하지 않아도 되는 공적 공간은 거의 없다. 페더스톤(Featherstone, 1990: 17)은 그러한 경험의 즐기기가 감정통제를 완전히 제거하는 것은 아니라고 지적한다. 왜냐하면 일정 정도의 자기통제는 여전히 기대되기 때문이다. 보다 정확하게 말하면 그것은 감정의 '통제된 탈통제'이다. 왜냐하면 그러한 모든 장소 또는 행사는 그러한 것들을 단속하는 (즉 사람들이 스스로 어떻게 처신해야만 하는가와 관련한) 일련의 성문 또는 불문 규칙과 절차를 여전히 가지고 있기 때문이다.

결론적 논평

나는 이 장에서 사람, 사물, 장소의 관계는 자주 감정으로 가득 차 있다고 주장해왔다. 광고주와 마케팅 담당자들은 표적 청중들이 자신들의 상품 또는 경험을 구매하도록 자극하기 위해 의도적으로 그들에게서 다양한 감정을 불러일으키는 일에 나선다. 그러한 감정상태는 우리가 아직 획득하지 못한 물건 또는 우리가 해보고 싶어 하는 경험에 대한 욕망 또는 갈망을 불러낸다. 우리는 물건을 이용하여 긴장을 풀거나, 반대로 흥분을 불러일으킴으로써 감정상태나 분위기를 바꾼다. 몇몇 물건들은 사람들 간의 감정적 관계의 매개자 역할을 한다. 여가'경험'에 참여하는 것은 자주 강렬한 감정의 하나의 원천이다. 즉 그것은 사람들이 잠시 평소의 행동규범과 제약, 자기관리를 벗어나서 비록 통제된 환경 속에서이기는 하지만 집단적인 사교적 행동에 참여할 수 있는 기회를 제공한다.

보다 근본적인 수준에서 대상은 전유 과정을 통해, 보다 구체적으로는 소비, 일상적 사용, 기억을 통해 우리의 주체성으로 통합된다. 우리가 사물과 경험하는 감정적 관계는 대상을 의인화하게 하기도, 즉 우리가 인간 친구에 대해 갖는 것과 유사한 감정을 대상에 부여하게 하기도 한다. 비록 우리가 우리의 대상을 의인화하지 않더라도, 우리는 우리가 사람에 대해 갖는 것과 유사한 감정과 애착을 대상에 대해 가지게 되기도 하며, 그것을 잃어버렸을 때 애통해 하기도 한다. 공간과 장소 또한 우리의 감정적 자아와 풀 수 없게 뒤얽혀 있고, 우리는 공간과 장소에 강력한 감정적 애착을 가질 수도 있다. 우리는 우리의 자아를 우리의 물건에 그리고 우리가 살고 있거나 이동하는 공간과 장소에 투여하고, 다시 물건, 공간, 장소가 우리 — 우리의 자아, 우리의 몸, 우리의 감정 — 를 틀 짓는다.

결론

이 책을 시작하며 나는 감정 개념의 애매함에 대해 논평했다. 지금까지 감정에 대한 사람들 자신의 경험 및 설명과 매스미디어 속에 등장하는 일상적인 대중적 담론, 그리고 '심리' 관련 학문과 같은 전문 포럼에서 분명하게 표현된 전문가 담론을 검토하는 것은 물론 그러한 담론들의 역사적 토대의 일부를 규명해왔지만, 감정은 여전히 명확하게 규정하기 어려운 채로 남아 있다. 이것은 감정상태를 구성하고 그것에 의미를 부여하는 담론, 육체화, 기억, 개인적 전기, 사회문화적 과정, 사상의 복잡한 상호관계를 전제할 때 필연적인 것이다. 이러한 상호관계 상태의 변화로 인해, 감정의 정의는 항상 변화할 수밖에 없다. 그러므로 감정은 하나의 움직이는 표적이다. 적어도 나에게 보다 흥미로운 것은 우리가 감정을 정의하는 방식, 우리가 우리 자신에 대한 우리의 감정경험을 계속되는 주체성 프로젝트의 일환으로 설명하는 방식, 그리고 특정한 사회문화적 맥락으로의 사회화가 감정 개념을 틀 짓고 또 새롭게 틀 짓는 방식을 더 잘 이해할 수 있게 하는 것이다.

나는 감정경험이 신체적 감각에 대한 해석을 포함한다고 주장해왔다. 그러한 신체적 감각은 문화적으로 조건지어지는 몸 이미지를 통해 매개된다. 따라서 그러한 감각은 '자연적' 또는 '생득적인' 것이 아니라 오히려 사람들의 '세계 내 존재' — 다시 말해 특정한 사회문화적 환경 속에서 육체화된 주체로서의 사람들의 위치 — 의 일부로 만들어지는 것으로 간주되어야 한다. 하나의 신체적 느낌 또는 감각은 '내적인' 것으로 경험되기도 하지만, 우리가 그것을 하나의 '감정'의 증거로 해석하는 방식은 항상 우리가 이미 특정한 사회로 사회화된 결과의 산물이다. 마찬가지로 그러한 느낌 또는 감각의 산출은 항상 구체적 상황에 대한 반응 — 즉 특정한 사회화 방식을 통해 특정한 방식으로 표현된 하나의 반응 — 이다. 그러므로 사회화는 개인이 경험하는 특정한 신체적 반응에 영향을 미치고, 또한 그 다음에 그러한 신체적 반응이 감정(또는 감정 아닌 것)으로 해석되는 방식을 틀 짓는다.

나는 더 나아가 우리가 감정을 느끼고 그것에 대해 생각하고 말하고 그것을 경험하는 방식이 자연과 문화, 그리고 몸과 마음 사이에서 구성된 이원대립을 반향하여 고도로 부정적인 방식과 고도로 긍정적인 방식 모두로 감정을 위치짓는다고 주장해왔다. 감정은 문화와 마음보다는 자연과 몸과 결부지어지는 경향이 있다. 따라서 감정의 문화적 의미는 자연과 몸의 문화적 의미와 교차한다. 자연과 몸 같이 감정은 사회에 의해 오염되지 않은 진정하고 주어진 것으로 간주되지만, 또한 제어할 수 없고 비합리적이고 파괴적인 것으로, 보다 부정적으로 고려되기도 한다. 몸에 대한 담론과 마찬가지로 감정에 대한 우리의 담론도 항상 감정을 자아의 지위와 타자의 지위 사이에 끼어 있는 것 — 즉 우리가 타고나는 것 그리하여 불가피하게 우리의 일부이지만, 또한 우리를 압도하거나 배반하여 우리가 바라는 것보다 덜 '문명화된' 것으로 보이지 않도록 하기 위해 우리가 의식적으로 통제될 필요가 있는 것 — 으로 규정한다.

보다 구체적으로 말하면, 우리 몸의 내부를 돌아다니다가 얼마간 통제되는 방식으로 여기저기에서 우리의 몸 밖으로 흘러나오는 체액처럼, 감정도 흔히 하나의 유동체로 개념화된다. 감정은 몸 내에서 발생하여 몸 안에 담겨 있지만 외부로 흘러나오기도 하는 것으로 여겨진다. 그 이유는 때로는 우리가 감정이 외부로 나오도록 놔두기 때문이지만, 다른 경우에는 그것을 억제하려고 최선의 노력을 다함에도 불구하고 새어나오거나 심지어는 폭발하기 때문이다. 그러한 유동체를 몸 밖으로 방출하는 것은 즐거움을 주고 억눌려 있던 압박과 긴장을 푸는 것으로 여겨진다. 그러나 사회 세계로 들어온 감정은 우리를 당황하게 하거나 굴욕스럽게 하기도 하고, 우리의 자율성 의식을 허물어트리겠다고 위협하고, 자기통제, 독립성, 개별성 관념에 대항하기도 한다.

불확실하고 변화하는 것으로 경험되는 세계에서 적어도 부분적으로 안정적인 '감정적 자아' 관념을 고수할 수 있다는 것은 자아에 대해 일정 정도 확신을 가지게 해준다. 크레이브가 지적한 바 있듯이, "우리는 우리가 행하고 우리에게 발생하고 우리가 경험하는 또는 우리가 우리의 세계가 붕괴되고 있는 것처럼 느낄 수도 있는 다양한 것들 속에서 우리 스스로를 일정 정도 일관성을 유지하는 존재로 바라보는 관념을 가지기 위해 노력할 필요가 있다"(Craib, 1994: 94). 하지만 감정을 둘러싸고 있는 의미들이 항상 변화한다는 것은 자아와 관련하여 일관성과 확신을 유지한다는 것이 어려울 수도 있다는 것을 의미한다. 개인의 삶이 경과하는 동안 새로운 감정작업이 요구되기도 한다. 감정적 자아는 사회문화적 의미와 표상 속에서, 그리고 개인 자신의 전기 — 다른 사람들뿐만 아니라 친밀한 사물들(이를테면 장소와 물건)과의 상호작용으로 이루어지는 — 속에서 발생하는 변화에 반응하는 역동적인 것이다.

감정적 자아의 관리와 경험은 의식적 반응과 무의식적인 습관화된 행동은 물론 고도로 의식적이고 계산된 전략을 포함하는 다양한 수준에서 이루어진다. 우리들이 사회화하는 감정관리 양식의 많은 것들은 우리가 그것들을 거의 의식하지 못할 정도로 일상화된다. 우리는 그것들에 대해 많은 생각을 하거나 어떤 식으로든 그것들을 문제시할 필요도 느끼지 않고, 우리의 일상생활의 한 차원으로 그것들을 수행한다. 감정관리는 우리의 '습관'의 일부 또는 세대에서 세대로 전승되는 일단의 성향과 신체 기법, 즉 자신의 행동 및 처신 양식이다(Bourdieu, 1984). 하지만 때때로 우리는 우리가 느끼는 감정에 대해 고도로 의식적인 결정을 내릴 필요가 있기도 하다. 우리가 어떤 감정이 무언가 여느 때와 다르고 이상하고 특히 강렬하거나 잠재적으로 파괴적인 것처럼 느낄 때, 특히 그러하다. 개인들은 혼자 있을 때조차 감정상태를 평가하여 일정한 방식으로 그것에 영향을 미치고자 시도하기도 한다. 마음을 산란하게 하고 뭔가 평소와 다르다고 느껴지는 감정은 자주 일련의 질문을 던지게 한다. 그 감정이 그 사회적 맥락에서 적절한가? 그것이 진정한가? 그것이 나 자신, 나의 관계들, 나의 삶에 대해 내게 무엇을 말하고 있는 것인가? 내가 나의 감정상태에 대해 다른 사람에게 말해야 하는가 아니면 다른 방식으로 드러내야 하는가? 그 감정이 해로운 또는 파괴적인 것인가? 만약 그것을 드러낼 경우 그것이 다른 사람 또는 나 자신에게 상처를 줄 수 있는가? 내가 그것을 억눌러야 할 것인가 아니면 다른 감정으로 변화시켜야 할 것인가?

하지만 이러한 의식적인 '감정작업' 전략이 항상 좋은 결과를 가져오는 것은 아니다. 감정은 항상 그것을 지배하고자 하는 우리의 시도를 교묘하게 피한다. 의식적인 사고와 감정통제 시도들은 무의식적 욕망과 공상에 의해 뒷받침되고 또 자주 그것 때문에 흔들린다. 감정은 또한 무의식 수준에서 작동하기 때문에, 우리는 감정을 "느닷없이 생겨나는" 것으로, 즉 우리가 결코 '합리적으로' 이해할 수 없는 것으로 경험하기도 한다. 우리는 뒤섞인 또는 모순적인 감정을 마음속에 품기도 하고, 우리의 감정이 특정 상황에서 기대되는 것과 부합되지 않는다는 것을 발견하기도 한다. 특정한 사회문화적 맥락에서 기대되는 감정적 행동에 대한 담론들은 모순적이어서, 사람들에게 상충되는 것을 요구하기도 한다. 그리고 사람들은 자신들이 부적절하고 부당하고 비합리적이라고 생각하는 지배적인 '감정규칙'을 일부러 조롱하기도 한다.

감정관리 및 감정표현과 관련한 몇몇 중요한 사회문화적 추세는 오늘날의 대비되고 상충하는 감정 관념들과 관련되어 있다. 그중 하나가 후기 근대사회에서 분명하게 드러나는 것으로, 감정 드러내기와 그러한 드러냄을 찬양하는 경향이다. 또 다른 추세는 "행동·감정·도덕 규약이 완화되고 분화되는" 장기적인 비격식화 과정의 일부로 진행되는, '감정 해방' 쪽으로의 움직임이다(Wouters, 1992: 229). 많은 사회적 맥락에서 사람들에게 격식성이 덜 요구되고, 사람들은 다른 사람들의 감정을 더 많이 고려할 것을 요구받으며, '감정규칙'이 지난 세기에 비해 보다 세밀해지며 다양화되어왔다(Gerhards, 1989; de Swaan, 1990; Wouters, 1992). 이러한 추세의 일환으로 여러 학회, 치료요법적 환경, 매스미디어, 비공식적인 대화 문화 속에서 감정상태에 대한 논의가 끊임없이 있어왔다. 내가 주장했듯이, 이제 사람들은 일반적으로 자신들의 감정 및 다른 사람들의 감정을 좀 더 '교류'할 것을, 다시 말해 자신들의 감정을 확인하고 친밀한 사람들의 감정 이야기를 경청하는 데 시간과 에너지를 할애할 것을 기대받는다.

　이러한 추세의 또 다른 차원을 이루고 있는 것이 바로 가끔은 감정통제를 하지 말라는 관념이다. 내가 보여주었듯이, 감정과 관련한 자기규율을 중시하는 사회적 조건은 항상 보다 자유로운 감정표현을 옹호하는 대항담론을 산출한다. 많은 사람들이 높은 정도의 사회적 규제를 받고 있는 것처럼 느끼는 상황에서, 감정은 사람들이 삶을 생생하게 경험할 수 있게 해주는 것으로, 즉 사회적 기대의 제약을 넘어설 수 있게 해주는 것으로 인식되기도 한다. 우리가 우리 자신이 사회적 규범과 기대를 통해 규제되고 있는 것으로 인식할수록, 우리는 더욱 그것이 우리의 '진정한' 자아를 어떤 식으로든 왜곡한다고 생각한다. 우터스(Wouters, 1992)는 개인들은 자신들에게 고도의 감정관리가 요구되고 있음을 의식하고 있으며, 그러한 규제에 반발하여 감정 자체와 점점 더 거리를 둔다고 주장한다. "사람들은 자신들이 그들의 감정과 그들의 감정관리 사이에서 어쩔 수 없이 불화, 심지어는 모순을 만들어내고 있으며 또 그것들을 견디어내야만 하는 상황에 처해 있음을 아주 자주 발견하곤 해왔다"(Wouters, 1992: 40). 그는 그 결과 사람들은 '자연적이고' '자발적이고' '진정한' 것으로 경험되는 행동을 추구하고 사랑처럼 자아를 압도하고 있는 것처럼 느끼는 강렬한 비폭력적 감정을 향수적으로 동경한다고 주장한다. 벡과 벡-게른샤임은 모든 감정 중에서도 특히 사랑이 삶에 의의와 의미를 부여해주는 자아실현 — 도구합리적 행위의 정반대 — 의 최고의 원천으로 간주되는 방식에 대해 지적한 바 있다.

　사랑은 일종의 반란으로, 우리가 마주치는 막연하고 알 수 없는 존재에 대항하는 힘과 교류하는 하나의 방식이다. 사랑의 가치는 그것이 제공하는 특별하고 강렬한 경험 ― 구체적이고, 감정적이고, 마음을 빼앗고, 피할 수 없는 ― 속에 있다. …… [사랑]은 당신이 당신 자신 및 다른 누군가와 진정으로 교류할 수 있는 유일한 장소이다(Beck and Beck-Gernsheim, 1995: 178).

사랑, 공포, 화와 같은 살아 있는 강렬한 감정은 경험의 깊이를 말해준다. 즉 그러한 감정들은 우리가 살아 있음을 깨닫게 해주고, 우리가 인간임을 분명하게 보여준다. 감정은 동요를 불러일으키고 마음을 산란하게 하는 것으로 간주되기도 하지만, 바로 그러한 속성이 또한 우리가 우리의 '진정한' 자아 프로젝트에서 추구하기도 하는 속성이기도 하다. 규범적 규칙과 자아의식은 (극단적 고통의 사건 속에서, 고조된 성적 즐거움의 순간에, 극도의 공포, 슬픔 또는 기쁨을 경험하는 동안에) 강렬한 감정에 그저 휩쓸려 내려가 버리기도 한다. 실제로 담론 속에서 감정을 '진정한' 것으로, 즉 문화보다는 자연의 일부로 구성하게 하는 것도 바로 감정의 이러한 측면이다.

우리가 자아를 전혀 의식하지 않거나 감정을 전혀 관리하지 않을 수 있는 경우는 상대적으로 얼마 되지 않지만, 우리는 항상 평소의 규범이 일부 완화되어 있는 것처럼 느끼기도 하는 경험을 추구한다. 현대 서구 사회에서는 중세의 카니발적 몸을 구성하는 데 필수적인 요소였던 감각적 쾌락과 흥분이 다양한 활동을 통해 불러일으켜지고 있다. 그러한 활동의 몇 가지만 거론해보자. 새로운 소비재의 구입, 음주, 흡연, 여타 약물 흡입, 섹스하기, 춤추기, 수영하기, 스포츠 이벤트 참여하기나 관람하기, 파티 가기, 자신의 아이들과 놀기, 음악 듣기, 텔레비전과 영화 보기, 공연장 가기, 도박하기, 노래 부르기, 컴퓨터나 비디오게임 하고 놀기, 외국 여행하기, 종교활동하기, 좋아하는 음식 먹기, 사랑에 빠지기. 이것들 모두는 우리로 하여금 '일상적' 삶의 리듬, 틀에 박힌 일, 지루함, 제약을 잠시 동안 벗어나서 강렬한 감정과 신체적 방종에 빠지게 해주는 수단들이다. 그러한 활동들 중 일부가 혼자 수행되기도 하지만, 많은 다른 것들은 육체화된 사교행위를 통해 '집합적 흥분'을 불러일으키기도 한다.

감정에 대한 이러한 견해는 감정표현 — 때로는 감정을 제약하는 사회규범을 조롱하기 — 의 중요성과 즐거움에 대한 '낭만주의적' 견해를 대변한다. 하지만 서구 사회에서는 좌절, 화, 질시, 질투, 증오, 격분을 포함하여 부적절한 또는 부정적 감정으로 고려되는 것을 표현하는 것에 대해 더 큰 우려를 표명한다는 것을 보여주는 증거들 또한 존재한다. 그러한 감정들은 일반적으로 개인적 또는 사회적으로 또는 모두에게 파괴적인 것으로 간주된다. 폭력을 행사하는 것, 굴욕감을 주는 것, 아니면 오만 또는 우월감을 표현하는 것은 더 이상 용인될 수 있는 것으로 간주되지 않는다. 그렇게 하는 것은 체면과 지위의 상실을 초래할 위험이 있다. 다른 사람의 결함을 경멸하거나 인종차별주의나 성차별주의를 드러내는 것도 일반적으로 적절한 것으로 고려되지 않는다(Gerhards, 1989; de Swaan, 1990; Wouters, 1992). 이것이 암시하듯이, 비록 감정규칙이 '비격식화'되어왔고 또 일부 감정을 공개적으로 표출하고 표현하는 것이 적절한 것으로 간주되기도 하지만, 더욱 엄격한 통제가 요구되는 것으로 보이는 감정들도 많이 있다.

근대적 (특히 도시의) 삶이 압박과 불쾌한 경험으로 가득 찬 것으로 인식되고, 그것이 점점 더 사람들을 소원하고 고통스럽게 만들고 또 좌절, 분노, 시기, 공격성, 화와 같은 감정을 산출한다는 인식이 점점 증가할 때, 부정적 감정의 표현에 대한 통제가 강조되는 경향이 있다. 서구 국가들에서 그간 복지국가의 붕괴가 명백한 위험을 초래하고 그로 인해 유리한 사람들과 불리한 사람들 — 사회적·경제적으로 불리한 집단의 성원들의 화와 폭력을 선동하는 사람들을 포함하여 — 간의 분열이 증대하면서, 그것에 대한 공적 관심이 집중되어왔다. 앨리슨과 커리(Allison and Curry, 1996)가 지적하듯이, 격분은 하나의 중요한 문화적 구성물이 되었고, 특히 매스미디어는 그것에 의해 미국의 일부 주변화된 집단의 일상생활을 규정지었다. 보다 자유주의적 성향을 지닌 논평자들이 주변화된 사람들의 격분과 폭력을 사회적 불평등의 당연한 (비록 불행하고 파괴적이지만) 결과로 보기도 하지만, 정치적으로 보수적인 입장에 있는 논평자들은 보다 많은 사회통제를 통해 폭력과 범죄를 봉쇄할 것을 요구할 가능성이 더 크다.

불리한 집단의 성원들이 사회변동에 특히 더 영향을 받는 것으로 꼽혀오기는 했지만, 근대적 삶의 압력은 일반적으로 이러저러한 방식으로 서구 사회의 모든 성원들에게 부정적으로 영향을 미치는 것으로 인식된다. 최근 영국, 미국, 호주 같은 나라에서 '로드 레이지road rage' — 구체적으로 말하면 운전자가 다른 운전자나 보행자에 대해 적대적 또는 폭력적 행위를 통해 자신의 화를 표출하는 것 — 에 대해 기울이는 주의는 근대적 삶의 일부를 이루는 부정적 감정의 생성, 강화, 표출에 대한 우려를 보여주는 하나의 실례이다. 호주의 한 신문기사가 지적하듯이, "중간계급의 온순한 운전자들"이 '로드 레이지'로 인해 "금속 고치 속의 괴물"로 변하고 있다. 그 기사는 계속해서 그러한 사람들을 "로드 레이지를 폭발하여 수많은 동료 운전자들을 매일 공포에 떨게 하는, 고속도로의 이중인격자들Jekyll and Hydes"이라고 묘사한다(Sun-Herald (Sydney), 20 October 1996). '로드 레이지'에 대한 미디어의 보도는 도시 거리풍경에서 느끼는 운전 압박을 공격성, 좌절, 화라는 감정의 촉발자로 지적한다. 이러한 맥락에서 그러한 감정의 표출은 그것이 사회적으로 파괴적인 것으로 인식되기 때문에 일반적으로 부적절한 것으로 제시된다. 그러한 도로 조건이 자주 그러한 감정을 불러일으키기도 하지만, 운전자들이 그것을 통제할 것으로 기대된다.

그러므로 감정표현의 '해방'과 '비격식화'는 감정통제의 완전한 완화나 감정작업의 감소를 의미하지 않는다. 오히려 그것은 감정표현의 규범과 관련한 복잡성, 그리고 감정작업에 더 많은 에너지를 할애할 필요성이 점점 더 증가하고 있다는 것을 말해준다. 이제 개인들에게는 보다 높아진 정도의 감정적 감성, 즉 자신의 감정을 표현하거나 억제하는 적절한 맥락들을 식별할 수 있는 능력이 요구된다. 어떤 감정상태는 불러일으켜지고, 적어도 어떤 상황에서는 그것의 공개적 표현이 부추겨지기도 하지만, 다른 감정상태들은 어떤 상황에서도 억제되어 '자아' 내부에 머물러야만 하는 것으로 여겨진다. 이러한 맥락에서 감정적 자아의 표현이라는 측면에서 '문명화된' 인간이라는 것은 자신의 감정표현을 억제하는 것이 적절할 때와 그것을 드러내고 그에 맞게 행동하는 것이 적절할 때를 알고 있다는 것을 의미한다.

부록: 인터뷰 연구 참여자의 사회인구학적 세부사항

여성, 지역사회사업가, 30세, 호주 출생, 앵글로-셀틱인

여성, 사무장, 62세, 호주 출생, 앵글로-셀틱인.

여성, 교수, 31세, 호주 출생, 앵글로-셀틱인

여성, 시장 가판대 소유자, 40세, 호주 출생, 앵글로-셀틱인.

여성, 뷰티 어드바이저, 44세, 영국 출생, 앵글로-셀틱인.

여성, 가게 소유자, 47세, 호주 출생, 앵글로-셀틱인.

남성, 고객 서비스 노동자, 49세, 영국 출생, 앵글로-셀틱인.

남성, 사무원, 25세, 호주 출생, 앵글로-셀틱인.

여성, 사무원, 41세, 호주 출생, 앵글로-셀틱인.

여성, 부동산자산관리자, 46세, 호주 출생, 앵글로-셀틱인.

남성, 지역사회사업가, 44세, 호주 출생, 앵글로-셀틱인.

여성, 미용사, 30세, 호주 출생, 앵글로-셀틱인.

남성, 빌딩 투자자, 43세, 호주 출생, 앵글로-네덜란드인.

남성, 사무원, 34세, 호주 출생, 앵글로-몰타인.

여성, 실직 노동자, 50세, 호주 출생, 앵글로-셀틱인.

여성, 접객원, 38세, 호주 출생, 앵글로-네덜란드인.

여성, 교사, 49세, 호주 출생, 앵글로-셀틱인.

남성, 사무변호사, 30세, 호주 출생, 앵글로-인도인

여성, 고객 서비스 관리자, 36세, 호주 출생, 앵글로-셀틱인.

남성, 나무 전지사, 55세, 호주 출생, 앵글로-셀틱인.

여성, 퇴직 노동자, 66세, 호주 출생, 앵글로-셀틱인.

남성, 연예 매니저, 45세, 호주 출생, 앵글로-셀틱인.

남성, 판매원, 54세, 호주 출생, 앵글로-셀틱인.

여성, 회계 장부 담당자, 50세, 호주 출생, 앵글로-셀틱인.

남성, 고객 서비스 노동자, 21세, 호주 출생, 앵글로-이탈리아인.

여성, 사진 저널리스트, 25세, 호주 출생, 앵글로-셀틱인.

남성, 대학생, 19세, 호주 출생, 인도네시아-네덜란드인.

여성, 퇴역 노동자, 58세, 호주 출생, 앵글로-셀틱인.

남성, 대학생, 20세, 호주 출생, 앵글로-셀틱인.

남성, 퇴역 노동자, 68세, 호주 출생, 앵글로-셀틱인.

여성, 지역사회사업가, 45세, 호주 출생, 앵글로-셀틱인.

남성, 설비기술자, 21세, 호주 출생, 앵글로-셀틱인.

남성, 홍보 관리자, 29세, 호주 출생, 앵글로-독일인.

여성, 판매원, 45세, 호주 출생, 앵글로-셀틱인.

여성, 주부/퇴역 노동자, 55세, 호주 출생, 앵글로-셀틱인.

여성, 건강 컨설턴트, 25세, 호주 출생, 앵글로-셀틱인.

남성, 퇴역 노동자, 66세, 영국 출생, 앵글로-셀틱인.

여성, 보건교육 공무원, 41세, 호주 출생, 앵글로-셀틱인.

남성, 개발자, 47세, 호주 출생, 앵글로-셀틱인.

여성, 공예기술 어드바이저, 20세, 호주 출생, 앵글로-셀틱인.

여성, 퇴역 노동자, 72세, 호주 출생, 앵글로-셀틱인.

참고문헌

Abu-Lughod, L. and C. Lutz. 1990. "Introduction: emotion, discourse, and the politics of everyday life." in C. Lutz and L. Abu-Lughod(eds.). *Language and the Politics of Emotion.* Cambridge: Cambridge University Press, pp. 1~23.

Alder, C. and K. Polk. 1996. "Masculinity and child homicide." *British Journal of Criminology*, 36(3), pp. 396~411.

Allan, G. and G. Crow. 1989. "Introduction." in G. Allan and G. Crow(eds.). *Home and Family: Creating the Domestic Sphere.* Basingstoke: Macmillan, pp. 1~13.

Allison, T. and R. Curry. 1996. "Introduction: invitation to rage." in T. Allison and R. Curry(eds.). *States of Rage: Emotional Eruption, Violence, and Social Change.* New York: New York University Press, pp. 1~11.

Armon-Jones, C. 1986. "The thesis of constructionism." in R. Harré(ed.). *The Social Construction of Emotions.* Oxford: Basil Blackwell, pp. 32~56.

Bailey, P. 1996. "Breaking the sound barrier: a historian listens to noise." *Body and Society*, 2(2), pp. 49~66.

Bakhtin, M. 1984. *Rabelais and His World.* Cambridge, MA: The MIT Press.

Barker, F. 1984. *The Tremulous Private Body: Essays on Subjection.* London: Methuen.

Barker-Benfield, G. 1992. *The Culture of Sensibility: Sex and Society in Eighteenth-Century Britain.* Chicago: University of Chicago Press.

Baumeister, R. 1987. "How the self became a problem: a psychological review of historical research." *Journal of Personality and Social Psychology*, 52, pp. 163~176.

Beck, U. 1992. *Risk Society: Towards a New Modernity.* London: Sage.

Beck, U. and E. Beck-Gernsheim. 1995. *The Normal Chaos of Love.* Cambridge: Polity Press.

Bedford, E. 1986. "Emotions and statements about them." in R. Harrée (ed.). *The Social*

Construction of Emotions. Oxford: Basil Blackwell, pp. 15~31.

Berger, P. 1966. "Towards a sociological understanding of psychoanalysis." *Social Research*, 32, pp. 26~41.

Bly, R. 1990. *Iron John: A Book about Men*. New York: Addison-Wesley.

Bordo, S. 1993. *Unbearable Weight: Feminism, Western Culture, and the Body*. Berkeley. CA: University of California Press.

Boscagli, M. 1992/1993. "A moving story: masculine tears and the humanity of televised emotions." *Discourse*, 15(2), pp. 64~79.

Botting, F. 1996. *Gothic*. London: Routledge.

Bourdieu, P. 1984. *Distinction: A Social Critique of the Judgement of Taste*. London: Routledge and Kegan Paul.

Brownmiller, S. 1984. *Femininity*. New York: Fawcett Columbine.

Butler, J. 1990. *Gender Trouble: Feminism and the Subversion of Identity*. New York: Routledge.

Callon, M. 1991. "Techno-economic networks and irreversibility." in J. Law(ed.). *A Sociology of Monsters: Essays on Power, Technology and Domination*. London: Routledge, pp. 132~161.

Campbell, C. 1995. "The sociology of consumption." in D. Miller(ed.). *Acknowledging Consumption: A Review of New Studies*. London: Routledge, pp. 96~126.

Canaan, J. 1996. "'One thing leads to another': drinking, fighting and working-class masculinities." in M. Mac an Ghaill(ed.). *Understanding Masculinities*. Buckingham: Open University Press, pp. 114~126.

Cancian, F. 1987. *Love in America: Gender and Self-Development*. Cambridge: Cambridge University Press.

Carrier, J. 1990. "Gifts in a world of commodities: the ideology of the perfect gift in American society." *Social Analysis*, 29, pp. 19~37.

Cheal, D. 1988. *The Gift Economy*. London: Routledge.

Chodorow, N. 1978. *The Reproduction of Mothering*. Berkeley, CA: University of California Press.

_____. 1989. *Feminism and Psychoanalytic Theory*. New Haven, CT: Yale University Press.

_____. 1995. "Individuality and difference in how women and men love." in A. Elliott and S. Frosh(eds.). *Psychoanalysis in Contexts: Paths between Theory and Modern Culture*. London: Routledge, pp. 89~105.

Chrisler, J. and K. Levy. 1990. "The media construct a menstrual monster: a content analysis of PMS articles in the popular press." *Women and Health*, 16(2), pp. 89~104.

Cohen, D. 1990. *Being a Man*. London: Routledge.

Collison, M. 1996. "In search of the high life: drugs, crime, masculinities and consumption." *British Journal of Criminology*, 36(3), pp. 428~444.

Connell, R. 1995. *Masculinities*. Sydney: Allen and Unwin.

Corbin, A. 1994. *The Foul and the Fragrant: Odour and the Social Imagination*. London: Picador.

Coward, R. 1989. *The Whole Truth: The Myth of Alternative Health*. London: Faber and Faber.

Craib, I. 1994. *The Importance of Disappointment*. London: Routledge.

_____. 1995. "Some comments on the sociology of the emotions." *Sociology*, 29(1), pp. 151~158.

Crossley, N. 1996. *Intersubjectivity: The Fabric of Social Becoming*. London: Sage.

Csikszentmihalyi, M. and E. Rochberg-Halton. 1981. *The Meaning of Things: Domestic Symbols and the Self*. Cambridge: Cambridge University Press.

Danet, B. and T. Katriel. 1994. "Glorious obsessions, passionate lovers, and hidden treasures: collecting, metaphor, and the Romantic ethic." in S. Riggins(ed.). *The Socialness of Things: Essays on the Socio-Semiotics of Objects*. Berlin: Mouton de Gruyter, pp. 23~62.

Darwin, C. 1872. *The Expression of the Emotions in Man and Animals*. London: John Murray.

Davies, C. 1996. "The sociology of the professions and the profession of gender." *Sociology*, 30(4), pp. 661~678.

Demos, J. 1988. "Shame and guilt in early New England." in C. Stearns and P. Stearns(eds). *Emotion and Social Change: Toward a New Psychohistory*. New York: Holmes and Meier, pp. 69~86.

Denzin, N. 1984. *On Understanding Emotion*. San Francisco: Jossey-Bass.

de Swaan, A. 1990. *The Management of Normality: Critical Essays in Health and*

Welfare. London: Routledge.

Dittmar, H. 1992. *The Social Psychology of Material Possessions: To Have Is To Be*. London and New York: Harvester Wheatsheaf/St Martin's Press.

Douglas, K. 1996. "Cherchez la difference." *New Scientist*, (supplement), 27 April, pp. 14~16.

Douglas, M. 1966/1980. *Purity and Danger: An Analysis of Concepts of Pollution and Taboo*. London: Routledge and Kegan Paul.

Duden, B. 1991. *The Woman Beneath the Skin: A Doctor's Patients in Eighteenth-Century Germany*. Cambridge, MA: Harvard University Press.

Duncombe, J. and D. Marsden. 1993. "Love and intimacy: the gender division of emotion and 'emotion work'." *Sociology*, 27(2), pp. 221~241.

_____. 1995. "'Workaholics' and 'whingeing women': theorizing intimacy and emotion work - the last frontier of gender inequality?." *Sociological Review*, 43(1), pp. 150~169.

_____. 1998. "'Stepford Wives' and 'Hollow Men'? Doing emotion work, doing gender, and 'authenticity' in intimate heterosexual relationships." in G. Bendelow and S. Williams(eds). *Emotions in Social Life: Critical Themes and Contemporary Issues*. London: Routledge, pp. 211~227.

Dunning, E. 1996. "On problems of the emotions in sport and leisure: critical and counter - critical comments on the conventional and figurational sociologies of sport and leisure." *Leisure Studies*, 15, pp. 185~207.

Durkheim, E. 1912/1961. *The Elementary Forms of the Religious Life*. London: Allen and Unwin.

Elias, N. 1939/1994. *The Civilizing Process*. Oxford: Blackwell.

_____. 1991. "On human beings and their emotions: a process-sociological essay." in M. Featherstone, M. Hepworth and B. Turner(eds). *The Body: Social Process and Cultural Theory*. London: Sage, pp. 103~126.

Elias, N. and E. Dunning. 1986. *Quest for Excitement: Sport and Leisure in the Civilizing Process*. Oxford: Blackwell.

Fairclough, N. 1992. *Discourse and Social Change*. Cambridge: Polity Press.

Falk, P. 1994. *The Consuming Body*. London: Sage.

_____. 1997. "Humans, objects and other beings." in V. Grano(ed.). *Tangible*

Commodities (Esineiden Valtakunta): Recollecting Collectors. Oulu, Finland: Pohjoinen, pp. 79~82.

Featherstone, M. 1990. "Perspectives on consumer culture." *Sociology*, 24(1), pp. 5~22.

Finch, L. 1993. *The Classing Gaze: Sexuality, Class and Surveillance*. Sydney: Allen and Unwin.

Finkelstein, J. 1980. "Considerations for a sociology of the emotions." *Studies in Symbolic Interactionism*, 3, pp. 111~121.

_____. 1989. *Dining Out: A Sociology of Modern Manners*. Cambridge: Polity Press.

Fischer, A. 1993. "Sex differences in emotionality: fact or stereotype?." *Feminism and Psychology*, 3(3), pp. 303~318.

Folkman, S. and R. Lazarus. 1988. "The relationship between coping and emotion: implications for theory and research." *Social Science and Medicine*, 26(3), pp. 309~317.

Foucault, M. 1977. *Discipline and Punish: The Birth of the Prison*. London: Allen Lane.

_____. 1978. *The History of Sexuality: An Introduction -Volume 1*. New York: Random House.

Fraser, N. and L. Gordon. 1994. "Civil citizenship and civil society in Central Europe." in B. van Steenbergen(ed.). *The Condition of Citizenship*. London: Sage, pp. 90~107.

Freund, P. 1990. "The expressive body: a common ground for the sociology of emotions and health and illness." *Sociology of Health and Illness*, 12(4), pp. 452~477.

Friedman, V. 1996. "Over his dead body: female murderers, female rage, and western culture." in T. Allison and R. Curry(eds). *States of Rage: Emotional Eruption, Violence, and Social Change*. New York: New York University Press, pp. 62~73.

Frosh, S. 1991. *Identity Crisis: Modernity, Psychoanalysis and the Self*. Basingstoke: Macmillan.

Gabriel, Y. and T. Lang. 1995. *The Unmanageable Consumer: Contemporary Consumption and its Fragmentations*. London: Sage.

Game, A. and A. Metcalfe. 1996. *Passionate Sociology*. London: Sage.

Gergen, K. 1995. "Metaphor and monophony in the 20th-century psychology of emotions." *History of the Human Sciences*, 8(2), pp. 1~23.

Gerhards, J. 1989. "The changing culture of emotions in modern society." *Social Science Information*, 28(4), pp. 737~754.

Giddens, A. 1990. *The Consequences of Modernity*. Cambridge: Polity Press.

_____. 1992. *The Transformation of Intimacy: Sexuality, Love and Eroticism in Modern Societies*. Cambridge: Polity Press.

_____. 1994. "Living in a post-traditional society." in U. Beck, A. Giddens and S. Lash, *Reflexive Modernization: Politics, Tradition and Aesthetics in the Modern Social Order*. Cambridge: Polity Press, pp. 56~109.

Gilligan, C. and A. Rogers. 1993. "Reframing daughtering and mothering: a paradigm shift in psychology." in J. van Mens-Verhulst, K. Schreurs and L. Woertman(eds.). *Daughtering and Mothering: Female Subjectivity Reanalysed*. London: Routledge, pp. 125~134.

Gillis, J. 1988. "From ritual to romance: toward an alternative history of love." in C. Stearns and P. Stearns(eds.). *Emotion and Social Change: Toward a New Psychohistory*. New York: Holmes and Meier, pp. 87~122.

Goleman, D. 1995. *Emotional Intelligence: Why It Can Matter More than IQ*. London: Bloomsbury.

Gonzalez, J. 1995. "Autotopographies." in G. Braham and M. Driscoll(eds.). *Prosthetic Territories: Politics and Hypertechnologies*. Boulder, CO: Westview Press, pp. 133~150.

Good, B. 1994. *Medicine, Rationality, and Experience: An Anthropological Perspective*. Cambridge: Cambridge University Press.

Greenblatt, S. 1982. "Filthy rites." *Daedalus*, 3, pp. 1~16.

Griffiths, M. 1995. *Feminisms and the Self: The Web of Identity*. London: Routledge.

Griswold, R. 1993. *Fatherhood in America: A History*. New York: Basic Books.

Grosz, E. 1994. *Volatile Bodies: Toward a Corporeal Feminism*. Sydney: Alien and Unwin.

Groves, J. 1995. "Learning to feel: the neglected sociology of social movements." *The Sociological Review*, 43(3), pp. 435~461.

Gusfield, J. 1987. "Passage to play: rituals of drinking time in American society." in M. Douglas(ed.). *Constructive Drinking: Perspectives on Drink from Anthropology*. Cambridge: Cambridge University Press, pp. 73~90.

Harré, R. 1986. "An outline of the social constructionist viewpoint." in R. Harrée(ed.). *The Social Construction of Emotions*. Oxford: Basil Blackwell, pp. 2~14.

_____. 1991. *Physical Being: A Theory for a Corporeal Psychology*. Oxford: Basil Blackwell.

Harré, R. and G. Gillett. 1994. *The Discursive Mind*. Thousand Oaks, CA: Sage.

Harris, R. 1989. *Murders and Madness: Medicine, Law and Society in the Fin de Siecle*. Oxford: Oxford University Press.

Haug, W. 1986. *Critique of Commodity Aesthetics: Appearance, Sexuality and Advertising in Capitalist Society*. Minneapolis, MN: University of Minnesota Press.

Hawley, J. 1997. "Deadlocked." *Good Weekend*, 31 May.

Hearn, J. 1993. "Emotive subjects: organizational men, organizational masculinities and the (de)construction of "emotions"." in S. Fineman(ed.). *Emotion in Organizations*. London: Sage, pp. 142~166.

Heelas, P. 1986. "Emotion talk across cultures." in R. Harré(ed.). *The Social Construction of Emotions*. Oxford: Basil Blackwell, pp. 234~266.

Helman, C. 1987. "Heart disease and the cultural construction of time: the type A behaviour pattern as a western culture-bound syndrome." *Social Science and Medicine*, 25(9), pp. 969~979.

Henriques, J., W. Hollway, C. Urwin, C. Venn and V. Walkerdine. 1984. *Changing the Subject: Psychology, Social Regulation and Subjectivity*. London: Methuen.

Herzlich, C. and J. Pierret. 1987. *Illness and Self in Society*. Baltimore, MD: Johns Hopkins University Press.

Heywood, L. 1996. *Dedication to Hunger: The Anorexic Aesthetic in Modern Cultures*. Berkeley, CA: University of California Press.

Hochschild, A. 1979. "Emotion work, feeling rules, and social structure." *American Journal of Sociology*, 85(3), pp. 551~575.

_____. 1983. *The Managed Heart: Commercialization of Human Feeling*. Berkeley, CA: University of California Press.

_____. 1994. "The commercial spirit of intimate life and the abduction of feminism: signs from women's advice books." *Theory, Culture and Society*, 11, pp. 1~24.

Hollway, W. 1984. "Gender difference and the production of subjectivity." in J. Henriques, W. Hollway, C. Urwin, C. Venn and V. Walkerdine, *Changing the*

Subject: Psychology, Social Regulation and Subjectivity. London: Methuen, pp. 227~263.

_____. 1989. *Subjectivity and Method in Psychology: Gender, Meaning and Science.* London: Sage.

_____. 1995. "Feminist discourses and women's heterosexual desire." in S. Wilkinson and C. Kitzinger(eds.). *Feminism and Discourse: Psychological Perspectives.* London: Sage, pp. 86~105.

_____. 1996. "Masters and men in the transition from factory hands to sentimental workers." in D. Collinson and J. Heam(eds.). *Men as Managers, Managers as Men: Critical Perspectives on Men, Masculinities and Managements.* London: Sage, pp. 25~42.

Hope, D. 1996. "Home: there's still no place like it." *The Australian Magazine*, 14-15 December, pp. 22~31.

Horrocks, R. 1994. *Masculinity in Crisis.* New York: St Martin's Press.

Hughes, B. 1996. "Nietzche: philosophizing the body." *Body and Society*, 2(1), pp. 31~44.

Irvine, J. 1995. "Reinventing perversion: sex addiction and cultural anxieties." *Journal of the History of Sexuality*, 5(3), pp. 429~450.

Jackson, S. 1993. "Even sociologists fall in love: an exploration in the sociology of emotions." *Sociology*, 27(2), pp. 201~220.

Jaggar, A. 1989. "Love and knowledge: emotion in feminist epistemology." in A. Jaggar and S. Bordo(eds.). *Gender/Body/Knowledge: Feminist Reconstructions of Being and Knowing.* New Brunswick, NJ: Rutgers University Press, pp. 145~171.

James, N. 1989. "Emotional labour: skill and work in the social regulation of feelings." *Sociological Review*, 37(1), pp. 15~42.

Jones, A. 1993. "Defending the border: men's bodies and vulnerability." *Cultural Studies from Birmingham*, 2, pp. 77~123.

Jordan, J. 1993. "The relational self: a model of women's development." in J. van Mens-Verhulst, K. Schreurs and I. Woertman(eds.). *Daughtering and Mothering: Female Subjectivity Reanalysed.* London: Routledge, pp. 135~144.

Kemper, T. 1987. "How many emotions are there? Wedding the social and the autonomic components." *American Journal of Sociology*, 93(2), pp. 263~289.

_____. 1991. "An introduction to the sociology of emotions." in D. Strongman (ed.). *International Review of Studies on Emotion: Volume 1.* Chichester: John Wiley, pp. 301~349.

Kiein, M. 1979. *Envy and Gratitude and Other Works 1946-1963.* London: Hogarth Press.

Kopytoff, I. 1986. "The cultural biography of things: commoditization as process." in A. Appadurai(ed.). *The Social Life of Things: Commodities in Cultural Perspective.* Cambridge: Cambridge University Press, pp. 64~91.

Kovel, J. 1995. "On racism and psychoanalysis." in A. Elliott and S. Frosh(eds.). *Psycho-analysis in Contexts: Paths between Theory and Modern Culture.* London: Routledge, pp. 205~222.

Kristeva, J. 1982. *Powers of Horror: An Essay on Abjection.* New York: Columbia University Press.

Kroker, A. and M. Kroker. 1988. "Panic sex in America." in A. Kroker and M. Kroker (eds). *Body Invaders: Sexuality and the Postmodern Condition.* Montreal: Macmillan, pp. 10~19.

Lakoff, G. 1987. *Women, Fire and Dangerous Things: What Categories Reveal about the Mind.* Chicago: University of Chicago Press.

_____. 1995. "Body, brain, and communication (interviewed by I. Boal)." in J. Brook and I. Boal(eds.). *Resisting the Virtual Life: The Culture and Politics of Information.* San Francisco: City Lights Books, pp. 115~130.

Lasch, C. 1977. *Haven in a Heartless World: The Family Besieged.* New York: Basic Books.

Latour, B. 1992. "Where are the missing masses? The sociology of a few mundane artifacts." in W. Bijker and J. Law(eds.). *Shaping Technology/Building Society: Studies in Sociotechnical Change.* Cambridge, MA: MIT Press, pp. 225~258.

Leder, D. 1990. *The Absent Body.* Chicago: University of Chicago Press.

Lindemann, M. 1996. *Health and Healing in Eighteenth-Century Germany.* Baltimore, MD: Johns Hopkins University Press.

Lloyd, G. 1984. *The Man of Reason: 'Male' and 'Female' in Western Philosophy.* London: Methuen.

Luhmann, N. 1986. *Love as Passion: The Codification of Intimacy.* Cambridge: Polity

Press.

Lunt, P. and S. Livingstone. 1992. *Mass Consumption and Personal Identity*. Buckingham: Open University Press.

Lupton, D. 1995. *The Imperative of Health: Public Health and the Regulated Body*. London: Sage.

_____. 1996a. *Food, the Body and the Self*. London: Sage.

_____. 1996b. "Constructing the menopausal body: the discourses on hormone replacement therapy." *Body and Society*, 2(1), pp. 91~97.

_____. and L. Barclay. 1997. *Constructing Fatherhood: Discourses and Experiences*. London: Sage.

_____. and G. Noble. 1997. "Just a machine? (De)humanizing strategies in personal computer use." *Body and Society*, 3(2), pp. 83~101.

Lutz, C. 1985. "Depression and the translation of emotional worlds." in A. Kleinman and B. Good(eds.). *Culture and Depression: Studies in the Anthropology and Cross-Cultural Psychiatry of Affect and Disorder*. Berkeley, CA: University of California Press, pp. 63~100.

_____. 1986. "Emotion, thought, and estrangement: emotion as a cultural category." *Cultural Anthropology*, 1(3), pp. 287~309.

_____. 1988. *Unnatural Emotions: Everyday Sentiments on a Micronesian Atoll and Their Challenge to Western Theory*. Chicago: University of Chicago Press.

_____. 1990. "Engendered emotion: gender, power, and the rhetoric of emotional control in American discourse." in C. Lutz and L. Abu-Lughod(eds.). *Language and the Politics of Emotion*. Cambridge: Cambridge University Press, pp. 69~91.

Lyon, M. 1993. "Psychoneuroimmunology: the problem of the situatedness of illness and the conceptualization of healing." *Culture, Medicine and Psychiatry*, 17, pp. 77~97.

_____. 1995. "Missing emotion: the limitations of cultural constructionism in the study of emotion." *Cultural Anthropology*, 10(2), pp. 244~263.

Lyon, M. and J. Barbalet. 1994. "Society's body: emotion and the "somatization" of social theory." in T. Csordas(ed.). *Embodiment and Experience: The Existential Ground of Culture and Self*. Cambridge: Cambridge University Press, pp. 4~6.

MacDonald, M. 1981. *Mystical Bedlam: Madness, Anxiety, and Healing in*

Seventeenth-Century England. Cambridge: Cambridge University Press.

Maffesoli, M. 1996. *The Time of the Tribes: The Decline of Individualism in Mass Society*. London: Sage.

Malson, H. and J. Ussher. 1996. "Bloody women: a discourse analysis of amenorrhea as a symptom of anorexia nervosa." *Feminism and Psychology*, 6(4), pp. 505~521.

Marsh, M. 1990. "Suburban men and masculine domesticity." in M. Carnes and C. Griffen (eds.). *Meanings for Manhood: Constructions of Masculinity in Victorian America*. Chicago: University of Chicago Press, pp. 111~127.

Marx, K. and F. Engels. 1848/1982. *Manifesto of the Communist Party. Reprinted in Marx/Engels: Selected Works*. Moscow: Progress Publishers.

Mellor, P. and C. Shilling. 1997. *Re-forming the Body: Religion, Community and Modernity*. London: Sage.

Merleau-Ponty, M. 1962. *Phenomenology of Perception*. London: Routledge and Kegan Paul.

Mesquita, B. and N. Frijda. 1992. "Cultural variations in emotions: a review." *Psychological Bulletin*, 112(2), pp. 179~204.

Messner, M. 1993. "'Changing men' and feminist politics in the United States." *Theory and Society*, 22, pp. 723~737.

Miller, D. 1987. *Material Culture and Mass Consumption*. Oxford: Basil Blackwell.

Miller, W. 1997. *The Anatomy of Disgust*. Cambridge, MA: Harvard University Press.

Minsky, R. 1996. *Psychoanalysis and Gender: An Introductory Reader*. London: Routledge.

Morley, D. 1992. *Television, Audiences and Cultural Studies*. London: Routledge.

Moyal, A. 1989. "The feminine culture of the telephone: people, patterns and policy." *Prometheus*, 7(1), pp. 5~31.

Muchembled, R. 1985. *Popular Culture and Elite Culture in France, 1400-1750*. Baton Rouge. LA: Louisiana State University Press.

Mulholland, K. 1996. "Entrepreneurialism, masculinities and the self-made man." in D. Collinson and J. Hearn(eds.). *Men as Managers, Managers as Men: Critical Perspectives on Men, Masculinities and Managements*. London: Sage, pp. 123~149.

Nippert-Eng, C. 1996. *Home and Work*. Chicago: University of Chicago Press.

Nutton, V. 1992. "Healers in the medical market place: towards a social history of Graeco-Roman medicine." in A. Wear(ed.). *Medicine in Society: Historical Essays*. Cambridge: Cambridge University Press, pp. 15~58.

Osherson, S. 1992. *Wrestling with Love: How Men Struggle with Intimacy with Women, Children, Parents and Each Other*. New York: Fawcett Columbine.

Parkin, W. 1993. "The public and the private: gender, sexuality and emotion." in S. Fineman(ed.). *Emotion in Organizations*. London: Sage, pp. 167~189.

Patthey-Chavez, G., L. Clare and M. Youmans. 1996. "Watery passion: the struggle between hegemony and sexual liberation in erotic fiction for women." *Discourse and Society*, 7(1), pp. 77~106.

Percy, M. and R. Taylor. 1997. "Something for the weekend, sir? Leisure, ecstasy and identity in football and contemporary religion." *Leisure Studies*, 16, pp. 37~49.

Plutchik, R. 1982. "A pyschoevolutionary theory of emotions." *Social Science Information*, 21(4/5), pp. 529~553.

Pollock, K. 1988. "On the nature of social stress: production of a modern mythology." *Social Science and Medicine*, 26(3), pp. 381~392.

Porter, R. and D. Porter. 1988. *In Sickness and in Health: The British Experience, 1650-1850*. New York: Basil Blackwell.

Pringle, R. 1989. *Secretaries Talk: Sexuality, Power and Work*. London: Verso.

Putnam, L. and D. Mumby. 1993. "Organizations, emotion and the myth of rationality." in S. Fineman(ed.). *Emotion in Organizations*. London: Sage, pp. 36~57.

Read, P. 1996. *Returning to Nothing: The Meaning of Lost Places*. Melbourne: Cambridge University Press.

Ribbens, J. 1994. *Mothers and Their Children: A Feminist Sociology of Childrearing*. London: Sage.

Richards, B. 1989. *Images of Freud: Cultural Responses to Psychoanalysis*. London: J.M. Dent.

_____. 1994. *Disciplines of Delight: The Psychoanalysis of Popular Culture*. London: Free Association Books.

Richards, J. 1987. "'Passing the love of women': manly love and Victorian society." in J. Mangan and J. Walvin(eds.). *Manliness and Morality: Middle-Class Masculinity in Britain and America 1800-1940*. Manchester: Manchester University Press, pp.

92~122.

Rodaway, P. 1994. *Sensuous Geographies: Body, Sense and Place*. London: Routledge.

Rojek, C. 1993. *Ways of Escape: Modern Transformations in Leisure and Travel*. Basingstoke: Macmillan.

Roper, L. 1994. *Oedipus and the Devil: Witchcraft, Sexuality and Religion in Early Modern Europe*. London: Routledge.

Roper, M. 1996. "'Seduction' and 'succession': circuits of homosocial desire in manage-ment." in D. Collinson and J. Hearn(eds.). *Men as Managers, Managers as Men: Critical Perspectives on Men, Masculinities and Managements*. London: Sage, pp. 210~226.

Rose, N. 1990. *Governing the Soul: The Shaping of the Private Self*. London: Routledge.

_____. 1996. *Inventing Our Selves: Psychology, Power, and Personhood*. Cambridge: Cambridge University Press.

Ruddick, S. 1994. "Thinking mothers/conceiving birth." in D. Bassin, M. Honey and M. Kaplan(eds.). *Representations of Motherhood*. New Haven, CT: Yale University Press, pp. 29~45.

Rutherford, J. 1992. *Men's Silences: Predicaments in Masculinity*. London: Routledge.

Scheff, T. 1990. *Microsociology: Discourse, Emotion, and Social Structure*. Chicago: University of Chicago Press.

Scheper-Hughes, N. and M. Lock. 1987. "The mindful body: a prolegomenon to future work in medical anthropology." *Medical Anthropology Quarterly*, 1, pp. 6~41.

Segal, H. 1995. "From Hiroshima to the Gulf War and after: a psychoanalytic perspective." in A. Elliott and S. Frosh(eds.). *Psychoanalysis in Contexts: Paths between Theory and Modern Culture*. London: Routledge, pp. 191~204.

Segal, L. 1990. *Slow Motion: Changing Masculinities, Changing Men*. London: Virago.

Seidler, V. 1991. *Recreating Sexual Politics: Men, Feminism and Politics*. London: Routledge.

Sennett, R .1977. *The Fall of Public Man*. London: Faber and Faber.

Shields, R .1991. *Places on the Margin: Alternative Geographies of Modernity*. London: Routledge.

Shuttleworth, S. 1990. "Female circulation: medical discourse and popular advertising in the mid-Victorian era." in M. Jacobus, E. Keller and S. Shuttleworth(eds.). *Body/Politics: Women and the Discourses of Science*. New York: Routledge, pp. 47~68.

_____. 1993/1994. "A mother's place is in the wrong." *New Scientist*, 25 December/1 January, 38~40.

Shweder, R. 1985. "Menstrual pollution, soul loss, and the comparative study of emotions." in A. Kleinman and B. Good(eds.). *Culture and Depression: Studies in the Anthropology and Cross-Cultural Psychiatry of Affect and Disorder*. Berkeley, CA: University of California Press, pp. 182~216.

Sibley, D. 1995. "Families and domestic routines: constructing the boundaries of childhood." in S. Pile and N. Thrift(eds.). *Mapping the Subject: Geographies of Cultural Transformation*. London: Routledge, pp. 123~137.

Silverstone, R, E. Hirsch and D. Morley. 1992. "Information and communication technologies and the moral economy of the household." in R. Silverstone and E. Hirsch(eds.). *Consuming Technologies: Media and Information in Domestic Spaces*. London: Routledge, pp. 15~31.

Simmel, G. 1903/1969. "The metropolis and mental life." in R Sennett(ed.). *Classic Essays on the Culture of Cities*. New York: Meredith, pp. 47~60.

Skultans, V. 1977. "Bodily madness and the spread of the blush." in J. Blacking(ed.). *The Anthropology of the Body*. London: Academic Press, pp. 145~160.

Smith-Rosenberg, C. 1985. *Disorderly Conduct: Visions of Gender in Victorian America*. New York: Alfred A. Knopf.

Solomon, R .1976. *The Passions*. Garden City. NY: Anchor Press/Doubleday.

Sontag, S. 1989. *Illness as Metaphor and AIDS and its Metaphors*. New York: Anchor.

Springer, C. 1996. *Electronic Eros: Bodies and Desire in the Postindustrial Age*. Austin, TX: University of Texas Press.

Stallybrass, P. and A. White. 1986. *The Politics and Poetics of Transgression*. London: Methuen.

Stearns, C. and P. Stearns. 1986. *Anger: The Struggle for Emotional Control in America's History*. Chicago: University of Chicago Press.

Stearns, P. 1988. "Anger and American work: a twentieth-century turning point." in C.

Stearns and P. Stearns(eds.). *Emotion and Social Change: Toward a New Psychohistory.* New York: Holmes and Meier, pp. 123~150.

_____. 1995. "Emotion." in R Harré and P. Stearns(eds.). *Discursive Psychology in Practice.* London: Sage, pp. 37~54.

Stein, H. 1985. *The Psychodynamics of Medical Practice: Unconscious Factors in Patient Care.* Berkeley, CA: University of California Press.

Strongman, K.(ed.). 1992. *International Review of Studies on Emotion: Volume 2.* Chichester: John Wiley.

Synnott, A. 1993. *The Body Social: Symbolism, Self and Society.* London: Routledge.

Taylor, C. 1989. *Sources of the Self: The Making of the Modern Identity.* Cambridge: Cambridge University Press.

Taylor, I., K. Evans and P. Fraser. 1996. *A Tale of Two Cities: Global Change, Local Feeling and Everyday Life in the North of England - A Study in Manchester and Sheffield.* London: Routledge.

Theweleit, K. 1987. *Male Fantasies. Volume 1: Women, Floods, Bodies, History.* Cambridge: Polity Press.

Thoits, P. 1995. "Stress, coping, and social support processes: where are we? What next?." *Journal of Health and Social Behavior*, extra issue, pp. 53~79.

Tolson, A. 1977. *The Limits of Masculinity.* London: Tavistock.

Tosh, J. 1996. "Authority and nurture in middle-class fatherhood: the case of early and mid-Victorian England." *Gender and History*, 8(1), pp. 48~64.

Treacher, A. 1989. "Be your own person: dependence/independence, 1950-1985." in B. Richards(ed.). *Crises of the Self: Further Essays on Psychoanalysis and Politics.* London: Free Association Books, pp. 131~146.

Tseëlon, E. 1995. *The Masque of Femininity.* London: Sage.

Tuan, Y.-F. 1974. *Topophilia: A Study of Environmental Perception, Attitudes, and Values.* Englewood Cliffs, NJ: Prentice-Hall.

_____. 1977. *Space and Place: The Perspective of Experience.* London: Edward Arnold.

_____. 1979. *Landscapes of Fear.* Oxford: Blackwell.

Tudor, A. 1995. "Unruly bodies, unquiet minds." *Body and Society*, 1(1), pp. 25~41.

Turkle, S. 1988. "Computational reticence: why women fear the intimate machine." in C.

Kramarae(ed.). *Technology and Women's Voice*. London: Routledge, pp. 41~61.

_____. 1996. *Life on the Screen: Identity in the Age of the Internet*. London: Weidenfeld and Nicolson.

Turner, B. 1996. *The Body and Society: Explorations in Social Theory* (second edition). London: Sage.

Verheyen, C. 1987. "Mother knows best: for him the play, for her the rest." in T. Knijn and A.-C. Mulder(eds.). *Unravelling Fatherhood*. Dordrecht: Foris, pp. 37~47.

Vincent-Buffault, A. 1991. *The History of Tears: Sensibility and Sentimentality in France*. Basingstoke: Macmillan.

Wacquant, L. 1995. "Why men desire muscles." *Body and Society*, 1(1), pp. 163~179.

Waiter, T., J. Littlewood and M. Pickering. 1995. "Death in the news: the public invigilation of private emotion." *Sociology*, 29(4), pp. 579~596.

Walzer, S. 1996. "Thinking about the baby: gender and divisions of infant care." *Social Problems*, 43(2), pp. 219~234.

Wetherell, M. 1996. "Romantic discourse and feminist analysis: interrogating investment, power and desire." in S. Wilkinson and C. Kitzinger(eds.). *Feminism and Discourse: Psychological Perspectives*. London: Sage, pp. 128~144.

Wiley, J. 1995. "No BODY is 'doing it': cybersexuality as a postmodern narrative." *Body and Society*, 1(1), pp. 145~162.

Williamson, J. 1978. *Decoding Advertisements: Ideology and Meaning in Advertising*. London: Marion Boyers.

Willis, P. 1990. *Common Culture: Symbolic Work at Play in the Everyday Cultures of the Young*. Milton Keynes: Open University Press.

Wilson, P. 1985. *The Calm Technique: Meditation without Magic or Mysticism*. Elwood, Victoria: Greenhouse Publications.

Wilson, R. 1995. "Cyber(body)parts: prosthetic consciousness." *Body and Society*, 1(3/4), pp. 239~260.

Wingate, P. with R. Wingate. 1988. *The Penguin Medical Encyclopedia*(third edition). London: Penguin.

Wouters, C. 1992. "On status competition and emotion management: the study of emotions as a new field." *Theory, Culture and Society*, 9, pp. 229~252.

Wright, P. 1988. "Babyhood: the social construction of infant care as a medical problem

in England in the years around 1900." in M. Lock and D. Gordon(eds.),
Biomedicine Examined. Dordrecht: Kluwer, pp. 299~330.

Yacovone, D. 1990. "Abolitionists and the "language of fraternal love"." in M. Carnes
and C. Griffen(eds.). *Meanings for Manhood: Constructions of Masculinity in
Victorian America*. Chicago: University of Chicago Press, pp. 85~95.

Yudice, G. 1995. "What's a straight white man to do?." in M. Berger, B. Wallis and S.
Watson(eds.). *Constructing Masculinity*. New York: Routledge, pp. 267~283.

찾아보기

● 인명 찾아보기

● 책 찾아보기

책을 옮기고 나서

옮긴이는 얼마 전 이 책의 저자인 호주의 여류 사회학자 데버러 럽턴의 『음식과 먹기의 사회학: 음식, 몸, 자아』를 번역하여 출간한 바 있다. 그녀가 2년 후(1998년)에 출간한 이 책 『감정적 자아』는 어쩌면 앞의 책의 자매편이라고도 할 수 있다. 그녀가 이 두 책에서 관점과 방법, 서술방식에서 동일한 형식을 취하고 있기 때문이다. 럽턴은 앞서의 책에서 사회구성주의적 입장에서 우리의 음식과 먹기가 우리를 어떻게 만드는지를 탐색하더니, 이 책에서는 우리의 감정이 사회에서 어떻게 만들어지는지를 논의한다.

그렇기에 이 책에서 럽턴이 설명의 대상으로 삼는 감정은 당연히 (그녀가 사용한 용어를 빌려서 표현하면) '생득적인 것으로서의 감정'이 아닌 '사회문화적 구성물로서의 감정'이다. 하지만 감정에 대한 사회구성주의적 접근방식 내에는 서로 다른 다양한 관점들이 존재한다. 럽턴은 그것들을 크게 둘로 나누어 '강한' 사회구성주의 테제와 '약한' 사회구성주의 테제로 정리한다. 전자가 감정을 전적으로 사회화를 통해 학습되고 구성된 것으로 바라보는 반면, 후자는 감정에는 사회·문화적 영향과는 무관하게 생물학적으로 주어진 '선천적 반응'이 자리하고 있다는 것을 인정한다.

럽턴은 이 책에서 후자의 접근방식, 즉 '약한' 사회구성주의적 입장을 취한다. 우리가 몸을 통해 감정을 구성하고 체험하고 이해하는 것은 엄연한 사실이기에, 감정의 감각적인 육체화된 속성을 부정할 수 없기 때문이다. 따라서 그녀에게서 감정적 자아는 '사회적 자아'인 동시에 항상 '육체화된 자아'이기도 하다. 그녀에 따르면, 우리의 감정경험은 육체화된 감각, 기억, 개인적 생애, 담론 그리고 다른 사람들 및 대상과의 상호작용을 통해 계속해서 이루어지는 하나의 과정이다. 그렇기에 그녀가 볼 때, 감정적 자아는 끊임없이 형성·재형성되는 '주체성 프로젝트'의 일부이다.

럽턴이 이 책에서 초점을 맞추고 있는 것은 이 감정적 자아 프로젝트의 진행과정이다. 이 과정을 포착하기 위해 그녀는 포커스 그룹 토론을 연구방법으로 채택하고 있다. 왜냐하면 그 방법이 연구 참여자들로 하여금 연구자의 간섭 없이 감정경험을 불러낼 수 있게 해주고, 연구자는 그것을 담론적으로 재구성할 수 있을 것으로 기대하기 때문이다. 물론 이 과정이 연구의 객관성을 보장해주는 것은 아니다. 럽턴 자신도 자신이 '열정적 사회학'의 정신에 입각해 해석과정에 자신의 감정을 투여하고 있음을 밝히고 있으며, 그렇기에 이 책이 불가피하게 주관성의 산물이라는 점 또한 인정한다. 하지만 럽턴은 이 과정에서 감정사회학자(켐퍼, 혹실드, 덴진, 하레)는 물론 문화이론가(엘리아스, 바흐친, 캠벨, 로젝), 인류학자(더글러스, 루츠), 페미니즘이론가(크리스테바, 그로츠, 초도로우, 홀웨이), 그리고 여타 사회심리학의 수많은 경험적 연구자들의 논의를 종횡무진 넘나들면서 자아 프로젝트 과정을 재구성하며, 그의 사회학적 역량을 뽐낸다.

럽턴은 그러한 자신만의 해석과정을 통해 당시까지 사회학에서 도외시되었던 몸을 다시 감정연구에 되돌려 놓고자 시도하고, '감정적 여자'와 '비감정적 남자'라는 젠더 이분법을 넘어 '남성적 감정성의 여성화'를 추적하고 있다. 특히 이 책에서 럽턴은 이전에는 사회과학에서 거의 연구되지 않은, 사물과 공간의 감정적 의미들을 탐구한다. 우리가 대상과 장소에 감정적 의미를 부여하는 과정과 그것이 우리의 삶에 갖는 의미에 대한 그녀의 탐구는 감정사회학에 또 다른 새로운 영역을 제시한 것이라고 할 수 있다.

그러나 이 책에서 럽턴의 논의는 감정이 몸과 사회의 상호작용을 통해 어떻게 구성되는지에 머물고 있다. 다시 말해 감정은 여전히 그녀에게서도 하나의 종속변수일 뿐 독립변수로서의 지위에는 이르지 못하고 있다. 이는 감정이 어떻게 사회를 움직이는 힘으로 작동할 수 있는지에 관심을 기울이며, '거시적 감정사회학'을 제시하는 옮긴이에게는 아쉬운 부분일 수밖에 없다. 하지만 이는 럽턴과 옮긴이 간의 관점의 차이일 뿐이지 이 책의 큰 흠결이 되지는 않는다.

이 책이 출판계에 넘쳐나는 감정 관련 자기계발서가 아니기 때문에, 치료요법적 지식을 기대하는 독자들에게는 아마 실망스러울 수도 있다. 실제로 럽턴은 그러한 저작들에 비판적이기까지 하다. 또한 쉽게 쓴 사회학 저술이기는 하지만 수많은 이론가들의 논의가 여기저기 녹아들어 있어, 일반 독자에게는 난해하여 다소간 짜증을 불러일으킬 수도 있다. 하지만 때로는 벅차오르기도 하고 때로는 극히 혼란스럽고 당혹스럽기도 했던 자신의 감정적 삶을 다시 읽어 보는 데 중요한 준거가 될 것임에 틀림없다. 아무쪼록 이 책이 전문가들에게는 감정사회학의 지평을 확대해주고, 또 일반 독자들에게는 자신의 감정적 자아의 모습을 다시 돌아보는 계기가 되어주었으면 하는 바람을 가져본다.

무척이나 추웠던 올해의 겨울만큼이나 꽁꽁 얼어붙은 학술출판 시장에도 불구하고, 한울엠플러스(주)는 옮긴이에게 이번에도 역시 따뜻한 바람이 되어주었다. 특히 드러나지 않는 곳에서 항상 옮긴이를 지원해주는 윤순현 과장님, 원고를 깔끔하게 다듬어준 신유미 님, 그리고 이 책에 멋진 옷을 입혀준 디자인팀에 감사한다.

2016년
매서운 추위가 몰아친 겨울
따뜻한 햇빛이 비치던 날에
박형신

지은이 __

데버러 럽턴(Deborah Lupton)은 호주 시드니 대학교 사회학 및 사회정책학과 교수, 찰스 스터트 대학교 사회학 및 문화연구교수를 지냈고, 현재 호주 캔버라 대학교 연구교수로 있다. 지금까지 18권의 책을 썼고, 100편이 넘는 논문을 발표했다. 최근에 출간한 저작으로 *Digital Sociology*(2014), *The Unborn Human*(2013), *The Social Worlds of the Unborn*(2013), *Risk*(2nd edition, 2013), *Fat*(2012), *Medicine as Culture: Illness, Disease and the Body*(3rd edition, 2012) 등이 있다. 현재도 *The Quantified Self: A Sociology of Self-Tracking Cultures*의 출간을 앞두고 있다.

옮긴이 __

박형신은 고려대학교 대학원 사회학과에서 박사학위를 취득하고, 강원대학교 사회과학연구소 연구교수, 고려대학교 인문대학 사회학과 초빙교수, 연세대학교 사회발전연구소 연구교수 등을 지냈다. 현재 고려대학교와 한양대학교에서 강의하고 있다. 『정치위기의 사회학』, 『감정은 사회를 어떻게 움직이는가』(공저), 『오늘의 사회이론가들』(공저), 『열풍의 한국사회』(공저) 등의 책을 썼고, 『사회학적 야망』, 『음식과 먹기의 사회학』, 『탈감정사회』, 『감정과 사회학』, 『감정의 거시사회학』(공역) 등 여러 책을 우리말로 옮겼다.

한울아카데미 1882

감정적 자아
나의 감정은 사회에서 어떻게 만들어지는가

지은이 ｜ 데버러 럽턴
옮긴이 ｜ 박형신
펴낸이 ｜ 김종수
펴낸곳 ｜ 한울엠플러스(주)

편집 ｜ 신유미

초판 1쇄 인쇄 ｜ 2016년 2월 29일
초판 1쇄 발행 ｜ 2016년 3월 14일

주소 ｜ 10881 경기도 파주시 광인사길 153(문발동 507-14) 한울시소빌딩 3층
전화 ｜ 031-955-0655
팩스 ｜ 031-955-0656
홈페이지 ｜ www.hanulmplus.kr
등록번호 ｜ 제406-2015-000143호

Printed in Korea.
ISBN 978-89-460-5882-8 93330 (양장)
      978-89-460-6131-6 93330 (학생판)

* 가격은 겉표지에 있습니다.
* 이 책은 강의를 위한 학생판 교재를 따로 준비했습니다.
  강의 교재로 사용하실 때에는 본사로 연락해주십시오.